Christina Hesselholdt

Gefährten

Aus dem Dänischen von
Ursel Allenstein

Hanser Berlin

Die dänische Originalausgabe erschien 2015
unter dem Titel *Selskabet* bei Rosinante in Kopenhagen.

Der Verlag dankt dem dänischen Kunstfonds
für die Förderung der Übersetzung.

DANISH ARTS FOUNDATION

1. Auflage 2018

ISBN 978-3-446-26042-9
Umschlag: Anzinger und Rasp, München
Motiv: © Lisa Metzger / Getty Images
Satz: Greiner & Reichel, Köln
Druck und Bindung: GGP Media GmbH, Pößneck
Printed in Germany

MIX
Papier aus verantwor-
tungsvollen Quellen
FSC® C014496

Camilla
and the horse

... and the blood of love welled up in my heart with a slow pain.

Sylvia Plath

Die Wanderung

[Alma]

Als ich im Sommer durch Wordsworth' hügelige Landschaft wanderte, wo die Schatten auf den Kuppen so dunkel und markant sind, als wären sie mit Wasser übergossen, und die Seen so tief ... tauchte so plötzlich ein Düsenjäger auf, dass ich mich unwillkürlich zu Boden warf, von Furcht ergriffen. Ich hatte ihn weder gehört noch gesehen, ehe er über mir war. Er wippte mit den Flügeln, legte sich auf die Seite, und schon war er zwischen zwei Hügeln verschwunden, elegant, schnell und unerwartet, und von dem Moment an lebte und atmete ich dafür, noch einen zu sehen oder am liebsten noch viele mehr. Ich hatte Glück, denn in diesem Sommer übten britische Kampfpiloten, sich durch die Hügel im Lake District zu schlängeln, und vielleicht flogen sie weiter ins schottische Hochland, bevor sie nach Afghanistan aufbrachen; als jagende Schatten über endlosen Opiumfeldern und endlosen Gebirgszügen, »mit ihrer tödlichen Last«, wie ich mir wiederholt vorsagte, um meine Begeisterung zu dämpfen, und jeden Tag bekam ich mindestens einen oder zwei zu sehen. Ich machte mir ein paar Notizen, schrieb Folgendes: »Typhoon-Maschinen, das Erhabene, der flüchtige Augenblick, ein Wippen, furchterregender Lärm – und weg waren sie. In dieser Landschaft, wo W. W. eine Vision nach der anderen hatte, wo er, in plötzlich aufglimmender Einsicht, schaute und schaute.«

Und wie ich durch Wordsworth' Landschaft streifte, mich seine steilen Hügel hinaufkämpfte, dachte ich mir die Düsenjets als Verkörperung seiner Inspiration; als plötzliche Einsicht, als göttlichen Funken der Erkenntnis; ein Gedanke wie ein

Blitzschlag und doch voller Kraft – imstande, ein ganzes Gedicht zu tragen. Derlei Wörter würde ich sonst nie gebrauchen, aber ich kann mir nicht vorstellen, dass William Wordsworth sie gescheut hätte.

Viel mehr beschäftigte mich jedoch, wie mich der Anblick eines Düsenjägers derart erregen und beseelen konnte. Ich kam nicht umhin, mich zu schämen. Ich schämte mich dafür, dass ich mich an einem Phänomen erfreute, das erschaffen worden war, um Tod und Zerstörung zu verbreiten. Ich schämte mich und konnte es doch kaum erwarten, den nächsten zu sehen. Sicher spielte eine große Rolle, dass er nur so flüchtig auftauchte. Ich kam nie dazu, mich sattzusehen. Ich jagte meiner eigenen Sehbegierde nach.

Und womöglich jagte ich auch jenem Rausch der Sinne nach, den das mit sich brachte: dem Lärm, dem Schock ob seines plötzlichen Erscheinens. Ich rief mir in Erinnerung, dass diese Plötzlichkeit, die mich so faszinierte, keinen anderen Zweck hatte, als Bomben abzuwerfen und zu verschwinden, ehe auch nur jemand den Gedanken fassen konnte, den Düsenjäger abzuschießen; doch es half nichts. Ich wartete nur auf den nächsten. Und wie niedrig sie flogen! Ich hatte das Gefühl, ein Kontakt entsteht. Vielleicht hatten mich die Piloten ihrerseits auch entdeckt, und derjenige, der meinen Hechtsprung gesehen hatte, musste sicherlich lachen.

Das Wir, das es einmal gab, existiert nicht mehr. Wie ich dieses Wir geliebt habe. Wie erfüllt ich mich gefühlt habe, wie gut aufgehoben.

Mein Mann war dabei. Er ist es leid, dass ich nicht mehr »wir« sage, sondern nur noch »ich«. Aber ich vergesse, darauf zu achten, und wenn ich das nächste Mal von einer Reise erzähle, die wir gemeinsam unternommen haben, oder von einem

Erlebnis, das wir teilen, höre ich mich schon wieder sagen: Ich.

Mein Mann war bei dieser Wanderung im Lake District dabei, und auch Dorothy Wordsworth ist zwischen diesen Hügeln so ausgiebig umhergewandert wie ihr Bruder William; in einigen Fällen basieren W.W.s Gedichte auf ihren Aufzeichnungen. Doch ganz gleich, ob er eine Begebenheit in ihrem Beisein bezeugt hatte oder ob sie Dorothys eigenes, einzigartiges Erlebnis war, verwendete er in seinen Gedichten stets das Personalpronomen »ich«. Beispielsweise war sie es, die zuerst die Narzissen sah (die Aberhundert Narzissen an einem Seeufer), und ihre Beschreibung wurde zur Grundlage für sein wohl berühmtestes Gedicht, *I wandered lonely as a Cloud.*

Dorothy schreibt: »... sowie wir dort ankamen, wurden es mehr und nochmals mehr, und am Ende, unter den Zweigen der Bäume, erkannten wir, dass sie am Ufer ein langes Band bildeten, von der Breite einer Zollstraße vielleicht. Nie zuvor hatte ich solch schöne Narzissen gesehen, sie wuchsen inmitten der bemoosten Steine, zwischen ihnen und ringsherum, einige ließen ihre müden Köpfe auf den Steinen ruhen wie auf Kissen, die anderen aber wogten und wirbelten und tanzten und machten den Anschein, als lachten sie mit dem Wind, der sie vom See her anblies, sie sahen so fröhlich aus, stets in Bewegung, stets in Veränderung.«

Ich weiß nicht, ob es dabei um Gerechtigkeit geht; eine schlichte Anerkennung des Umstands, dass mein Mann auch anwesend war; dass Dorothy anwesend war. Wie komme ich dazu, in der ersten Person Singular über ein Erlebnis zu sprechen, das ich mit ihm teilte ... etwa weil ich mich währenddessen allein fühlte? Oder weil ich mich gänzlich auf die Regungen meines

Bewusstseins konzentriere; wie ich etwas erlebe – beispielsweise die Düsenjäger. Allerdings warf sich auch mein Mann zu Boden.

William Wordsworth wiederum schrieb nicht allein »ich« im Narzissengedicht, er sprach seiner Schwester später gar jeglichen Einfluss auf seine Dichtung ab. Er schrieb Dorothy aus seiner Dichtung heraus.

Und als er heiratete, schnitt er sie aus seinem Herzen oder jedenfalls ihr Ihm-eine-Muse-Sein. Dazu war er gezwungen, ebenso wie zur Heirat. Die Leute tuschelten. Man denke nur daran, dass Byron ein Kind mit seiner Halbschwester zeugte. W.W. hatte die Gewohnheit, Dorothy zu umarmen und auf den Mund zu küssen, wenn sie sich draußen in der Natur begegneten; vielleicht war sie ihm entgegengegangen und wartete auf ihn. Und da kam er, endlich kam er – sie stürzte in seine Arme. Das hatte man beobachtet. Man hatte sie in den Hügeln belauert.

Er wollte seine Literatur als souveränen Entwurf eines souveränen Ichs verstanden wissen. Später distanzierte er sich auch von seiner Methode der Notizen (von der er beispielsweise im Narzissengedicht Gebrauch gemacht hatte, in diesem Fall waren es Dorothys Notizen), ja, er leugnete sogar, je auf der Grundlage von Notizen, selbst der eigenen, Gedichte verfasst zu haben. Er wollte seine Dichtung als eine ursprünglichere Praxis verstanden wissen, als etwas dem Bewusstsein unmittelbar Entsprungenes: Er zog in die Landschaft hinaus, er sah, er dachte, er schrieb – sagte er in einem berühmten Interview zu einem seiner Biographen.

Aber ich darf Dorothy nicht verharmlosen. Sie besaß eine Eigenart, die Anklänge an William verriet. Sie bediente sich zwar nicht der Worte oder Ideen anderer. (Während eine solche Aneignung in unserem Jahrhundert als selbstverständlich gilt; und hätte W. W. sein Vorgehen nicht verleugnet, hätte ich auch keine Einwände gehabt.) Aber sie bediente sich deren Kleidung. Wenn sie einen anderen Ort besuchte, für ein paar Tage oder vielleicht auch einen längeren Zeitraum, machte sie sich nicht die Mühe, für die Reise zu packen, sondern verließ sich auf die Garderobe ihrer Gastgeberin. Angeblich borgte sie sich selbst intimste Kleidungsstücke, ohne einen Gedanken daran zu verschwenden, dass die Gastgeberin ihre Unterwäsche vielleicht lieber für sich behalten hätte.

Während ich meinem Mann auf den Fersen folgte oder ihm vorauseilte (aber nie neben ihm ging, wie vermutlich William auf seinen Wanderungen mit Dorothy), sagte ich das Narzissengedicht auf und versuchte mich an einer Übersetzung:

Ich wanderte einsam wie eine Wolke
Die hoch über Hügeln und Tälern treibt
Als ich plötzlich eine Schar,
Eine Fülle goldener Narzissen sah;
Am See, im Schatten der Bäume,
Flatternd und tanzend im Wind.

So grenzenlos, wie die Sterne
Auf der Milchstraße strahlen und funkeln,
Erstreckten sie sich in endlosen Reihen
Am Ufer einer Bucht:
Zehntausende sah ich auf einen Blick,
Die Köpfe schwenkend im fröhlichen Tanz.

Auch die Wellen an ihrer Seite tanzten; sie aber
Übertrafen die glitzernden Wogen an Heiterkeit:
Ein Dichter konnte nur glücklich sein

In einer solch muntren Gesellschaft:
Ich starrte – und starrte – und dachte nur wenig daran,
Welchen Reichtum mir dieser Anblick bescherte:

Denn oft, wenn ich auf meiner Pritsche liege,
Gedankenverloren oder nachdenklich,
Blitzen sie auf vor jenem inneren Auge,
Das die Wonne der Einsamkeit ist;
Und dann wird mein Herz erfüllt von Freude
Und tanzt mit den Narzissen.

Dies war nur ein Vorschlag von mir, an jenem Tag in den Hügeln; ungereimt, prosaisch. (Übrigens stammt die Strophe »Blitzen sie auf vor jenem inneren Auge / Das die Wonne der Einsamkeit ist« von Mary Hutchinson, seiner Frau.) Drei Paar Hände hatten auf diesem Klavier gespielt; dem Narzissengedicht.

Ich hörte das Gedicht zum ersten Mal, als ich siebzehn oder achtzehn war, in einer Fernsehsendung über Wordsworth und Coleridge, einer Art dramatisiertem Dokumentarfilm; jedenfalls sah man einen Menschen delirierend durch eine Landschaft taumeln und dieses Gedicht rezitieren; es stürmte, das Gras glich einem aufgepeitschten Meer, die Wolken rasten am Himmel vorüber. Die Natur stimmte ein, als der Schauspieler, der W. W. darstellte, die Fülle der Blumen besang.

Mein Mann meint, ich hätte kein Sprachgefühl. Er meint auch, ich wüsste mich nicht zu bewegen. Als ich eines Nachts nicht schlafen konnte und mir ein Glas Wasser holte, sagte er bei meiner Rückkehr: »Dein Geschlurfe raubt mir den Schlaf.«
Ich schlurfe. Ich schlappe. Ich schlurfe & schlappe & trapse. Schlurf-schlurf-schlapp-schlapp-trap-trap.

Ich kann nicht singen, weshalb mein Mann glaubt, ich könnte die Musik nicht hören. Mit *hören* meint er begreifen, ein Verhältnis dazu entwickeln.

Seit Jahren singe ich nicht mehr. Ich weigere mich zu singen. Ich schlurfe um den Weihnachtsbaum herum wie ein stummes Gefäß.

Ich singe falsch. Und ich habe das Pech, es selbst zu hören. Die wenigen Male in meinem Leben, da ich einen Ton traf, sind mir als groß und unvergesslich in Erinnerung geblieben – dieses Verschmelzen, das Gefühl, nicht danebenzuliegen, sondern Teil eines Ganzen zu sein. Dann passiert etwas. Ich arbeite gerade aushilfsweise als Lehrerin, um mir neben dem Studium etwas hinzuzuverdienen. An jenem Tag bin ich in einer Kindergartenklasse. Ein kleines Mädchen muss zum Zahnarzt. Seine Eltern können nicht mitkommen. Ich werde gebeten, das Kind zu begleiten. Wir dürfen mit dem Taxi fahren, hin und zurück. Mir ist das nur recht, und das Mädchen zeigt sich auch einverstanden. Auf dem Rücksitz des Taxis ist sie sehr still.

Die Zahnarztpraxis liegt in einem Schulgebäude. Wir betreten es. Drinnen riecht es nach Schule (fremder Schule) und Zahnarzt. Das ist fast zu viel für ein Gebäude. Das Mädchen packt meine Hand oder ich die des Mädchens.

Auf dem Zahnarztstuhl weigert sich das Mädchen, den Mund zu öffnen. Die Zahnärztin spricht vom freien Willen des Menschen. Sie sagt, sie halte nie jemanden fest, zwinge nie jemandem den Mund auf. Ich sage, das klinge wie ein vernünftiger Grundsatz. Das Mädchen drückt meine Hand. Eindringlich bitte ich es, den Mund zu öffnen. Da wechselt die Zahnärztin ihre Taktik und appelliert an den Herdentrieb der Patientin. Sie erzählt, alle Klassenkameraden des Mädchens seien schon bei ihr gewesen und hätten es hinter sich gebracht. Ob sie denn nicht auch schaffen könne, was alle anderen geschafft hätten? Offenbar nicht. Der Mund bleibt geschlossen. Die Zahnärztin wird emotional und erzählt, sie sei sehr beliebt und schade niemandem, ihre eigenen Kinder hätten sie auch lieb und das wäre doch wohl nicht so, wenn sie kein netter Mensch sei? Das Mädchen macht den Mund auf und sagt: »Klar haben sie dich lieb – es sind deine Kinder.« Es hält den Mund geöffnet, und die Zahnärztin steckt ihre Finger hinein, nennt das Mädchen Schätzchen und verspricht, den ganzen langen dunklen Winter hindurch zu singen, und die Arzthelferin soll auch mitsingen, und die Lehrerin. Sie stimmen ein Lied an. *Grün, grün, grün sind alle meine Kleider.* Ich bleibe stumm, sie werfen mir strenge Blicke zu. Die Zahnärztin nimmt sich sogar Zeit, mich mit dem Ellbogen anzustoßen. Das Mädchen hat ein großes Loch und muss mit Lachgas betäubt werden. Man stülpt ihr ein Gerät über die Nase. Sie umklammert meine beiden Hände, ich hänge halb über ihr. Allmählich gerät sie in Panik, trotz des Gesangs. Und dann passiert es. Ich tue es. Öffne den Mund und singe. Die anderen verstummen. Ich singe *Grün, grün, grün sind alle meine Kleider.* Meine Stimme klingt wild und sonderbar, sie passt gut zu all den Stahlinstrumenten.

»Wer sich selbst überwindet, ist größer als jener, der Städte erobert«, sage ich zu dem Mädchen, als wir wieder im Taxi sitzen, sie mit einer Füllung, ich mit einem Solo.

Er steckt voller Verachtung. Er leidet an Ekel. Er hat keinen Humor. Er kennt keine Freundlichkeit. (Und er hat mehr als nur diese vier Fehler.)

Der Gedanke, mit ihm alt zu werden, macht mich frösteln. Wie wird er mich erst ansehen, wenn ich fünfundfünfzig oder fünfundachtzig bin und die Füße nachziehe, und zwar nicht wie jetzt aus Müdigkeit oder Verdrossenheit, sondern weil ich ganz einfach nicht mehr in der Lage bin, sie zu heben.

Vielleicht wird er aber auch altersmilde werden.

»Als ich im Sommer im Lake District wandern war …«, sage ich.

Aber er war auch dabei.

»Hüte dich vor deinem Ego!«, sagt er – und lächelt der Zuhörer wegen.

Aber wenn er sich selbst über etwas verbreitet, beschleicht mich manchmal das Gefühl, dass wir nicht dieselben Ferien verbracht haben; nicht dasselbe Leben leben; nicht dieselbe Strafe verbüßen. Wir, zwei blutleere Schatten, die sich gegenseitig die Freude am Leben aussaugen. Ich sehne mich nach einem anderen Leben; nach Freundlichkeit und einem freigiebigen Körper. Ich fühle mich, als würde ich, im Alter von fünfunddreißig Jahren, bald austrocknen, und ich befinde mich in einer Art Dämmerzustand. Ich bin handlungsunfähig. Wenn ich über die Straße gehe, träume ich insgeheim davon, dass mich jemand anfährt – ein Knall und ein Erwachen. Vielleicht sollte ich lieber davon träumen, dass mich jemand wachrüttelt.

Jeden Abend wende ich das Gesicht ab, wenn er sein Essen totkaut. Es sind seine angespannten Kiefermuskeln, die ich nicht ertrage; wie er seinen schönen Mund in einen Müllhäcksler verwandelt. Klassische Musik hört er so, wie er isst: verbissen, angespannt, die spitzen Ellbogen auf dem Tisch, die Finger wie einen Eisenring um den Kopf: Konzentration, Kadavergehorsam. Währenddessen darf ich keinen Laut von mir geben. Die Musik ist eine Kirche. »Kannst du die Musik nicht *hören*?«, fragt er. Mir kommen Zweifel, denn ich habe das Hören nie als Anstrengung empfunden. (Als Dorothy William dazu brachte, die Natur wahrzunehmen – was man ihr nachsagt –, geschah das ganz gewiss auf liebenswürdigere Weise.) Warum gehe ich nicht einfach meines Wegs … tue ich ja auch.

Opfer sind uninteressant, im Leben wie in der Literatur. Ich meine jene, die sich ausschließlich als Opfer begreifen oder allein als solche dargestellt werden. Und ich habe durchaus einen Stachel, ich bin nur vorübergehend betäubt. Fahrt mich an. Rüttelt mich auf. Ich schlafe und bin doch wach.

Was mein nüchterner Gatte wohl denken mag? Er ist vor allem damit beschäftigt, seine Eigenarten zu pflegen, und deshalb außerstande, als Mann in Erscheinung zu treten, ich meine: sozial, und deshalb wartet er, in seine Verschrobenheit vermummt, ja sogar stolz darauf, im Grunde nur auf den Tag, an dem es mir reicht und ich ihn verlasse.

Es gibt da einen Mann, den ich nicht vergessen kann. Hin und wieder rufe ich ihn mir in Erinnerung. Auch er war im Lake District wandern, jedenfalls hielt er sich dort auf. Er saß unter den Wolken, auf einem Dach. Ich sah ihn von unten. Er sah aus wie ein herrlicher Mann. Ich ging mit meinem weiter und wurde den Eindruck nicht los, mein Leben vergeudet zu haben.

Ist das nicht aberwitzig … nicht ein Wort haben wir gewechselt, und doch beißen sich meine Gedanken an ihm fest. Ich würde mich gern noch einmal im Leben verlieben dürfen, nur ein einziges Mal; mich vom Leben erobern lassen und den Abgrund spüren.

[Edward]
Die Kunst hat etwas an sich, was mich irritiert, das wurde mir letzten Sommer klar. Da nämlich verstand ich plötzlich, worin das Wesen der Kunst besteht.

An jenem Tag war ich müde und hatte eine kurze Runde gewählt. Ich war auf dem alten Coffin Trail von Grasmere nach Rydal gelaufen, jenem Pfad, den einst die Hinterbliebenen nahmen, wenn sie ihre Verstorbenen zum Friedhof in Grasmere bringen mussten. Unterwegs gab es mehrere flache, große Steine, die dazu gedient hatten, den Sarg darauf abzusetzen. Ich dachte an all die Anstrengungen und Mühen, die andere hier gehabt hatten, wo ich jetzt so unbeschwert, nur mit einem kleinen Rucksack auf dem Rücken, dahinspazierte.

In Rydal machte man mich in The Ramblers Tea Shop auf eine kleine Grotte an einem Wasserfall aufmerksam, die ich auf keinen Fall verpassen dürfe. Diese Grotte sei eine sogenannte »viewing station«, erzählte mir die Kellnerin, und die erste ihrer Art in England. Der natur- und kunstinteressierte Sir Daniel Fleming hatte sie nur einen Steinwurf entfernt von seinem Herrensitz Rydal Hall angelegt, Ende des 17. Jahrhunderts, das heißt zu einer Zeit, in der man gerade erst allmählich ein Gespür für Landschaft entwickelte und imstande war, die Schönheit der Natur zu schätzen.

In dieser kleinen Grotte, bezeichnen wir sie doch einfach als Haus, Bruchbude, Schuppen oder Aussichtsposten, gab es ein Fenster (ohne Scheibe), durch das man den Wasserfall betrachten konnte. Dort saß eine Künstlerin mit dem Rücken zur Tür und dem Gesicht zum Fenster; ich hätte es als Schummelei empfunden, auf das zu blicken, was sie da malte, aber was sollte es schon anderes sein als der Wasserfall. Still trat ich hinter sie und achtete sorgfältig darauf, nur aus dem Fenster zu sehen.

Das Fenster umrahmte den Wasserfall.

Die Umrahmung machte den Wasserfall zu einem Bild.

Die Umrahmung bestimmte den Blickwinkel auf den Wasserfall.

Die Umrahmung schnitt ein Rechteck aus der naturschönen Aussicht, dem romantischen Motiv, dem Wasserfall.

Sir Daniel Flemings Aussichtsposten lockte (und lockt nach wie vor) viele Touristen und Künstler an. Eine der berühmtesten Darstellungen des Wasserfalls wurde 1795 von Joseph

Wright of Derby gemalt (ich erstand im Teesalon eine Post-karte davon). Auf diesem Bild gleicht das fallende Wasser Strö-men weißer Farbe (oder vielleicht eher sorgfältig gekämmtem Haar mit sichtbaren Zinkenspuren), die eigentliche Wildnis der Natur findet man in den Baumstämmen neben und hinter dem Wasserfall, sie leben ihr eigenes verzerrtes, wildwüchsiges Leben. Das Wasser ist geordnet und still. Sowohl das fallende als auch jenes, das sich in dem aus Fels geformten Bassin befin-det – das Wasser im Felsbassin ist weitgehend unbeeinflusst von dem Wasser, das hineinfällt.

Hinter dem Wasserfall gibt es eine kleine Brücke, einen per-fekten Bogen aus Holz, den die wahnwitzigen Bäume jedoch bald bezwingen werden.

Vielleicht ist das Wasser so zahm, weil es, kaum als Motiv identifiziert, auch schon kultiviert wurde.

Schließlich ärgerte es mich so sehr, dass Sir D.F. darüber bestimmte, wie ich den Wasserfall zu sehen hatte, was davon ich überhaupt sehen sollte, dass ich nach einem kurzen Blick auf seine Perspektive das kleine Haus verließ und auf dessen Dach kletterte, um den Wasserfall so sehen zu können, wie es mir passte. Während ich wie ein Hamlet auf dem Dach saß (das mir in den Schritt stach, und später entdeckte ich auch, dass ich voller Splitter war) und die Beine rechts und links vom Dachfirst baumeln ließ, wurde mir klar, dass das Wesen der Kunst darin besteht, anderen Menschen eine bestimmte Sicht-weise aufzuzwingen.

Ja, ja – ohne Blickwinkel, Motivwahl, Begrenzung, Fokussie-rung, Heranzoomen: kein Werk. Das ist mir durchaus bewusst.

Dass Sir D.F. dieses Stück Aussicht herausgemeißelt und mit dem Fenster gerahmt hatte … was soll ich sagen … ich begriff es plötzlich als Machtgeste; er hatte sich zum Herrn über den Blickwinkel erklärt, hatte die Aussicht beschnitten, und wie die Schafe waren Touristen und Maler herbeigeströmt (und tun es noch immer), *hinein* in das Haus, um *hinaus* zu sehen.

Zum Glück für meine Laune trat plötzlich eine junge Frau im lila Badeanzug mit guter Figur und sichtbarer Gänsehaut in meinen ungehinderten Blick. Sie balancierte empfindsam über die Steine des Felsbassins vor dem Wasserfall und musste kurz nach Luft schnappen, als sie sich hineinlegte. Mit ein paar Schwimmzügen war sie hinter den Vorhang aus Wasser gelangt. Als sie die Felswand erreichte, drehte sie sich um und starrte mich an.

Ich wollte ihr gerade winken – und was hätte das nicht alles zur Folge haben können –, als ich auch einen Mann erblickte, der wie ein schnaubender Stier am Ufer stand und mit einem Fuß scharrte. Ich kam mir ein wenig lächerlich vor, ich, Prinz Dachfirst. Ich weiß nicht, was sie dachten. Vielleicht hielten sie mich für einen Wolkengucker.

Ich saß auf dem Dach, und unter mir, im Haus, rumorte die Malerin. Mir kam der Gedanke, dass ich gewissermaßen auf ihr ritt. Das Haus war ein trojanisches Pferd: Man setze einen Mann breitbeinig auf den Dachfirst, und im Nu wird das Gebäude zu einem Pferd, und in diesem Fall beinhaltete es eine Malerin und ein Pferd mit einem menschlichen Inneren – schon klingt es trojanisch, ach so trojanisch.

Vielleicht glaubten sie auch, ich würde das Haus inspizieren, nach Schäden suchen, ich wäre ein Handwerker oder schlimmer noch: Ich wäre eines dieser sinnenfreudigen Wesen, die alles anfassen müssen – runter auf die Knie, um die welken Blätter anzufassen, rauf aufs Dach, um es zwischen den Schenkeln zu spüren.

[Kristian]

Wir bekommen beide Kopfschmerzen in unserem Zimmer, weil überall diese Duftdinger angebracht sind; ich habe Angst vor einem Hirnschaden, und deshalb leben wir bei geöffnetem Fenster, in ständigem Zug, zu Almas großem Unmut, und tatsächlich ist sie auch ziemlich erkältet; ich muss immerzu an einen Fernfahrer denken, den ich in den Nachrichten gesehen habe, er hatte diese Duftdinger in seiner Fahrerkabine verteilt, in der er einen Großteil seines Lebens verbrachte, und musste dann in den Vorruhestand gehen, ein kleines Plastikskelett am Rückspiegel ist also viel gesünder, es sei denn, man lutscht daran oder befummelt es ständig.

Natürlich hängt ein Duftdings in der Kloschüssel, wo es einen auch nicht weiter wundert, und hat zwei Funktionen, das Wasser lila zu färben und unangenehme Gerüche zu vertreiben; doch auch in der Duschkabine schlägt einem synthetischer Mief entgegen, sodass man gar nicht erst dazu kommt, sich selbst zu riechen, ehe man das Wasser aufdreht und das Problem im Abfluss verschwindet. Dasselbe im Kleiderschrank und auf dem Schuhregal – ferner liegt in jeder einzelnen Kommodenschublade eines dieser kleinen giftigen Dinger. Heute habe ich sogar eins über dem Bett entdeckt! Da fällt mir etwas ein. In meinem ökologischen Haarsalon hörte ich einen männlichen Friseur etwas zu einem männlichen Kunden sagen, während er einen Duft vorführte, indem er ihn in der Luft versprühte ... vom Kunden befragt, bei welcher Gelegenheit man diesen Duft verwenden solle, antwortete der Friseur: »Na, zum Beispiel, wenn der Herr morgens im Bett liegt und vögelt.«

Es wurde mucksmäuschenstill im Salon. Ich vermute, sämtliche Anwesende, die Kunden, Friseure und der Junge für alles beziehungsweise fürs Haarewegfegen, glaubten, sie hätten sich verhört. Und ich sah ein Paar beim Liebesakt vor mir, das ständig mit ein paar Spritzern die Atmosphäre über sich auffrischte, vor allem die südlichen Regionen, wie manche Leute sagen. Meine eigene Friseurin erstarrte kurz mit der Schere in der Luft, ehe sie sich hastig in irgendein Geplapper über Perücken stürzte – »in der Renaissance«, sagte sie, »verwendete man Bleiweiß für Gesicht und Haar, und das führte zu großen, offenen Wunden, die nicht mehr verheilten, und die Haare fielen aus, also waren nicht mehr viele Leute mit Haaren übrig, als dann die Zeit des Barocks kam, und man erfand die Perücke. Die Perücken der Armen wurden aus Filz hergestellt und glichen wohl eher Hüten als Haaren.«

Und sie zwang mich, mir diese armen Haarlosen vorzustellen, wie sie sich mit großen Wunden quer durch die Epochen schleppten, bis sie, mehrere hundert Jahre alt, endlich erlöst ins Perückenzeitalter eintreten konnten.

Unsere Zimmerwirtin hat ein Faible für Limetten- und Erdbeerduft. Sie sieht selbst ziemlich synthetisch aus und duftet intensiv, ebenfalls nach diesen Duftdingern, die sie wahrscheinlich auch an unterschiedlichen Stellen unter ihrer Kleidung deponiert hat. Sie lispelt ein wenig, weil sie eines davon in ihrer Backentasche versteckt hat wie einen Tabakpriem, sie würde Krebs immer schlechtem Atem vorziehen. Mit all dieser Unnatur konfrontiert ... überraschte es mich wirklich, als sie erzählte, dass sie jeden Abend eine Art Dachs-Show in ihrer Einfahrt veranstaltete, für ihre Pensionsgäste; unter ihrem Rhododendron (einem sehr üppigen, ausgreifenden Exemplar) wohnte eine ganze Dachsfamilie, und jeden Abend gegen 23 Uhr fütterte die Wirtin sie mit Frühstücksresten; Bacon, Eiern und gebratenen Würstchen, »wahrscheinlich sind es die einzigen Dachse in England mit einem zu hohen Cholesterinspiegel«, sagte sie, und ich hörte genau, dass sie diesen Satz nicht zum ersten Mal sagte. Und kaum hatte sie ihn ausgesprochen, hörte ich mich denselben Satz wie ein Echo (ziemlich irritierend; sagt mal: Wo bleibt hier der Witz?) in einer Nacherzählung dieser Episode wiederholen, und ich sah Alma vor mir, wie sie wegsah – das erfordert nicht viel Phantasie, sie tut es oft.

Am selben Abend nahmen wir auf den Klappstühlen Platz, ein paar grelle Scheinwerfer wurden eingeschaltet, sodass die Einfahrt plötzlich in ein Licht getaucht wurde, das einem Gefängnishof oder Lager alle Ehre gemacht hätte, und die Wirtin trat in einem rosa Hausanzug hinaus und erteilte letzte Anweisungen: »Sie sind fast blind«, sagte sie, »wenn Sie also vollkommen still sitzen bleiben, kommen sie ganz nah heran. Aber bei der kleinsten Bewegung …«, sie machte eine jähe Bewegung in der Luft. Verlust, Verschwinden, wupps, weg. Anschließend verstreute sie großzügig Essensreste in der Einfahrt und zog sich in ihr Duftschloss zurück.

Schon einen Augenblick später streckte ein Tier den Kopf aus dem Rhododendron. Und kurz darauf kam das gedrungene, korpulente, lauthals schnaufende Wesen mit schlangenartigen Bewegungen zum Vorschein und näherte sich, die Nase dicht am Boden, ganz in der Gewalt dieser Nase, bereit, für die Leckerbissen zu sterben (ich spürte einen Stich des Neids; ich sehnte mich nach etwas, für das es sich zu sterben lohnte). Es zermalmte ein paar Kotelettknochen, und ich musste natürlich daran denken, wie man früher, als es in den Wäldern nur so von Dachsen wimmelte, seine Stiefel mit Koks füllte, wenn man auf die Jagd ging, weil Dachse ihren Biss erst lockern, wenn sie die Knochen knacken hören.

Seine Nase führte das Tier zum nächsten Bissen, es kam bis zu meinem Stuhlbein, wo ein Stück Bratkartoffel lag, und ich schielte nervös zu meinem Fuß in Sandale hinab. Der Dachs schmatzte und schnaufte. Dann hörte er etwas! Und fegte los!

Die Luft war erfüllt mit Galopp und aneinanderklatschenden Körperteilen. Es klang, wie wenn eine fette, nackte Frau läuft. Wenn die eigene Frau anfängt, morgens ihre Kleidung mit ins Bad zu nehmen und abends ihr Nachthemd, um den Blicken beim Umziehen zu entgehen, liegt etwas im Argen. Alma ist nicht fett, ganz im Gegenteil. Unsere Badewanne hier oben im Zimmer hat eine Whirlpool-Funktion, ob man sie in die Wellen locken könnte? Wohl kaum.

Sie sitzt da und betrachtet die Katze, denn so etwas besitzt die rosa Dame ebenfalls. Und die Katze betrachtet Alma. Alma gibt kleine Lockrufe in diesem besonderen katzenhaften Tonfall von sich, einer Mischung aus Fauchen und einem tiefen, zärtlichen Laut, wie man sie schon im Kindesalter Katzen gegenüber zu gebrauchen lernt. Und das Tier schnurrt und reibt sich an der Mülltonne, Almas Geräusche sind genug, sie braucht es nicht einmal anzufassen, schon gibt es sich ihr hin. Die Katze positioniert sich in ihrer Nähe, vor der Tür.

Unser Pensionswirt trifft ein, parkt und will hinein – zum rosafarbenen Engel des Hauses, der den ganzen Tag über mit dem Staubwedel in der Hand umherwirbelt. Er grüßt, eine sehr männliche Erscheinung, Tweed und Pfeife. Bestimmt wartet ein Pie im Ofen. Während er isst, wird sie ihre Pantoffeln abstreifen und ihre gesalbten Füße in seinen Schritt legen. Er wird das Messer beiseitelegen, kauen und währenddessen ein bisschen in ihre süßen Zehen kneifen. Ich verzehre mich nach einem ähnlichen Idyll. Wie Marzipan.

Die Katze wird gestört. Sie muss Platz machen, sonst kommt der Herr des Hauses nicht hinein. Beleidigt sieht sie ihm nach. Sie betrachtet sich nicht als seine Katze. Er ist längst im Haus verschwunden. Nichts zu machen. Niemand mehr da zum Klagen.

[Alma]

Wollte man zur Zeit der Lake-Dichter nicht die gute Seele im Hause sein, war man gezwungen, sich ins Bett zu begeben, Krankheiten gab es genug und keine anderen Kuren dagegen als Opium und Brandy. Dort konnte man dann liegen und sich vertiefen, in die Lektüre, ins Übersetzen, in Opiumgespinste; man konnte schreiben, während sich andere um Kinder und Verwandte kümmerten, um Hausherr, Hausarbeit, Höflichkeitsbesuche, Abendgesellschaften und Kirchgang. Darf ich eine atemlose Sarah Coleridge vorstellen:

»Um neun versammelten wir alle uns beim Frühstück – S., seine Frau und die beiden ältesten Töchter, ich und Sara, alle waren guter Dinge bis auf die Dame des Hauses, die derzeit viel klagt (Mrs Lovell nimmt ihr Frühstück immer *allein* im Klassenzimmer ein & Hartley *allein* in seiner Studierkammer). Eine Nachricht erreicht uns – Sir G. & Ly. B lassen grüßen und hoffen, die ganze Gesellschaft inklusive der beiden jungen Damen bei sich zum Abendessen zu sehen. Wir versprechen zu kommen – fort fliegen die beiden Cousinen, um den Birnbaum zu schütteln, ehe sie sich zum Kirchgang umziehen – einen Augenblick später erscheint Edith, atemlos – ›Tante Coleridge, Sara hat etwas vom Baum und in ihr Auge geschüttelt & sie weiß nicht ein noch aus vor Schmerz.‹ Nachdem sie das Auge gespült & gejammert hat & fast eine Stunde lang die *Dummheit* der armen Verletzten missbilligt hat, klopft S. an die Tür, mit allen Kindern, bereit zum Kirchgang, bis auf eines. Wo ist Kate? ›Sie hat schreckliche Kopfschmerzen, sie kann nicht in die Kirche gehen, ihre Mutter bleibt zu Hause, um ihr James'-Pulver zu geben, deshalb hoffe ich, Sara geht es besser & ihr seid beide parat für die Kirche.‹ Sara war zu blind, um zu gehen. Aber ich machte mich in aller Hast zurecht und erreichte die Kirche genau in dem Moment, als das letzte Lied gesungen wurde, fand unsere Kirchenbank besetzt vor, war gezwungen, eine andere zu finden & die Kollekte begann, aber ich hatte meine Geldbörse zu Hause vergessen & da saß ich nun zwischen Fremden und fühlte mich dämlich … als wir nach Hause kamen, hatte Kate hohes Fieber; Mama sehr unglücklich, die arme Tante Lovell auf dem Sofa *in ihrer allerschlimmsten Gemütslage* & als ich ins Schlafzimmer trat, war es verdunkelt und Sara in Tränen gebadet … Wir schickten nach dem Arzt, der mit einem Kamelhaarpinsel versuchte, das Augenlid zu reinigen, es jedoch nur noch schlimmer machte; ein Rezept für Kate ausstellte, die ins Bett gelegt wurde, und Sara legte sich voller Verzweiflung auch wieder hin & ich saß auf der Bettkante und las … ich hatte mich gerade bereitgemacht, um die Nacht über bei ihr zu bleiben … da kommt das Mädchen – Ma'am, da stehen zwei Herren, die *Sie* treffen wollen, es sind Freunde von Mr Coleridge – ›seien Sie so gut und suchen Sie Hartley, ich habe fast nichts am Leib‹, ›Mr Hartley ist gerade ins Wirtshaus gegangen‹ … Nun denn, nachdem ich eine ganze Stunde mit den Herren verbracht hatte, gelang es mir, sie wieder wegzuschicken, ohne sie zum Abendessen eingeladen zu haben, wofür ich von S. zurechtgewiesen wurde, der es nicht gewagt hatte, sie einzuladen, weil er sich nicht *sicher* gewesen war, ob wir etwas im Haus hatten, um es ihnen anzubieten …«

Mit einer Begabung, die sich messen konnte mit dem Drang nach Vertiefung und Ruhe ihres berühmten Vaters und mit einer ähnlich ausgeprägten Opiumsucht legte sich Sara Coleridge (ohne h; die Tochter von Sarah und Samuel) häufig aufs Sofa oder stieg manchmal auf Reisen einfach aus der Kutsche, und unter dem Vorwand, ihre Gesundheit sei geschwächt (es stand allerdings auch wirklich schlimm um sie), logierte sie sich über Wochen in einer Pension ein, wo sie so lange schrieb, bis ihr Mann, nachdem er sie zunächst in unzähligen Briefen nach Hause zu locken versucht hatte, persönlich erschien und sie heimführte. Vielleicht schrieb sie bei einer solchen Gelegenheit das Mohngedicht, das später eigentümlicherweise und ungeachtet der Proteste ihrer Familie in einem Buch mit Lehrreimen für Kinder erschien, welches sie verfasst hatte:

The Poppies Blooming all around
My Herbert loves to see,
Some pearly white, some dark as night,
Some red as cramasie;

He loves their colours fresh and fine
As fair as fair may be,
But little does my darling know
How good they are to me.

He views their clustering petals gay
And shakes their nut-brown seeds.
But they to him are nothing more
Than other brilliant weeds;

O how should'st thou with beaming brow
With eyes and cheek so bright
Know aught of that blossom's pow'r,
Or sorrows of the night!

When poor mama long restless lies
She drinks the poppy's juice;
That liquor soon can close her eyes
And slumber soft produce.

O' then my sweet my happy boy
Will thank the poppy flow'r
Which brings the sleep to dear mama
At midnight's darksome hour.

Wieder muss ich prosaisches Wesen mich damit begnügen, eine ungereimte Übersetzung von mir wiederzugeben, die nicht vermag, diesen magnetischen, schwarzen Sog des Originals in der Brust auszulösen, als würde man durch Algen hindurch auf den Meeresgrund starren. Darf ich vorschlagen, das »Mama« mit zwei tiefen, gutturalen A auszusprechen, das entspräche noch mehr einem: Hört her, entspringt diese Stimme nicht einem tiefen Brunnen, einer lebenslangen Gefangenschaft mit krankhafter Bindung zum Wächter, einem Überhaupt-nicht-frei-sein-Wollen, wenn du zwanzig Jahre später ins Licht blinzelst und die knochige Mutterhand dir einen Stoß versetzt und mit einem Knall die Tür hinter dir zuschlägt.

Die Mohnblumen überall in Blüte
Mein Herbert liebt es, sie anzusehen
Einige perlweiß, andere dunkel wie die Nacht
Einige rot wie Karmesin;

Er liebt ihre feinen und frischen Farben
So schön, wie etwas schön sein kann
Doch mein Schatz weiß nichts davon
Wie gut sie für mich sind.

Er sieht ihre muntere Blätterschar
Und schüttelt die nussbraunen Samen.
Doch sie bedeuten ihm nicht mehr
Als jedes andere schöne Gewächs;

Oh, wie solltest du mit deinen strahlenden Brauen
Mit Augen und Wangen so klar
Etwas über die Kraft dieser Blume wissen,
Über die Sorgen der Nacht!

Wenn die arme Mama lange wach liegt
Trinkt sie den Saft des Mohns;
Dieser Trunk kann ihr schnell die Augen schließen
Und sanften Schlaf ihr bringen.

Oh, dann würde mein süßer, mein fröhlicher Junge
Der Mohnblume danken,
Die seiner lieben Mama Schlaf bringt
In der dunklen Mitternachtsstunde.

Wir verließen den reichen, fruchtbaren Lake District, all die
Schönheit, die Hügel und die glitzernden Seen, die sehnigen
Wanderer mit ihren silberbeschlagenen Wanderstöcken und
langen Schritten, und fuhren durch Discount-England; an
jeder Haltestelle wurde der Bus schwerer, 150-Kilo-Teenie-Müt-
ter stiegen zu, gefolgt von übergewichtigen Kleinkindern mit
Kurzhaarfrisuren, starr von Gel.

Kristian hat sich seine weißen Shorts hinten mit Teer ver-
schmiert. Er hat versucht, das Schlimmste mit etwas Küchenrolle abzuwischen, aber natürlich ist der Zellstoff am Teer kle-
bengeblieben. Jetzt läuft er also mit einem großen, dunklen
Fleck auf dem Hintern herum, an dem weiße Fetzen kleben,
was natürlich sehr unglücklich aussieht. Aber er läuft unbeirrt
weiter. Ich fühle mich wie ein pubertierendes Kind, das sich
für seine Eltern schämt. Ich habe die eitle Hoffnung, die Leute
könnten glauben, wir würden nicht zusammengehören, wenn
ich mich nur ein paar Meter vor oder hinter ihm halte. Sobald

er sitzt, bin ich froh. Ich lehne meinen Kopf an die Scheibe im Bus, und es ist, als würde eine Landschaft mit heftiger Geschwindigkeit in mein linkes Auge hineinlaufen, durch mich hindurch und aus dem Hinterkopf wieder hinaus.

Hände haben sie von unten gepackt und ins Wanken gebracht: Die Grabsteine sind schief, sie neigen sich in alle Richtungen. Sie sollten in geraden Reihen stehen, sind aber wild und zahnartig, vielleicht könnten riesige Spangen sie richten. Der Friedhof liegt im Dorf Haworth, wir! (ich lerne es allmählich) müssen ihn überqueren, um den Pfad zur Heide zu finden. Wir überqueren ihn am Morgen, und am Nachmittag überqueren wir ihn erneut.

»Also« steht zwischen den Namen der Familienmitglieder, auch sie, auch er, auch sie, und auf einem Stein lesen wir: »also or enough!«, wieder ein Kind verloren, vielleicht ist es ein an Gott gerichtetes Ausrufezeichen: Jetzt ist es genug! Eine ganze Familie begraben zu haben – wie ziellos muss man dann selbst umhergehen und warten, vielleicht mit der Locke eines der Lieben in einem Medaillon um den Hals, um eine Locke des eigenen Haares gewickelt. Im 19. Jahrhundert war man von abgeschnittenen Locken besessen. Im Brontë-Museum kann man in einer Vitrine das Haar von Vater Brontë und einer der Töchter sehen, vereint in einem kleinen, offenen Ding. Ob jemand das Medaillon zwischendurch geöffnet und seine Nase in dieses kleine Grab zu dem Lockengeflecht gesteckt hat? Eine Locke für jeden Verstorbenen, mit der Zeit kann das zu viel werden, so viel Liebe, und ach, so trocken!, auf so engem Raum. Der letzte Überlebende eines Geschlechts spazierte dann mit einem ganzen Miniaturfriedhof um den Hals herum.

Ich erinnere mich an eine ganze Wand, lebendig von Haaren, es war in der Türkei, in einem Gebiet mit Höhlen, wo die ersten Christen versteckt gelebt hatten, eine der Höhlen war wie eine Bar eingerichtet, und die Wand war mit Strähnen weiblicher Haare verkleidet, dicke Schichten aus Haar, die man am liebsten getätschelt hätte, und von jeder Locke baumelte ein Zettel mit dem Namen der Besitzerin. Ein eifriger Türke lief mit einer Schere hinter Alwilda und mir her, aber ich glaube, wir beugten uns nicht. Oder neigten wir unsere Häupter am Ende doch zu diesem kleinen Mann herab? Und kurz darauf stiegen zwei amputierte, skandinavische Riesinnen verärgert in den wartenden Bus.

In der Kirche, wo Reverend Brontë unter Aufbietung all seiner Kräfte predigte, nachdem er seine Frau verloren hatte und im Laufe der Jahre auch seine sechs Kinder – Emily starb auf einem Sofa, ich stand hinter der Absperrung im Brontë-Museum und sah das Sofa an und versuchte, Emilys den Quellen nach kurze und kräftige Gestalt heraufzubeschwören, die möglicherweise durch die Tuberkulose ätherisch geworden war, einen Körper, den der Husten geschliffen hatte, aber das Sofa blieb leer –, in dieser Kirche also treffen wir einen Mann, der arm dran ist. Er verletzt meinen persönlichen Luftraum, der wie bei allen Menschen einen knappen Meter umfasst, kommt mit seinem Gesicht ganz nah an meines heran und fragt, wie ich zum gekreuzigten Herrn Jesus stehe. Ich sage, dass ich getauft sei und deshalb wohl seinem Reich angehören dürfte, viel mehr aber auch nicht.

»Wie stehen Sie denn zu ihm?«

»Ich leide unter heftigen Wutausbrüchen, na ja, eigentlich sollte ich das jetzt gar nicht erzählen.«

»Tun Sie es ruhig«, sagte ich.

»Ich könnte diese Kirche binnen zehn Minuten kurz und klein hacken.«

Ich spähte zum Ausgang hinüber, ich weiß gar nicht, wie

ich so weit in diesen tiefen Raum gelangen konnte, jetzt bewegte ich mich langsam rückwärts.

»Deshalb versuche ich zu glauben«, brüllte er. »Glauben, glauben, glauben«, echote der Raum, »und das hat mir sehr geholfen«, flüsterte er.

Sein Gesicht klebte an meinem – während der Operation Exit. Leb wohl, Zorn, leb wohl, Gebrüll; es ist immer Unglück und Erleichterung zugleich, einen so schwierigen Menschen zurückzulassen, wie viele habe ich, um nur einmal mich als Beispiel zu nehmen, schon hinter mir gelassen, Obdachlose, hungrige Kinder mit blitzschnellen Bewegungen in der Dritten Welt, you name it, und immer nimmt man ein wenig vom Unglück mit: Kummer und Reue. Den Unglücklichen aber lässt man sitzen.

Herrje, all die Menschen, die ich mir unter den Arm hätte klemmen sollen, um mit ihnen davonzuspazieren, aber wo sollte ich sie aufbewahren, lebensgroße Menschen.

[Kristian]
Haworth ist ein dunkler Ort, aus dunklen Steinen erbaut oder aus Steinen, die mit der Zeit nachgedunkelt sind, seine Straßen sind schmal. Viele Häuserfassaden sind mit Blumen geschmückt, ganzen Orgien von Blumen, vor allem blaue und rote, die man unter dem Begriff Altweiberblumen zusammenfassen könnte: Blütenblätter wie Ohrläppchen, die mit der Zeit groß und schlaff geworden sind, in so kreischenden Farben, dass selbst schlechte Augen sie erfassen können; in Töpfen, die von der Fassade herabbaumeln und vor der Mauer stehen, jedes Haus ein ganzer Blumenladen. Unser Pensionswirt ist Engländer und die Wirtin Französin; als wir eintrafen, kam sie uns mit offenen Armen entgegen, und sie bonjourte und setzte

zur Wangenküsserei an; irgendwie stand mein Mund zu weit offen, oder sie drehte den Kopf zu schnell: Anstatt einen Kuss in die Luft neben ihrer Wange zu platzieren, bekam ich ihr Ohr in den Mund. Es schmeckte nach Pfeffer. Und bevor sie es wieder zu sich gezogen hatte, sah ich in einem Gedankenblitz die Herzogin aus *Alice im Wunderland* vor mir, wie sie in einem riesigen Topf rührte.

Unsere Pension liegt direkt neben dem Friedhof. Man überquert den Friedhof, öffnet eine Pforte, folgt einige Hundert Meter einem schmalen, dunklen Pfad, öffnet ein ziemlich schiefes Tor, und dann steht man auf der Heide. Haworth Moor. Das Abenteuer breitet sich vor einem aus. Uns geht es immer noch erbärmlich zusammen, und wieder durchwandern wir die Gegend einer starken Liebe: Catherines und Heathcliffs. Ihre Liebe war genauso unmöglich wie die von Dorothy und William, aus der wir sozusagen kommen. Und unsere eigene ist auch völlig unmöglich. Wenngleich aus anderen Gründen, aber die verstehe ich nicht. Wenn ich mit der Hand über Almas Körper streiche, schaudert sie und sagt, es würde kitzeln. Sie schiebt meine Hand nicht weg, bringt sie jedoch zum Stillstand, indem sie ihre Hand darauflegt. Das erinnert eher an ein Begräbnis als an eine Liebkosung.

Heute haben wir Top Withens besucht, ein Gebäude, das Emily Brontë zu dem sturmumtosten Haus Wuthering Heights inspiriert haben soll, jetzt eine Ruine.

Die Heide. Über uns kreisen Sperber. Die Heide ist weiß von Wollgras. An feuchten Stellen wächst Farn. Er kann krebserregend sein. Und ich trage kurze Hosen. Das Wetter verändert sich unablässig. Die Sonne scheint. Dann beginnt es plötzlich zu regnen. Der Regen peitscht einem ins Gesicht, und der Wind ist stark. Wir schlüpfen in unsere Wollpullover. Kurz darauf ziehen wir sie wieder aus. Gestern hat Alma ein

Paar lange Kniestrümpfe aus Wolle gekauft. In einem Spezial-
geschäft (Regionalwolle) im Ort. Wir kamen mit dem Inhaber
ins Gespräch. Er wollte gern weg aus England. Wegen der Art
und Weise, wie man die Ausländer behandelt. Er wollte gern
nach Frankreich ziehen. Alma bemerkte, das Klima für Zuge-
reiste (hatte nicht auch die Königin in ihrer letzten Neujahrs-
rede dieses Wort gebraucht? Ein ausgesucht neutrales Wort, ein
richtiges Königinnenwort; aber womöglich so neutral, dass es
keine Präzision besitzt) sei auch in Dänemark ziemlich rau
geworden. Er sah uns verständnislos an. »Nein, nein!« Er wolle
gern heim zu Le Pen. Le Pen wisse, was zu tun sei. Nur wenige Tage zuvor hatte ich in einem Artikel in *The Independent*
von den gefängnisähnlichen Zuständen gelesen, unter denen
Asylsuchende in England ihr Dasein fristen mussten; von
einer Afrikanerin, die man in Handschellen ihr Kind zur Welt
bringen ließ, damit sie den Krankenhausaufenthalt nicht zum
Anlass nahm, zu verschwinden und sich der illegalen Menge
anzuschließen. Zu diesem Zeitpunkt hatte Alma die Strümpfe
schon bezahlt. Sonst wären wir ohne gegangen. Jetzt benutzen
wir Almas lange Rassistenstrümpfe als Schal. Ein Strumpf für
jeden, das Fußteil schlenkert auf der Brust umher, Alma wagt
ein Grinsen, die Lächerlichkeit vereint uns. So kalt ist es.

Auf dem Weg nach Top Withens durchquerten wir ein ganz
und gar hinreißendes Tal, in dem es den Brontë-Schwestern zu
sitzen beliebte. Steile Felswände. Ein Wasserfall. Eine Furt mit
Steinen: eine Einladung zu purer Freude. Ich zog die Schuhe
aus und hüpfte von Stein zu Stein. Derweil ging Alma über
die Brontë-Brücke und wieder zurück und setzte sich für einen
Moment auf den Brontë-Stuhl (ebenfalls ein Stein).

»Hier möchte ich noch mal hinkommen«, sagte Alma, und
dann gingen wir weiter.

Als wir schwitzend und atemlos bei der Ruine anlangten,

wurden wir sofort umringt von Heideschafen, graubraun und frischgeschoren. Sie scharten sich um uns. Bei einem von ihnen baumelte eine große Geschwulst vom Kinn herab. Vielleicht wegen der Farne.

Die Ruine bestand nur aus wenigen Zimmern, zweien oder dreien. Die Mauern dazwischen waren so niedrig, dass ich hinübersehen konnte. Im Roman *Wuthering Heights* wirkt das titelgebende Haus wie ein Gebäude von bedeutender Größe, voller Gänge und dunkler Zimmer, aus deren verborgenen Ecken Hunde hervorspringen. Es gibt einen Raum unter dem Geschirrschrank, die »hintere Küche«. Vor allem die Größe und die Menge der Zimmer sorgen für Unbehagen; bei Catherines altem Zimmer, in dem der Erzähler während eines Schneesturms gezwungenermaßen übernachten muss und von ihrem Geist zu Tode erschreckt wird, ist sogar von einem Zimmer im Zimmer die Rede: Auch das Bett ist ein Zimmer für sich, ein Zimmer mit einem Fenster, dessen Bank als Bücherregal dient und dessen Läden aus Eichenholz man schließen und das Bett damit vollkommen vom übrigen Zimmer abtrennen kann. Als Catherines Geist durch das Fenster einzudringen versucht, ist der Erzähler doppelt gefangen in diesem Zimmer im Zimmer. Heathcliff weiß nicht, dass das Dienstmädchen dem Erzähler erlaubt hat, im Kinderzimmer der verstorbenen Catherine zu übernachten, das ihm heilig ist und zu dem er niemandem Zutritt gewährt; als er Schreie aus dem Zimmer hört (es ist der Erzähler, der angesichts des Geists schreit), glaubt er, Catherines Geist riefe nach ihm, und eilt mit einem Talglicht herbei, in der Hoffnung, sie noch ein letztes Mal zu sehen. Die Eichenläden sind geschlossen. Als der Erzähler sich zu erkennen geben will und an ihnen rüttelt, sodass sie sich bewegen, gerät Heathcliff fast außer sich vor Angst. Er wünscht sich, dem Geist zu begegnen, und wünscht es sich doch nicht.

Das Wuthering Heights des Romans ist ein burgähnliches Gefängnis, in dem fortwährend eine unglaublich schlechte Stimmung herrscht. Ein Ort, dem man nur schwer entkommen kann. Der erwachsene Heathcliff hält erst seinen Sohn im Haus gefangen und dann seine Schwiegertochter, die Tochter seiner geliebten Catherine, die er, so könnte man meinen, aus Liebe gut behandeln würde; aber nein, ganz im Gegenteil.

Die Gewalt findet in den verschlossenen Zimmern statt.

Die Ruine ist offen. Die Heide und das Wetter sind in sie vorgedrungen. Dieses Gebäude kann niemanden einsperren, wie es das Haus im Roman so maßgeblich tut. Heute müsste Heathcliff seine Gefangenen hier festketten. Das Einzige, was an den Schauplatz des Romans erinnert, ist die abgesonderte Lage des Gemäuers; auf einem Hügel, umgeben von öder Heide. Und dann dieses Windgepeitschte. Der Wind packt das Fußende des Strumpfes und schwingt es mir über die Schulter, »it is very wuthering«.

Heathcliffe ist ein brutales, raffgieriges (ganze zwei Gebäude eignet er sich an), rachsüchtiges Biest, Catherine ein hysterisches, manipulatives und zu Gewalt neigendes Ungeheuer. Warum ist ihre Liebe so berühmt? Wie können sich zwei so ungeheuerliche Menschen lieben? Und wie sieht ihre berühmte Liebe eigentlich aus? Ist sie ein edles Phänomen vor einem Hintergrund der Gewalt (das Haus und eine Reihe von gewalttätigen Nebenpersonen), das zwischen zwei gleichermaßen Gewalttätigen auftritt? Für sie bedeutet Liebe, den Unterschied zwischen ihren Seelen nicht erkennen zu können, zu glauben, sie seien eins:

»Meine Liebe zu Heathcliff gemahnt an die ewigen Felsen darunter – nicht sonderlich schön anzuschauen, aber unverrückbar. Nelly, ich *bin* Heathcliff – er ist immer, immer in meinem Sinn – nicht zum Vergnügen, ebenso wenig, wie ich mir selbst zum Vergnügen da bin, sondern als mein eigenes Sein – also red nicht wieder von unserer Trennung: Die ist unausführbar«, sagt Catherine und heiratet kurz darauf Heathcliffs Gegensatz, einen kühlen Mann.

Erst im Tod werden sie vereint. Heathcliff gräbt Catherines Sarg aus und entfernt an einer Seite die Bretter, sodass er offen ist; und er sorgt dafür, dass dasselbe nach seinem Tod mit seinem eigenen Sarg geschieht – indem er mit dem mächtigen Zorn seines eigenen Geistes droht, falls man seinem Willen nicht nachkomme; so werden die beiden schließlich ein Fleisch.

Im Gegensatz zu diesen wahrhaftig Liebenden, deren Wahrhaftigkeit darin liegt, dass der eine (wie) der andere ist, ist die Liebe zwischen Heathcliffs Sohn und Catherines Tochter eine Liebe, die von Heathcliff künstlich erzeugt wurde, abermals im Hinblick auf materiellen Gewinn – und Rache. Der Beweis für die Falschheit dieser Liebe ist offensichtlich, dass die Liebenden unterschiedliche Wünsche haben:

»Einmal jedoch kam es fast zu einem Streit. Er sagte, die angenehmste Art, einen heißen Julitag zu verbringen, sei es, von morgens bis abends mitten im Moor auf einem Lager aus Heidekraut zu liegen, wo die Bienen verträumt um die Blüten herumsummen, und die Lerchen hoch über den Köpfen singen, und der blaue Himmel lacht und die helle Sonne strahlt, unwandelbar & wolkenlos. Das war seine Vorstellung von vollkommenem Himmelsglück – die meine war: in einem rauschenden grünen Baum mich zu schaukeln, wenn der Westwind weht und leuchtendweiße Wolken schnell über mir dahinziehen – und nicht nur Lerchen, sondern auch Drosseln & Amseln & Hänflinge und Kuckucke von allen Seiten Musik erklingen lassen – und das Moor, gestaffelt in schmale, kaltgraue Täler, in der Ferne zu sehen ist, nahebei aber die Dünung des langen Grases, das in Wellen schwillt & wogt in der Brise – und Wälder und rauschende Gewässer, und die ganze Welt wach & wild vor Freude. Er wollte, daß alles in erhabenstem Frieden daliegt – ich wollte, daß alles funkelt & tanzt in gloriosem Jubilando. Ich sagte, sein Paradies sei ja nur halb lebendig – und er sagte, das meine sei ja besoffen – ich sagte, in seinem würde ich glatt einpennen – und er sagte, in meinem würde er keine Luft mehr kriegen, und fing an, ziemlich gnatschig zu werden«, erzählt Cathy dem Dienstmädchen Nelly.

Ich las Alma die Passage laut vor, und sie sagte: »Was für ein Text über die Heide. So kann man über einen Ort nur schreiben, wenn man ihn vollständig kennt. Und was für ein Text über das Glück der Bewegung.«
    Sie legte die Arme um mich und sagte: »Was für eine Prosa!«, und ich freute mich so, als hätte ich sie selbst geschrieben und nicht nur für einen Moment mit meiner Stimme besessen. Ich sagte: »Heathcliffs Sohn hatte Tuberkulose, deshalb konnte er bei ihrem Gerenne und Getanze nicht mithalten, sondern lag am liebsten dösend da. Für ihn fühlte es sich so an, als würde brennende Milch durch seine Adern fließen. Für ihn fühlte es sich so an, als würde er zwischen Himmel und Erde liegen und durch ein Nadelöhr atmen.«
    Sie sah mich misstrauisch an und sagte, ich spräche wie ein Buch, nicht dass sie etwas dagegen habe, ab wo sei ich selbst?

Letzteres war auch ein Zitat, Gott-weiß-woher, jedenfalls nicht von Brontë. Vielleicht war sie mein Gerede über Krankheiten leid. Jedenfalls hatte ich das Gefühl, einen wichtigen Moment vertan zu haben – wir waren einander lange nicht mehr so nah gewesen, im physischen Sinne, durch ihre Umarmung, wie auch im Geistigen – denn sie stand auf und ging zum Fenster. Wir waren in unserer Pension. Sie wirkte wie eine Gefangene, und ich fühlte mich unterlegen. Wie die magerste Gurke im Einmachglas.

[Alma]
Kristian ist krank geworden. Krank in Wales. Snowdownia. Er hat hohes Fieber und döst die meiste Zeit. Wir sind im Hotel The Heights im Dorf Llanveris abgestiegen. Eine entspannte Unterkunft mit etwas Hippieflair, aber nicht total ausgeflippt, man kann rund um die Uhr kommen und gehen, es gibt Zimmer und Schlafsäle und Musikbeschallung, aber alles wirkt sauber und ordentlich und man läuft keine Gefahr, beklaut zu werden. Dies ist eine junge Gegend, im Gegensatz zum Lake District, der vor allem die wohlhabende Mittelschicht anspricht. Hier gibt es viele Bergsteiger. Mit seinen grauen, nackten Bergen und dem besagten Snowdown, dem höchsten Berg in Wales, ist das Gebiet ein gefundenes Fressen für Kletterer. Heute habe ich gesehen, wie jemand mit einem gelben Helikopter von einem Gipfel gerettet wurde, ich weiß nicht, ob er sich ein Bein gebrochen hatte oder den Abstieg nicht mehr wagte oder bewältigte, wie eine Katze, der die Feuerwehr vom Dach herunterhelfen muss.

Kristian hat gesagt, ich solle einfach ausgehen, wie ich Lust hätte. Es gebe keinen Grund dafür, dass ich an seinem Bett säße und ihm beim Schlafen zusähe. Und den gibt es wohl wirklich nicht. Trotzdem hatte ich ein schlechtes Gewissen, als ich mich abends nach unten an die Hotelbar begab. Ich gehe nicht gern allein aus. Ich weiß nicht, wohin mit den Händen und Augen. Wenn ich allein essen gehe, lese ich normalerweise. Kurzum: Ich habe Angst, jemand könnte etwas von mir denken. Ich sage mir selbst, wie ungerecht es ist, dass Männer allein ausgehen und sich dabei wohlfühlen und frei und die Welt erobern ... mit anderen Worten: Ich meine, ich sollte es auch tun. Und ich tue es auch. Aber ich kann mich ja schlecht dazu zwingen, mich dabei wohlzufühlen.

Der Raum, in den ich trat, war verräuchert und brechend voll; offensichtlich waren viele Einheimische da, mehrere Leute mit leichten Zügen von Inzucht; so etwas machen Bergregionen mit ihren Bewohnern. Ich holte mir ein Bier und sah mich nach einem Platz um. An einem Dreiertisch fand ich einen freien Stuhl. Am Tisch saß ein kleiner, höflicher, smarter Typ, den ich auf Anfang vierzig schätzte. Er hätte Jockey sein können. Wog so gut wie nichts. Und wirkte ungeheuer gerissen. Neben ihm saß ein ganz anderer Mann, viel jünger und schwerer, mit dunklen Locken und einem guten Körperbau unter einer (lila-bordeaux) gestreiften nordafrikanischen Kutte mit Kapuze. Er war wohl mal in Marokko gewesen. Das war ich auch. Vielleicht handelte es sich um eine sogenannte Djellaba oder irgendein anderes, langes, mantelähnliches Kleidungsstück. Seine Wimpern waren so dicht und lang, dass seine Augen verschleiert wirkten, wenn er blinzelte. Er hieß Michael, sein Freund Tony. Beide kamen aus Leeds und waren zum Klettern hier. Sie kamen her, sooft sie konnten. Tony verkaufte Autos, Michael betreute Behinderte. Bergsteigen war ihr Ein und Alles. All das erfuhr ich im Nu, denn kaum hatte ich mich gesetzt, beugten sie sich zu mir herüber und unterhielten sich mit mir. Tony redete am meisten. Und beugte sich am weitesten vor. Der andere stützte die Ellbogen auf den Tisch, ein wenig geduckt; aber der Blick, mit dem er mich ansah, war durchaus wach. Das Einzige, was ich zum Gespräch beisteuern konnte, war von meiner Höhenangst zu erzählen. Und wie sie mich befallen hatte.

Bis ich vor fünfzehn Jahren einmal den Schiefen Turm von Pisa hinaufstieg, hatte ich nie ein Problem mit Höhen gehabt. Ich konnte mich einem Abgrund nähern oder es sein lassen. Ich fühlte mich weder angezogen noch abgeschreckt. Ich war keine von denen, die immer »o Gott« sagt und fürchtet, sich plötzlich unwillkürlich hinabzustürzen. Überhaupt nicht. Mir ist es einfach nur gleichgültig. Doch auf der höchsten Säulengalerie des Schiefen Turms hatte ich plötzlich Angst, ich könnte vom schrägen Fundament herunterfallen. Mir wurde schlecht und schwindelig, und ich musste mich auf den Boden legen. Ich legte mich ganz dicht an das Gemäuer und presste mich dagegen. Ihr wisst, wie so eine Mauer riecht – fast wie ein Brunnen. (Tony trommelte mit den Fingern auf den Tisch, er hatte keine Geduld für Beschreibungen.) Ich lag im Weg und verursachte einen Stau, der Platz war schon vorher begrenzt gewesen. Ich lag auf der Seite und drückte mein Gesicht gegen den Turmkörper und spürte, wie der Abgrund in meinem Rücken an mir zog. – Am Ende willigte ich ein, dass man mir nach unten half. Der Abstieg auf der schmalen Treppe durch den Turmkörper war ein Albtraum, das sage ich euch. Ich schwor mir, nie wieder im Leben etwas Hohes hinaufzusteigen. Ich saß auf dem Boden und betrachtete den Schiefen Turm, der von dort aus einer Schachfigur glich, aber ich wusste es besser, und er verschwamm vor meinen Augen.

Als ich meine Ausführung beendet hatte, sagte Tony, es gebe nur einen Weg der Heilung.

»Du brauchst gar nicht mehr zu sagen«, erwiderte ich. »Ich

kann es mir denken. Gleiches wird durch Gleiches geheilt, was?«

»Genau«, antwortete er. »Wir nehmen dich morgen mit. Ausrüstung kannst du dir von uns leihen.«

Ich sah Michael an und nickte. Ich fühlte mich aufgeräumt. Angespannt. Berauscht. Ich wollte gern mutig wirken. Ich wollte bewundert werden. Ich glaube, in dem Moment hatten wir uns füreinander entschieden. Aber ich konnte es ja nicht hundertprozentig wissen. All diese Kräfte wüteten in mir. Ich trank noch ein Bier, verdrängte das Bild von Kristian und fragte, ob ich ebenjenen Snowdown (1085 m) besteigen solle. Nein. Sie wollten mich zu einem Ort bringen, der Suicide Wall hieß. Als ich den Namen hörte, stieß ich ein paar seltsame Laute aus, eigentlich hatte ich sagen wollen: »Haha.«

Tony erinnerte an einen rastlosen Vogel. Einen harten Vogel, mit kurzen, scharfen Bewegungen, vor und zurück über den Tisch. Ein blitzendes Messer. Ohne besonders anwesend zu sein, nur in flüchtigen Momenten präsent. Wo war er stattdessen? Überall. Er spähte zur Bar hinüber. Hastige Blicke auf jede Frau, die hereinkam. Rastlos, rastlos, rastlos. Michael dagegen. Mir gefällt der Ausdruck »grounded« nicht, aber genau das war er. Er ruhte in sich. War zugegen. Und wenn es etwas gibt, das mich anspornt, dann das. Dass jemand bei sich ist. Und hier hatte ich also einen gründlich geerdeten Bergsteiger.

Um die Tanzfläche war Bewegung entstanden, immer mehr Leute erhoben sich und bildeten einen Ring aus Schaulustigen. Die Neugier brachte auch uns auf die Beine; aha, eine Stripperin war gekommen. Mit schlechter Haut und birnenförmigen Brüsten. Wahrscheinlich arbeitete sie tagsüber im Supermarkt. Sie zog sich komplett aus und versuchte, einen Mann dazu zu bringen, mit ihr zu tanzen. Sie streckte mehreren die Hand entgegen und zerrte an ihnen, aber niemand traute sich, sie verbargen die Hände hinter dem Rücken und wichen zurück. Dann schubsten ein paar Männer ihren Kumpel auf die Tanzfläche. Er wollte wieder zurück und sich in der Herde verstecken, wurde aber immer wieder in die Mitte gestoßen – jetzt war er das Opfer aller Gaffer; all jene, die selbst dankend abgelehnt hatten, sorgten dafür, ihn auf der Tanzfläche zu halten. Solange er dort blieb, waren sie selbst in Sicherheit. Die Stripperin tanzte auf ihn zu und zog ihm das Hemd aus der Hose. Er stopfte es wieder hinein. Sie knöpfte es auf. Er machte eine resignierte Geste und zog das Hemd aus. Dann hob er die Hände in die Luft und tanzte einen Tanz, bei dem es darum ging, seinen Wanst zu schütteln. Die Menge jubelte. Er streckte die Hände nach den Brüsten der Stripperin aus, die sich ihm jedoch entzog und einen schlangenähnlichen Angriff auf seinen Gürtel startete. Kurz darauf hing ihm die Hose um die Knöchel. Er trug rote Unterhosen. Die Ekstase war nicht mehr zu bremsen, die Rufe wurden gröber, einige schütteten ihr Bier über das Paar, und dem Tanzenden wurde ein Glas nach dem anderen gereicht, das er trank und über sich und ihr auskippte. Massenhaft Schaum, der sich an den Körpern und auf dem Boden in nichts auflöste. Nach einer Weile wirkte der Vorgang beinahe pflichtbewusst. Er zog seine Schuhe aus und warf sie. Ein Schuh flog dicht an meinem Ohr vorbei. Und natürlich konnte er auch der Versuchung nicht widerstehen, seine Hose wie ein Lasso in der Luft herumzuwirbeln, ehe er sie losließ.

Tony hatte sich nach ganz vorn gedrängelt; ich konnte sehen, dass nur ein Teil von ihm grölte, der Rest verfolgte aufmerksam das Geschehen. Wäre er kein Sohn der Arbeiterklasse gewesen, er hätte sicher einen guten Diplomaten abgegeben. Dann musste die Stripperin dem Barkeeper ein Zeichen gegeben haben, denn plötzlich warf der eine Gummipuppe auf die Tanzfläche. Ich sah M. an, und er schüttelte den Kopf und schämte sich. Die Stripperin hielt die Gummipuppe vor sich, und jetzt durfte der Tanzende grabschen. Er stürzte sich auf ihren offenen Fischmund und ihre starren Augen, und in diesem Moment verließ die Stripperin ihn mit diesem Geschöpf eines schwülen Strandtags in den Armen. Sie zog sich relativ unbemerkt zurück, der Mann warf die Puppe zu Boden, zog seine Unterhose herunter und machte Anstalten, in sie einzudringen, doch irgendetwas ging schief, denn sie platzte wie ein Ballon, und unter seinen fetten Hüften zerfloss eine kleine Pfütze aus buntem Plastik.

Kristian ging es am nächsten Tag kein bisschen besser; ich zwängte ein wenig Joghurt und Saft zwischen seine trockenen Lippen. Es gelang ihm, mich anzulächeln, ehe er wieder wegdriftete. Ich beschloss, dass ich einen Arzt rufen würde, falls im Laufe des Tages keine Besserung eintrat. Und dann ging ich nach unten, um Tony und M. zu treffen. Ich fand, der Buchstabe wurde ihm gerechter als sein vollumfänglicher Name. Womöglich sind Initialen immer sexy. Sie deuten eine Fortsetzung an. Die vielleicht kommt. Vielleicht auch nicht.

Ich hatte Angst, ließ mir aber nichts anmerken und stieg lächelnd hinten in Tonys Auto ein. M. saß auf dem Vordersitz. Ich nahm direkt hinter seinem lockigen Nacken Platz. Und dann fuhren wir. Schneller, als ich je in meinem Leben gefahren war. In die Berge. Mit voll aufgedrehter Musik und viel Geschlinger. Ich war verliebt. Ich war gleichgültig. Meinetwegen konnten wir in diesem Auto sterben. Ich weiß nicht, warum ein so starkes Gefühl der eigenen Lebendigkeit gleichgültig macht gegenüber dem Sterben. Weil man ganz oben ist? Und dann am liebsten loslassen will? Ab und zu drehte M. sich um und sagte etwas zu mir. Ich war schüchtern und fand nur schwer eine Antwort.

Als ich eine halbe Stunde später zwischen Himmel und Erde hing, dachte ich nur an eines: Überleben. Und daran, so schnell wie möglich zum Ziel hinaufzukommen, damit ich so schnell wie möglich wieder auf den Boden hinabkam. Ich war mit Seilen gesichert, wenn ich fiel, würde ich also einfach nur daran hängen und baumeln. Trotzdem blieb die Angst gleich. Sie hatten mich mit Schuhen mit weichen Kappen ausgestattet, dafür geschaffen, sich in die schmalsten Spalten hineinzubohren und Halt zu finden. Es war unglaublich, wie viele Löcher und Spalten es in der Felswand gab, die vom Boden aus vollkommen glatt ausgesehen hatte. Und so bohrte ich meine Finger und Zehen in die Löcher und zog mich auf diese Weise empor. Die ersten Meter waren schmerzfrei. Erst einige Meter weiter oben packten mich Schrecken und Todesangst. Ich presste mich an den Fels und suchte nach Spalten. Und plötzlich war es, als hätte ich noch nie in meinem Leben eine Felswand gesehen. Ich erlebte die Wand als das Unversöhnlichste und Brutalste, dem ich je gegenübergestanden hatte. Schwer atmend klammerte ich mich für einen Moment daran fest. Tony hatte mir geraten, weder nach oben noch nach unten zu schauen. Jetzt blickte ich zu dem Plateau empor, das meine Endstation war, und dann atmete ich tief durch und flitzte förmlich aufwärts. Anschließend sagten sie mir, sie hätten noch nie jemanden so schnell klettern sehen. Und ich sagte nicht, dass ich es einfach nur hinter mich hatte bringen wollen.

Meine Erinnerung hat das Plateau, auf dem ich kurz darauf saß, mit gelben Blumen versehen; als wären sie die Freude und das Leben schlechthin; aber worauf hätten sie wachsen sollen. Ich kletterte noch mal hinauf. Und noch mal, und am Ende gefiel es mir, und ich fand vielleicht nicht direkt, dass die Felswand sich mir darbot, aber … »Ich könnte mir vorstellen, zu fallen. Einfach nur so, um es mal auszuprobieren«, rief ich den beiden am Boden Stehenden zu. Hängen und am Seil baumeln, meinte ich. Ich sah hinauf. Ich sah hinab. Der Himmel bereitete mir keinen Schwindel. Die Erde bereitete mir keine Angst vor dem Fall. Nicht in diesem Moment.

»Sie könnte sich vorstellen, zu fallen. Einfach nur so, um es mal auszuprobieren«, sagte M. voller Bewunderung zu Tony.

Und ich musste daran denken, wie es in der Schule war – wenn wir Jungs-fangen-die-Mädchen gespielt hatten. Ich hatte lange geglaubt, es ginge darum, möglichst schnell zu laufen. Nicht gefangen zu werden. Hier hing ich fünfundzwanzig Jahre später an einem Seil und wollte wieder genauso für meine Schnelligkeit bewundert werden. Das war albern und selbsteingenommen. Vielleicht nicht mit zehn, elf oder zwölf Jahren. Mit fünfunddreißig aber schon. Und es war Zeit, ins Hotel zurückzukommen und wieder einen Teelöffel zwischen Kristians Lippen zu zwingen. M. legte den Kopf in den Nacken und sah mir in die Augen, und in mir wallte etwas auf, das mein Herz verdrehte und beinahe zum Stillstand brachte, es war das Blut der Liebe.

Tiere

[Edward]

Neuerdings verbringe ich viel Zeit im Zoogeschäft, auch wenn es dort wild und stechend riecht und die Vögel einen infernalischen Lärm veranstalten, sie pfeifen und sprechen: »Hallihallo« und »Guten Tag!«, sagen die Papageien mit Stimmen, die klingen wie die Nachrichtensprecher aus den ersten, scheppernden Tagen des Radios, einer längst in die Jahre gekommenen Technik. An den Geruch hat man sich übrigens schnell gewöhnt.

Ich stehe nicht da und denke, dass wir gewissermaßen alle eingesperrt sind, Tiere wie Menschen, stehe nicht da und sehe mir die Tiere an, weil ich mich wie ein Gefangener in meinem eigenen Leben fühle, alle diese modernistischen Fallen und Floskeln kenne ich bis zum Abwinken. Es geht nicht im Geringsten um Identifikation. Ich empfinde kein Mitleid mit den Tieren, ich weiß nicht einmal, ob ich Sympathie für sie hege. Ich denke auch nicht, diese gefederten oder geschuppten Geschöpfe wären das Fundament, auf dem unsere Art steht. Aber ich bin mir, wie aus diesen Zeilen hervorgeht, darüber im Klaren, dass ich es denken *könnte*.

Ich gebe mich vor den Käfigen und Aquarien der Kontemplation hin. Ich suche den Blick der Tiere und bilde mir ein, sie würden den meinen suchen. Anschließend können sie sich nicht mehr an mich erinnern, selbst schon einen Augenblick später. Wenn ich fünf Minuten später zurückkehre, erkennen sie mich nicht wieder. Und auch ich kann den einen Goldfisch unmöglich vom anderen unterscheiden. Unsere Blicke treffen sich, basta, das war's. Bin ich ein Mensch, der »basta« sagt …

unsere Blicke treffen sich über das Schlachtfeld der Evolution hinweg, über Millionen von Jahren.

Ich habe gelernt, mich an Mäuse zu gewöhnen, was ich nie für möglich gehalten hätte; die kleinen, huschenden Bewegungen, den Schwanz et cetera. Die Augen der Vögel leuchten vor Intelligenz, man darf die Finger nicht zu den Fischen stecken und sie berühren, dann können sie an Pilz erkranken. Eines Tages war ein Kaninchen da, dem (möglicherweise) auffiel, dass ich es betrachtete, jedenfalls drehte es seinen Kopf und sah mir lange und träge in die Augen. Hätte es jeden anderen belebten oder unbelebten Gegenstand auf dieselbe Weise angeschaut? Gibt es Leben auf dem Mars? Es war grau und vermutlich, so pflegt man doch zu sagen, seidenweich.

Es sind auch Haie da, jetzt komme ich allmählich zur Sache. Nicht zuletzt der Haie wegen bin ich hier, meine häufige Wiederkehr ist ihnen geschuldet. Ich hätte sie gar nicht bemerkt und dachte erst, ich hätte mich verhört, als der Praktikant des Zoogeschäfts fragte: »Gibt es heute kranke Fische für die Haie?« Und der Inhaber muss genickt haben, denn dann sagte der Praktikant: »Ich will sie füttern, ich will sie füttern!«

Erst dachte ich, es wäre eine Metapher, der Hai stünde für etwas anderes, und sah mich misstrauisch um. Ich hatte Angst, mich zum Gespött zu machen. Ich wagte nicht zu fragen: »Sie haben *Haie*?« Langsam suchte ich alle Aquarien ab. Ich kleide mich gut, bin nicht der Typ, der mit Sandalen und einer Schlange um den Hals in der Fußgängerzone hockt (oder schlimmer noch, und jetzt kommt etwas, was mir einmal zugetragen wurde: ein Mann, der die Gewohnheit hat, wenn es klingelt, die Tür aufzureißen und »fang« zu rufen und dem Gast seine Schlange in die Arme zu werfen!), bin keiner dieser Übergewichtigen, die sich Stabheuschrecken halten oder Tausendfüßler – oh, Tausendfüßler! Einmal sah ich auf einer

staubigen Straße in Afrika drei monströse Tausendfüßler vo-
rüberfegen, ihre Beine schlenkerten so fröhlich, schwarz wie
altmodische Lokomotiven, übertrafen sie den Anblick von Geparden und Löwen bei weitem, und immer wenn uns ein Paar
in Geländewagen und mit Tropenhelmen anhielt und fragte:
»Did you see any game today?«, sagte ich ja und erzählte von
den Tausendfüßlern, »dort, da drüben, diese Richtung, aber
achten Sie darauf, sie nicht zu überfahren«.

Ich bin kein armer, einsamer, trauriger Kerl. Nicht pervers,
nicht einmal introvertiert. Habe keine Haustiere. Mein Liebesleben ist so unspektakulär wie das einer Landpomeranze (daran hätte ich euch streng genommen nicht teilhaben lassen
müssen). Ich bin studiert, schlank und gut zu Fuß, ein Wan-
dersmann. Klingt das wie eine Kontaktanzeige? Ist es auch.

Die Aquarien sind auf einer Breite von zehn Metern in drei
Etagen übereinandergestapelt, es ist ein großes Zoogeschäft,
und die Haie sind ganz oben angebracht, fast am Ende der Reihe, das heißt tief im Inneren des Ladens, in seinem dunklen
Herzen, wo der Raum einen Knick macht und sich zu einem
warmen Seitenflügel mit Glastüren öffnet, in dem die Vögel
und die Nager leben.

Es sind fünf eifrige kleine Derwische, und sie halten sich
ganz dicht hinter der Glasscheibe und stoßen aggressiv mit
ihren Nasen dagegen, Seite an Seite, wie ein Pferdegespann,
das am Vorankommen gehindert wird.

»Nichts als Münder«, sagt der Zoofachverkäufer über sie;
bedrohliche Münder. Die Haie können bis zu einem Meter
lang werden, und was die Leute dann mit ihnen anstellen, weiß
ich nicht. Nicht, weil sie niedlicher sind, wenn sie noch klein
sind (die Haie), denn sie sind kein bisschen niedlich – aber in
einem Aquarium von normaler Größe unterzubringen. Vielleicht schlachten sie sie.

In Island wurde mir einmal Hai mit brauner Soße und gebratenen Zwiebeln serviert. Er schmeckte widerlich. Aber nur wenige Tische entfernt saß Björk in einem Outfit, das an einen Strampelanzug erinnerte. Ich war gerade erst angekommen, gehe in das erstbeste Restaurant, und da sitzt ausgerechnet Björk! Das ist so, als … nein, es lässt sich mit nichts vergleichen.

»Vielleicht«, sagte der Verkäufer, »behalten die Leute sie auch (wenn sie ausgewachsen sind), aber dann haben sie wohl nicht mehr viel Platz zum Wenden.«

Sie sind grau und sehen aus wie bissige Anker. Ich habe Lust, sie zu kaufen und auf die Fensterbank meines Büros zu stellen. Immer wenn ich aufsähe, würde ich ihrem Blick begegnen, sie würden sich ganz dicht hinter der Scheibe halten und mich anstarren, nur von einer einzigen Sache besessen: freizukommen und mich zu kriegen. Am Ende würde ich vielleicht schwach werden angesichts all des erregten, konzentrierten Willens und meinen Arm zu ihnen hineinstecken. Wenn jemand etwas von mir will, kann ich nicht gut nein sagen, so hat mich meine Exfreundin Alwilda geangelt, so stehlen mir meine Studenten die Zeit. Ich sehe die Haie vor mir, wie sie an meinen Fingern hängen, einer an jedem, solange noch Finger da sind. Jetzt sehe ich sogar mich selbst, wie ich die Hand aus dem Aquarium ziehe, mit einem Hai (ca. zehn Zentimeter lang) an jedem Finger, und beherrscht an meinem Computer weiterschreibe, die Haie in die Tasten haue, mit ihnen schreibe, bis sie auf der von Blut und Wasser zerstörten Tastatur ihren letzten Atemzug tun.

Ich habe zurzeit nur ein Tier in meinem Büro. Es ist ein Teddybär, den ich im Russischen Museum in Sankt Petersburg gekauft habe; eines dieser Museen, bei dem man erst durch den Museumsshop muss, um in den Sälen zur eigentlichen Sache zu kommen. Und in einer Vitrine des Ladens saßen also drei Bären, ein großer, ein mittlerer und ein kleiner Bär, entworfen von Malewitsch. Wie die Orgelpfeifen. Vater-Mutter-Kind. Ach, ich hätte solche Lust gehabt, alle drei zu kaufen. Aber das wäre zu gierig gewesen. Mir selbst gegenüber konnte ich nur verantworten, den kleinsten zu kaufen, den kleinsten für mich. Alle drei zu kaufen – da sah ich eine alte Jungfer mit einem Bett voller Porzellanpuppen vor mir, deren vergilbte Rücken in vergilbten Kleidern jeden Morgen von fleckigen Händen an die Wand gedrückt wurden, stumm wie Kaninchen. In meiner Kindheit kannte ich so eine Jungfer. Gerda hieß sie. Nachts, wenn das Bett Gerda gehörte, wo waren die Puppen da? Es ist diese Aufgabe, sie zu entfernen und am nächsten Morgen wieder auf ihren Platz zu setzen, die mich nicht mehr loslässt. So will ich auf keinen Fall enden.

Anfangs hatte ich Herzklopfen, bevor ich den Bären vorzeigte. Jetzt ist er ein normalisiertes Objekt, das auf meinem Schreibtisch sitzt, und an den meisten Tagen beachte ich ihn kaum. Aber ursprünglich, ganz zu Beginn, verspürte ich einen starken Drang, meine Eroberung vorzuzeigen.

Er ist weder weich noch niedlich. Er ist wie das gemeine russische Volk, von dem Malewitsch ihn nahm und dem er ihn wiedergab, jetzt malewitschfarben, in klarem Rot und klarem Blau, Weiß, Schwarz und Gelb. Er geht mit den Hühnern ins Bett und steht mit der Sonne auf, und zwischendurch isst er ein wenig Hirse.

Ich trug ihn, Gott weiß warum, in meiner Tasche umher. Ich wartete auf den richtigen Moment, ihn hervorzuziehen, wartete auf eine Gesprächspause. Wenn sie kam, schlug ich zu.

Einmal im Restaurant mit meinen besten Freunden … er brannte während des Hauptgangs und Desserts in meiner Tasche, die Tasche stand hinter meinem Stuhl. Unter dem Vorwand, meine Zigaretten hervorzukramen, hob ich den Überschlag ein wenig und schaute zu ihm herein, er brodelte. Das Gespräch handelte von ihren Präferenzen und Antipathien, beide sind Maler, und wir hasteten durch die Kunstgeschichte, hechelten reihenweise Ausstellungen durch. Muss die Erklärung für meinen übertriebenen Affekt in der Vergangenheit gesucht werden? Ich hatte als Kind einen Hund, der genauso fest gestopft war wie der Malewitsch-Bär, und wenn man ihn tanzen ließ, sang man über ihn: »Schau – mit einer Rassel auf der Nase kommt der karierte Hund zu dir, er will dir ein Liedchen singen, er ist ein ganz besonderes Tier.«

Und jetzt wollte ich so gern mein ganz besonderes Tier vorzeigen. Dazu kam ich erst, als wir bezahlt und unsere Jacken angezogen hatten: »Ihr wisst ja, dass ich normalerweise niemand bin, der Puppen oder Teddys sammelt«, sagte ich. »Aber schaut mal her!«

»Neeeein!«, sagte der eine Freund und trat einen Schritt vor.

Der andere Freund stieß einen kurzen Laut aus und taumelte zurück, als hätte er ein Gespenst oder ein leibhaftiges ästhetisches Phänomen gesehen.

Welcher Spur möchtest du lieber folgen, der schönen, die dich in die Arme eines Stücks Kunsthandwerk führt, das einem das Herz höher schlagen lässt, oder jener, die zurückführt, nach damals, dem Geräusch eines Stoffhundebeins, das auf dem Gitterbett von Händen im Walzertakt gewiegt wird?

Nachlass

[Edward]

Menschen mit Ordnungsdrang und vielleicht auch Zukunfts-
glaube haben die Trauerphasen erfunden; ich sehe hier Schleusen vor mir. Als wäre der Trauernde ein Boot auf einem Fluss,
dem Fluss der Trauer, könnte man sagen, voller Schleusen, die
den Trauernden weiterschleusen und immer weiter, bis aufs
offene Meer hinaus; Versöhnung, Tod und Verlust, Möglichkeit einer neuen Zukunft.

Ich gehöre zu den Nachlassverwaltern. Ich bin in das Haus
meiner Eltern gezogen, nachdem sie verstorben sind. Kollek-
tiver Selbstmord. Es gefiel ihnen, bei jeder Gelegenheit ihren
beinharten Realismus zu demonstrieren. Ihre realistische
und sokratische Einstellung, sollte ich sagen. Das Leben als
Krankheit. Auf Nimmerwiedersehen, jetzt machen wir den
Abflug. Solange wir es noch selbst können. Sehr rücksichts-
voll. Und dennoch ein Schock. Lange. Tod durch Erhängen.
Wer den Stuhl unter dem anderen wegtritt, muss ihn anschließend unter sich selbst wegtreten. Wahrscheinlich meine
Mutter. Ich war ein Kind alter Eltern. Jetzt bin ich genauso
alt wie meine Mutter, als sie mich zur Welt brachte. Fünfund-
vierzig Jahre. Ich schämte mich ihrer schlaffen Gesichter, wenn
sie in der Schule inmitten der sportlichen Aktivisteneltern
auftauchten. Nein, in erster Linie jungen Eltern. Einige hatten
auch einen kleinen Bauch angesetzt. Ich veränderte nicht viel
am Haus. Hin und wieder gehe ich in den Partykeller hinunter, der jede Ausstellung über die siebziger Jahre bereichern
würde; wenn man das Ohr an die Wand legt, kann man ein
schwaches Echo von Abba hören; ich setze mich an die dunkle,

holzverkleidete Bar und genehmige mir ein Glas (ich bin wohl einsam) oder setze meine verlorene Partie am Billardtisch fort, nur ein paar Stöße. Hier küssten wir uns vor dreißig Jahren, während meine kleinen Greise im darüberliegenden Wohnzimmer nervös auf und ab tigerten und zwischendurch den Kopf hereinsteckten, um sich zu vergewissern, dass auch niemand schwanger wurde. Ich erinnere mich an meinen Vater im Türspalt, als ich einmal auf dem Boden herumkroch und Bacardi aus der Flasche trank, er sah mich an, als würde er mich gar nicht sehen, und schloss die Tür hinter sich. Dann fuhren alle Mopeds ab, und es war vorbei. Jemand hatte sich über der Hecke erbrochen. Es ist ein Reihenhaus, und auch die Hecke des Nachbarn war mit dieser weißen Girlande behängt.

Das Haus ist voll mit schweren, ungewöhnlich großen, tieffliegenden Fliegen. Voll ist übertrieben. Es sind vielleicht vier oder fünf in jedem Zimmer. Ich schnappe sie mir mit dem Staubsauger. Das ist leichter, als sie zu klatschen. Kurz darauf sind es wieder genauso viele. Ich weiß nicht, ob es dieselben sind wie vorher; sind sie wirklich aus dem Rohr geklettert? Oder sind schon die neuen geschlüpft? Ich sollte sie markieren, damit ich ihre Routen verfolgen kann.

Das Staubsaugerrohr ist wie eine Pistole (nur dass bald etwas hineinschnellen wird und nicht hinaus), die schwarze Mündung nähert sich der schwarzen Fliege dort, wo sie in aller Ruhe sitzt, bis der Moment der Verdammnis kommt und eine Flucht nicht länger möglich ist, die vertraute Luft, in der sich die Fliege bisher routiniert bewegt hat, verwandelt sich in etwas Bösartiges, eine Windhose, die einen Mann auf einem Esel in die Luft heben kann und eine Fliege von einer Wand herab, hinein in einen lärmenden, schwarzen Tunnel wirbeln – aus dem sie möglicherweise wieder hinauskrabbelt, sobald das Gerät abgeschaltet ist.

Mein Dasein ist ziemlich traurig gewesen, seit Alwilda mich verlassen hat. Vor fast elf Jahren. Vielleicht sollte ich das Haus einfach verkaufen. Die Vergangenheit zurücklassen.

Es gibt nur eine Sorte Männer, die schlimmer ist als ich. Das sind die Männer, die nie von zu Hause ausziehen, sondern ihr ganzes Leben lang auf einem Sofa im Wohnzimmer schlafen oder in ihrem alten Kinderzimmer mit Starschnitten an den Wänden und einer Sammlung zerbröselter Krebse auf der Fensterbank. Ich war immerhin ausgezogen, im normalen Alter von neunzehn Jahren. Doch kaum ergab sich die Gelegenheit, zog ich wieder ein.

Ich wollte die Burg der Greise verlassen, meinen Kindheitspalast, ihre Todesarena. Ich wollte mich in der Zeit voranbewegen, anstatt ständig zurückgewirbelt zu werden, durch das schwarze Rohr der Vergangenheit.

Ich übernahm das Schlafzimmer meiner Eltern, ohne darüber nachzudenken, ob es gesund war oder nicht. Ich könnte sagen, dass ich wie ein Schlafwandler handelte, und das würde gut zu dem passen, was jetzt folgt. In dasselbe Bett, in dem sie sich gedreht und gewälzt hatten, schwitzend und schlaflos, Jahrzehnt um Jahrzehnt, legte ich mich nun jeden Abend. Die Schlaflosigkeit war ihr großes gemeinsames Thema, und die Schlaftablettensucht, sie gaben selbst mir schon in zartem Alter Schlaftabletten; ich kämpfte mich benommen und dösig durch meine Kindheit, bis ich eines Abends mit zehn Jahren entschieden nein sagte zu der zwischen den Fingern meines Vaters dargereichten weißen Pille, der kleinen Mandel, die er mir in den Schlund schieben wollte. Das kam einem Gewaltakt gleich: »Wendest du dich gegen deinen eigenen Vater?«, fragte er. Er hätte genauso gut sagen können: »Erhebst du die Hand gegen deinen eigenen Vater?« Es klang biblisch.

In das Bett, in dem sie mich empfangen und viele schlaflose

Nächte verbracht hatten, legte ich mich freiwillig schlafen, nachdem sie gestorben waren. In ein und dasselbe Zimmer, das sie als Rahmen für ihren Tod gewählt hatten. Das ich eines Tages betrat, um die beiden Stühle umgestoßen vorzufinden und die beiden großen Greise an Haken von der Decke baumelnd. Und wenn Alwilda zu Besuch kam, legte sie sich neben mich. Ich erzählte ihr nie, dass es sich hier drinnen zugetragen hatte. Ich glaube, dann hätte sie hier nicht schlafen wollen. Wenn sie ausnahmsweise einmal nicht einschlafen konnte, weil sie zu viel Tee getrunken hatte, zählte sie freundlich und klaglos die Blumen auf der braunen, geblümten Tapete, bis das Muster vor ihren Augen verschwamm. Wir hatten einzelne wilde Tage, auf die sie, wie ich hoffe, mit Freude zurückblickt, oder besser noch mit Feuchte.

Es geschah auf jener Reise, während deren ich die Tausendfüßler so fröhlich über die afrikanische Staubpiste schlenkern sah. Wir befanden uns in einem Reservat für große, wilde Katzen in der Kalahariwüste. Aus Sicherheitsgründen war es verboten, das Auto zu verlassen. Alwilda verstand das allerdings als Einladung. Mitten auf der Ebene bremste sie, ließ ihren Slip über ihre großen Knie herabfallen, stieg aus dem Auto und presste ihre Wange gegen die aufgeheizte Karosserie; sie entblößte ihren Hintern und forderte mich dazu auf, ihr die Zähne in den Nacken zu schlagen, »wie die Katzen«, sagte sie. Und während wir dort ruckelnd und schaukelnd standen, erregte es sie ungemein, dass wir jeden Moment rücklings von einem Leoparden, Geparden, Panther oder Löwen attackiert werden konnten. Mir fiel es schwerer, mich gehenzulassen. Konzentriert horchte ich auf sanfte Pfoten, auf Rascheln im Gras. Ich dachte weniger an ihren Körper als an die Entfernung zur Autotür. Während eines dieser heißen, ruckelnden, angsterfüllten Geschlechtsakte geschah es also, dass der Tausendfüßler, lang und schwarz wie ein endloser Zug (wie sich herausstellte, waren es drei aufeinanderfolgende), um die Kurve der Staubstraße fegte; ich hatte das Gefühl, hier könnte sich möglichweise eine Situation entspinnen, die an Tom Kristensens Gedicht vom Käfer und dem zum Tode Verurteilten erinnert – wo der zum Tode Verurteilte in dem langen Augenblick, bevor das Schwert des Scharfrichters auf ihn niedergeht, einen Käfer erblickt und alle Aufmerksamkeit auf ihn richtet – mit einer Großkatze als Henker.

Alwilda saß hinter dem Steuer, und sie hielt oft an. Sie nannte das »dem Tod eins vor den Latz knallen«. Ich wünschte, sie hätte an mir festgehalten. Erst wollte sie mich haben. Sie war es, die mich haben wollte. Und ich begann langsam und widerstrebend, sie auch haben zu wollen. Als mir allmählich bewusst wurde, dass es, trotz ihrer großen, knochigen Knie und ihres unbändigen Willens, Liebe war, wurde ihr bewusst, dass es keine war, und sie ging ihrer Wege.

Nachts waren wir durch einen hohen Drahtzaun von den Tieren getrennt. Wir lagen in unserem Zelt im Camp und hörten draußen die Katzen jagen. Ihre Schreie und die der Opfer stiegen und fielen und überschlugen sich und vibrierten, ganz nah und weit weg. Nie wieder habe ich so viele Geräusche erlebt, eine so lebendige Nacht.

Wenn ich aufstehe, um etwas gegen all das zu unternehmen, fühle ich mich schnell schlapp und aller Energie beraubt. Dann setze ich mich in einen Sessel und schwinge meine Beine über die Armlehne. Der Staubsauger ist nie weit entfernt. Mein Hintern versinkt tief im Polster. So kann ich lange sitzen. Ich nenne diesen Zustand: Ich starre.

Sie waren erst wenige Stunden tot, als ich sie fand. Sie

hatten mich an jenem Tag zum Abendessen eingeladen. Als niemand die Tür öffnete, ging ich erst im Garten umher, als könnte er mir eine Antwort geben, und rief halbherzig nach ihnen. Sie waren schon seit vielen Jahren schwerhörig. Dann steckte ich – mit dem Gefühl, eine Grenze zu überschreiten – den Schlüssel ins Schloss. Ich hatte diese Tür nicht mehr aufgeschlossen, seit sie vor über fünfzehn Jahren in Polen gewesen waren und ich die Blumen gießen sollte; der Schlüssel und der Schlüsselring sind dieselben, die sie mir als Kind mit dem Bescheid überreichten, von nun an sei ich Schlüsselkind – sie kamen beide spät von der Arbeit. Als ich von zu Hause auszog, befestigte ich meine eigenen Schlüssel an diesem Ring, der so eindeutig der Schlüsselring eines Kindes war.

Sie konnten nirgends mehr hin, weil sie so schlecht zu Fuß waren, deshalb wusste ich gleich, dass etwas nicht stimmte. Allerdings konnte ich mir nur schwer vorstellen, dass beide auf einmal gestorben waren. Trotzdem setzte ein Jubel in mir ein – jetzt ist es geschehen, sie haben ihren Frieden gefunden, sie müssen keine Schmerzen mehr erdulden, keine Schlaflosigkeit. Was sie sich schon so lange gewünscht haben, ist endlich eingetreten. Ihretwegen durchwogte mich eine Welle des Triumphs.

Jahrelang hatte mein Vater, wenn ich ihn fragte, ob ich irgendetwas für ihn tun könne, geantwortet: »Du kannst mich erschießen«, und trotzdem hatte er jeden Tag brav seine Vitamintabletten genommen und sich auch gegen Grippe impfen lassen. Mit sechzig war er in Rente gegangen und hatte sich dann dreißig Jahre durch einen Müßiggang geschleppt, der ihn krank machte. Es gab einfach nichts, was er in Angriff nehmen konnte. Immer wieder sprach er von seiner Sehnsucht nach einem »Projekt«, fand aber nie eines. Meine Mutter war etwas jünger und arbeitete noch weiter, nachdem er aufgehört hatte.

Dann bekam ich Angst vor dem Anblick, der mich erwarten würde, und ich begann meine Mutter zu rufen, »Mor«, das zarteste aller dänischen Wörter, das O selbst wie ein rufender Mund, und auch meinen Vater rief ich und sah einen starren Bretterzaun vor mir, während ich mich durchs Haus bewegte. Ich hatte diese beiden Wörter seit Jahrzehnten nicht mehr gerufen, sie klangen epochal, in meinem Alter, mit dieser Stimme.

Es war, als wagte ich einen neuen Raum erst dann zu betreten, wenn ich sie vorher rief, als ob mein eigener Ruf mich hinter sich herzog oder dafür sorgte, dass ich nicht so viel über meine Fortbewegung nachdachte und darüber, was mich erwartete; ich übertönte sozusagen mein eigenes Fortschreiten. Am Ende blieb nur noch das Schlafzimmer übrig – jetzt oder nie. Und dann hatte ich die Tür geöffnet.

Am nächsten Tag sah ich sie im Rechtsmedizinischen Institut wieder. Sie erinnerten an afrikanische Holzschnitzarbeiten. Ich weiß nicht, ob sich alle Toten ähneln, aber bei den beiden war es so. Der Tod hatte ihnen ein zwillingsgleiches Aussehen gegeben.

Sie waren in einen anderen Zustand übergegangen. Sie gehörten mir nicht mehr.

Die leicht geöffneten Münder verliehen ihren Gesichtern einen berechnenden Zug, den sie zu Lebzeiten nie besessen hatten. Ich ging in die Hocke, um einen Winkel zu finden, von dem aus mir die Münder erspart blieben, das Berechnende, Durchtriebene, Kalkulierte. Sie waren auf die gleiche Weise gestorben, und sie glichen einander. Ihre Haut war so schrecklich kalt, aber das Haar war wie immer. Deshalb strich ich darüber. Später bat ich den Bestatter, jeweils eine Strähne aus ihrem Haar abzuschneiden; aber er schnitt viel zu viel ab; es war wie eine Verunstaltung; deshalb habe ich nie wieder in die beiden Umschläge geschaut, die er mir vor der Beisetzung überreichte. Es war zu viel; es wurde zu lebendig; es erinnerte mich an Skalpe.

Ich bemerkte, dass es eine Reihe von Positionen gab, zwischen denen ich mich bewegte – in Gedanken. Alle waren von Anfang an da. Da war die Angst, zu vergessen. Ich rief mir die Gespräche in Erinnerung, die wir bei unseren letzten Begegnungen geführt hatten, und prägte sie mir mit derselben Energie ein wie ein Mensch, der vor einer Prüfung steht; ich vergegenwärtigte mir ihre Gesichtsausdrücke. Ich konnte sie so deutlich vor mir sehen, als säßen sie mir gegenüber. Sie waren in mir.

Es gab Zeiten, in denen ich sie nicht heraufbeschwören konnte, in denen sie sich pfeilschnell in der Zeit zurückbewegten, von mir weg, sodass ich sie endgültig verlor. Andere Male verschwanden sie zwar nicht schnell, verbargen sich jedoch hinter einer matten Scheibe, waren undeutlich, nicht mehr greifbar. Wenn sie an Deutlichkeit verloren, litt ich darunter. Aber sie wurden stets wieder klar. Und wieder undeutlich. Und wieder klar.

Da war meine Freude für sie, weil ihre Nöte ein Ende hatten; der Herbst stand bevor und damit die Dunkelheit, vor der sie sich gefürchtet hatten; ich freute mich, dass sie nicht in ihrem Haus hocken und Kerzen anzünden und bedrückt sein mussten, vom Dunkel, von all ihren Leiden. Mir wurde nie ganz klar, wie sehr es ihnen eigentlich geholfen hatte, einander zu haben. Je mehr Gebrechen hinzukamen, desto weniger – glaube ich. Die Schmerzen isolierten sie voneinander. Das glaube ich. Ich verstehe nicht, wie sie überhaupt auf diese Stühle hatten steigen können, sie mit ihrem Knochenschwund und ihren verkrüppelten Rückenwirbeln, er mit seinem Morbus Scheuermann, seinen schlecht operierten Bandscheiben, dem lahmen Bein, das er hinter sich herzog; wie waren sie nur dort hochgekommen; war es eine letzte, liebevolle Zusammenarbeit, oder hatte er sie selbst in dieser Situation angeherrscht?

Und dann meine Sehnsucht nach ihnen, danach, wieder mit ihnen zusammen sein zu dürfen, nur ein letztes Mal. Mitunter konnte meine Freude über ihre Erlösung die Sehnsucht vertreiben. Dann wieder nicht.

Ich war nie wütend, weil sie dafür gesorgt hatten, dass ich sie fand – indem sie mich für jenen Tag eingeladen hatten. Man hätte vielleicht denken können, ich fühlte mich hinters Licht geführt. Aber ich war ihr nächster Angehöriger. Wer, wenn nicht ich? Es war ein Ausdruck von Vertrauen. An jenem Tag füllte sich das Haus schnell mit Menschen; mit Polizisten, Ärzten und den Rettungssanitätern, in deren Hände sie übergeben wurden. Ich mochte alle, die kamen.

Auch den Bestatter mochte ich. Selbst als er sagte: »Ich habe mir für Sie die Finger wund gearbeitet«, was ich als eine unpassende körperliche Anspielung empfand, aber das merkte er selbst und machte einen Rückzieher. Ich mochte ihn, selbst als er sagte: »Ich habe Ihre Eltern hier in einem Pappkarton.«

(Erst viel später begann ich zu grübeln, ob es eine Berufskrankheit war oder ob er hatte testen wollen, wie viel er sich mir gegenüber erlauben konnte; ob es ein Ausdruck von Bösartigkeit war oder von Überlegenheit – während ich so eindeutig am Boden lag; hatte er aus demselben Grund viel zu viel Haar abgeschnitten? Jetzt hör aber auf, sagte ich zu mir selbst; und dann tat ich es auch.)

Und der Blumenhändler. Und der Pfarrer. Und das Personal im Rechtsmedizinischen Institut. Ich mochte sie so sehr, dass ich Lust gehabt hätte, sie wiederzusehen. Und nicht nur das, mir fiel es auch schwer, sie gehen zu lassen.

Dagegen hatte ich keine Lust, mir anzuhören, was den Menschen, die sie gekannt hatten, den Nachbarn und ihren wenigen übriggebliebenen alten Freunden, so alles über sie einfiel. Ich fürchtete nicht, sie könnten etwas Schlechtes sagen, aber ich wollte nicht, dass andere sie für mich deuteten. Das lag an zwei Dingen: ich hatte das Gefühl, sie gehörten mir; ich hatte keine Lust, dass meinem Bild von ihnen noch etwas hinzugefügt wurde, keine Lust, mich mit noch mehr »Stoff« abzumühen. Ich fand, ich hatte genug. So viel, dass ich manchmal nur schwer den Überblick behielt.

Eines Morgens wurde ich von einem dieser alten Übriggebliebenen angerufen; er hatte am vierzigsten Tag nach dem Tod meiner Eltern eine Andacht für sie arrangiert; er gehörte der russisch-orthodoxen Kirche an; er lud mich dazu ein; er erzählte mir, man stelle sich vor – oder nein, er präsentierte es als Tatsache –, die Seelen seien in den ersten vierzig Tagen an das Irdische gefesselt und diese Zeremonie helfe ihnen beim Loslassen; man werde für die Vergebung der Sünden beten und dass Gott sie empfange; meine erste Reaktion war, dass ich mir gar nicht wünschte, sie würden die irdische Sphäre verlassen (wenn möglich, wollte ich sie gern in meiner Nähe behalten, der Gedanke, wo sie waren, hatte mich vorher nie gestreift, ich dachte, mit dem Tod sei alles vorbei), und meine zweite Reaktion war, dass ich nicht fand, sie hätten irgendetwas verkehrt gemacht.

Sie waren beide kritisch-rationale Menschen gewesen, und ich bin es auch, keiner von uns war gläubig. Trotzdem konnte ich das neue Material, das plötzlich hereintrudelte, nicht einfach abtun.

Ich fürchtete mich davor, die Andacht zu besuchen, weil

ich mich labil fühlte – wenn ich schon eine derart starke emotionale Bindung an den Blumenhändler entwickelte, der den Trauerkranz über die Verkaufstheke reichte, wie sollte es mir dann erst in einer solch salbungsvollen Versammlung ergehen? Ich beschloss, der Zeremonie fernzubleiben. Obwohl es mir falsch vorkam, dass Menschen, die meine Eltern nicht oder nur teilweise gekannt hatten, für ihre Seele beteten, und noch dazu in meiner Abwesenheit.

Mir wurde bewusst, dass ich die ganze Zeit das Gefühl hatte, meine Eltern würden über dem Haus schweben, in dem ich mich sofort eingerichtet hatte, und könnten beobachten, was ich so trieb. Offensichtlich hatte ich mir doch nicht, wie angenommen, vorgestellt, mit dem Tod wäre alles vorbei; meine Vernunft hatte es mir vorgegeben. Das musste ich nach diesem Anruf einsehen. Ich hatte seit dem ersten Tag (nach ihrem Tod) mehrmals täglich eine Fotografie von ihnen geküsst; es hatte mich getröstet, die Lippen auf die glänzende Oberfläche zu pressen; ich hatte beschlossen, das Bild nicht rahmen zu lassen, weil Glas eine größere Distanz geschaffen hätte. Dies, die Oberfläche des Fotos, war das, was ich bekommen konnte, anstelle von lebendiger Haut oder sogar kalter, toter Haut (dabei waren sie längst eingeäschert worden), es sollte nichts mehr zwischen uns sein, kein Glas.

Wenn ich es nun tat, sie also küsste, dachte ich darüber nach, ob es aus Furcht geschah – davor, was sie von mir denken würden. Ich verstand plötzlich, dass man Angst vor den Toten haben konnte. All das brach über mich herein, als ich am Telefon das Wort Seele hörte.

Ich ging auf den Friedhof und las ihre Namen auf dem Grabstein; ihre Urnen (mit der Hälfte ihrer Asche, der Rest sollte über dem Meer verstreut werden) waren in die Erde hinabgesenkt worden, dieses kleine Stück Garten; aber waren sie wirklich dort? Ich glaubte es nicht. Ich fand, der Ort hatte nichts mit ihnen zu tun.

Im Grunde wusste ich, dass sie nicht über dem Haus schwebten, und trotzdem glaubte ich es; sie waren nicht auf dem Friedhof; manchmal waren sie in mir; andere Male nicht. Mit dem Tod endete alles; vielleicht fanden ihre Seelen keine Erlösung. Eines Tages hörte ich einen Satz in mir, mit der Stimme meiner Mutter gesprochen: »Vielleicht wirst du entdecken, dass du uns nicht annähernd so gernhattest, wie du immer dachtest«; hatte sie das wirklich zu mir gesagt, als wir einmal über den Tod sprachen; dass es mir so ergehen könnte? Der Satz existierte, und jetzt musste ich überlegen, ob es sich tatsächlich so verhielt. Wie sollte ich mir darüber klar werden? Ich bin sicher, dass ich protestiert hatte, als sie es sagte. Jetzt war sie nicht mehr da, um meinen Protest anzunehmen. Das Material strömte von allen Seiten auf mich ein, ich war wie ein Mensch, der an einer Abhandlung schrieb, deren Thema sich nicht eingrenzen ließ.

Es herrschten ein helles Licht und ein scharfer Wind an jenem Novembertag, als ich zu ihrer Heimatinsel fuhr, um ihre Asche zu verstreuen; nach der Kremierung hatte ich ihre Asche auf vier Urnen aufteilen lassen. Sie hatten sich gewünscht, dass ihre Asche über dem Meer verstreut wurde. Ich hatte mir eine Grabstätte gewünscht. Und eine Grabstätte ohne einen kleinen Teil von ihnen wäre mir sinnlos erschienen. Daher die ganzen Urnen. Zwei für die Erde, bereits versenkt, und zwei fürs Meer.

Ich parkte das Auto und nahm die weißen Pappkartons und einen Strauß gelbe Rosen aus dem Kofferraum. Um zum Wasser zu gelangen, musste ich an einem Rübenacker vorbei. Ich hatte einen Ort gewählt, wo sie gern gebadet hatten und wir in meiner Kindheit zu dritt gebadet hatten. Am Rande des

Ackers standen, obwohl wir längst November hatten, noch frische Mohnblumen und Margeriten, nur etwas braun am Rand. Der Wind warf das Licht hin und her und zerrte an allem. Der Wind machte den Tag wild. Ich hatte den Tag wegen des Lichts gewählt. Ich hatte wochenlang gewartet, dass es endlich zu regnen aufhörte, voller Schuldgefühle, weil die Urnen in meinem Kofferraum standen. Aber schwarze Bäume und Büsche hätte ich nicht ertragen können, ein dunkles Meer und eine graue, feuchte Luft – eine beinahe tote Landschaft.

Ich war schon seit Jahren nicht mehr dort gewesen; hier ging ich an einem meiner Kindheitsorte; schon die Rückkehr an sich ist etwas Besonderes; sie führt dazu, die Dinge mit einer besonderen Aufmerksamkeit wahrzunehmen; mit einem Blick registriert man Veränderungen, mit einem erkennt man wieder, mit einem erinnert man sich. Und all das wurde verstärkt dadurch, dass ich mit den Urnen meiner Eltern im Arm umherlief.

Als Kind brachte ich diesen Ort mit der Steinzeit in Verbindung; er kam mir so alt vor, die Küste mit ihren Buchten, dem schwarzen Gestrüpp, mit massenhaft Tang und großen Steinen, die in einer Reihe von der Küste ins Meer führten, noch vor kurzem könnte hier ein Mensch im Lederschurz Muscheln geschlürft haben.

Ich erinnerte mich, wie meine Mutter zu schwimmen pflegte; sie schwamm immer auf der Seite, einen Arm hinter sich ausgestreckt, sie liebte das Wasser; es war ihr ein Quell des Genusses, dessen sie beraubt wurde, als sie nicht mehr sicher genug auf den Beinen war, um hineinzugehen; jetzt würde sie als Asche an diesen Ort zurückkehren.

Ich hob die Urnen aus den Pappkartons und beschwerte diese mit Steinen, damit sie nicht davonflogen. Ich entfernte die Etiketten mit ihren Namen von den Urnen und kappte den Draht, der die Urnen verschlossen hielt, mit einer Zange. Dann balancierte ich auf den Steinen ins Wasser. Ich dachte, der Wind käme von hinten. Auf halbem Weg blieb ich stehen und nahm die Deckel ab. Dann beugte ich mich mit einer Urne unter jedem Arm vor und leerte sie gleichzeitig aus. Sofort flog mir die Asche zurück ins Gesicht. Ich bekam sie in Mund, Nase, Augen. Mein Mantel und meine Wildlederschuhe waren voller Asche. Ich beugte mich weiter vor und schüttelte den Rest aus den Urnen. Auf dem gelben Sandboden zeichnete sich die Asche sehr deutlich ab. Ich schmetterte beide Urnen gegen einen Stein und schob die Scherben mit dem Fuß ins Wasser. Es bereitete mir ein wenig Sorge, dass die Badenden im Sommer womöglich in die Scherben treten könnten. Vielleicht würde die Strömung sie aber auch mit der Zeit wegschwemmen. Ich warf die gelben Blumen auf das Wasser über der Asche. Dann rieb ich mir die Augen, spuckte ein wenig aus und klopfte meinen Mantel und meine Schuhe ab – von dieser letzten, liebevollen Umarmung.

Die gelben Rosen – ich konnte sie sehen, als ich wieder am Strand stand. Ich hatte einen sonderbaren Geschmack im Mund und wischte ihn mir mit dem Taschentuch aus; ich hatte Asche in allen Hohlräumen.

Anmerkung für mein *Tagebuch der Trauer*: Als ich sie als Tote sah, dachte ich, sie würden nicht länger zu mir gehören; sie wären in einen anderen Zustand übergegangen. Ich haderte lange damit, ob ich jemanden vermissen konnte, der nicht mehr zugänglich war. Ich vermisste sie so, wie sie als Lebende gewesen waren. Aber sie waren nicht mehr lebendig. Das Bild von ihnen als Tote hatte sich wie eine Trennwand zwischen sie und mich geschoben.

Es war, als würde man zu einer merkwürdigen Übung in Logik gezwungen. Ich hatte das Gefühl, ich machte einen Spießrutenlauf zwischen all meinen Denkweisen.

Camilla and the horse

[Camilla]

Vorher gehen wir zu einem Nobelitaliener gegenüber vom Nachtclub und trinken eine Flasche Wein, um uns die Zeit zu vertreiben, und wie sich schnell zeigt, ist der Kellner von meinem Mann angetan, der in die Jahre kommt, aber immer noch Feuer hat. Auch der Kellner ist nicht mehr taufrisch, Fotos zeigen ihn zusammen mit Sophia Loren sowie auch Helmut Kohl *in diesem Restaurant,* mein Mann kann es kaum fassen. Dann ist es auch schon neun, wir überqueren die Straße und betreten den Club. Als Erstes frage ich an der Bar, ob es überhaupt in Ordnung sei, dass ich – als Frau – herkomme, denn ich will mich von meiner besten Seite zeigen, kontaktfreudig sein. Keiner hat etwas dagegen, wir sind die einzigen Gäste. Das Mädchen hinter der Bar kommt aus Rumänien und ist kräftig und kurzhaarig. Meinem Mann gefällt es, wie kontaktfreudig und locker ich bin. Allerdings ist Obacht geboten, wenn man mich zu sehr lobt, spornt mich das unheimlich an, ich schlage dann leicht über die Stränge und bin kaum noch zu bremsen. Ich bin von so vielen Huren umgeben, dass ich den Überblick verliere; wir sind die einzigen Gäste und haben nicht die Absicht, Sex zu kaufen, was ich der Bardame gleich mehrmals mitteile. Auch dagegen hat keiner etwas, wir könnten einfach nur etwas trinken, im Eintritt seien drei Drinks enthalten, ich nehme den stärksten und kippe ihn schnell hinunter. Auf der Bühne beginnt die Show, eine schwarze Gogotänzerin macht die üblichen Bewegungen, auf und ab und rings um die Stange, bis sie nackt ist. Ich denke an Zirkus, an große Müdigkeit und Routine, weil ich mich sträube zu sagen: an ein müdes

Zirkustier. In dem Moment als sie die Bühne verlässt, setzt ihre Scham ein, sie senkt den Kopf und presst ihre Kleidungsstücke an sich.

Unterdessen an der Bar: Eine Frau hat neben mir Platz genommen, auch sie Rumänin (im weiteren Verlauf nenne ich sie *mein Schatz*), ich erkundige mich, ob sie Herta Müller kennt, sie fragt nach Titeln, ich sage *Der Fuchs war damals schon der Jäger*, was auf Deutsch kein einfacher Titel ist, jedenfalls nicht für mich, bei meinem Deutsch; ihres ist auch nicht allzu gut, sie nimmt Unterricht und behauptet, sie spreche zu 85 Prozent grammatisch korrektes Deutsch. Darauf fällt mir nichts ein. »Die Modalverben, du weißt schon«, sagt sie. Die kenne ich, aber wie mir plötzlich klar wird, habe ich vollkommen vergessen, dass man Artikel und Substantive deklinieren muss, und demnach hat nichts von dem, was ich gesagt habe, einen Sinn ergeben. Ich habe also zu null Prozent grammatisch korrektes Deutsch gesprochen und wechsle ins Englische. Ich sitze mit dem Rücken zu meinem Mann, der sich sehr dafür interessiert, worüber wir reden, und hin und wieder drehe ich mich um und erzähle ihm ein bisschen. Dann nickt er und stellt vertiefende Fragen. Ich frage meinen Schatz, ob sie ihren alten Eltern Geld nach Hause schicke, weil man immer davon liest, aber nein, sie hätten ihr nie geholfen, und deshalb helfe sie ihnen auch nicht. »Ist das vielleicht zu hartherzig?«, fragt mein Schatz. Ich finde schon. Mein Schatz findet es eigentlich auch. Immer wenn mein Mann ins Gespräch eingebunden wird, behandelt sie ihn mit großem Respekt, er darf sich ausbreiten, soviel er will. Das macht mich eifersüchtig, ich möchte ihre volle Aufmerksamkeit.

»Willst du ihn kaufen?«, frage ich. »Für 300 Euro?«

Sie wirft ihm einen Blick zu, um zu sehen, ob er das lustig findet, und so ist es.

»Oje, das ist aber viel Geld«, sagt sie.

»Er ist schon etwas älter, aber er ist gut«, entgegne ich. »Er fickt wie ein Hengst.«

»Ah, ein Superboy!«

»Tja, was heißt Boy …«

»Prince Charles«, sagt sie zu ihm, was ihm zu gefallen scheint.

Mein Mann lehnt sich auf seinem Barhocker zurück und lacht, mein Schatz lacht, ich lache. Mit einem Mal wird mir bewusst, dass ich ihre Zeit beanspruche, und ich frage sie, ob sie Geld dafür haben will, mit mir zu reden.

»Ach, Camilla«, sagt sie, »was heißt schon Geld.«

Ich strecke ihr einen Schein hin und sehe genau, dass 50 Euro nicht die Welt für sie sind, aber der Geldschein verschwindet unter ihrer Kleidung. Sie hat einen dunklen Teint und könnte Zigeunerin sein. Jetzt wird es meinem Mann zu langweilig, er steht auf und schlendert zu einer Gruppe Mädchen, die an einem Tisch sitzen, darunter auch die rumänische Bardame, die Mathematik studiert, mit ihr will er ein bisschen plaudern. Er interessiert sich für den rumänischen Lebensstandard unter und nach Ceaușescu. Es verunsichert mich ein bisschen, dass mein Mann mit anderen Frauen spricht. »Ach, *mein Schatz*«, sagt mein Schatz da, »lass ihn doch, alle brauchen das ab und zu.« »Mmm«, mache ich. Dann frage ich sie, ob sie einen Freund habe. Hat sie, aber sie sieht nicht begeistert aus. Ich frage, ob es als Prostituierte schwierig sei, eine Beziehung zu führen. Sie holt tief Luft und erzählt etwas von Orgasmen, will gerade zu einem Vortrag über verschiedene Arten von Orgasmen oder das Ausbleiben selbiger ansetzen, als plötzlich Kunden auftauchen, drei kleine Chinesen, und da muss sie los. Ich fühle mich verlassen. Sie umgarnt das Trio. Ich erhebe mich und gehe zu meinem Mann und den Frauen am runden Tisch.

»Das wird teuer«, sage ich zu ihm. »Das ist ein teures Gespräch, was du da führst.«

»Nein«, erwidert er, »das ist der Personaltisch. Und ich spreche mit einer Frau, die hinter der Bar steht.«

»Glaub mir«, beharre ich, »das wird teuer. Das ist so, als würdest du in vier Taxis gleichzeitig sitzen.«

»Quatsch«, sagt er, »und wir reden von Rumänien.«

»Quatsch«, echoen die Mädchen.

»Na dann«, sage ich. »Einigen wir uns also darauf, dass ich unter Verfolgungswahn leide.«

Und so schließe ich mich dem kleinen Kreis an, bestehend aus:

1. der schwarzen Tänzerin, 24 und skeptisch,
2. einer blonden Frau, die sich als Alkoholikerin vorstellt,
3. einer Dunkelhaarigen mit einem niedlichen Gesicht, das gerade geliftet wurde,
4. der Bardame.

»Mein Schatz«, sagt mein Schatz, als sie mich wieder erblickt (die Chinesen brechen gerade auf), und pflanzt sich hinter mich auf einen Stuhl und fällt mir um den Hals. »Camilla and the horse«, sagt sie zu den anderen und deutet auf meinen Mann und mich. Dann wedelt sie mit dem Zeigefinger vor ihrer Nase herum: »Prince Charles«, korrigiert sie sich und deutet auf meinen Mann.

Ich lobe die schwarze Tänzerin gebührend für ihren Auftritt und frage sie: »Willst du ihn kaufen? Er ist schon ein bisschen älter, aber gut in Schuss.«

Noch bevor sie antworten kann, lehnt sich die Alkoholikerin über den Tisch und stellt sich abermals als Alkoholikerin vor. Ich erzähle ihr, dass sie überaus begabt und hübsch sei, und bitte sie, mit dem Trinken aufzuhören und anzufangen, sich selbst zu lieben. Ich zeige ihr, wie ich mir jeden Tag selbst auf die Schulter klopfe, den Namen dieses Tricks habe ich leider vergessen, aber er wirkt (mit jedem Tag, der vergeht, bin ich zufriedener mit mir selbst), ich habe ihn aus einem Artikel im *Reader's Digest*. Ich ringe ihr das Versprechen ab, nicht gleich am nächsten Morgen wieder zur Flasche zu greifen, und sehe mich schon als eine Art Barfußarzt, der von Bar zu Bar geht, bestelle Champagner für den ganzen Tisch, um den Beschluss der Alkoholikerin zu feiern, und mein Schatz küsst mich, ihre Zunge ist sehr spitz, meine sehr trocken, das wird teuer, und ich erzähle ihr, das Zusammenleben mit meinem Mann sei ein nicht enden wollender deutscher Pornofilm, er ist ein Superboy, aber mittlerweile leicht derangiert, ich verliere auch an Haltung, und meinem Schatz entgleitet bald alles, eine Brust ist ihr aus dem Ausschnitt gekullert, ihr Rock hat eine halbe Drehung nach vorn gemacht, doch sie streichelt mich und streichelt mich, und jetzt will sie nach Hause, weshalb ich ihr eine Ohrfeige verpasse, aber keine feste.

»Sie hat mich gehauen«, sagt mein Schatz verblüfft.

»Das hat sie aus Liebe getan«, sagt die Frau mit dem kleinen Gesicht. »Ich ziehe Herren vor, aber hin und wieder nehme ich mir auch eine Dame.«

»Entschuldige, entschuldige, entschuldige«, sage ich, es ist früh am Morgen, und ich frage, was es kosten würde, wenn sie nur eine Stunde länger bliebe, bittebittebitte, aber sie wohnt *unendlich* weit draußen in einem Vorort. Ich stelle mir meinen Schatz vor, allein in der U-Bahn, allein in der S-Bahn. Ich will mehr Champagner für sie bestellen, für alle.

Wir müssen jetzt gehen, die Bar schließt, es ist sieben, ich habe einen Mann, der fickt wie ein Hengst, ich weine, und sie johlen »ooooooch!« beim Anblick der Tränen und sagen: »Das ist wahre Liebe«, ich gebe der Alkoholikerin einen letzten

Rat mit auf den Weg, dann muss sie ohne ihren Coach aus-kommen, denn jetzt gehen Camilla and the horse, »nee nee nee: Prince Charles«, mein Pferd ist mein Stecken und Stab an diesem stechend hellen Morgen; plötzlich ist es der letzte Sommer überhaupt.

Ich wünschte, ich wäre Žižek. Žižek kann alles in einen Zu-sammenhang bringen, wäre ich Žižek, würde ich jetzt, in ge-nau diesem Moment, in einem punischen Bordell liegen und mit Houellebecq um die Wette vögeln, die Huren wären keine Opfer von Menschenhandel, sondern nur Gl-o-ba-li-sier-te Pro-sti-tu-ier-te – man kann es förmlich *hören*, gesungen von gregorianischen Mönchen, oder einem Kastraten vielleicht: Gl-o-ba-li-sier-te Pro-sti-tu-ier-te.

Oh, dieses menschliche, allzu žižeksche Bedürfnis nach einem Zusammenhang, wo keiner ist. Was bringe ich nicht zu-sammen? Meine Erinnerungen? Mein Liebesleben? Das sollten wir uns näher ansehen.

Ich vermisse meinen rumänischen Schatz. Nicht einmal ihren Namen weiß ich. Mein Mann hat gesagt: Wenn du sie wiedersehen willst, musst du dich beeilen, das sind unstete Leute. Damit meinte er, dass sie vielleicht schon jetzt in einer anderen Bar arbeitet, in einer anderen Stadt, oder dass schon so viele Menschen durch ihre Hände gegangen sind, dass sie mich vergessen hat oder es bald tun wird.

»Unstete Leute«, der Ausdruck erstaunte mich. Als wäre er im Besitz einer Erfahrung, von der ich bislang nichts wusste – und von der er jetzt ein kleines bisschen preisgab.

Zuerst konnte ich mich auch nicht mehr an *sie* erinnern. Ich meine: Ich sah sie nicht vor mir. Und ich wusste nicht mehr genau, was eigentlich vorgefallen war.

Zuallererst, als ich am späten Vormittag nach nur wenigen

Stunden Schlaf erwachte (wir hatten die Bar um sieben verlassen und waren in einen Morgen getreten, dessen Licht so stechend war wie Nadeln, und ich weinte über meine verlorene Liebe, den Abschied als solchen, die Kürze des Lebens), und zwar mit einem entsetzlichen Kater oder vielleicht eher: noch immer betrunken, zuallererst also fand ich in meiner Tasche ihre Adresse und Telefonnummer, die ich ihr abgerungen hatte und die sie mir mit einem Achselzucken gegeben hatte (vielleicht waren sie frei erfunden?), und ich beeilte mich, den Zettel in winzige Fetzen zu zerreißen und die Toilette hinunterzuspülen, damit ich nicht in Versuchung käme, sie zu kontaktieren. Eine Erinnerung fährt ein auf Bahnsteig Hirnrinde, finster wie ein Güterzug. Der eine Verlust reißt die Gedanken an einen anderen mit sich. Verlust öffnet Verlust öffnet Tränenkanal. Schon als Kind fürchtete ich immer das Schlimmste. Ich war heimlich verliebt in einen Jungen und schrieb Liebesbriefe an ihn, die nicht für seine Augen bestimmt waren, niemals nie, meine Liebe war hoffnungslos, ich schrieb die Briefe (well, it was not exactly Shakespeare, was it?), weil er mir näher war, wenn ich sie schrieb, wenn ich mich an ihn wandte, wenn ich seinen Namen zusammen mit meinem in einem Herzen platzierte. Aus Furcht, die Briefe könnten doch in seine – oder irgendwelche anderen – Hände fallen, zerriss ich sie kurz nach der Niederschrift in winzige Fetzen und spülte sie die Toilette hinunter. Kaum hatte ich die Spülung betätigt, kamen die Albträume. Ich stellte mir vor, wie er sein von meinem viele Kilometer entferntes Badezimmer betrat, und in seiner Kloschüssel angespült … läge mein zerrissener Brief, den er sofort herausfischen, trocknen und zusammensetzen würde, woraufhin er den Kopf in den Nacken legen und lachen würde und ich die Schule wechseln. Ein fataler Fehler im Abwassersystem war schuld gewesen, unsere Rohre waren miteinander verbunden!

Beim nächsten Mal verbrannte ich meinen Liebesbrief, doch der Wind erfasste ein paar angesengte Fetzen und wehte sie zum Fenster hinaus. Danach verlegte ich mich aufs Tagträumen und musste damit keine weiteren Beweise vernichten. Achtung am Bahnsteig Hirnrinde, die Erinnerung fährt ab. Von der Bahnsteigkante zurücktreten. Und halten Sie ja Ihr Portemonnaie fest.

Wir befanden uns im 25. Stock eines Hotels am Alexanderplatz, von wo aus man auf das Restaurant des Fernsehturms blickte. Ich konnte die Gardinen vorziehen und das kleine Hotelzimmer noch mehr verdunkeln und abschotten oder aber freien Blick auf mein Elend gewähren. Nicht dass ich geglaubt hätte, jemand könnte aus dem Restaurant des Fernsehturms in unser Hotelzimmer spähen, da hätte er schon ein Fernglas gebraucht. Nicht dass ich geglaubt hätte, jemand käme auf die Idee. Doch schon dieser Fernsehturm wirkte so aufmerksam, ein mächtiger Beobachter mit roten, blinkenden Augen direkt vor unserem Fenster.

Die Toilette und Dusche befanden sich in einem Raum aus grünen, gefrosteten Glaswänden *mitten im* Hotelzimmer. Ich erbrach mich lange und schwallweise in diesem kleinen Verschlag, in dem man nur schlecht auf den Knien liegen konnte und der einen akustisch nicht abschirmte (ich hoffte, Charles schliefe fest). Wenn man sich doch nur lautlos erbrechen könnte, gleichsam fließend. So wie man sagt: Das Leben verrinnt. Als wäre das Leben ein Bächlein. Ich aber erbrach mich in krampfartigen Stößen, in Demutshaltung kniend, die Arme um die weiße Porzellanschüssel geschlungen (wie viel lieber hätte ich doch an einem Bächlein zwischen Schafen gekniet und zwischen Schafen getrunken).

Eigentlich habe ich mir schon immer vorgestellt, ich würde in einem sehr sauberen Badezimmer sterben, einen nahezu antiseptischen Tod, ich, an weiße Emaille gelehnt, ein Vorgeschmack auf die weiße Sargruhe, aber ich hoffe doch, das Badezimmer meines Todes wird größer sein als dieser Verschlag in einem Hotelzimmer am Alexanderplatz, ein bisschen mehr Raum, ein bisschen mehr Todesraum, bitte. Nachdem ich mich erbrochen hatte, legte ich mich mit geschlossenen Augen aufs Bett und versuchte mich zu erinnern. Neben mir schnarchte Prince Charles.

Als wir aufwachten, drückte Charles als Erstes meine Hand. Eine kleine Geste, die bedeutete: Wir gehören zusammen, wir beide; auch wenn letzte Nacht andere Menschen unser Interesse gefesselt haben. Sie konnte aber auch bedeuten: Ich habe nicht gehört, wie du dich übergeben hast. Sehr beruhigend, sehr zärtlich. Ich erwiderte den Händedruck. Anschließend sprang er auf, um seine Taschen zu durchwühlen und sämtliche Quittungen von unserem nächtlichen Fest hervorzuziehen. Die Kreditkarte war ziemlich oft benutzt worden. An der Bar hatten wir nicht mit Karte zahlen können, sie wollten cool cash, und die Bardame hatte Charles angeboten, man könne ihn mit dem hauseigenen weißen, sechstürigen Cadillac mit getönten Scheiben zum nächsten Geldautomaten fahren, einem dieser Autos, die einem überdimensionalen Leichenwagen gleichen (wenn ich mir meinen Tod selbst aussuchen könnte, möchte ich von einem Leichenwagen überfahren werden, wie oft habe ich von meinem hohlwangigen Begleiter geträumt / der Tod ist mein bester Freund, tra-la-la – das klingt fast wie einer dieser unreinen, ungelenken Reime meiner Freundin Alma, und der Bestatter klaubt mich von der Straße und legt meinen lädierten Leib oben auf den Sarg, überspringt das Krankenhaus und die Trauerkapelle gleich mit, ohne Umwege ab ins Grab), in Wirklichkeit aber, jedenfalls in diesem

Fall, ein rollendes Bordell ist. Charles hatte dankend abgelehnt. Es sei kein Problem, dorthin zu spazieren. Und das hatte er auch getan – gleich mehrmals –, hin und her zwischen dem Geldautomaten und der Bar, und nun lagen hier die Beweise sämtlicher Spaziergänge, ein Haufen zerknitterter Quittungen.

»Puh«, seufzte er, »das war eine teure Nacht.«

»Lass uns doch erst mal sehen, was wir noch so an Bargeld in unseren Taschen finden«, sagte ich optimistisch.

Viel war es nicht.

»Wir haben heute Nacht 9000 ausgegeben.«

»Euro?«

»Kronen.«

»Was macht das in Euro?«

»Warum willst du es in Euro wissen?«

»Was macht das in Yen?«

Er sah mich an. Und ich wusste, wir dachten dasselbe. Er hatte behauptet, es wäre umsonst, gratis und franko, mit den Mädchen am Personaltisch über den rumänischen Lebensstandard et cetera et cetera zu plaudern, und ich hatte gewusst, dass es uns teuer zu stehen käme, weil wir während des Gesprächs für all ihre Drinks aufkommen müssten. Ich sagte nichts. Dadurch verdoppelte ich mein Vergnügen: Ich hatte recht gehabt und konnte obendrein nun auch noch meine Großmut demonstrieren, indem ich es nicht zur Sprache brachte. Ich lächelte ihn an. Und kassierte meine Punkte. Anschließend diskutierten wir, ob man den Betrag von der Steuer absetzen könnte. Charles ist Gourmetkritiker. Doch obwohl wir an der Bar gesessen und Nachos in (fertigen) Avocado-Dip getunkt hatten, ging das Etablissement wohl kaum als Restaurant durch. Mir wurde erneut übel, und ich sagte: »Mein lieber Charles, wärst du so gut und würdest relativ lange rausgehen?«

»Auf den Flur?«

Ich nickte. »Ja, aber schnell.«

Er schlüpfte hastig in Hose und Hemd und öffnete die Tür zum Flur. Als ich mich in den Verschlag zwängte, sagte er: »Du weißt doch: Ein Fest, das zu Ende geführt wird, ist Selbstmord.«

Der Balkon. Genet.

»Ja«, sagte ich, »wir hätten die Langeweile der Lilienfelder wählen sollen.«

»Genet«, sagte er und zog die Tür hinter sich zu.

Wir hatten gerade *Der Balkon* gelesen. Vor dem Einschlafen lesen wir uns gegenseitig etwas vor. Ich lese Charles Romane, Gedichte und Dramen vor. Charles liest mir Kochrezepte vor. Im Vorwort eines seiner Kochbücher steht, theoretisch hindere nichts den Menschen daran, 140 Jahre alt zu werden. Nach diesem Buch kochen wir. Kaum hat er daraus vorgelesen, sind wir beide schrecklich hungrig und rennen in die Küche. Deshalb sind wir auch ein bisschen in die Breite gegangen, bisher aber nur ein bisschen. Doch was macht das schon, solange wir einander auf dem üppig belegten Weg des Lebens begleiten, wo deine Speckrolle meine ist und meine Speckrolle deine.

Nur ihr Feuerzeug ist mir geblieben. Charles fand es in seiner Jackentasche und gab es mir. Es ist schwarz, mit Palmen darauf und einem tanzenden Paar in festlicher Kleidung. Im Hintergrund lässt sich ein Bungalow erahnen. Schlank und elegant tanzen die beiden durch die endlose Tropennacht. Er im Smoking, sie in einem weißen Cocktailkleid. Seine Hand auf ihrem Rücken, der sich aufreizend nach hinten biegt, und in dieser Biegung ruht seine Hand. Ihre Hand auf seiner breiten Schulter in der maßgeschneiderten Jacke. Ein Kellner mit einem Tablett überquert die Terrasse des Bungalows. Bungalow, von *baṅglā*, einem einstöckigen Haus für Europäer in Indien. Es ist eine andere Zeit. Alles ist, wie ich vermute, sehr kolonialistisch (nur ein paar Säulen fehlen, es hätte ein Haus mit Säulen aus der Kolonialzeit sein müssen), sehr heiß, das Meer ist nicht besonders weit weg, und durch das Gras kriechen Schlangen. Hin und wieder dringt eine Schlange bis in den Bungalow vor. Dann schreit die Dienerschaft, und die Frau im weißen Kleid schreit noch lauter. Kleine, unterentwickelte Männer in Kitteln, mager wie Grillen, eilen mit scharfem Gerät aus dem Garten herbei und machen kurzen Prozess. Der Chauffeur lehnt sich gelangweilt an das große Auto, er hat eine Zigarre seines Herrn angezündet, die er heimlich raucht, er schirmt sie mit der Hand ab, falls das bei Zigarren überhaupt geht. Das Paar befindet sich in einer frühen Phase seiner Ehe. Noch ist ihnen danach, nachts auf der Terrasse zu tanzen.

Ich behalte das Feuerzeug. Es ist ein Andenken. Irgendwann zog ich sie auf die Tanzfläche – ich tanzte voran, während ich, vom Alkohol beflügelt, die Arme in die Luft warf und rief: »Ich bin Architektin.« Obwohl das gar nicht stimmt.

Charles und die kleine Versammlung am Personaltisch, bestehend aus der Alkoholikerin, der Schwarzen, der Bardame und der dunkelhaarigen Frau, die sich gerade hatte liften lassen und deren winziges Gesicht mich an eine pralle Rosine erinnerte, sahen uns zu und johlten. Ich hatte unwahrscheinlich viel Kleidung am Leib. Einen halblangen Rock, flache Stiefel und einen dicken, schwarzen Pullover. Sie war viel passender gekleidet, luftiger. Vermutlich sah ich aus wie ein alternder, etwas zu molliger Panther. Wenngleich noch immer von einer gewissen Geschmeidigkeit. Aber. Schon da sehnte sie sich danach, endlich nach Hause zu kommen. Als wir uns wieder setzten, sagte die Bardame, auf Charles deutend: »Er hat Kinder.«

»Die hat man ihm in Hamburg angehängt«, sagte die Alkoholikerin.

»Uff, man sollte nicht nach Hamburg fahren.«

»Nein, fahrt niemals nach Hamburg.«

»Ich war noch nie in Hamburg«, sagte Charles und steckte sein Portemonnaie in die Tasche. Anscheinend hatte er seine erwachsenen Söhne vorgezeigt. Zwei umtriebige Mittzwanziger. Geschäftsmänner, dieser etwas dubiose Ausdruck. Der Jüngste hatte schon mit siebzehn seine erste Million verdient. Eine glückliche Geschichte. Er ist zwar nicht mein Sohn, doch auch ich habe Erwartungen an ihn.

Charles warf sich vor Lachen gegen die Stuhllehne, während er mich kopfschüttelnd ansah, wir waren bei Surrealisten gelandet. (Ich musste an Gulliver denken, was ihm widerfuhr und wie überrascht er war. Als Kind konnte ich mich an der Illustration nicht sattsehen, wie der riesige Gulliver bei den Liliputanern aufwacht und sich mit einer Unzahl dünner Schnüre an den Boden gefesselt wiederfindet, auf seinem Körper und ringsherum wimmelt ein Heer von Miniaturwesen, emsig wie die Ameisen, alle haben einen nützlichen Gegenstand in der Hand, um bald eine nützliche Arbeit zu verrichten.)

»Er ist ein Hengst.«

»Uh, ein Superboy«, sagte mein Schatz, zog einen Stuhl hinter meinen und umarmte mich.

»Teufel«, sagte sie.

Kurz darauf geschah es, dass sie meinen Kopf packte und mich küsste. Und ich gab mich der Illusion hin, sie wäre an mir interessiert. Unsere Bekanntschaft währte von ungefähr 21 Uhr, als wir in der Bar ankamen und sie sich neben mir auf einen Stuhl setzte, bis 7 Uhr, als wir widerstrebend (ich jedenfalls) von diesem Ort aufbrachen.

Jedes Mal wenn sie mich im Laufe dieser knapp zehn Stunden verließ, wie etwa für die drei kleinen Chinesen, hatte ich das Gefühl, mir fehlte etwas. Als wäre die menschliche Existenz ein Griff ins Leere (und vielleicht ist sie das auch). Genauso war es, als ich Charles kennenlernte. Leer, einsam, hohl, wenn er nicht in meiner unmittelbaren Nähe war.

Camilla und Charles

[Camilla]

Charles und ich gehören zu jener Minderheit, die erst mit etwa vierundzwanzig Stunden Verspätung erfuhr, was am 11.September passiert war. Das ist zurückzuführen auf eine Mischung aus Sprachbarrieren, Verliebtheit und gewöhnlicher Zerstreutheit. Wir waren in Lissabon und wohnten in dem schäbigsten Hotel, das man sich vorstellen kann. Die Flure, deren Läufer von Feuchtigkeit durchdrungen waren und offensichtlich dazu dienten, fehlende Dielenbretter zu verbergen, waren vollgestellt mit Gerümpel, das nie weiter als bis hier gekommen war; das ausgediente Mobiliar stapelte sich, durchgesessene Stühle, totgeschlafene Betten, Tische mit daumenförmigen Mulden von Melancholikern, die im Kreis dachten und liefen, eine Runde nach der anderen, immer um den Tisch herum. Vor unserer Tür stand eine alte Schreibmaschine. Wenn man eine Taste anschlug, blieb das dünne Metallbein des Buchstabens auf halber Höhe zwischen dem Farbband und den anderen Buchstaben in der Luft hängen, als wollte es sagen: Nein, allein mache ich das nicht.

Wer kann schon von sich sagen, er hätte keine Schwäche für Schreibmaschinen? Jedes Mal, wenn ich nach Hause kam, und jedes Mal, wenn ich aufbrach, schlug ich eine Taste an. Ich konnte es einfach nicht bleibenlassen. Wie wenn jemand ein Klavier sieht und spielen *muss*. Die Erinnerung fährt ein, ihr kennt das Gleis: Noch bevor ich auch nur ein einziges Wort, geschweige denn ein Gedicht geschrieben hatte, ich war vielleicht neunzehn, schleppte ich meine 7,5 Kilogramm schwere Reiseschreibmaschine mit auf eine Tour, bei der ich oft umstieg, nach Rom, Florenz, Venedig, ohne zu irgendeinem Zeitpunkt auch nur ein Wort aufs Papier zu bringen, was jedoch vollständig davon aufgewogen wurde, dass eine junge Amerikanerin zu mir sagte, sie könne gut verstehen, warum ich das schwere Biest mit mir herumschleppe, »denn was ist ein Autor ohne seine Schreibmaschine«, sagte sie. Und damit war ich verloren. Erinnerung abgeblasen. Sie hinterlässt ein behagliches Kribbeln, aber auch einen faden Beigeschmack, weil nie viel daraus wurde. Mir geht es wie der Taste, die zwischen Himmel und Erde schwebt: Nein, allein mache ich das nicht. Schreibmaschinen mag ich aber immer noch. Und ich lese gern Charles' Restaurantkritiken und schlage hier und da eine Änderung vor. Der Kritiker des Kritikers, das bin ich.

Es war nicht nur die Erinnerung an den Ausspruch der Amerikanerin, die mir ein Kribbeln bereitete. Florenz am Silvesterabend, vor vielen Jahren, sie hatte langes schwarzes Haar und trug einen roten Dufflecoat, wie Paddington, und vielleicht behielt ich sie deshalb als kleinen Bären in Erinnerung, in diese Mäntel war ich schon immer verschossen / mit schmalen Holzknöpfen geschlossen, einreihig.

Zurück nach Lissabon. Wie auch der Rest des Hotels war unser Zimmer mit feuchten Flecken übersät. Wenn ich meinen Föhn in die Steckdose steckte, konnte ich *mit* dem Föhn das Licht ein- und ausschalten, ihn aber nicht dazu bewegen, heiße Luft auszublasen. Und dann gab es einen Spiegel, in dem man sich und den anderen gerade so erahnen konnte – nackt und umschlungen traten wir auf, Charles und Camilla, angemessen verschönert, fast nur Konturen, irgendwo tief in der rostigen Nacht des Spiegels, während (denn weil wir es die ganze Zeit taten, taten wir es wohl auch da) die Flugzeuge in die Türme flogen. Anschließend verließen wir hungrig von all der Liebe das Zimmer, ich schlug wie immer eine Taste an, an diesem

Tag vielleicht ein D für disaster, und gingen Arm in Arm den gefährlichen Flur entlang und die gefährliche Treppe hinab; der Aufzug wäre zu gefährlich gewesen, selbst für Glücksritter wie uns. Unten an der Rezeption tauchte einer der indischen Besitzer aus seinem Raum unter der Treppe auf, sagte etwas zu Charles und zog ihn am Ärmel. Er ließ sich in die Kammer ziehen, und ich folgte ihm wie ein Anhängsel. Offenbar war er furchtbar aufgeregt wegen irgendetwas im Fernsehen. Ich sah eine Menge Rauch und nahm an, dass es ein Waldbrand war.

»Nein danke, wir möchten jetzt keinen Film sehen«, sagte Charles freundlich, weil er immer freundlich ist, und zog seinen Ärmel zu sich.

»Das ist kein Film«, sagte ich. »Ich glaube, in seiner Heimat brennen die Wälder.«

»Ach«, sagte Charles, beugte sich vor und strich dem Inder über die Wange, »es wird schon alles gut werden.«

Der Inder verstand uns nicht. Am Ende ließ er uns mit einem Schulterzucken von dannen ziehen. Und ohne es zu wissen, gingen wir in eine veränderte Welt hinaus. Aber das tut man natürlich immer. Ich möchte die Bedeutung dieser Begebenheit keinesfalls überbewerten; davor und danach ist so viel Böses passiert, und die Gesellschaft hätte sich vielleicht trotzdem rings um uns verschlossen. Und wir hätten uns in uns selbst verschlossen. Der Einsturz der Türme war vielleicht nur ein Grund unter vielen. Das meint zum Beispiel Charles. Leider bin ich nicht in der Lage, eine eigenständige, originäre politische Analyse zu präsentieren, dafür bin ich nicht ausgebildet; also stütze ich mich auf das, was ich gehört und gelesen habe, und wiederhole es. Gut, dass ich meine Zeitung habe. Gut, dass ich Žižek habe. Und nicht zuletzt gut, dass ich Charles habe. Und auch Alwilda. Sie ist scharfsinnig.

Als ich eines Tages meines Wegs radelte, wurde ich von einem Journalisten angesprochen, ob er mich fragen dürfe, warum ich einen Fahrradhelm trage. Gab es denn so viele Antworten auf diese Frage? Um ihn zu überraschen, sagte ich aber, ich trüge ihn, weil ich Angst hätte, mir könnte etwas auf den Kopf fallen. »Von oben herab?«, fragte er. »Ja, von oben«, antwortete ich. »Ich gehöre einer Nation von Angsthasen an, wir fürchten uns vor allem.«

»Würden Sie bitte für sich sprechen«, sagte er.

»Klar«, erwiderte ich, »das tue ich sowieso am liebsten. Und ich habe schon lange vor dem 11. September das Schlimmste befürchtet. Immer. Das Einzige, wovor ich keine Angst habe, sind Salmonellen. Ich esse rohe Eier mit Todesverachtung.«

»Todesverachtung habe ich notiert«, sagte er, »aber wir sprechen hier schließlich nicht über Eier. Wobei man ein Ei, das auf den Küchenboden fällt, und einen Kopf, der auf dem Asphalt aufschlägt, natürlich durchaus miteinander vergleichen könnte.«

Und dann hatte er es plötzlich eilig, weil ihm die Idee gekommen war, seinen kleinen Beitrag über Fahrradhelme mit der Aufnahme eines Eies einzuleiten, das auf einer harten Oberfläche zerschmettert wird. Wie er gerannt ist. Damit ihm niemand seine gute Idee stehlen konnte.

Dann lasst uns über Blumen sprechen, sage ich jetzt (der Journalist ist weg). Ich sitze gerade zu Hause in unserem Wohnzimmer vor einem Strauß schwarzroter Gladiolen und überlege, wie es wäre, in einen solch samtenen Trichter hineinzuspazieren. Glaubt jetzt bloß nicht, es ginge um das weibliche Geschlecht, schön aufgepasst, es geht nämlich wieder um den Tod. In einen solchen Trichter aus Samt hineinzuspazieren, sich umzudrehen und zu sehen, wie er sich hinter einem schließt. Von weichen Wänden umschlossen zu sein, eingesperrt, im lieblichen Duft zu ersticken und den Blumentod sterben zu müssen.

Doch wo kommt es her, frage ich mich, und mitunter fragen mich das auch Alwilda und Charles, dieses Kreisen um den Tod. Lange war ich ihnen eine Antwort schuldig. Ich zuckte mit den Schultern und wandte mein Gesicht ab und beschloss, den Tod künftig für mich zu behalten. Als wäre er allein mein Problem, meins und nur meins. Deshalb war ich froh, als ich eines Tages bei V.S.Naipaul in *Das Rätsel der Ankunft* eine mögliche Antwort fand.

Ich lernte das Stück auswendig, und als mich Alwilda das nächste Mal fragte, antwortete ich: »Die mögliche, ja, die sichere Zerstörung sogar im Augenblick der Erschaffung zu sehen, das war mein Naturell. Die Sensibilität dafür hatte ich als Kind in Trinidad zum Teil durch unsere familiären Umstände erworben: die halb zerfallenen oder zusammengebrochenen Häuser, in denen wir wohnten, unsere vielen Umzüge, unsere allgemeine Unsicherheit.«

»Trinidad«, sagte Alwilda skeptisch, »wir haben doch die ganze Zeit in Jægersborg gewohnt, und bei euch zu Hause war es immer so hübsch und ordentlich, keine Spur zerfallen.«

»Die Unsicherheit«, sagte ich düster, »die Unsicherheit, die Möbel wurden ziemlich oft umgeräumt, ich wurde lange zu Verwandten abgeschoben, es gab viele Krankheiten, mein Leben wurde plötzlich auf den Kopf gestellt, Menschen kamen und gingen.«

»Ja, die Kindheit ist ein Sumpf«, sagte Alwilda, »man bleibt darin stecken. Jeden Tag wiederhole ich blind, was andere zu mir gesagt haben. Wer spricht jetzt aus mir, frage ich mich, ist es die kleine Mama oder der kleine Opapa, wer war das noch mal, den Spinnweben auf dem Besen völlig aus der Fassung brachten, wer brüllte mich so an, wenn ich die hohen Decken mit dem Besen von Spinnennetzen gesäubert und danach vergessen hatte, die Borsten zu reinigen, weshalb etwas an ihnen hing, das an verwitterte Grütze erinnerte. Und jetzt bin ich es. Mir ist es egal, wie der Besen aussieht. Aber ich muss losbrüllen, wenn Daniel ihn nicht saubergemacht hat.«

»Macht man es sich nicht ein bisschen zu einfach, wenn man immer wieder auf den Gedanken verfällt, jemand würde aus einem sprechen? Sollte man denn nicht die Verantwortung für das übernehmen, was man sagt?«

»Aber wenn nun mal wirklich aus einem gesprochen wird. Erst habe ich mich meinem Großvater – ja, was eigentlich? – zur Verfügung gestellt, damit er mich anbrüllen konnte. Und wenn dann aus mir gebrüllt wird, soll ich auch noch die Verantwortung dafür übernehmen.«

»Immerhin ist dir so das Vergnügen vergönnt, es Daniel zuzubrüllen.«

»Der es später einer neuen Person zubrüllt, und die brüllt es wiederum ...«

Camilla –
und die übrigen
Gefährten

Er hatte ein bestialisches Verhältnis zur Natur, als sei sie der einzige Quell tierischer Wärme. Er wärmte sich am Körper der Literatur, rieb sich mit seinem borstigen Haar und seinen unrasierten Wangen an ihrem Pelz. Er war ein Romulus, der die Wölfin hasste, die ihn säugte, und voller Hass lehrte er andere, sie zu lieben ...

Ossip Mandelstam
über seinen Lehrer V. V. Gippius

Camilla –
und die übrigen Gefährten

[Camilla]

Charles ist krank. Heimgesucht von Schmerzen. Im zweiten Jahr. Er nimmt Morphium. Ich sitze jeden Abend auf einem Stuhl an seinem Bett – nicht einmal auf der Bettkante, weil er es nicht aushält, wenn sich die Matratze neigt – und werde schrecklich ungeduldig. Oder rastlos. Mir fällt es schwer, lange am Stück zu sitzen. Und niedergeschlagen. Und sehr traurig, wenn ich sehe, wie die großen Schmerzen über sein Gesicht ziehen. Ich bin keine gute Angehörige. Ich bemitleide mich selbst, weil das Leben diese Wendung genommen hat. Am allermeisten aber ihn, den Schmerzgeplagten.

Wenn Charles zwischendurch einmal aufsteht, kommt es vor, dass ich mich auf das Bett werfe, wo er eben noch lag, fast so, als wollte ich die Situation aufs Neue durchdenken, und dabei betrachte ich das Zimmer von seiner Perspektive aus – betrachte das, was ihn jeden Tag umgibt. Auf dem Tisch stehen noch die Geschenke, die der Besuch dieser Woche mitgebracht hat, ein Glas mit einem braunen Etikett, das von einer feuerroten Schleife herabbaumelt: »Alwildas Erdbeermarmelade mit Kümmel«, Tee ist auch dabei, und dort thront ein Seidenkissen, sämtlich von jungen Frauen mit sonnigem Gemüt geschenkt, ein Stück rechts davon stehen die dunklen Herrensachen, Rum und bittere Schokolade.

Die Fensterbank ist voller Blumen und Steine, und es gibt mehrere rote Dinge, eine rote Decke, ein rotes Glas auf dem Tisch. Die gelbe Orchidee hat nicht diese typische tote, wachsartige Orchideen-Anmutung, sie hat einen Schwarm kleiner, leichter Blüten, und bei der Höhe der Pflanze (fast ein Meter) und der Farbe ihrer Blüten (ein warmes Gelb) vor dem Hintergrund des grauen Himmels denkt man an eine Yogaübung namens Sonnengruß, bei der man unter anderem die Arme grüßend in die Luft streckt. Mein Nachhilfelehrer in Mathe (im Gymnasium) versuchte sie mir beizubringen, er mühte sich auch damit ab, meine steifen Unterschenkel über Kreuz auf meine Oberschenkel zu legen, in die Lotusstellung, es fühlte sich an, als würde man auf einem wippenden Brett sitzen. In der Ecke des Wohnzimmers steht der Schaukelstuhl, in dem er Alma verführte, Sitzfläche und Lehne sind aus Geflecht, der Sitz musste neu bezogen werden, weil sie den alten so zerschlissen hatten, dass er Löcher bekam. Der Nachbar über uns hat einen goldenen Buddha auf der Fensterbank zur Straße stehen, in unserem steht Ganesh mit seiner Ratte, auch sie sind von der Straße aus sichtbar. Man könnte meinen, man würde sich Sanktuarien nähern, wenn man auf das Haus zugeht, Hindi im Erdgeschoss, Buddhisten im ersten Stock. Charles liebt Blumen. Charles liebt Steine. Mir bereiten Steine dieselben Schwierigkeiten wie der Weltraum – ich starre darauf und warte, dass etwas passiert, aber es passiert nichts, und nach einer Weile gebe ich auf. Oder ich werfe nur kurze, pflichtschuldige Blicke auf Steine, auf Sterne. Ich habe ein großes Bedürfnis danach, eine Erwartung, dass durch die Begegnung mit der Welt etwas in mir geschieht.

Wir, Charles und ich, beschrieben unsere Liebe stets mit den Worten »Geschwindigkeit, Bewegung und Vorwärtsstreben«. Wir hatten nie das Gefühl, festzustecken. Jetzt tun wir es. Wir sind blockiert, wie offenbar auch etwas in seinem Rücken, er ans Bett gefesselt, ich an den Stuhl neben dem Bett.

Das Morphium hat Charles den Appetit geraubt, er ernährt sich nur noch von Apfelsinen. Erst wurde sein Bauch flach wie der eines jungen Mannes, und ich strich voller Sehnsucht darüber. Jetzt ist er beinahe ausgehöhlt. Ich beuge mich vorsichtig über ihn – ich müsste ein Engel oder irgendein anderes Wesen mit Flügeln sein, schwerelos über ihm schweben, ihn berühren können, ohne alles noch schlimmer zu machen – und küsse ihn und fürchte mich plötzlich schrecklich davor, er könnte mich ganz verlassen, »au, au, au«, sagt er. Zurück auf den Stuhl. Ich bin eine Schwester geworden. Ich denke zurück an: Torremolinos, Gott weiß in welchem Jahr, aber damals hatte es noch ein bisschen Hippieflair, und wir lasen alle einen Roman mit dem Titel *The Drifters* (wir reichten ihn herum) von James A. Michener, deshalb waren wir in Torremolinos, wo ein Kapitel daraus spielte, und aus demselben Grund fuhren wir anschließend nach Marrakesch (und dann, wie auch im Buch, wieder nach Torremolinos), das wir im Mondschein erreichten, und ich ärgerte meinen Freund, Tim hieß er, mit der Behauptung, die Mauern und die Erde seien gelblich, nicht rot, the red walls of Marrakech, über die Michener so eindringlich geschrieben hatte und vor denen wir jetzt standen. Und, ach, all dies, weil ich hier sitze und Charles' braune Pillengläser betrachte und mich daran erinnere, wie ein braunhaariger Mann (der die ganze Zeit seine langen Stirnfransen aus den Augen schütteln musste und nicht mehr alle Zähne hatte und eigentlich nur Jimmy geheißen haben kann) mit seiner Gitarre an einem der Strände ganz leise sang: »tell me, sister morphine, when are you coming round again«, und ich dachte: ja, so ist das (wobei mit »das« vermutlich das Leben gemeint war – aber eigentlich ist es erst jetzt so, knapp zwanzig Jahre später, das Leben: Morphium & große Schmerzen, deren Nachbarin ich bin, hier auf dem Stuhl), während ich mich gleichzeitig außen vor und vollkommen idiotisch fühlte. Meine Schüchternheit machte mich stumm wie eine Auster; aber tief im Inneren meiner Stummheit begehrte ich auf gegen die Annahme, dass etwas mit mir nicht stimmen könnte, weil ich diejenige war, die nicht zur Gemeinschaft gehörte.

Ich beneidete die Fröhlichen, Unbekümmerten. Insbesondere ein norwegisches Mädchen, dessen Lachen anstieg und fiel, während sie Ball spielte, nur im Slip und mit ein paar langen (allerdings blonden) Haaren, die von der einen Brustwarze abstanden; sie war früher Junkie gewesen und betrachtete es jetzt als ihre Lebensaufgabe, Hasch in ihren Heimatort weit im Norden zu schmuggeln, damit die jungen Leute eine Alternative zum Heroin hatten, das sich viel leichter einschleusen ließ und deshalb auch leichter zugänglich und billiger war (das erklärte sie uns, als sie ein seltenes Mal ernst war) – in Päckchen um ihre norwegische Taille gebunden, vielleicht auch um die Beine, die aber nicht besonders lang waren. Ich meine mich zu erinnern, dass wir einmal allein miteinander waren (was mir leichter fiel, als in der Gruppe zu sein, und trotzdem betrachtete ich mich unablässig von außen, und das verpasste mir einen kräftigen Dämpfer, in Wahrheit war ich zwei Personen und trat mir immerzu selbst auf die Zehen) und sie mir in einem Versuch von Vertraulichkeit (die ich vielleicht, vielleicht auch nicht, zu erwidern imstande war) von einem Haus erzählte, in dem sie gemeinsam mit anderen Junkies gewohnt hatte, und wie sie in einem großen Knäuel geschlafen hatten und sich nachts einfach nach dem Nächstbesten ausgestreckt hatten, irgendwo tief in »der blinden Umnachtung des Rauschs«, und ich stellte mir eine Szene von Hieronymus Bosch vor und hörte bei dieser Gelegenheit auch zum ersten Mal Wörter wie »Fotze« und »Schwanz«. Und ich hätte ihr alles Glück der Welt gönnen müssen. Aber ich tat es nicht.

Sie war mit Uwe zusammen, einem Deutschen, der sein Leben in einem VW-Bus verbrachte und so herzlich und gutaussehend war mit seinem langen, dichten, lockigen Haar und der so lange am Stück lachte, dass ich in seiner Gegenwart erst recht gehemmt war, das heißt, es wurde noch einen Tick schlimmer als mein Urzustand – Auster. Und ich hatte das unangenehme Gefühl, dass ich umgekehrt auch der Gemeinschaft durch meine bloße Anwesenheit und mein Wesen einen Dämpfer verpasste; ab und zu sahen mich die anderen bekümmert an. Natürlich spielte sie Frisbee, oder beide spielten Frisbee, die fröhliche Norwegerin und der fröhliche Deutsche, das schöne Paar, die eine hell, der andere dunkel, wenn sie nicht gerade über der Wasserpfeife hockten (die für mich endgültig und restlos die Verbindung zur Gemeinschaft kappte, ich trieb in einer Finsternis des Grams davon. Als sie sich kurz darauf zum Strand schlichen, um einen Trip einzuwerfen, waren sie schlau genug, mich im Bus zurückzulassen, den Uwe – in der übrigen Zeit – für das Projekt seiner Freundin zur Verfügung stellte. Sie holten das Hasch in Marokko, versteckt hinter den Radkappen und in ein paar ausgehöhlten Surfbrettern, die sie aufs Dach schnallten, und ich bin mir nicht sicher, ob ich sie tatsächlich einmal in reisefertigem Zustand sah, all die Päckchen mit festem Klebeband um die Taille gewickelt, oder ob ich das aus einem Film habe), und während des Frisbeespielens rief er mit seinen funkelnden Zähnen: »Go for it, Cathy«; und später beugte er vielleicht auch sein prächtiges deutsches Gebiss über ihre Brust und zupfte die Haare aus. Vielleicht aber auch nicht. Denn es war ja natürlich, dass sie dort wuchsen. So wie sie auch rülpste, wenn ihr danach war – geradezu anmutig, als hätte man einen kleinen, feinen Laut in eine Muschel fallen lassen, und jetzt kullerte er zwischen deren Perlmuttwänden umher.

Nach einigen Monaten gelang es mir, mich loszureißen – es war, als klebte ich an diesem Ort fest, und während all der Zeit am Meer, in der Sonne des Südens, hatte ich weder im Meer noch in der Sonne gebadet. Im Gepäck hatte ich eine monologische Wut (die um meine Familie kreiste), vermutlich vom Hasch freigesetzt und nicht mehr zu bremsen, selbst Jahre später – ohne jeden weiteren Brennstoff, wie eine Art Ewigkeitsmaschine des Gemüts.

»Hier kommt der Frühling«, sagte ich zu Charles, während ich mit einer gelben Blumenvase (die ich gerade gekauft hatte) an seinem Bett vorbeiging und sie so hinstellte, dass er sie sehen konnte. In der Østre Anlæg sind die Böschungen gelb von Winterlingen. Die Vase ist eher altmodisch gelb, was auch immer man darunter verstehen soll. Ich habe auch eine für Alma gekauft. Jetzt, da ich an Charles' Bett sitze, muss ich mich immer wieder umdrehen und sie betrachten. Die Farbe bringt geradezu Linderung.

Später kommen die Forsythien hinzu, aber vielleicht ist Gelb gar kein Trost, sondern eine Überfülle an Energie; denn Charles liegt einfach nur da. Charles weint einfach nur oder wendet das Gesicht ab. Und nun ist die Mirabelle weiß gepudert und steht in langen weißen Reihen inmitten all des Brauns. Charles dreht sich um und sagt, jetzt wisse er also, was aus seinem Leben geworden sei.

»Wer weiß, was ein Leben ausmacht«, sage ich, und es klingt altklug, man sollte nicht glauben, dass es der Titel eines Gedichts von Ashbery ist.

Draußen geht das Wunder weiter, die Farben erheben sich aus dem Braun; das Wunder hört nicht auf, ein Wunder zu sein, Jahr für Jahr, und je älter man wird, desto inniger liebt man anscheinend das Frühjahr, ist es die Grabeskälte in den Knochen, aus denen die Liebe entspringt? Dort steht Charles, der Baum, mit Bleigewichten, die von seinen Armen baumeln, einem Pendel um den Hals, nein so was, er hat sich in eine Standuhr verwandelt, eine wackelige, krumme. Er steht, als wäre der Boden schief. Und die Mirabelle verliert über Nacht all ihre Blätter.

Wir haben zwei Paar Boxhandschuhe, inzwischen fast nur noch zur Dekoration, aber einmal, in einem anderen Leben, hat Charles mit seinen beiden inzwischen erwachsenen Söhnen geboxt. Und aufgehorcht – jetzt hieven wir Charles aus dem Bett, beziehen es neu und setzen ihn fürs Erste auf den Bettüberwurf.

Wir sagen: »Das kann nicht sein, wir hatten doch immer so viel Schwung. Jetzt feiern wir ein kleines Fest.«

(Wir, das sind immer Charles und ich.)

Und wer kommt da? Kaum zu glauben, es ist Edward, der seinen Hund mitgebracht hat, er ist weiß mit schwarzen Sprenkeln, und er springt aufs Bett, nimmt einen Zipfel des Bettüberwurfs ins Maul, dreht sich zwölfmal um die eigene Achse und jault dabei, als wäre es eine schmerzvolle Tätigkeit, »um sich zu vergewissern, dass keine Schlangen im Gras liegen«, erklärt Edward, »das Urgehirn, ihr wisst schon, aus der Zeit, als der Hund noch ein Wolf war«, ehe er sich endlich hinlegt. Doch dann klingelt es an der Tür, und er muss wieder aufspringen, um den neuen Gast zu begrüßen, das ganze Ritual war vergebens, meine geliebte Alma besucht uns, und sie hat Kristian dabei, der Hund dreht sich erneut im Kreis, der Bettüberwurf ist schon ganz mitgenommen, »du kannst dich beruhigt hinlegen, da sind keine Schlangen«. Alma und Edward sind sich noch nie begegnet, kommen sich aber bekannt vor, und der arme Kristian wird eifersüchtig – bis Edward plötzlich meint, auch ihn schon einmal gesehen zu haben. Charles stellt das Morphium auf den Tisch, möchte jemand probieren? Ja, Edward. Edward braucht auch immer etwas zur Linderung, erst die Eltern, dann Alwilda, sein Leben ist viel zu leer, er muss die große Lücke füllen, was der Hund allein nicht vermag. Ich schleppe eine ganze Kiste Champagner von der Küche herein, »in den 1960er Jahren waren die meisten Augenverletzungen auf Champagnerkorken zurückzuführen«, behauptet Kristian und schützt sein Gesicht mit den Händen, er war noch nie ein Held, eigentlich würde er am liebsten unter den Tisch kriechen, und ich erzähle, wie ich in meiner Zeit als Kellnerin einmal einen Mann an der Stirn traf. Die Korken knallen, und der Gedanke an den Rausch ist so, als würde man hoch oben stehen und auf ein Königreich blicken, ich trinke nur selten, aber wenn, dann trinke ich beängstigend schnell.

»Langsamer, Camilla, langsamer«, sagt Charles, aber es ist wohl zu spät, mein Inneres galoppiert bereits davon – voraus, über das Königreich hinaus. Edward redet über Hundeangelegenheiten, und ich lege meine Uhr auf den Tisch und sage »okay, Edward, ich gebe dir zehn Minuten, und dann will ich kein Wort mehr über Hunde hören«.

»Du bist so zynisch, Camilla«, erwidert Edward.

Ich drehe *Sexy Back* auf volle Lautstärke, um mir nicht noch einmal anhören zu müssen, wie er den Hund als äußerst sensibles Wesen beschreibt, dann fragt Edward Alma, welche Musik sie am liebsten hört, und sie antwortet: »Gloria Gaynor und Schostakowitsch«, was Edward gut nachvollziehen kann, und die beiden stehen auf und blättern im Plattenregal, ich kann sehen, dass Kristian Lust bekommt, sich zu prügeln, und gehe hinaus und hole die Boxhandschuhe, »der Handschuh ist hingeworfen«, rufe ich und lasse ihn vor der versammelten Gesellschaft auf den Tisch fallen, das eine Paar ist braun und das ande-re lackrot, wie ein Versprechen, dass Blut strömen wird – wenn die Grenzen von Bildung und Anstand gesprengt wurden. Charles redet von den Beinen des Hundes, der aus dem Bett gehüpft ist, von seinen langen Beinen, und jetzt bin ich kurz davor, eifersüchtig zu werden, aber es ist doch ein Rüde oder nicht, ich werfe einen Blick unter den Bauch, doch, stimmt.

»Charles, gib Edward noch ein bisschen mehr Morphium«, rufe ich Charles zu, weil er den reizenden Hund mit den lan-gen Beinen in unser Wohnzimmer gebracht hat.

»Ich hatte mir vorgenommen, nicht mit ihm zu sprechen«, sagt Edward zu Alma, und ich sehe ihr an, dass sie sich bereits langweilt, »jedenfalls nicht im Freien, aber es ließ sich nicht durchhalten, die Sprache lässt sich bekanntlich nicht auf-halten, sie sickert oder platzt aus einem hervor. Ein Blick, der dem eigenen Blick begegnet, und ein Wille, der in die richtige Richtung geleitet werden kann oder nicht – das genügt. Die Sprache fasst Fuß. Sie wendet sich einem zu, sie lockt, droht und argumentiert. Aber ich versuche sie wenigstens zu zügeln und keinen Konjunktiv, keine Nebensätze und keine Ironie zu benutzen. Nicht wie die Dame mit dem schwarzen Labrador. Wenn er endlich kommt, zwingt sie seinen Kopf nach oben, und während er sie träge anblickt, schlägt sie ihn: ›Was bildest du dir ein? Hast du mich nicht gehört? Es kann nicht sein, dass du mich nicht gehört hast. Das nehme ich dir nicht ab, Freundchen. Wenn Mutti ruft, musst du auch kommen, das weißt du genau.‹ Ich habe ihr gesagt, dass er sicher keine Lust hat, zurückzukommen, wenn es gleichbedeutend damit ist, ge-schlagen zu werden. ›Er versteht das‹, sagte sie nur. Mir gegen-über fasst sie sich kurz.«

»Deine zehn Minuten sind jetzt um, Edward«, schreie ich, weil ich mich nur noch schreiend äußern kann und nur noch im Laufschritt fortbewegen, und er nickt und verstummt, vielleicht hat er heute nichts anderes zu berichten. Wenigstens kann Alma vielleicht hören, wie klug er ist. Edward ist als Letzter zu meinem Freundeskreis gestoßen. Ich habe das Gefühl, dass einer fehlt, »wo ist Kristian geblieben?«.

»Der steckt bestimmt mit dem halben Oberkörper im Kühlschrank«, antwortet Alma, und so wird es wohl sein, denn er bevorzugt immer etwas anderes als das, was man serviert, und er hat immer Hunger, der Tisch biegt sich zwar unter Aufschnitt und Käse, aber er hat es am liebsten, wenn er allein in der Küche herumschleichen und Schränke und Schubladen öffnen und an diesem nippen und von jenem naschen kann. »Sollen wir nachsehen?«, frage ich, denn dann kann ich Alma einen Moment für mich haben (ich bin eine besitzergreifende und eifersüchtige Person), sie hakt sich bei mir unter, und wir gehen auf Zehenspitzen durch die Zimmer und den langen Flur, und dann springt Alma mit einem Schrei in die Küche, und tatsächlich: Die Kühlschranktür steht offen, und da steht Kristian, die Hand auf die Brust gepresst, »o-ha«, sagt er.

»Kann ich dir helfen?«, frage ich. »Oder findest du selbst, was du brauchst?«

Kristian nickt, er hält eine Stulle in der Hand, ein Stückchen hier, ein Häppchen dort, seine Nase läuft. Kristian ist Arzt. »In der Hoffnung, kein Patient zu werden«, wie Alma sagt. Er habe panische Angst vor Krankheiten. Seine Patienten würden einem flackernden Arztblick begegnen, eine schweißnasse Hand schütteln, müssten sich eine mit brüchiger Stimme vorgetragene Diagnose anhören. Über all das weiß ich nichts. Aber er sieht gut aus in seinem Kittel, das ist mir aufgefallen, streng und schmal. »Weil wir nur so kurze Zeit auf dieser Erde leben …«, damit leitet er oft seine Sätze ein. Es klingt schön und ist wehmütig und zugleich wahr.

Genau wie man, Alma zufolge, im Augenblick äußerster Hingabe, kurz vor dem Ende des schäumenden, aufgepeitschten Finales, nur noch das Weiße seines Augapfels sieht – sodass sie selbst die Augen schließen muss und denkt: Hier ist er ja, der Tod, den du so sehr fürchtest. Und jetzt kommt er, jetzt jetzt jetzt.

Ich setze mich an den Küchentisch, »Doktor, Doktor, ich glaube, ich werde krank«, sage ich. Alma setzt sich neben mich und schlenkert mit den Beinen, »Doktor, Doktor, ich habe mir das Bein gebrochen«, sagt sie.

Obwohl wir einander überhaupt nicht ähnlich sehen, werden Alma und ich oft für Schwestern gehalten, denn nachdem wir uns schon so lange kennen, sind wir wie zwei Seiten derselben Medaille, Alma ist die Königin, und ich bin das Schiff oder die Krone oder der Turm oder Staatsmann.

»Doktor, Doktor, ich habe eine Blinddarmentzündung«, sage ich.

»Ich verlasse den Ort des Skandals«, erwidert er und verlässt die Küche mit einer Grimasse, als hätte er etwas Übles gerochen; wir verstehen, dass der Ort des Skandals unsere Trunkenheit ist, er hat recht und betrinkt sich nie.

Niemand sagt in mir nein. Alles in mir ist einverstanden.

»Doktor, Doktor, ich habe einen Plattfuß«, rufe ich ihm nach.

Vielleicht wäre es hier an der Zeit, ein bisschen mehr über meine Freunde zu erzählen, nur ein bisschen:

1. Alma ist meine Nummer eins. Als ich vierzehn Jahre alt war und Alma seit sieben Jahren kannte, traf mich unter der Dusche wie ein Blitz der Gedanke: »O nein, ich habe mich in Alma verliebt!«

Ich erhaschte meinen Blick im Spiegel und sprach mit der tiefen Stimme meiner Mutter ihre beruhigenden Worte (die sie in einem völlig anderen Zusammenhang gesagt hatte): »Man verwechselt die eine Art von Liebe allzu leicht mit der anderen.« Warum musste ich dann an ihre runden Brüste denken? Aber es ging vorbei. Vielleicht sogar schon, kurz nachdem ich das Badezimmer wieder verlassen hatte.

2. Charles hat grobe Gesichtszüge und einen verführerischen Mund, Kristian ist edel und Edward gutaussehend, durchtrainiert, mit muskulösen Beinen. Er verbringt den größten Teil seines Lebens mit Spazierengehen. Welch Männer, welch Zeiten.

3. Alwilda. Aber sie konnte nicht kommen.

Zurück zu den Gefährten. Das Wohnzimmer ist zum Boxring geworden. Charles, der kaum gehen kann, aber dafür als Einziger boxen, springt zusammen mit Edward auf dem Boden herum, die Kombination aus Champagner & Morphium verleiht Flügel. Bis er unvermittelt einen Haken schlägt, der ihn selbst zusammensacken lässt. Abwehrend streckt er die Hände in die Luft, die Handschuhe gleichen plötzlich einem Gips. Kurz darauf liegt er wieder im Bett, jetzt mit dem Hund an seiner Seite, und Alma befreit ihn von den Handschuhen. »Doktor, Doktor«, sage ich, denn nun bohrt sich sein Schmerz durch Champagner und Morphium, »wo ist das braune Glas?« Endlich kann ich schweigen.

Und jetzt beugt sich Edward zu Alma vor und erzählt ihr von den Enten, die in der Sonne sitzen und schlafen, und wie der Hund auf sie zustürzt, sodass sie ins Wasser platschen; wenn eine von ihnen zu langsam ist, schlägt er mit den Pfoten in die Luft, weil er nicht eine Sekunde daran denkt, sie zu töten, er scheucht sie nur zum Vergnügen ins Wasser – das Ganze spielt sich vor der Insel mit dem Rhododendron ab, in der Østre Anlæg, wo zurzeit der Spiegel des Sees die rosa Blüten ins Wasser zieht, und es gibt auch weißen, tiefroten und lila Rhododendron. Die Blumensträucher stehen dicht beieinander, fast wie ein Gebüsch, Weiß reckt sich und sieht Rot über die Schulter, und überhaupt drängen sich alle zusammen. Es herrscht eine Dichte wie im Tropenwald.

Als Edward anfängt, von der Spiegelung zu erzählen, wird Alma wach. Er hat sie mit seiner Beredsamkeit angestupst. Jetzt sehen sie einander an. Edward stellt sich ein Leben mit Alma vor, und Alma heimliche Treffen mit Edward, zum Beispiel auf der Rhododendroninsel, wo sie mit dem Kopf auf seinem Schoß liegt und er ihre schlaffe Hand hebt und von ihren spitzen und zugleich runden Fingern spricht.

»Ach«, sagt Alma, »ich bin so verliebt in den Frühling. Ich kann nicht stillhalten. Nicht im Haus bleiben.«

»Am meisten liebe ich aber den Flieder«, sagt Edward.

»Das ist überhaupt keine Insel«, sagt Kristian.

»Kristian«, sage ich und greife nach den Handschuhen, »jetzt sind wir dran.«

Camillas Navigationssystem

[Camilla]

Ich sollte in Belgrad mehrere Vorträge halten, und Charles konnte nicht mitkommen. Ich bin Literatin, wäre aber vielleicht lieber Architektin. Ich entwickle starke Empfindungen für Räume, und in diesem Moment greife ich mir ans Herz. Mein Hotel war innen rot, Twin-Peaks-rot, der Rezeptionist von Beruf Jurist. Sein Leben war nicht so, wie er es sich einmal erhofft hatte. Im Gegensatz zu meinem, fand er und spielte damit auf meinen Besuch im Institut an. Seine derzeitige Anstellung als Rezeptionist bei seinem kleinen Bruder, dem das Hotel gehörte, gab ihm jedoch hin und wieder die Möglichkeit, seine Jurakenntnisse anzuwenden. Beispielsweise, wenn er die Inspekteure vom Gesundheitsamt empfangen und sich mit ihnen verständigen musste, »denn das setzt einen Einblick in die Gesetze voraus«. Ich überlegte, womit man so etwas vergleichen könnte. Vielleicht mit einem Malermeister, der seine Ausbildung nur darauf verwendet, Farbe für die eigenen Wände zu kaufen; nein, dann denke ich doch lieber ans Gegenteil, nämlich an die Journalistin und Autorin Joan Didion, die sich, als ihre Tochter todkrank in der Klinik lag, blaue Kittel kaufte und darin in der Abteilung herumlief und den Ärzten gute Ratschläge erteilte, bis diese ihr schließlich sagten, wenn sie sich nicht aus der Behandlung heraushalte, wollten sie nichts mehr damit zu tun haben, dann müsse sie übernehmen. Und das wäre so, als würde man sich, wenn der Malermeister zu Hause die Wände streicht, selbst einen weißen Overall mit Farbflecken anziehen und auf die Leiter stellen. Willkommen in meinem Labyrinth.

Ich wollte diesmal nicht meinen üblichen Fehler machen und mich im Hotelzimmer absondern. Früher einmal mochte ich Hotelzimmer; an einem Ort zu sein, der nicht mir gehörte und dem gegenüber ich keinerlei Verpflichtungen hatte; wo ein eventuelles ästhetisches Unbehagen schnell zerstreut werden konnte und unsichtbare Hände den Staub wegwischten. Mittlerweile betrachte ich sie als Wartezimmer, in denen man unmöglich einschlafen kann, nachts, wenn ich blinzle, verändern die unbekannten Dinge ihre Form, alle festen Konturen verschwimmen. Tagsüber fühlt sich mein Kopf leicht und schwindelig an, wie wenn man dünne Luft atmet. Meine Füße sind schwer. Ich schleppe mich dahin. Zur Minibar. Nein, kein Alkohol. Schokolade. Gesalzene Erdnüsse. Allein und knabbernd auf dem Bett, eine veritable Lebensverschwendung, aber immerhin in Sicherheit. Und davon befreit, mich zurecht- und wieder zurückzufinden. Ich meine: draußen in der Stadt und bis zum Hotel. Mein Orientierungssinn ist erbärmlich. Nicht vorhanden. Dann lieber zu Hause bleiben. (Natürlich ging ich zu meinen Vorlesungen, deshalb war ich ja überhaupt hergekommen, aber ich ließ mich abholen und wieder zurückbringen, damit ich unterwegs nicht verlorenging; ich spreche von der übrigen Zeit, der Freizeit.) Dabei hat Eliot uns beigebracht:

Wir werden nicht nachlassen in unserem Kundschaften
Und das Ende unseres Kundschaftens
Wird es sein, am Ausgangspunkt anzukommen
Und den Ort zum ersten Mal zu erkennen.

(Was ja beruhigend klingt: Als könnte man sicher sein, wieder nach Hause zu kommen, ganz von allein sozusagen.)

Als Kompromiss verbrachte ich viel Zeit an der Rezeption

(war nicht aus dem Haus, aber auch nicht ganz zu Haus), balancierte auf einem Barhocker und trank einen Espresso nach dem anderen. Es war ein kleines Hotel mit nur fünf Zimmern, und zu diesem Zeitpunkt war ich der einzige Gast. Im Gegensatz dazu war das Personal beinahe überrepräsentiert. Ich weiß nicht, wie viele dünne, dunkle Zimmermädchen ziellos umherstreiften und in ihren roten Kleidern gut zu den Wänden passten. Denn es waren doch wohl keine Prostituierten? In diesem Fall hätten sie sich genauso gut in einer öden Landschaft an einen Sonnenuntergang lehnen können. Trotzdem waren im Kellerraum, wo das Frühstück serviert wurde, immer alle sechs Tische gedeckt. Der Illusion halber. Das Hotel hieß Hotel City Code, und ich wusste nicht genau, wie ich diesen Namen verstehen sollte. War das Hotel der Code für die Stadt? Wenn ich es laut aussprach, wurde Code leicht zu Coat.

Bevor ich hierher aufgebrochen war, hatte ich beschlossen, all meine wache Zeit in der Stadt zu verbringen, zum Zwecke des Kundschaftens. Ich wollte Touristin sein. Belgrad kennenlernen. Doch dann verlor ich den Mut. Die Rezeption war wie gesagt ein Kompromiss.

Allerdings redete der Rezeptionist ununterbrochen. Ein ziemlich gemurmeltes und unverständliches Englisch, das mir äußerste Konzentration abverlangte. Er hatte viel Zeit für seinen einzigen Gast. Kaum sah er mich aus dem Zimmer treten, kam er wie von einem Windstoß getragen auf mich zu. Er war dunkelhaarig, schmächtig, emsig, unermüdlich und hatte hinter seiner Brille sogar überaus nette Augen, redete jedoch, bis ich fast umfiel; mein Mund wurde trocken, der Raum schwankte. Ich kannte die Namen seiner Geschwister, seine Cholesterinwerte und den Rat seines Arztes: »Fünfzig Gramm Mandeln, vier Stück dunkle Schokolade und ein Glas Rotwein am Tag«, erklärte er strahlend, »und natürlich auch Obst und Gemüse und einen Spaziergang von mindestens drei Kilometern.« Er beugte sich vor und zeichnete eine Kurve über den Verlauf seines Blutdrucks. Ich wusste, dass sein Großvater einen Bericht über seine Erlebnisse im Zweiten Weltkrieg geschrieben hatte, das Manuskript jedoch leider verlorengegangen war. Und ich wusste in groben Zügen, wovon es gehandelt hatte. Allmählich glaubte ich sogar daran, dass es irgendwo in Kroatien in einer Schublade verborgen lag. Und allmählich hatte ich das Gefühl, er wollte mich anspornen, danach zu suchen. Er hielt mich für einen überaus freundlichen Menschen – mit überaus viel Freizeit. Ohr, Vagina, Spiegel, die dich doppelt so groß machen, wie du bist, du kleines Kerlchen, dachte ich plötzlich, das darf auf keinen Fall passieren. Und ich schnappte mir meinen Mantel und verließ die Rezeption mit einem Nicken. Es war ein guter Zeitpunkt. Er hatte gerade gesagt, die Gesellschaft könne den Roma noch so viel Geld in den Hintern schieben, sie würden ja doch nur Bier und Zigaretten davon kaufen und Schokolade für ihre vielen Kinder. Das trieb mich in die Welt hinaus. Obwohl ich Angst hatte, einer Romni zu begegnen, die sich so verhielt wie jene Frau, der ich in Sankt Petersburg begegnet war. Ich hatte ihr nämlich eine Summe gegeben, die etwa hundert Kronen entsprach, und sie legte sich vor Dankbarkeit mitten auf die Straße und fing an, mir die Schuhe zu küssen, »nein, nein«, sagte ich, »bitte stehen Sie auf«, »nur wenn ich noch mal hundert kriege«, sagte sie, und als sie das Geld bekam, ließ sie tatsächlich von meinen Schuhen ab, sodass ich zur Blutkirche weitergehen konnte, der Kirche mit den bonbonfarbenen Kuppeln, die nicht einmal aus der Nähe real aussehen.

Kaum stand ich auf der Straße, überkam mich Verlorenheit. Völlig lustlos tat ich die ersten Schritte. Als müsste ich laufen lernen. Ich kannte niemanden, niemand kannte mich. Ich war niemand. Ich verstand die Sprache nicht. Ich verstand gar nichts. Eigentlich brauchte ich nicht einmal darauf zu achten, wo ich langging, denn wenn ich zurückfinden musste, würde ich vielleicht vage etwas wiedererkennen, was meinem Blick begegnet war, mich aber nicht mehr daran erinnern, auf welchem Abschnitt der Strecke ich es gesehen hatte. Die Reihenfolge der Verknüpfung ist keineswegs beliebig, wenn es darum geht, den Weg zu finden. Anstatt zu versuchen, mein Hotel wiederzufinden, hätte ich auschecken und mein Gepäck mitnehmen sollen. Wenn ich dann, erschöpft vom Kundschaften und Tragen, nicht mehr konnte, hätte ich mich zu einem neuen, unbekannten Hotel schleppen können – und von dort wieder aufbrechen, wenn ich denn unbedingt aufbrechen *musste*. So hilflos bin ich auch wieder nicht. Ich hatte die Adresse des Hotels in der Tasche, und als ich das Gehen leid war, hielt ich ein Taxi an und ließ mich zurückfahren. Ein unschönes Erlebnis in meiner Jugend hatte mich gelehrt, immer die Hotel- oder Pensionsadresse bei mir zu tragen. Griechenland, vor einem halben Leben. Ich, jung, in einem Iphigenie-Kleid aus Gaze, so federleicht, so weiß, dass ich meine Brustwarzen mit Zahnpasta abdecken musste, das war vor der Zeit der halterlosen BHs. Jedenfalls war ich tanzen gewesen, es war Nacht, und die Blüten rieselten von den blühenden Bäumen. Alma, meine treulose Freundin, hatte mit ihrem Griechen weitergetanzt. Ich konnte unsere Pension nicht finden. Je länger ich suchte, desto mehr entfernte ich mich von mir selbst. Ein Mann hatte mich beobachtet. Nach einer Weile überquerte er die Straße und fragte mich freundlich, wonach ich suchte. Er konnte nur schwer glauben, dass ich mich nicht einmal an den Namen der

Pension erinnern konnte. Aber was man nicht versteht, muss man einfach akzeptieren. Deshalb mietete er im erstbesten Hotel ein Zimmer für mich und versprach, am nächsten Morgen wiederzukommen und mir zu helfen. Dann ging er. Er hatte einen Oberlippenbart, war aber nicht uncharmant. Hätte er sich weniger ritterlich benommen, wäre vielleicht eine längere Begegnung daraus geworden. Am nächsten Morgen kam er zurück, bezahlte die Rechnung, schwang sich in den Sattel und mich hinter sich, und dann auf zur Touristenpolizei. Dort lag eine Kopie von meinem Pass, die der Pensionsbesitzer bei meiner Ankunft pflichtschuldig abgeliefert hatte – mit dem Namen und der Adresse meiner zeitweiligen Unterkunft! Welch mustergültige Ordnung, und das in Griechenland. Zu Hause in der Pension fand ich Alma, meine geliebte Freundin, händeringend, halbtot vor Angst, überzeugt, ich (mein Kopf) läge irgendwo vom Körper abgetrennt unter braungerändertem Blütenschnee; obwohl wir es gewohnt waren, dass die andere verschwand, wenn ein anziehender Köter unseren Weg kreuzte, unsere Jugend war eine einzige Läufigkeit, eine Aneinanderreihung herrlicher Erinnerungen, eine ganze Vorratskammer voll junger, purer Leidenschaft für entbehrungsreichere Zeiten, war tatsächlich ich das gewesen, die sich ein granatähnliches Stück Glas in den Bauchnabel geklebt und es ihrem vorübergehend Auserwählten in einem Tunnel präsentiert hatte, in dem ich ganz einfach mein Kleid lüpfte; ja, das war wohl – ich; um einen letzten kleinen Kringel hinzuzufügen. Apropos Kringel, was, glaube ich, Becketts Ausdruck dafür war, den Text so weit wie möglich zu strecken – keine Schleifen zu binden, sondern Schnörkel zu malen, früher am Tag kam ich auf dem Heimweg von einem Vortrag, ordnungsgemäß begleitet von einem Lektor des Instituts, an einem Graffito vorbei. Auf der Mauer stand:

Bücher, Brüder, Bücher
Nicht Glocken, nicht Schellen

Der Lektor übersetzte für mich und sagte irgendetwas darüber, dass Schellen zum Weihnachtsmann gehörten – wenn er in seinem Schlitten kam.

»Weihnachtsmann, Sie wissen schon, auf einem knirschenden Watteteppich, jingle bells, jingle bells, bis uns vor lauter Gemütlichkeit fast der Arsch abfällt. Und sein Bart knirscht auch.«

Die Glocken waren wahrscheinlich Kirchenglocken. Also weder Kirche noch Kitsch, nein danke. Es war ein moralisches Graffito. Schön, wenn ein Graffito zum Lesen auffordert, meinte der Lektor.

»Das stimmt«, antwortete ich und hoffte, er würde mir anbieten, meine Tasche zu tragen, weil sie schwer war. Voller Bücher.

Jetzt stand ich also, gelinde gesagt erwachsen, auf halbem Weg durch mein viertes Jahrzehnt, nahe der Ruine einer türkischen Festung, hoch über der Sava (die ich für die Donau hielt, doch die verlief auf der anderen Seite von Belgrad). Ein langer, schwarzer Lastenkahn fuhr vorüber. O das endlose Glitzern des Wassers und dann diese Prahm. Wer liebt sie nicht, diese floßähnlichen Kähne, wer muss bei ihrem Anblick und dem Geräusch sanften Dahingleitens nicht an *Huckleberry Finn* oder Venedig denken. Ich hätte glücklich sein müssen. Es gab eine Zeit, in der man glaubte, man sei es der Natur nicht schuldig, sich an ihr zu erfreuen; in der sie bloß elende Scherereien machte; oder etwas war, was einen stach, wenn man hindurchstürmte; in der man sie nicht als Mangel in sich selbst identifizierte, wenn sie sich einem nicht öffnete – und als lieblicher, weißer Weizen die Seele hinabrieselt.

Oh, ist meine Seele eingedickt?

Ist sie erstarrt?

Oder ganz im Gegenteil – ist die Natur plötzlich zu einer Musik geworden, bei der wir im Laufe eines Augenblicks alles Gelebte durchleben, bevor wir ertrinken; und gegen eine solche Verdichtung müssen wir uns abschotten?

Mein Freund Edward sagte eines schweren Sommers: »Schließlich habe ich mich auf einen Gartenstuhl gesetzt. Aber der Garten sagte mir nichts, die Umgebung war irgendwie tot – und dann, mit einem Mal, passierte es trotzdem, und ich konnte mich zehn Minuten lang an den Vögeln und dem Wind in den Bäumen erfreuen.«

Der eigene Kopf als schlimmster Feind. Rasende Monologe, Szenen, in denen alles schiefgeht; Katastrophen; Angriffe auf imaginäre Feinde, um gar nicht erst die teuflischen Anfälle von Zweifel zu nennen, der Entsagung all dessen, was gut ist – als wäre man wirklich vom Teufel besessen, und vielleicht denkt man inmitten des Ganzen: Wenn Gott jetzt in mich hineinsieht, fällt die Strafe fürchterlich aus; aber es ist kein Gott, kein Teufel, nur ein Karussell, von dem man nicht mehr absteigen kann; die Giraffe, das fette, hellrosa Schweinchen mit den blauen Hosen und dem geraden Rücken und das Gespann der sich drehenden Kutsche vernebeln einem den Blick. Und man denkt: Jetzt muss ich vor Schwindel sterben. Runter komme ich nie mehr.

Und dann, plötzlich, Gnade – die Geschwindigkeit sinkt, die Mechanik knarrt leise (etwas will noch nicht loslassen), aber im nächsten Moment wird es still, und das Draußen (zum Beispiel die Natur, zum Beispiel ein unwiderstehlicher Mensch) darf hereinkommen und Raum einnehmen.

Ich hätte mich glücklich fühlen müssen, vor der Sava, oder zumindest nicht so verloren; wenn man mein Alter in Betracht zieht. (Ich befinde mich in einer Situation, in der ich ständig die Möglichkeit habe, die Temperatur meiner Seele zu messen; ich sollte mich endlich hinausbegeben und Gräben aufreißen.)

Warum verstärkt sich diese existentielle Einsamkeit unterwegs, nie bin ich dem Abgrund und dem Tod so nahe wie allein auf Reisen. Ich weiß die Antwort schon. Ein Niemand zwischen unbekannten Gesichtern. Und auch keine bekannten, auswendiggelernten Strecken. Totenreiche, Leere, ausgelöschte Eigenschaften, Abwendung, Rückzug, fliehende Schatten, Blutarmut. Fast hätte ich mich wieder nach dem Rezeptionisten gesehnt. Ich denke mit Schrecken daran, dass es mir auch zu Hause irgendwann einmal so ergehen könnte – wenn ich alle überlebe, die ich gernhabe. Die Löffel sollten alle im selben Takt abgegeben werden, lasst mich den Takt halten.

Diese Stadt ist unglaublich hässlich, sie besteht in erster Linie aus Betongebäuden, die sich vor- oder zurückbeugen, einige Mauern haben Bäuche: Sie sind in der Mitte ausgebeult und zur Stabilisierung kreuz und quer mit Holz beschlagen. Und die Fenster sind wie Augen mit zu hohem Augendruck, hervorquellend. Aber immerhin gibt es Bäume, dieses grüne Raschelwerk, zur Aufmunterung von Bürgern und Hunden, und die Flüsse sind ebenso aufmunternd, die alte Sava, die alte Donau. Es gibt vereinzelte Häuser in der Stadt, die die vielen Bombardierungen, erst durch die Deutschen, dann durch die Nato, überlebt haben, ihr erster Stock ist breiter als das Erdgeschoss, vielleicht um teures Grundstück zu sparen, auch darauf hat mich der Lektor aufmerksam gemacht. Es sind die alten Häuser, die Bäuche haben.

Immer wenn ich vor der Sava stand, hatte ich vor, über die Brücke nach Novi Beograd zu gehen. Nicht um ein Glas Wasser aus diesem Viertel zu trinken, das uranhaltig ist, weil in den neunziger Jahren das Uran aus den Bomben in den Boden gesickert ist, womit die Stadt sicher auf Listen über das am meisten verunreinigte Grundwasser der Welt auftaucht, sondern um das dortige Kunstmuseum zu besuchen. Ich trat auf die Brücke. Andere Fußgänger waren nicht da, dafür herrschte starker Schwerlastverkehr, der die Brücke zum Schwingen brachte. Belgrad hat keine Umgehungsstraßen. Alle müssen hindurchfahren. Und unter der Brücke war das schwarzgrüne Wasser. Bestimmt würde ich von einem Lastwagen erfasst und über das Geländer geschleudert werden. Erst überfahren werden, dann ertrinken. Ich stürzte los, um den Weg schnell hinter mich zu bringen.

Sowie ich drüben angekommen war, sehnte ich mich auf die andere Seite zurück, die mir jetzt offenbar eine Art Zuhause geworden war.

»Du bist aber auch ein hoffnungsloser Fall«, sagte ich zu mir selbst, »da hast du es endlich geschafft, hinüberzukommen, und schon willst du zurück.«

Obwohl ich keinen Hunger habe, fühle ich mich heute wie die Hauptfigur in Hamsuns Roman. Ich überlege, ob man meine und seine Stimmung vergleichen könnte – er befindet sich mehr oder weniger permanent in niedergeschlagenem Zustand; seiner plötzlich auftretenden Aufgeräumtheit haftet etwas Künstliches und Erschreckendes an. Zum Glück ist sie nie von langer Dauer. Er lässt den Kopf schnell wieder hängen.

Ich stieg eine Treppe hinab, auch sie aus Beton, und stand auf einem offensichtlich leeren Kai. Unter der Brücke waren Spuren eines verlassenen Romalagers zu erkennen. Und bestohlen werden kann man jederzeit. Meine leicht zu weckende Angst war geweckt. Dann tauchte eine andere Fußgängerin auf. Ich fragte nach dem Weg zum Museum. Sie deutete auf eine Anlage mit Bäumen, riet mir jedoch davon ab, diese zu durchqueren. Es sei zu unsicher. Ich solle lieber unten am Wasser entlanggehen. Ich starrte auf den menschenleeren Park und nickte. Vor der verlassenen Anlage verlief der Fluss, und es gab Hausboote und Restaurants, auch auf den Booten.

Es passierte nichts. Und das Museum befand sich im Umbau. Also musste ich wieder zurück über die Brücke. Ich saß eine Weile auf einer Bank und starrte auf das gegenüberliegende Flussufer. Ich bin Nachfahre von Heimweh und Abschiedskrankheit, Erbe von Melancholie und Euphorie. Ganz ruhig, du bist nicht Bruno Schulz im posthum veröffentlichten *Sanatorium zur Sanduhr*, das nur aus poetischen Essenzen besteht und deshalb weithin unlesbar ist, alle Lebenden müssen zwischendurch Luft holen, überspann den Bogen nicht, du solltest dir etwas Bewegung verschaffen. Ich stand auf und unternahm den Versuch, meine Gedanken wegzugehen. Die hysterische Poesie ließ ich auf der Bank sitzen, vornübergebeugt (versunken über einem kleinen großen Ding im Kies), in Lila gekleidet, der liturgischen Farbe der Seele, mit einem weichen, weiblichen Unterkörper, kräftigen Armen und einem kleinen, aber wohlgeformten Kopf. Einem Kopf wie der eines Vollblutarabers, mit bebenden Nüstern.

Ich kam mit heiler Haut davon und über die Brücke, wandte der Sava den Rücken zu und spazierte in Richtung Stadtzentrum. Plötzlich erkannte ich etwas wieder, das mir einen Stich versetzte. Das Kino für Kunstfilm, Art Bioskop Muzeum, wo der Lektor 2005 oder 2006 einen französischen Film gesehen hatte, und der einzige andere Zuschauer im Kino war der Akademiker Mihailo Marković gewesen, Ideologe der SPS, der Partei von Slobodan Milošević; sie saßen zusammen in der Dunkelheit, und ehe der Film begann, hatte Marković, der über achtzig war, den Lektor gefragt, warum er, jung wie er sei, denn kein Mädchen ins Kino ausgeführt habe. In diesen Jahren besuchten nur äußerst wenige Zuschauer die Belgrader Kinos, und manchmal bekreuzigten sich die Kinoangestellten erschrocken, wenn der Lektor kam, weil er sich in der Dunkelheit verbiestert hatte. Dieses seltsame »verbiestern«, wie er es ausdrückte, weckte in mir eine Vorstellung von ihm als Werwolf. (Davon abgesehen hatte er auch zusammengewachsene Augenbrauen, das Werwolfmerkmal par excellence.)

Kurz darauf kam ich zu einer Straße, wo eine Frische wie am frühen Morgen herrschte. Sie war gerade gespült worden. Auf beiden Seiten wuchsen Bäume, die Kronen waren dicht und beugten sich den gegenüberliegenden Kronen entgegen, sodass die Straße von einem grünen, rauschenden Dach überspannt war, durch das Licht hereinrieselte; ich ging auf einem lebendigen Bürgersteig, Licht und Schatten flatterten; und es war schummerig unter den Bäumen. Jenseits der Straße war die Welt ein Backofen. Ich machte kehrt, ging noch einmal die Straße entlang und spürte sogar einen Hauch von Abenteuerlust, was das Gegenteil von Verlorenheit sein muss. In meiner Vorstellung ist das Abenteuer mit dem frühen Morgen verbunden. So war es jedenfalls in meiner Kindheit, deshalb stand ich immer früh auf und streifte umher, über den Golfplatz, am Strand entlang und durch den Wald. In der Morgendämmerung war das Abenteuer besonders gegenwärtig und verflüchtigte sich allmählich, wenn es heller wurde und Menschen hinzukamen. Das Abenteuer bestand offensichtlich darin, allein zu sein; allein in einer menschenleeren Welt, denn ich erinnere mich nicht, dass je etwas Besonderes geschehen wäre. Vielleicht war das Besondere aber auch, dass ich mich selbst wahrzunehmen begann; dass mir die Abwesenheit anderer Blicke einen ersten Blick auf mich selbst ermöglichte. Niemand betrachtete mich mit Augen, die von einer bestimmten

Vorstellung gefärbt waren, wer ich war. Und so kam ich selbst zum Zuge. Um sich selbst zu entdecken, muss man allein sein. Wahrscheinlich kann man mit ebenso gutem Recht das Gegenteil behaupten: Man braucht die Blicke der anderen (um sich selbst zu entdecken).

Damals hatte ich nie Angst davor, mich draußen zu verlaufen. Und niemand sorgte sich um mich. Ich konnte morgens um vier das Haus verlassen, ohne dass jemand protestierte oder ich später ausgeschimpft wurde. Dagegen wurde ich ausgeschimpft, wenn ich mich dann später weigerte, in die Schule zu gehen; und das tat ich oft. Die Zeit, in der ich die besten Bedingungen hatte, wie ein Naturkind umherzustreifen, und in der ich mit Natur zusammenprallte, sobald ich die Haustür aufmachte, war mein drittes Schuljahr. Wir waren nach Helsingør gezogen, nur für ein Jahr. Wir lebten in einer sehr wenig ansprechenden, sehr durchschnittlichen Wohnung inmitten der Natur. Die Türen der Wohnung waren braun und hässlich wie in einer Schule. Ich hatte die Schule wechseln müssen, diesmal war sie gelb. Meine Klasse und ich hatten kein eigenes Klassenzimmer; wir waren eine sogenannte Wanderklasse. Wenn ich morgens ankam, wusste ich nie, wohin ich heute zu gehen hatte. Irgendwo in dem monumentalen Gebäude hing eine Anschlagtafel mit einer entsprechenden Nachricht. Die Tafel wechselte ihren Platz nicht. Eine Nummer und manchmal auch ein Buchstabe verwiesen auf einen Raum. Aber ich wollte nicht (eine halbe Ewigkeit auf der Suche nach einem Abstraktum wie B29 durch die Gegend irren, ich wollte mich nicht so kleinmachen).

»Wenn du nicht bald in die Schule gehst, mag ich dich nicht mehr«, sagte meine Mutter.

(»Ich hätte mir die Zunge abbeißen können«, sagte sie Jahre später.)

In der Regel blieb ich aber zu Hause. Und verbrachte den Rest des Tages damit, Brausepulver in ganz wenig Wasser aufzulösen und es mit einem Löffel zu essen; Ananaspulver, Himbeerpulver und wieder Ananaspulver. Hin und wieder wurde ein junges Mädchen eingestellt, um mir den Tag zu versüßen, sie servierte mir Milchbrötchen und Kakao aus einer anderen Welt. Die Küche war so klein, dass wir uns aneinander vorbeizwängen mussten.

In meinem Inneren scheint ein Zipfel von dem Kind weiterzuleben, das sich in der fremden Schule und in der Küche mit dem fremden jungen Mädchen nicht wie Fleisch und Blut fühlte, sondern wie Schweigen und Mauerwerk. Ein Stück sture Mauer, ungeheuer ungelegen. Ich bin der Meinung, diese Verlorenheit jetzt ausreichend unter die Lupe genommen zu haben. So schnell geht das nicht, könnte man einwenden. Aber ich denke schon lange darüber nach, denn wer ist schon gern ein hilfloser Trottel; natürlich ist dies das Konzentrat eines längeren, eher mäandernden Denkprozesses. Und über dieser Auflösung von Ananaspulver und jungen Mädchen in einer engen Küche bin ich wieder an meinem Ausgangspunkt angekommen. Vor den Mauern des Hotels City Code und der Minibar mit den süßen & salzigen Versuchungen – wie eine Kugel, die ihr Ziel getroffen hat. Mehr Glück als Verstand. Damit hätten wir eine Schleife um Eliot gebunden.

Und ratet, wer dort steht und seinen liebenswürdigen Gast erwartet?

Alma ist gekommen. Sie hatte meiner Stimme anhören können, wie es um mich bestellt war. So war es schon immer. Freundschaft ist Gold.

In den letzten Tagen habe ich mein Hotel im Großen und Ganzen nur verlassen, um den Platz zu überqueren und in einem kleinen Laden Bagels mit gegrilltem Tofu oder Lachs zu kaufen, die ich dann im Bett verzehre, gefolgt von großen Stücken Obsttorte, während ich auf meinem Laptop serbische Filme mit englischen Untertiteln sehe, die ich günstig bei Straßenhändlern erstanden habe. Als ich Emir Kusturica sehe, *Underground* und *Schwarze Katze, weißer Kater* (die habe ich mir von zu Hause mitgebracht, ich sehe sie mehrmals hintereinander), drehe ich die Balkanmusik, die mir normalerweise Lust zum Tanzen und Trinken macht, leiser, damit der Rezeptionist nicht kommt und sich der Party hier drinnen anschließt (meine opulente Mahlzeit würde ihn direkt ins Grab bringen) oder versucht, den Fuchs aus seinem Bau zu locken, zu Espresso & Monolog an der Rezeption. Mehrmals höre ich, wie er vor meiner Tür stehen bleibt. Ich kenne seine kleinen, spitzen Schritte. Übrigens hat er einen Schrittzähler an seinem Gürtel, auf Empfehlung seines Arztes. Ach ja, und dann machten der Lektor und ich noch einen melancholischen Nachmittagsspaziergang an der Donau entlang, wo ich meinen Gemütszustand in den Kähnen spiegeln und den Tod überhaupt nicht ertragen konnte, während sich der Lektor die Damen der Mafia besah.

»Ich bin Camillas Navigationssystem!« So stellte Alma sich gestern Abend bei einem Essen vor, und alle verstanden, was sie meinte, weil alle mich abwechselnd herumgeführt, an der Rezeption abgeholt und wieder abgeliefert hatten wie ein großes Paket – dessen Schnur aufgeht. Jetzt hat Alma mich für die letzten Tage in der Stadt übernommen. Sie kommt nicht ausschließlich meinetwegen, sondern auch, weil sie ein bisschen den Überblick über die Lage zu Hause und über sich selbst verloren hat; in erster Linie aber, weil eines ihrer Bücher ins Serbische übersetzt worden ist und sie an der Buchmesse hier in Belgrad teilnimmt. Das Essen fand in der Botschaft statt, Alma war Ehrengast, und der Lektor hatte mitzuteilen vergessen, dass ich kein Fleisch esse. Als die portionsweise angerichtete Vorspeise serviert wurde, die aus zartem Filet bestand, echote die Stimme des Rezeptionisten in meinem Kopf: »Mandeln, dunkle Schokolade, Rotwein, jeden Tag. Und kein Fleisch: Aber wer kann schon ohne Fleisch leben? Niemand! Niemand kann ohne Fleisch leben«, hatte er ausgerufen. Und während er rief, hatte er seinen Kopf schief gelegt wie eine anschmiegsame Frau – um kampflos Zustimmung zu erheischen. »Ich schon«, hatte ich erwidert und nach meinem Schlüssel gegriffen, aber er hatte sofort seine Hand daraufgelegt und weitergeredet. Jetzt schluckte ich höflich das feine Filet. Das Hauptgericht bestand aus rosa Rindfleisch, ebenfalls portionsweise angerichtet, und auch diesmal gelang es mir, das Fleisch in so kleine Stückchen zu schneiden, dass ich es, fast ohne es mit den Zähnen zu berühren, herunterschlucken konnte. Währenddessen dachte ich an den Film, der von den Überlebenden eines Flugzeugabsturzes in den Anden handelte und in dem die Toten den Lebenden ihre Muskeln »liehen«; im Film säbeln sie unendlich dünne Scheiben von den gefrorenen Leichen ab. Ich hatte seit zwanzig Jahren kein Fleisch mehr gegessen, aber die stocksteife Botschafterin gehörte nicht zu jenen Frauen, die ihren Kopf schief legten (dann wäre sie wohl kaum so weit gekommen, im Gegensatz zu dem im Hotel des kleinen Bruders gestrandeten Rezeptionisten mit dem schief gelegten Kopf), und ich wollte auf keinen Fall Umstände bereiten und hatte den roten Berg nach einer Weile so weit abgetragen, dass der Boden des Tellers darunter zum Vorschein kam. Abgesehen von der Botschafterin, einem Kulturattaché, dem Lektor, Almas Übersetzer, Alma und mir war auch eine dramatische serbische Dichterin anwesend. Sie hatte eine Auswahl ihrer Werke in englischer

Übertragung als Gastgeschenk mitgebracht. Ich zeigte Interesse an den Büchern, und die Botschafterin sagte, ich dürfe sie behalten, dann werde sie die Dichterin bei Gelegenheit um neue bitten. Sie beide seien alte Freundinnen – deshalb könne sie das so freiheraus sagen. »Nein, nein«, riefen die serbische Dichterin und ich im Chor: Sie seien für die Gastgeberin bestimmt. Nachdem die serbische Dichterin ebenfalls nein gesagt hatte, beeilte ich mich, mein Nein noch mehrmals zu wiederholen, und ich stand auf und legte die Bücher demonstrativ auf den Tisch außerhalb meiner Reichweite. Fleischloses Dessert. Danke vielmals für das wundervolle Essen, Aufbruch vom Tisch, die anderen wechselten in das angeschlossene Wohnzimmer, ich griff nach den Büchern und blätterte ein wenig darin – dann eilte ich zu der kleinen Versammlung hinein. Ich habe ein etwas sorgloses Verhältnis zu meiner Tasche, ich schließe nie den Reißverschluss, so kann ich einfach die Hand hineinstecken und das Portemonnaie herausholen. Erst viel später, am nächsten Morgen, fiel mir plötzlich ein, dass sowohl die Gastgeberin als auch die Dichterin so merkwürdig auf meine Tasche gestarrt hatten. Wie dem auch sei, irgendein Instinkt, eine Erfahrung aus der besseren Gesellschaft muss Alma gesagt haben, dass einem als Ehrengast die Aufgabe oblag, die Abendgesellschaft aufzulösen. »Vielen Dank für den schönen Abend«, sagte sie und stellte ihre Kaffeetasse ab, und wie auf Kommando sprangen alle auf und verabschiedeten sich. Zwei Minuten darauf standen wir auf der Straße. Im Hotelzimmer setzte ich die Tasche ab und dachte nicht mehr an sie, ehe ich am nächsten Morgen meinen Lippenstift suchte. In der Tasche fand ich, o Schreck, die Bücher der serbischen Dichterin. Ich musste sie aus Zerstreutheit, womöglich verwirrt von dem vielen Fleisch in meinem Bauch, in die Tasche gesteckt haben, anstatt sie wieder auf den Tisch zu legen.

»Jetzt glauben sie, ich wäre Kleptomanin«, jammerte ich Alma gegenüber, »wie konnte das passieren?«

»Das wird der Lektor schon wieder in Ordnung bringen«, sagte Alma, »den Gefallen tut er dir sicher gern – nachdem du das ganze Fleisch essen musstet.«

Und so war es auch. Er brachte die Bücher persönlich zurück.

Es ist so einiges schiefgegangen in Verbindung mit dieser Reise. Ich hatte keine Lust gehabt, überhaupt aufzubrechen. (Nicht zuletzt, weil ich es wie gesagt hasse, allein zu reisen.) Ich hatte mich selbst davon überzeugt, dass mein Flugzeug abstürzen würde, weshalb ich vor meiner Reise all meine Schubladen aufräumte und eine Menge aussortierte – damit nicht die ganze Arbeit an Charles hängenbliebe. Außerdem hatte ich die ganze Wohnung auf Vordermann gebracht, in einem Versuch, mich selbst zu beruhigen.

Am Nachmittag vor meiner Abreise hatte ich Edward versprochen, seinen Hund auszuführen. Er hatte gesagt, ich könne ihn unbesorgt von der Leine lassen. Aber ich hätte ihn beinahe nicht wieder einfangen können. Ich musste ihn quer durch den ganzen Fælledpark verfolgen und landete so schließlich auf dem Platz vor der Post. Es goss in Strömen, der Hund und ich waren die einzigen lebenden Wesen, die an diesem Sonntagnachmittag vor die Tür gegangen waren, und er hatte unter dem Dach des Postgebäudes Schutz gesucht. Ich selbst saß auf der Statue in der Mitte des Platzes und starrte ihn machtlos an, klatschnass und erbost. Ich versuchte mich an die herablassenden und lustigen Dinge zu erinnern, die Poul Henningsen über das schwülstige Postgebäude und seine protzigen Säulen gesagt und wo ich das gelesen hatte, aber ich kam nicht darauf. Der Hund sah so klein und verloren aus neben den Säulen, aber davon durfte man sich nicht täuschen lassen – kaum näherte ich mich, sprang er mit einem schiefen Grinsen die Stufen hinab, leichtfüßig, als wären es Tasten und er würde die Tonleiter üben. Sobald ich meine Positur im Regen einnahm, stellte er sich wieder unter und so fort. »Wollen wir wieder die Plätze tauschen, du Mistköter«, schrie ich und überlegte gerade, ob ich es ihm selbst überlassen sollte, den Heimweg zu finden, als glücklicherweise eine Dame mit einem riesigen Regenschirm Kontakt zu ihm aufnahm, woraufhin er ihr fast in die Arme sprang. Ich schlich mich von hinten an ihn heran und bekam seinen Schwanz zu packen. Wieder zu Hause, verabschiedete ich mich von Charles, als wäre es für immer, fuhr mit schwerem Herzen nach Kastrup und ging mit schwerem Herzen zu meinem Gate – an diesem Tag wollten anscheinend nur eine Gruppe Chinesen und ich nach Belgrad fliegen, und niemand hatte es eilig, uns aufzurufen. Als meinem Ticket zufolge die Abflugzeit gekommen war, fragte ich einen kleinen Chinesen, ob der Flug nach Belgrad verspätet sei. »Beijing, Beijing«, sagte er, und ich erkannte meinen Irrtum. Ich spurtete los wie eine Irre, und obwohl mein Gate (das richtige) schon geschlossen war, drängte ich mich hindurch und gelangte ins Flugzeug. »Warum haben Sie mich nicht ausgerufen – über Lautsprecher?«, greinte ich eine Stewardess an. »Hör auf zu heulen und hock dich hin«, sagte ihr Blick. »Aber man ruft die Passagiere doch immer aus, wenn sie nicht kommen«, sagte ich, »das habe ich schon so oft gehört«, und mit dem Gefühl, vollkommen unerwünscht zu sein, krabbelte ich auf meinen Platz.

Alma hat einen anderen, deshalb kauft sie Geschenke doppelt. Zwei gleiche Pullover. Und dazu zwei Flaschen des gleichen Rasierwassers. Sie tut es, damit sie keine verschiedenfarbige Wolle von den Armen des einen in die des anderen überträgt oder verschiedene maskuline Düfte. Es verringert das Risiko, entdeckt zu werden. Was ist mit Haaren, frage ich, das hört man doch immer; aber sie hat eine Fusselrolle in der Tasche, mit der sie sich schnell von oben bis unten abrollt, und kurzhaarige Männer haaren ja auch nicht so viel. Sie flirtet mit allen Männern, die uns über den Weg laufen; im Kaufhaus spricht sie gleich drei hintereinander an, um ihre Meinung zum Rasierwasser zu hören, ehe sie eine Sorte für ihre beiden Daheimgebliebenen wählt.

In Wirklichkeit ist es ein ganz anderer, Dritter, an den sie denkt und nach dem sie sich sehnt, aber ihn kann sie nicht haben, und nicht einmal zwei können diesen einen ersetzen. Wenn sie von seinen Küssen erzählt, kann ich sie förmlich selbst spüren: »Er hat seine Hände um meinen Mund gelegt – er hat meinen Mund so abgeschirmt, dass es nur noch ihn auf der Welt gab, und mich dann innerhalb dieser Hände geküsst; seine Zunge war langsam und leicht; er hat nur die Spitze bewegt, und nach einer Weile habe ich mich gefühlt, als bestünde ich aus schwerelosem, flüssigem Material.«

Ihn konnte sie aber nicht haben; er war Bergsteiger und wollte seine Berge in Wales nicht verlassen. Sie verbrachten eine einzige Nacht miteinander im leeren Schlafsaal einer Jugendherberge. Kristian lag ein Stück weiter den Flur entlang und war krank. Die Tür ließ sich nicht abschließen, aber sie schoben einen Tisch davor und stellten ihn so auf, dass die Klinke nach oben gedrückt wurde und niemand von außen hereinkam. Sie saßen in Unterhosen in dem verbarrikadierten Zimmer und tranken Wein und rauchten Zigaretten und hörten Musik, und plötzlich sah Alma sich von außen und sagte: »Man könnte meinen, wir säßen am Strand.«

Draußen waren die Berge, und es war kein bisschen warm. Er sagte, dass sie, rein körperlich gesehen, zweifellos hübsch sei. Und sie wurde daran erinnert, wie rabenschwarz, wie betrügerisch, ihr Inneres war.

Als sie am nächsten Morgen zusammen mit ihm aufwachte, oben im Etagenbett, war ihr einziger Gedanke, dass sie ihn unbedingt noch einmal haben musste. Sie weckte ihn, damit sie es schafften. Und sie bekam ihn noch einmal, und es war süß und zugleich schmerzlich, weil sie sich trennen mussten und weil jeder einmal sterben muss, alles krängte und kenterte und zerschellte, und es ging nur noch ums Habenwollen, und ich glaube, an dieser Stelle sagte Alma irgendetwas über Granatäpfel, oder nein, er war es, der gesagt hatte, sie erinnere ihn an eine dieser Früchte, die außen weich und innen hart seien. Dann aber mussten sie sich trennen. Sie erhaschte einen letzten Blick auf ihn, als sie an der Rezeption vorbeiging, wo er mit ein paar Freunden tief über eine Karte gebeugt saß. Als sie die Tür zu Kristian öffnete oder besser gesagt aufstieß, streckte sie den Rücken durch wie ein Profireiter und hatte sich in ihrem ganzen Leben nie wacher gefühlt. Am nächsten Tag schrieb sie dem Bergsteiger einen Brief, der klang wie *Wem die Stunde schlägt* oder *In einem anderen Land* und in dem sie übersprudelte vor Verliebtheit, und später, als sie von der Reise zurückkehrte, schrieb sie einen weiteren, und endlich kam eine Antwort. Sie legte seinen Brief zur Seite und wurde nüchtern und kalt. Der Brief enthielt eine kleine Szene, in der es darum ging, im Dunkeln ein Steilufer zu erklimmen, sie war das einzige Besondere darin; der Rest war eine Aufforderung, aufzugeben, weil der räumliche Abstand zu groß und die Lebensführung zu unterschiedlich war (dabei hatte sie sogar ihre Idee kundgetan, eine Bergsteigerschule auf Bornholm zu besuchen, um sich *seiner* Lebensführung anzupassen), und eine lahme Aufforderung, ihm wieder zu schreiben. Sie befreite den kleinen Abschnitt aus dem Text und übersetzte ihn:

Wir waren dabei, ein Steilufer zu erklimmen, das ungefähr hundertfünfzig Meter hoch war, als es dämmerte (meine Uhr war stehengeblieben, und wir waren viel später aufgebrochen als gedacht). Als wir etwa fünfzig Meter vom Ziel entfernt waren, wurde es vollkommen dunkel, aber wir konnten uns nicht abseilen, das Wasser war gestiegen, und unter uns war kein Strand mehr, nur noch das Meer.

Wir kletterten die letzten fünfzig Meter im Dunkeln – doch etwa jede siebte Sekunde erleuchtete das Licht eines Leuchtturms die Klippe. In dem Moment suchten wir schnell nach dem nächsten Spalt für Hände oder Füße und zogen uns weiter nach oben, geblendet vom Licht, das auf uns einströmte. Es wurde wieder dunkel, und im Laufe der nächsten Sekunden gewöhnten sich die Augen an die Dunkelheit. Dann kam das Licht zurück. So ging es weiter, bis wir gegen Mitternacht endlich ganz hinaufgelangten.

Anschließend warf sie den Brief weg und legte sich auf den Boden, der nach Holz und Seife roch, denn tiefer sinken konnte sie nicht, und dort blieb sie für eine Dauer liegen, die ihr wie ein halbes Jahr vorkam. Und später schickte sie den Text über das Steilufer zusammen mit einigen anderen Texten, die sie selbst geschrieben hatte, an eine Zeitschrift und ließ ihn unter ihrem eigenen Namen abdrucken. Der Diebstahl war keine Rache für die unerwiderte Liebe, aber es war nun mal ein einwandfreies, wenngleich etwas stilles Prosastück, das es verdient hatte, das Licht der Welt zu erblicken – gelesen zu werden, meinte Alma damit. Und der Bergsteiger hätte keine Einwände gehabt. Er war frei von literarischen Ambitionen.

Hin und wieder hatte sie nach *Ulysses* gegriffen, denn wenn es ihr ohnehin schon erbärmlich ging, konnte sie genauso gut endlich versuchen, durch dieses Buch hindurchzukommen. Und jetzt war sie also hier in Belgrad und konnte sagen, dass es sowieso nicht gutgegangen wäre.

»Aber in diesem halben Jahr auf dem Fußboden ist es dir trotzdem gelungen, jemanden kennenzulernen, für den du Rasierwasser kaufst?«

»Ja.«

»Und du hast Kristian behalten.«

»Vorläufig. Ja. Ich habe nicht die Energie, mich von ihm zu trennen.«

»Willst du den anderen denn loswerden?«

Wir lagen auf dem Bett. Es hätte jeder Ort auf der Welt sein können. Weil Alma da war, fühlte ich mich zu Hause.

»Ich wünschte, ich hätte ein kühnes Leben«, sagte sie, »wie an den Klippen, ein Leben, das vom Blinken eines Leuchtturms erhellt wird.«

»Ein Leben mit Leuchtturm, Klippen, Blinken und einer plötzlichen Grabesfinsternis«, seufzte sie.

»Denk dran, dein Wärmekissen auszuschalten, bevor wir gehen«, sagte ich.

»Und du klammerst dich fest, bis die Nägel weiß werden«, fügte ich müde hinzu, weil sie der Gedanke an das Steilufer nicht mehr losließ.

»Nur die Nägel, aus denen alles Blut gewichen ist, erleuchten die Dunkelheit«, fuhr ich fort, »aber jetzt will ich was zu essen haben.«

»Oje«, sagte Alma, »dann sollten wir zusehen, dass wir loskommen«, und dann erinnerte sie mich zum Gott weiß wievielten Mal an einen Abend in Venedig vor einem halben Leben, an dem ich furchtbar hungrig war und sie sich so lange für kein Restaurant entscheiden konnte, dass ich ihr eine Ohrfeige verpasste, doch kaum hatte ich es getan, bat ich: »Gib mir schnell eine zurück, sonst muss ich mir das für den Rest meines Lebens anhören.«

Und das tat sie dann auch, aber während sie aussah, als müsste sie unfreiwillig eine Grenze überschreiten, muss ich leider zugeben, dass meiner Hand die Ohrfeige geradezu natürlich leichtgefallen war. Halb im Schock, die Hand auf ihre Wange gepresst, trat sie einen Schritt vor und schlug auf die Wange, die ich ihr hinhielt.

Bevor wir gehen, schaut Alma auf die Karte. Ein Blick, und sie weiß Bescheid. Wir wollen das Nikola-Tesla-Museum besuchen. Und wer ist Nikola Tesla? Angeblich eines der größten Genies des 20. Jahrhunderts, Physiker, Elektroingenieur und Erfinder; ein Serbe, 1856 in Kroatien geboren, früh in die USA emigriert und anfangs bei Thomas Edison angestellt (Gleichstrom, hartnäckig bekämpft vom Wechselstrom), später von J. P. Morgan finanziert und 1943 unbeachtet und einsam in einem kleinen Zimmer im Hotel New Yorker gestorben, für einen Sonderling gehalten (unter anderem, weil er von einer Möglichkeit zur Bildübertragung faselte), nachdem er der Menschheit den Wechselstrom gebracht hatte (denk an Tesla, wenn du das Licht einschaltest) und das Radio (obwohl Marconi den Ruhm dafür erntete, wurde Tesla zwei Jahre nach seinem Tod das Patent zugesprochen), die Fernbedienung, den Roboter und vieles mehr (über 700 Patente hatte er angemeldet) und nachdem er, das muss erwähnt werden, viele Jahre gut bei Kasse gewesen war und Umgang mit den größten Schöngeistern seiner Zeit gepflegt hatte, darunter Mark Twain. Er ging zur Arbeit wie zu einem Bankett, in Frack und weißem Hemd und Handschuhen. Er war mager und elegant. Er liebte Tauben und ist auf Aufnahmen oft mit ihnen zu sehen, sie sitzen überall auf seinen Armen, als wäre er eine Statue. Und mehr gibt die Mythentüte auch nicht her. Allenfalls noch, dass am Tag seiner Geburt natürlich ein fürchterliches Gewitter herrschte – die Elektrizität empfing ihren Herrn mit dem ganz großen Orchester.

»Wir sind hier«, sagt Alma und legt einen Finger auf die Hotelstraße Dobračina, »wir gehen hier entlang und bis zum Trg republike«, (»das ist der Platz mit der Reiterstatue, wo jeden Tag eine Gruppe serbischer Nationalisten demonstriert und den ich überquere, wenn ich Bagels kaufe«, sage ich, »sie wollen den Kosovo wiederhaben«), »ein kleines Stück die Francuka hinunter, dann den Bulevar despota Stefana entlang, den müssen wir allein des Namens wegen nehmen, obwohl es vielleicht nicht der schnellste Weg ist, und dann die Dečanska und den Bulevar kralja Aleksandra und, ja, dann die Krunska, wo das Museum liegt.«

Sie schaut wieder auf die Karte.

»Wollen wir sie nicht sicherheitshalber mitnehmen?«, frage ich.

Alma schüttelt dreimal hintereinander den Kopf wie ein Zirkuspferd. Und dann gehen wir.

Auch dieses Museum befindet sich im Umbau. Eine Hälfte, das Erdgeschoss, ist jedoch trotzdem zugänglich. Ich starre verständnislos auf Teslas Maschinen. So viel kann ich aber sagen: Etwas, das einem goldenen Ei gleicht, steht auf dem spitzen Ende von etwas, das an eine gewöhnliche Trommel (oder eine kleine Arena) erinnert und grün wie eine Schultafel ist.

Teslas Urne steht auf einem Piedestal, sie ist rund wie ein Globus, jedoch mit kleinen Füßen. Ich bezweifle, dass sie wirklich Asche enthält. Und wenn es so wäre … könnte der Staub dann Ruhe finden, zwischen lärmenden serbischen Schulkindern auf einer Führung und umgeben von den eigenen Erfindungen des »Staubfängers«: Immerzu wird irgendein Knopf gedrückt, und wenn die Mechanismen wirken, setzen sie lärmend Maschinen in Gang/doch in des Staubes Ohren ist das womöglich der süßeste Klang. Ich könnte mir Zugang zu dieser Welt verschaffen, aber das würde einige Zeit dauern. Dafür kann ich sofort die Beschreibung des Bewusstseins wiedererkennen, das die Erfindungen hervorbrachte:

In meiner Kindheit litt ich an einem seltsamen Leiden, aufgrund dessen mir Bilder erschienen, die – oft begleitet von starken Lichtblitzen – das Aussehen von wirklichen Gegenständen annahmen und sich mit meinen Gedanken und Taten mischten. Es waren Bilder von Dingen und Schauplätzen, die ich wirklich gesehen hatte, und nie solche, die nur in meiner Phantasie vorhanden waren. Wenn ein Wort zu mir gesprochen wurde, erschien mir das Bild dieses Gegenstands, das dieses darstellte, sofort lebhaft vor meinen Augen, und manchmal war es mir völlig unmöglich zu unterscheiden, ob das, was ich sah, wirklich war oder nicht. Dieses verursachte mir großes Unbehagen und heftige Furcht.

Genau das, die Greifbarkeit des Ungreifbaren, von Tesla in seiner Autobiographie *Meine Erfindungen* beschrieben, ermöglichte es ihm später, seine Erfindungen vor sich zu sehen (auch sie offenbaren sich in Lichtblitzen), als wären sie bereits erschaffen und stünden vor ihm auf dem Tisch. Anschließend musste er sie sozusagen nur der Erscheinung nach erschaffen.

1926 schrieb ein anderes Genie des 20. Jahrhunderts, Virginia Woolf, in ihr Tagebuch:

Wiederkehrende Gesundheit
Sie zeigt sich in der Kraft, Bilder zu schaffen: die
Suggestivkraft jedes Anblickes & Wortes wird gewal-
tig gesteigert. Shakespeare muß sie in einem Maße
besessen haben, neben dem mein normaler Zustand
der eines blinden, tauben, stummen, steinstockigen &
fischblütigen Menschen ist. Und ich habe sie, im Vergleich mit der armen Mrs Bartholomew, beinahe in
dem Maße, in dem Shakespeare sie hatte, im Vergleich
zu mir.

… ist es nicht bemerkenswert, dass zwei Gehirne, das eines
Physikers und das einer Künstlerin, mit derselben Kraft geseg-
net sein können? Und dass dieselbe Kraft so Unterschiedliches
hervorbringen kann, den Wechselstrommotor und *The Waves*.

Doch jetzt zur Buchmesse – der Buchmesse in Belgrad. Wir
treffen uns mit dem Lektor vor einem neuen, schönen Center,
einem überdimensionalen Glaskäfig. Der Lektor, serbischspra-
chig, wohnhaft in Belgrad und die Liebenswürdigkeit in Person, hat zu einem gewissen Grad als Vermittler zwischen Alma
und ihrem Verleger agiert. Allerdings sieht er beschämt aus.
    »Warum so beschämt, Lektor?«
    Das hat zwei Gründe.
    Der Verleger hat sich nicht um Eintrittskarten gekümmert.
(Muss ich Eintritt zahlen, um zu meiner eigenen Veranstal-
tung zu kommen?, fragt Alma ungläubig. Der Lektor kann nur
nicken.)
    Aber es gibt auch keine Veranstaltung. Der Verleger habe
nicht damit gerechnet, dass jemand komme, um zu hören, wie
Alma aus ihrem Buch lese (mit dem Lektor als Dolmetscher)
und darüber erzähle, weil sie in Serbien vollkommen unbe-

kannt sei. (Um das zu ändern, wurde ich doch gerade einge-
flogen, sagt Alma.) Stattdessen seien einige Interviewtermine
mit ihr organisiert worden. »Aha«, sagt Alma, und ihre Miene
hellt sich auf.

Wir kaufen Eintrittskarten, begeben uns zum Eingang und
werden ermahnt, dass wir nicht noch einmal hineinkommen
dürfen, wenn wir hinausgehen – es sei denn, wir kaufen neue
Karten. Die Luft im Tempel der Bücher ist schlecht. Viele, viele
Stände. Der Lektor führt uns durchs Labyrinth. Wir erreichen
den Stand von Almas Verlag. Er wurde von einem Blinden ge-
gründet. Almas Verleger erinnert an einen Intellektuellen aus
vergangenen Jahrzehnten, mit Cordjackett et cetera. Einnehmend. An einem Tisch sitzt eine Gruppe älterer Herren in
Mänteln und mit dunklen Brillen. »Das sind die Blinden«, erklärt der Lektor. Sie werden von diesem Ort angezogen wie
die Bienen vom Zuckerwasser, und jetzt sitzen sie im Hintergrund und trinken. Ich bin selbst sehr kurzsichtig. Ich habe
keine Brille, nur eine Sonnenbrille mit Stärke, die setze ich
zum Fernsehen auf. Charles findet, es wirkt düster, wenn ich
an einem Winterabend hinter meiner Sonnenbrille auf dem
Sofa sitze. Alma schüttelt Hände. Eine einzige Nicht-Blinde ist
anwesend. Sie hat Almas Buch gelesen. Wir merken, dass es
ihr nicht gefällt. Vielleicht sei es nachlässig übersetzt worden,
schlägt der Lektor vor. Jedenfalls hat Alma einen Personen-
namen darin entdeckt, den sie nicht wiedererkennt. »Wer ist
das?«, fragt sie den Übersetzer und deutet auf den Namen. Der
Übersetzer zuckt die Achseln.

»Du hast einfach eine zusätzliche Figur eingefügt«, sagt der
Lektor.

»Das ist Postmodernismus«, sagt der Übersetzer.

Ich sollte ihm widersprechen oder ihn zumindest bitten,

seine Aussage weiter auszuführen, aber die Messehalle macht mich schläfrig.

Im Laufe der nächsten Stunde gibt Alma sechs Interviews. Keiner von denen, die kommen, hat ihr Buch gelesen, aber je mehr Alma redet, desto weniger hat es zu bedeuten. »Und jetzt soll die Autorin mal etwas Lustiges sagen«, verlangt ein Journalist, und Alma gibt wirres Zeug über Hamlet von sich, es geht irgendwie darum, was wäre, wenn Hamlet Finne gewesen wäre, denn dann … nein, so was kann man sich unmöglich merken. Sie redet und redet. Der Verleger reicht ihr einen Schnaps, woraufhin sie noch mehr redet. Jetzt kommt das serbische Fernsehen. Alma besteht darauf, zusammen mit ihrem Verleger gefilmt zu werden, »my Serbian publisher«, und legt den Arm um ihn. Seine Schultern erstarren. Ein sehender Freund der Blinden macht eine Videoaufnahme von ihr zum Privatgebrauch, »sie ist was Besonderes«, sagt er mehr zu sich selbst, und Alma strahlt. »Es ist schwer, mit dem Reden aufzuhören«, sagt sie, als eine Pause entsteht. Der Verleger schlägt ihr vor, ein wenig frische Luft zu schnappen. Er wolle uns die Messekarten seiner Mitarbeiter leihen, damit wir nicht noch einmal Eintritt bezahlen müssen, wenn wir wieder hineinwollen. Wir sollten ihn einfach anrufen, wenn wir wieder zurückkämen. Und das tun wir auch – nach einem langen und feuchtfröhlichen Mittagessen –, und er kommt aus dem Messegebäude und zieht uns auf den Parkplatz, wo wir uns hinter einige Autos ducken müssen, damit uns die Wachleute am Eingang (die aussehen wie richtige Nazis) nicht sehen können, und dann befestigt er die Karten an unserer Kleidung. Es hätte nur noch gefehlt, dass er unschuldig vor sich hin gepfiffen hätte, als wir gemeinsam an den Wachleuten vorbeigingen.

[Alma]

Jetzt ist es getan. Ich bin gegangen. (Am Tag nach meiner Rückkehr aus Belgrad, als die Reise immer noch in mir saß.) Es war, als würde ich eine riesige Wurzel aus der Erde ziehen – ich fiel mit einem Plumps nach hinten, und dann stand ich mit einem Koffer in jeder Hand auf dem Bürgersteig. Adieu, Fenster, adieu Backsteine. Und adieu, Kristian, ich kann dich hinter der Gardine erahnen, adieu, trockenes Staubleben, adieu, Regeln, adieu, Sorgen, adieu, schreckliche, zermürbende Streits, adieu, Süße (am Ende kamst du nur noch tröpfchenweise), und adieu, ihr schönen, fast durchsichtigen Augen, aber jetzt muss ich aufpassen, sonst gehe ich nur wieder die Treppe hinauf, adieu, adieu, denn ich meine es ernst. An diesem Morgen habe ich ihm meine Entscheidung mitgeteilt. Jetzt ist schon Nachmittag. Erst fing er an, mit langen, kräftigen Schritten durchs Wohnzimmer zu laufen, um den Esstisch herum, zum Sofa. Sein Körper war in einer so heftigen Bewegung, dass ich es mit der Angst zu tun bekam; als würde irgendwo im Zimmer ein Abgrund lauern, der uns beide in die Tiefe reißen könnte. Ich umarmte seinen Brustkorb und versuchte ihn zur Ruhe zu bringen, aber er nahm keine Notiz von meinen Händen, er riss sich los und stürmte erneut um den Tisch und in die Küche und wieder ins Wohnzimmer. Plötzlich aber kam er zum Stillstand. Er legte sich aufs Bett und sagte kein Wort, während ich meine Sachen packte. Er folgte nur mit dem Blick meinen Bewegungen. Als ich fertig war, stand er fast mechanisch auf und schritt mir nach in den Flur. Er schloss sofort die Tür hinter mir, sodass ich für einen Moment daran festklebte.

Es ist Sonntag, die Familien gehen draußen spazieren. Frederiksberg ist sehr rot und sehr drückend, die Straße breit wie eine Rennbahn. Die Art und Weise, wie es jetzt in mir zuckt, weil ich schneller vorankommen will, empfinde ich als pferdeähnlich. Gut, dass wir es nicht mehr geschafft haben, ein Kind zu bekommen und eine dieser Familien hinter einer drückenden roten Mauer zu werden. Kristian fragte mich einmal, und mir rutschte heraus: »Du bist selbst wie ein Kind. Ich will nicht noch eins.«

Sieben Jahre und keine Sekunde länger. Mein Kindmann. Kind, weil er sich an mich klammerte. (Wenn wir einander zugewandt dalagen und ich den Kopf zum Raum drehte, nahm er ihn und drehte ihn zurück, damit ich wieder ihn ansah. Er konnte nie genug Nähe haben. Er war unersättlich. Je mehr er mich in Beschlag nahm, desto lieber wollte ich schreiben. Je beharrlicher er meinen Kopf zu sich drehte, desto trotziger sah ich mich um.) Und dann hatte er Todesangst, wenn er eine Gräte verschluckte oder sich die Zunge am heißen Haferbrei verbrannte oder von einer Mücke gestochen wurde (am Viktoriasee, hinter Malariapillen verschanzt). Dabei sollte man sich mit Grazie vom Leben trennen können. Das meine ich. Heute. In diesem Augenblick.

Ich habe mich losgerissen. Mein Herz klopft wie wild. Ich bin allein. Ich bin auf dem Weg ins Ungewisse. Ich werde ein paar Tage bei Alwilda wohnen, das wird meine erste Station sein. Aber wann kann ich gewiss sein, dass ich wirklich gegangen bin? Dass ich keinen Rückfall erleide; wie wenn man etwas weggeworfen hat und es nach einer Weile bereut und wieder aus dem Mülleimer hervorholt und abspült. Oder es vergeht mehr Zeit und erinnert eher daran, ein Haus aufzuschließen, das den Winter über leergestanden hat und in dem man als Erstes anfängt, die Spinnweben von der Decke zu kehren.

Kein Rücken ist so aufrecht wie Alwildas. Sie benutzt niemals die Rückenlehne eines Stuhls und sitzt trotzdem kerzengerade.

Dann wird mir bewusst, dass ich aus der Form geraten bin, mein Rücken ein Bogen ist, und ich richte mich beschämt auf. Alwilda hat eine eiserne Disziplin. Ich dagegen – mir ist, als bräuchte ich einen Besen, um mich selbst zusammenzukehren. Ich halte Mittagsschläfchen. Ich bin von meinem Wärmekissen abhängig. Ich baue mir eine Höhle aus meiner Bettdecke, hülle mich hinein und verschwinde; ich will in meinem Kissen schlafen wie in einer Schneewehe, brennend heiß. Und ich denke, wie schön es ist, ein Mensch zu sein, mit Brüsten, in einem weißen Nachthemd. In Alwildas Badezimmer hängen die seltsamsten Dinge zum Trocknen, Zubehör für exotische Sportarten, sind die da für die Knie, Alwilda, und die anderen für die Ellbogen? Umgekehrt, es ist umgekehrt. So ein schönes rotes Kajak. Wie würde ich mich fühlen, wenn ich damit in See stäche, allein zwischen Seehunden und Eisbergen oder nur eine Silhouette vor dem Hafen von Rungsted. Alwilda hat ein kurzes, vernünftiges Studium absolviert und lebt für ihre Freizeit. Sie ist Grundschullehrerin geworden, wegen der langen Ferien. In ihren Klassen gibt es nie Probleme mit Lärm. Sie ist streng, aber gerecht, und trägt das Herz auf dem rechten Fleck. Meine Arbeit ist ohne Anfang und Ende. Als Alwilda von Edward die Nase voll hatte, machte sie kurzen Prozess. Ich weiß nicht genau, wie viele Jahre ich brauchte, um Kristian zu verlassen. Jetzt schlafe ich schon wieder fast ein. Auf Alwildas unbequemem Stuhl. Ich schließe die Augen und träume von einem Mann, den ich im Park gesehen habe. Ich bin allein und suche nach einem Menschen, in dessen Richtung ich meine Gedanken wandern lassen kann. Was soll ich mit meiner Sehnsucht anstellen? Wo soll ich meine Vorstellungen hinschicken? Und wohin mit mir? Ich nehme zu viel Raum ein, ich quelle über. Doch jetzt geht die Tür auf. Alwilda ist wieder da.

»Wenn du keinen Freund hast, brauchst du einen Vibrator«, sagt sie entschieden.

Ich bin überrumpelt und lache. War es das, was sie gerade gekauft hat, als sie draußen unterwegs war? Nein, der Gedanke kam ihr einfach so, als sie die Treppe hinauflief, die sie immer mit großen Sprüngen nimmt.

»Vielen Dank«, sage ich, »aber ich bin eher eine Träumernatur.«

Was hätte ich sonst sagen sollen? Ich hätte sagen können: Ich bin romantisch, aber präzise. Eine Glocke, die ins Blaue hinein tönt. Ich läute unaufhörlich. Stell mich hart auf den Tisch.

Und ich muss daran denken, wie kurz nach Obamas Wahl alle denkbaren Gegenstände mit seinem Abbild produziert worden waren, von oben und unten und so weiter.

»Warum schüttelst du den Kopf?«, fragt Alwilda. »Warum seufzt du? Das klingt so traurig.«

Vielleicht könnte ich sie im Gegenzug fragen, wo kommt all deine Energie her, dieser eiserne Wille, dieser Mangel an Zweifeln? Besteht das Leben nur daraus, Kanu zu fahren? Gibt es nicht allen Grund zum Seufzen? Ist das Dasein nicht von Grund auf betrüblich, wir kommen mit einem Schrei durch die Tür herein und schleichen uns wenig später durch eine andere davon (oje, jetzt klinge ich wie Kristian); ich wünschte, ich würde mich in der Arbeit verlieren, mir geht es am besten, wenn ich gar nicht merke, dass ich da bin (ich merke höchstens, dass ich zu lange in derselben Haltung gesessen habe und mein Nacken verspannt ist). Warum gerate ich in Panik, wenn ich Frauen mit Säuglingen sehe, die Erschöpfung breitet sich in meinen Gliedern aus, und ich kann diese ganze kreideweiße, zarte Haut (der Kinder) nicht ausstehen, mit all den pochenden blauen Adern, die einen an die Vergänglichkeit des Lebens

erinnern (vorbei, vorbei), und die Haut der Mütter, wenn sie
sich wieder einmal nach einem verlorenen Gegenstand bücken
und ebenfalls eine Stelle entblößen, die beinahe blauweiß ist,
aber im Kinderwagen liegen ja auch zwei Kinder, und dann
haben sie vielleicht noch ein drittes an der Hand; für einen
Moment in der Sonne bleibt keine Zeit, wenn man blind im
Dienste von Zucht und Aufzucht steht. Alwilda ist anders als
wir anderen. Sie geht auf Demonstrationen und scheut nicht
vor Prügeleien mit der Polizei zurück. Mich bringen Demonstrationen zum Weinen, ich verkrafte keine großen (ja nicht mal
kleine) Menschenmassen in Bewegung, etwas löst sich in meiner Brust, und der Anblick der Polizei in langen Ketten, Schild
an Schild, lässt meine Beine zittern. Ich habe Angst vor diesen
schwarzen Käfern. Ich verberge mein Gesicht in den Händen
und schluchze lautlos, wenn die Megaphone krächzen und die
Masse singt und pfeift und sich wie ein einziger großer Körper
fühlt. Ich kann mich der Menge nicht anschließen; aber das ist
es auch nicht, wonach ich mich sehne. Ich sehne mich danach,
mich selbst loszuwerden – und zwar bei nur einem anderen.
Und jetzt ist es Juni, und die feiernden Abiturienten fahren
in offenen Lastwagen umher und rufen und winken, und die
Leute rufen zurück und hupen, und mein Gesicht entgleist
so idiotisch, dass ich schnell in eine Seitengasse eilen muss.
Letzte Nacht wäre Alwilda beinahe umgefahren worden. Sie
strampelte dem Auto in rasender Fahrt hinterher, und an der
ersten roten Ampel warf sie ihr Fahrrad hin, sprang auf den
Beifahrersitz und dem Fahrer an die Gurgel. So ist Alwilda.
Kein großes Gerede. Eine Frau der Tat. Sie findet es trotzdem
nicht gut, dass die Nørrebrogade teilweise autofrei geworden
ist, wenn man keine Autos und Abgase haben will, soll man
aufs Land ziehen, jetzt erinnere ich mich an eine Demonstra-
tion für eine autofreie Stadt, bei der die Eltern im Takt skan-

dierten: »Keine schwarzen Lungen/für unsere Mädchen und Jungen«, nein, eine Großstadt soll einer Großstadt gleichen. Sie will alles daransetzen, damit der Vesterbrogade nicht das Gleiche widerfährt. Es gibt für alles Gruppen; am ersten Samstag im Monat treffen sich die Hundebesitzer auf einem Hügel in der Østre Anlæg, um dafür zu kämpfen, dass ihre Hunde frei herumlaufen dürfen, das hat Edward mir erzählt, dann wird gebrüllt, Fäuste werden geballt und geschüttelt, die Hunde bellen zum roten Himmel hinauf, viele Leute tragen Gummistiefel der Marke Hunter und sehen aus wie Gutsbesitzer, allerdings ohne eigenen Grund und Boden und daher auf Parks angewiesen; es gibt eine Gruppe gegen die Metro und eine dafür und so weiter, sobald etwas aufs Tapet kommt, bilden sich zwei Lager. Welch Aktivität, welche Massen an Flugblättern. Über Edward sagt Alwilda, er solle sein Haus verkaufen, seinen Nachlass, den er zugleich verwaltet und bewohnt, er betreibe einen Totenkult, »dieses Haus ist eine Totgeburt«, sagt sie.

»Der arme, einsame Edward«, sagt sie, »er versinkt im Selbstmitleid.«

»Er hat doch den Hund«, werfe ich ein.

»Ja, er führt eine Ehe mit dem Hund«, sagt Alwilda, und auch das sei verkehrt.

Sie meint, er wolle die Trauer nicht aufgeben, weil sie seine letzte Verbindung zu den Eltern darstelle, wenn er die Trauer aufgebe, verliere er sie ganz. Das klingt wie Küchenpsychologie, aber ich sage nichts. Ich finde Alwilda brutal. Früher habe ich ihre Brutalität mit Ehrlichkeit verwechselt. Ich hielt ihre Ehrlichkeit für rühmlich. Ihre Orgasmen stelle ich mir wie einen Schlag mit der Fliegenklatsche vor, kurz, hart und praktisch, und anschließend springt sie auf und ist sofort wieder kampfbereit, ihre Höhepunkte haben nicht viel vom Meer, keine ozeanischen Bewegungen, glaube ich, keine langgezogene atlantische Dünung und dann ein süßer Schlaf, nein. Aber sie ist die Einzige von uns, die sich nichts anderes wünscht als das, was sie hat. Soweit ich weiß.

Kristian wünscht sich ein Kind. Charles wünscht sich einen neuen Rücken. Ich wünsche mir ein Leben ohne Wärmekissen, in dem ich schreibe, als würde ich Klavier spielen, seitauf und seitab, bis ich plötzlich ein ganzes Buch hervorgespielt habe. Camilla wünschte, ihr Bewusstsein würde nicht an schmieriges Spülwasser erinnern oder, wie sie es ausdrückt: einen Sack voller Zettel, man steckt die Hand hinein und zieht einen: Schuld, steht da. Selbstverteidigung. Bitterkeit. Anklagedrang.

Doch all das erkenne ich gar nicht wieder – in Camilla.

Ich denke (mit Reue) an alles, was bei Kristian geblieben ist. Alles, was ich nicht mitnehmen konnte, als ich ging; alles, was sich nicht rückgängig machen ließ. Und von dem ich nicht will, dass er es verwaltet. Meine Lebensgeschichte zum Beispiel. Intime Bekenntnisse. Peinliche Auftritte. Meine Idiosynkrasien. Meine Kleinlichkeit. Alles, was er bis zum Umfallen kennt; was jedoch, als wir noch zusammen waren, ausgeglichen und neben das Hervorragende & Versöhnliche in mir gestellt werden konnte.

Mache ich mir Sorgen um meinen Nachruf in seinem Bewusstsein?

Ich wäre gern ganz weg, würde gern alle Spuren vernichten können. Ich mag es nicht, dass er mit »mir« schalten und walten kann, wie er will, ohne dass ich anwesend bin und etwas hinzufügen oder wegnehmen kann.

Ach, und dann sind da noch meine Briefe; einst strahlende, nun peinliche Hinterlassenschaften; die muss ich zurückfordern. Und was, wenn er mir das verwehrt? Dann muss ich einbrechen und mir meinen rechtmäßigen Besitz zurückholen.

Kristian war (es sei denn, das ist plötzlich vorübergegangen) Nudist, kein erklärter, aber er ist gern nackt durch die Gegend stolziert, was man als Protest gegen die körperfeindliche Erziehung auffassen könnte, der er ausgesetzt war, obwohl er erst verhältnismäßig spät im 20. Jahrhundert geboren wurde – aber ist das nicht ein langweiliger Gedankengang, drittklassiges Denken, ursprünglich zurückgehend auf den »Wiener Quacksalber«, wie Nabokov ihn nannte, und anschließend immer mehr verwässert zu einer Populärpsychologie, die wie ein Sandwich ist, in dem wir alle liegen und zappeln, aber bitte ohne mich – zur Untermauerung dessen (der Erziehungsthese) erinnerte sich seine Schwester Cecilie daran, wie sich in einem Film zwei Liebende einem langen Kuss hingaben, und die Mutter, mit der sie den Film sah, gegluckst und die Hände gehoben und gesenkt und versucht hatte sie abzulenken und schließlich fragte, ob sie nicht ausschalten sollten, denn der Kuss wollte nicht aufhören, aber »nein, ich will ihn gern sehen«, und war die Mutter am Ende nicht sogar aufgestanden und in der Küche verschwunden oder hatte sie Cecilie gar die Augen zugehalten? Meine These ist, dass Kristian Nacktheit als Kommunikation ansah, wortlos; wenn wir nackt sind, haben wir etwas gemeinsam, die Nacktheit haben wir, dann müssen wir uns nicht anstrengen, um einander zu erreichen, durch all diese Textilschichten, die Hemmungen und Vorbehalte. Wer angezogen blieb, war, in Kristians System übersetzt, der Spielverderber. Der Schwarze Peter. Und war er nicht auch deshalb Arzt geworden, um unter Entkleideten zu sein, oder jedenfalls teilweise Entkleideten? Allerdings musste er dafür auch die Krankheiten in Kauf nehmen. Jedenfalls war er, jedes Mal wenn er die Hüllen fallen ließ, gleichermaßen beklommen und zufrieden darüber, seinen Körper frei vorzuführen. Nein, er ließ die Hüllen nicht fallen, denn sosehr er sich seiner Nacktheit erfreute, so penibel war er mit seiner Kleidung. Er besaß eine große Menge an Kleidung, teure und gute Kleidung, und hängte sie stets ordentlich glattgestrichen über einen Stuhlrücken. Er wurde wütend, wenn ein Hund, ob groß oder klein, in seinem Eifer, das Gesicht zu erreichen, die Pfoten auf seine Oberschenkel legte, dann klopfte er erzürnt den Stoff ab, auch wenn gar nichts zu sehen war. Er hatte immer ein Talent besessen, auch seine Freundinnen dazu zu bringen, nackt in Haus & Garten herumzulaufen, mich jedoch nicht, ich bin ziemlich schamhaft (vielleicht infolge eine sehr unverkrampften Erziehung), aber nicht so sehr wie Camillas gut verhüllte indische Freundin, die sagt: »Ich habe nie verstanden, wie man den Wunsch hegen kann, seinen nackten Körper vorzuzeigen, wo es doch so viele schöne Stoffe gibt«, doch ich habe noch genau das Bild von Susanne vor Augen, einer seiner früheren Freundinnen, wie sie, mit einer Blumenkelle in der Hand und blankem Hintern, Sonnenhut und roten Clogs um die Ecke flitzte, als ich an einem warmen Sommertag unangemeldet in ihren Garten trat.

Persönlichkeit lässt sich nicht einkreisen, sagt Camilla, und ich sehe einen Schäferhund vor mir, der kläffend und in immer kleiner werdenden Kreisen seine Herde zusammentreibt. Oder einen Gefangenen, der mit einem Seil an einem Pfahl festgezurrt wird.

[Alwilda]
»Heute Abend will ich dir ein Beispiel für Furcht und eines für Gier geben«, sagte ich zu Alma, als sie nach dem Abendessen den Tisch abgeräumt hatte.

Sowie ich mit einer schweren Tüte in jeder Hand die Wohnung betreten hatte, erkannte ich, dass wieder ein Tag vergangen war, ohne dass Alma auch nur einen Finger gerührt und den Versuch unternommen hatte, eine Wohnung zu finden. Sie saß, wo sie gesessen hatte, als ich zur Arbeit gegangen war, auf dem Sofa, in ihre Decke gehüllt. Das Kabel ihres (geliebten) Wärmekissens ragte zwischen ihren Füßen hervor. Ich zog einen Stuhl zum Sofa heran: »Als ich mit Edward in Afrika war, haben wir eine Woche lang auf einer Missionsstation in Mosambik gewohnt. Wir haben uns Kost und Logis verdient, indem wir mithalfen. Edward hat auf dem Feld gearbeitet, ich habe Kinder gehütet. Es gab ein Haus für verwaiste Kinder und ein Klassenzimmer. Die Kinder entwickelten sofort eine Bindung zu mir, sie nannten mich ›Sister Alwilda‹; sie waren (wenn sie nicht gerade schliefen oder Unterricht hatten) in einem Gehege eingesperrt wie kleine Ziegen, bekamen aber jeden Morgen saubere Kleidung angezogen. Der Boden des Pferchs bestand aus Erde, und wenn sie hineingelassen wurden, waren ihre Sachen schon im nächsten Moment schmutzig und ihre Hände und Füße mit Dreck verziert. Spielzeug hatten sie nicht, glaube ich. Nur ihre Hände und ihre nackten Füße.«

(Und den Staub, dachte Alma. Und Gott, der über dem Ort flatterte wie ein großer, zerknitterter Mantel.)

»Tagsüber lagen die gewaschenen Kleider auf Büschen zum Trocknen, und uns, Edward und mir, wurde geraten, unsere Sachen zu bügeln, um die Eier abzutöten, die manche Insekten in der Feuchtigkeit ablegen, woraufhin sich die Larven in die Haut bohren können (die Sachen der Kinder wurden allerdings nicht gebügelt), und sobald die Kinder mich außerhalb des Zauns erspähten, versammelten sie sich davor und riefen und lockten mich: ›Sister Alwilda, Sister Alwilda.‹ Ich war von allen bezaubert, es waren wohl zwölf oder fünfzehn, besonders aber von zwei besonders hübschen Kindern, einem kleinen Jungen namens John und einem kleinen Mädchen namens Mary (von der ich jetzt denke, sie hatte vielleicht zu früh gelernt, ihr Gesicht in die richtigen Falten zu legen, inzwischen denke ich an John und Mary als die jüngsten Darsteller in einem Musical), und wie gesagt waren auch alle von mir bezaubert, ihrer Schwester Alwilda. Es gab nur ein Kind, das nicht einnehmend war und noch dazu faul, Mildred hieß es. Mildred war vielleicht fünf. Sie erinnerte mich wieder daran, was für einen Spaß es mir als Kind gemacht hatte, meine große schmuddelige Puppe Dorthe mit einem Kartoffelschäler zu impfen.

Eines Tages im Klassenzimmer – ich saß da und erlebte, wie die Lehrerin, eine Afrikanerin, versuchte, Kindern im Alter von zwei Jahren aufwärts das Alphabet einzutrichtern (um die Gotteseintrichterung kümmerten sich die Missionare persönlich), man stelle sich ein Windelkind mit einem Zeigestock in der Hand vor, das versucht, die Buchstaben auf der Tafel zu treffen. Ohne darüber nachzudenken, hatte ich mich damenhaft mit verschränkten Beinen hingesetzt. Der Rock der Lehrerin reichte bis auf den Boden, sie hatte praktisch keine Beine. Plötzlich lächelte sie und zeigte auf meine Beine und bedeutete mir, ich solle mich umsehen. Und um mich herum saßen fünfzehn Miniaturausgaben von mir – mit verschränkten Beinen, ihre Gesichter strahlten angesichts – ja, ihres Schabernacks, keiner sah das Alphabet vor lauter Freude über die Beine. Ich erinnere mich besonders, wie Johns Gesicht strahlte.«

»Spann mich nicht weiter auf die Folter!«, mahnte Alma und richtete sich auf dem Sofa auf.

»Eines Tages hatte ich die Idee, die Kinder auf einen Spaziergang mitzunehmen. Jedes von ihnen wollte meine Hand halten, sie rissen und zerrten an meinen Händen und aneinander, um an die Hände zu gelangen. Am Ende kamen wir darauf, dass jedes einen Finger haben konnte. Ich streckte meine Hände nach hinten, und an jeden Finger hakte sich ein Kind, es war eine seltsame, wilde Last, die ich hinter mir herzog. Die Liliputaner bezwangen Gulliver. Finger wie Zitzen, so betraten wir den Wald. Es war ein dürftiger Wald, spärlich bewachsen. Ich hatte noch nie einen Wald gesehen, in dem die Bäume so weit auseinanderstehen. Welche Bäume es waren, kann ich nicht sagen. Ich schüttelte die Kinder von meinen Händen, worauf sie um einen riesigen Baumstumpf schwärmten, sie kletterten hinauf und sprangen wieder hinunter. Alle bis auf Mildred. Sie wollte getragen werden. Das war durchaus gerechtfertigt, denn für Mildred war kein Finger mehr übrig gewesen. Ich verschränkte meine Finger unter ihren Kniebeugen zu einer Art Stuhl, sie schlang mir die Arme um den Hals, und ihr Po hing frei in der Luft. Jetzt hatte sie mich für sich allein, steckte sich zufrieden ein paar schmutzige Finger in den Mund und nuckelte daran. Vielleicht fummelte sie auch an meinen Ohren herum. Plötzlich schrien die Kinder: ›Schlange, Schlange.‹ Und in einer gemeinsamen Bewegung stoben sie vom Baumstumpf weg wie ein Schwarm Vögel oder Fische. Und was habe ich gemacht?«

»Ja, was hast du gemacht, Alwilda?«

»Ich habe meine Finger auseinandergerissen, sodass Mildred mit einem dumpfen Schlag auf dem Boden landete, und dann bin ich gerannt – fünfzehn, zwanzig Meter weit. Ich habe gesehen, dass zwei der anderen Kinder Mildred wieder auf die Beine halfen. Es war falscher Alarm gewesen, oder die Schlange war inzwischen verschwunden, denn der Schwarm verhielt sich ruhig. Ich ging zurück, wischte Mildred die Tränen ab und nahm sie wieder auf den Arm. Den ganzen Heimweg über weinte sie mechanisch und untröstlich. Wären es der kleine John oder die kleine Mary gewesen, ich hätte niemals losgelassen.«

Als Alma nichts erwiderte, fuhr ich fort: »Und jetzt möchte ich von Gier sprechen.«

(Brauchst du einen Zeigestock?, dachte Alma.)

»Alle Mahlzeiten wurden in einem Speisesaal eingenommen. Man bediente sich selbst. Neben dem Stapel mit den Tellern standen Töpfe und Schüsseln. Es waren viele Missionare, viele Speisende. Am ersten Tag kamen Edward und ich verhältnismäßig früh – jedenfalls war die Schlange nicht lang, als wir uns anstellten. An diesem Tag wurde Reis mit Bohnen und ein wenig Zwiebeln in Tomatensoße serviert und dazu Avocadoscheiben. Draußen, über den Feuern, kochte in den Kesseln der afrikanischen Frauen der gleiche Eintopf. Früher am Tag war ich dort vorbeigekommen, da hatten sie vor ihren Hütten gesessen und alles beobachtet. Der kleine John war hingefallen und hätte sich an einem scharfkantigen Stein beinahe komplett den großen Zeh abgesäbelt. Ich schnappte ihn mir und rannte mit ihm zum Revier der Krankenschwester ins Hauptgebäude. Er blutete wie verrückt und schrie. Während ich vorbeirannte, blickte ich zu den Frauen hinüber. Ich suchte die Gemeinschaft, damit wir zusammen das Kind bemitleiden konnten (denn es musste wirklich leiden), traf jedoch nur auf vollkommene Gleichgültigkeit, vielleicht sogar Kälte oder auch Trägheit. Sie rührten sich nicht. In ihren Gesichtern spiegelte sich nichts wider.

Wir hatten schrecklichen Hunger. Wir waren weit draußen auf dem Land, und es war sehr wenig Essen im Umlauf. Wir nahmen eine Kelle und noch eine. Wir konnten nicht aufhören, uns aufzutun. Vielleicht dachten wir, die Töpfe würden wieder aufgefüllt, es gäbe mehr Essen hinter dem Vorhang, wo die Küche liegen musste. Als wir uns an einen der langen Gemeinschaftstische setzten, wanderten Hunderte Augenpaare zu unseren Tellern, wie Fliegen umkreisten sie die Portionen und maßen sie. Wir hatten mindestens doppelt so viel genommen wie alle anderen. Es fühlte sich an, als würde Blut von meinem Gesicht tropfen. Wir konnten das Essen nicht wieder zurückkippen. Wir mussten uns durch unsere üppige Portion arbeiten. Ich wusste nicht, ob ich schnell essen sollte – damit mein Verbrechen verschwand. Oder langsam, um zu zeigen, wie ich das Essen genoss, das ich mir unter den Nagel gerissen hatte. Edward beugte sich so tief über seinen Teller, wie es ging. Irgendwann schirmte er das Essen mit seinen Armen ab. Das wirkte allerdings so besitzergreifend, dass ich ihn mit dem Ellbogen anstieß. Die Letzten in der Schlange bekamen fast nichts mehr ab. Diese kleinen Kleckse auf den großen Tellern und dagegen unsere gefüllten, herrje. Und weißt du was, bei der nächsten Mahlzeit stand eine Person an der Theke, um uns aufzutun – damit alle gleich viel bekamen. So hatte man sich gegen unsere Gier abgesichert.«

»Willst du nicht noch ein bisschen mehr erzählen?«, fragte Alma kurz darauf.

»Doch. Auf dieser Reise versperrte Edward mir den Zugang zu jedem Menschen, den wir trafen. Ich fragte einen Passanten nach dem Weg, und sofort sprang er vor mich, um die Antwort entgegenzunehmen. Und dann entfaltete er all seinen Charme und sein Geschick – gegenüber einem fremden Menschen, von dem er sich eine Minute später trennte und den er vermutlich nie wieder treffen würde.«

»Mehr«, bat Alma.

»An die übrige Reise erinnere ich mich nur punktuell, so was wie – du weißt ja, ich habe graues Haar und färbe es, seit ich achtzehn bin –, dass ich mehrmals an Fluss- oder Seeufern kniete und meine Haarfarbe ausspülte und dabei riskierte, von Krokodilen gefressen zu werden.«

»Furchtsam, gierig und dann auch noch eitel.«

»Willst du noch mehr hören?«

»Gibt es denn mehr?«

Mehr Honig, mehr Worte, sie steckt hier bei mir fest, und genau wie A. A. Milnes strenges Kaninchen (um seinen Namen nicht nennen zu müssen) überlege ich, ob es etwas gibt, wozu ich sie gebrauchen könnte, wo sie schon einmal da ist; etwas Stilles, das ihr keine Bewegung abverlangt und keine Denkanstrengung.

Morgens gefällt mir ihr Anblick auf dem Sofa, aber schon kurz nach Mittag fühle ich mich wie ihr Sklave.

»Ich kann dir noch ein paar Punkte mehr geben.«

»Dann verbinde ich sie selbst miteinander; wenn es nötig ist.«

»Als wir in Kapstadt landeten, hatten wir immer noch etwas von unserem riesigen Proviantpaket übrig, von Edward geschmiert, aus Kopenhagen mitgebracht. ›Erst müssen wir Dänemark abschließen‹, sagte Edward gewissenhaft, ›dann können wir Afrika angehen‹, und genau diese Gewissenhaftigkeit nervte mich tödlich. Wir suchten uns einen Park und begannen zu essen, die tropischen Schlingpflanzen rankten sich über uns, vielleicht waren sie aber auch braun und müde, verblüht, schlaff von der Hitze – ich hatte das Gefühl, etwas hinge auf die Bank herab. Eine Frau war vor uns stehengeblieben und hielt die Hand auf. Edward reichte ihr ein Stück Roggenbrot. Sie starrte darauf und schüttelte den Kopf. ›Dann hast du wohl keinen Hunger‹, sagte Edward und scheuchte sie weg. Einige Wochen später. Mosambik. Weit draußen auf dem Land. Der Bus stoppte an einer Haltestelle. Verkäufer kamen herbeigeeilt und reichten ihre Waren zu uns Passagieren hinauf, die wir aus den Fenstern hingen (wenn sie sich öffnen ließen). Wie sich herausstellte, verkauften alle das Gleiche: Im Ganzen gegrillte Mäuse, die in einer Art Rahmen befestigt waren. Edward schüttelte den Kopf, ›dann hast du wohl keinen Hunger‹, sagte ich – und die steifen kleinen Dinger waren auch noch genauso braun wie Roggenbrot. Ringsherum im Bus knabberte man die knusprigen Nager, die Schwänze wurden auf den Boden geworfen. Weil noch Zeit war, stieg ich aus, um mir die Beine zu vertreten. Bei mehreren Bewohnern (der Bushaltestelle) waren die Augen mit einer weißen Haut überzogen; und jene, denen die Welt sich noch nicht völlig verschlossen hatte, führten die ganz Blinden, aber wohin wurden sie geführt? Nur ein wenig auf und ab, entlang der Reihe von Blechhütten, die man neben der Bushaltestelle errichtet hatte, und dann nach rechts ins Nichts und wieder zurück zum Geruch von gegrillten Mäusen und überhitzten Reifen und Diesel, es gab keine Orte, an die man gehen konnte, es gab nichts anzusehen, nichts als rissige Erde und trockenes Gestrüpp. Aber ich konnte sie ansehen. Und mich vor ihnen gruseln – die milchigen Augen, zum Himmel gerichtet, und das Klickklack der Stöcke auf dem Boden. Und dann die Frauenbrüste, die man unter der Tracht baumeln sehen und ahnen konnte, dass sie erst an der Gürtellinie endeten; Kinder, die sich an Rockzipfel klammerten. Ein großes, weißes Auge und darunter eine lange Brust.«

»Im Fernsehen habe ich gesehen, wie Afrikaner ein Steak aus Mücken machen«, sagte Alma, »die Luft war dick von Mücken, es war eine ganze Invasion, sie fingen sie gegen Abend mit einem Netz und gewannen eine willkommene, nahrhafte Mahlzeit daraus. Schwarze Mückensteaks. Plage in Protein verwandelt. O Mann, jetzt bekomme ich Lust auf Krabben. Ich glaube, es bekommt mir nicht, dieses fürstliche Möbelstück zu belagern, ich werde hochmütig davon, sollte ich lieber auf einen Holzstuhl wechseln?«

»Ich schau mal im Gefrierschrank nach. Aber zuerst ein weiterer Punkt …«

»Stich mit dem Kajak in See und fang uns Krabben!«

»Ich würde gern weiter über die Armut auf dem Land sprechen, in der afrikanischen Provinz.«

»Aber du musst zum Fischen rausfahren.«

»Setz dich auf den Holzstuhl.«

»Wer sich zum Sport bekennt, der kennt auch die Demut – gegenüber dem göttlichen Körper. Du, Alwilda.«

»Warum sagst du das?«

[Alma]

Fahlgrau um sechs, hochrot um sieben, hellblau um acht, um neun wie ein rotes Blinken, eine Warnung, jetzt aber! Braun um zehn, gelb um elf und schwarz um zwölf. Weiß um eins und weiß um zwei, wie eine überempfindliche Tagesmutter, die für ihre Zärtlichkeit bezahlt wird, grün und mit Falten um drei: jetzt verrinnt der Nachmittag. Um vier: gelblich wie ein Teig mit zu viel Butter: Verlorenheit. (Läse ich Illustrierte, würde ich mir eine aus der Ablage unter Alwildas rundem, mädchenhaftem Sofatisch nehmen.) Nichts anderes vor, als jegliche Aktivität bis morgen um sieben auszusetzen. Morgen ist auch noch ein Tag – für mich, um aus dem Quark zu kommen. Ob mich irgendjemand übernehmen will? Wo ist Camilla? Auf Irrwegen?

[Alwilda]

»Ich fahre fort. Jetzt will ich über Furcht sprechen.«

»Das hast du doch schon getan.«

»Furcht II. Ort: die afrikanische Provinz. Hitze, Armut, unaufhörlich mussten wir uns vereinen, im Auto oder am Auto, eine leichte Beute für wilde Tiere.«

»Du treibst mich geradewegs in Edwards Arme.«

»Nimm ihn, er gehört dir, du wirst ihn nicht lange ertragen.«

»Ich möchte nichts mehr über Furcht hören. Ich möchte etwas über Schönheit hören.«

»An diesem erbärmlichen Ort, der Bushaltestelle, spross plötzlich eine Rose aus dem Boden – ich saß wieder im Bus, als der Tankwart aus der Baracke kam. Er war gutaussehend. Gesund. Siebzehn Jahre alt, vielleicht auch achtzehn. Er sah aus wie einer Benetton-Reklame entsprungen mit seiner Schönheit und seinen weißen Zähnen. Ruhte da nicht auch eine kleine grüne Mütze auf seinen Locken, und saß sie nicht ein wenig schief? Und ausgerechnet er war von Blinden umgeben. Ihm war jedoch gar nicht bewusst, dass er sich im Vorhof der Hölle befand, denn er grinste und lachte ununterbrochen. Er trug eine Latzhose ohne T-Shirt darunter. Die Hosenträger umschlossen seine nackten Schultern. Er hatte starke Arme. Er war noch ein Junge. Ich konnte sehen, wie zart seine Haut sein musste und wie straff sie über den harten Muskeln saß. Ich wollte wieder ein Mädchen sein und noch einmal einen Jungen haben mit einem frischen, salzigen Duft und einer Haut wie feinster Bezug auf steinharten Muskeln.«

»Fehlt noch irgendwas wie Wellenschlag.«

»Wellenschlag! Jetzt erinnere ich mich wieder an den Strand in Daressalam, wo gerade ein Werbefilm aufgenommen wurde, für Coca-Cola …«

»Ich muss morgen früh raus, Alwilda.«

»Dieser Strand war ein Morast aus Fischabfällen und alten Schiffswracks, groß wie Häuser, die mit der Nase im Sand begraben lagen und vor sich hin rosteten, alles war wahnsinnig verschmutzt, ringsherum diente der Strand als Küche mit kleinen, orangen, knisternden Feuern und als öffentliche Toilette, erkennbar an hockenden, pressenden Menschen, einer von ihnen hatte dabei die Hände gefaltet. Und dort hatte Coca-Cola ein Grüppchen brave Fischer zusammengetrommelt, sie mit zerfetzten roten Hemden und zahnlosen Mündern ausgestattet und sie dazu gebracht, so zu tun, als würden sie ein Fischerboot an Land ziehen, während sie miteinander anstießen und tranken.«

»Gute Nacht, Alwilda. Aus den Krabben wurde heute Abend ja wohl nichts.«

»Gute Nacht, liebe Alma, Zier meines Sofas. Gute Nacht.«

Wenn die Asche Augen hätte

[Edward]

Möglicherweise ist es eine Art Trotz, der mich dazu bewegt, jeden Tag den Hund zum Grab zu führen. Meine Mutter meinte nämlich, und das, obwohl ich erwachsen war und schon lange selbst die Entscheidungen traf, die getroffen werden mussten, ich sollte keinen Hund haben. Als ich den Gedanken ihr gegenüber einmal äußerte, es war in ihrem letzten Lebensjahr, wurde es ganz still in der Leitung, bis sie endlich etwas sagte, »tu es nicht!«, sagte sie, und es kam aus ihrem tiefsten Inneren, unheilvoll und nachdrücklich.

»Nein, nein«, sagte ich, »ich baue nur Luftschlösser.«

Der Kauf des Hundes, auf der sicheren Seite ihres Todes sozusagen, war ein Befreiungsakt gewesen. Jetzt stehen wir jeden Tag eine Weile an ihrem Grab, damit sie, wenn sie uns von da, wo sie ist, sehen könnte (wenn die Asche Augen hätte), auch sehen könnte, wer hier das Sagen hat; und dass ich Gesellschaft habe, könnte man ergänzen; dass ich, Einzelkind und Single, nicht immer allein auf den Friedhof und durchs Leben gehen muss, sondern mir einen Begleiter zugelegt habe. Das sollte sie beide freuen.

»Es ist schwer, ein Mensch zu sein, kleiner Hund«, sage ich.

Weil ich rein zufällig die Hand in die Tasche gesteckt habe, zum Leckerli, schleckt er sich die Schnauze.

Anmerkung für mein *Tagebuch der Trauer*: Das Wesen meiner Mutter. Ich sehe es so deutlich vor mir, als könnte ich danach greifen und es berühren. Wie eine Substanz. Vielleicht meinen die Leute das, wenn sie sagen, sie würden die Gegenwart des Verstorbenen wahrnehmen, »eine Nähe«. Ich kann meine Sehnsucht nur schwer aushalten. Ich habe meine Mutter so deutlich vor mir, und ich werde nie wieder mit ihr reden, sie nie wieder umarmen. Muss ich sie für den Rest meines Lebens so sehr vermissen? Meine Trauer stagniert; kein Wachstum; keine Entwicklung. Es ist bald zwei Jahre her; es fühlt sich an, als wäre es letzte Woche passiert. Ich behalte das Datum im Auge. Ich zähle die Monate und betrachte sie als Schaufeln voller Erde. Aber die Erde hält die Gedanken nicht auf Abstand. Ich habe keine Lust zu arbeiten. Ich will immer nur gehen, gehen, gehen. Ich habe ihn mir nicht ohne Grund gekauft, den Hund. Meine Füße sind verhornt. Der Hund ist dünn.

Am 1. August 2007 habe ich sie zum letzten Mal gesehen. Ich hatte fünf Schollen und einen Strauß gelbe Rosen gekauft. Bücher hatte ich auch dabei. Sie öffnete mir die Tür, und ich stellte die Tüten auf dem Küchentisch ab. Sie hatte Kartoffeln aufgesetzt. Sie ging wieder ins Bett, und ich wollte anfangen, den Fisch auszunehmen und die Rosen ins Wasser zu stellen, aber sie sagte: »Komm und setz dich zu mir. Und lass dich anschauen. Ich habe mich so gefreut, dass du kommst.«

Eine Weile später gingen wir zusammen in die Küche, sie nahm die Fische aus, und ich packte sie in Gefrierbeutel (drei von ihnen), verschloss diese mit einem Gummi und legte sie in die Gefriertruhe. Dann sollte ich die Petersilie schneiden. Im Wohnzimmer, sie auf dem Sofa (mein Vater war nicht da, er war bei einer Untersuchung), ich mit der Petersilie (über die schlechte Schere klagend); wir redeten über Großvaters Schleifstein, über das Buch *Der Hof,* über all die Phänomene, die sie vom Leben auf dem Land kannte, zum Beispiel, wie sich Regentropfen auf einem staubigen Weg in kleine Staubkugeln verwandeln können. Wir sprachen über meine Großeltern. Über die kurze Zeit, in der sie bei dänischen Nazis zur

Untermiete wohnten und die Frau meiner Großmutter zugerufen hatte: »Jetzt kommen unsere Freunde, Frau Poulsen!«, als Dänemark besetzt wurde. Wie sie schnell von dort weggezogen waren und anschließend bei Bauer Stampe wohnten, der sein Vieh schlecht behandelte und die Umstellung auf Sommerzeit nicht akzeptieren wollte, sodass seine Mägde und Knechte zu spät zu ihren Terminen kamen (zum Beispiel zur Gymnastik). Mein Großvater hatte einen Vers über ihn und die Sonne auf Jütländisch verfasst. Sie sagte ihn auf. Ich fand ihn großartig und wollte ihn mir notieren, vergaß es jedoch. Sie erzählte von einem Ausflug nach Kopenhagen, meine Großmutter und sie hatten meinen Großvater besuchen wollen, der irgendwo vor Amager lag (mit dem Schiff). Es gab einen Vergnügungspark, und sie redeten ihr ein, es wäre der Tivoli. (Man hatte ihr versprochen, wenn sie nach Kopenhagen führen, dürfe sie in den Tivoli.)

Sie erzählte von einer Prahm (einem Baggerschiff?), auf der mein Großvater gearbeitet hatte (vielleicht hieß sie Hektor) und dort so viel Geld verdient hatte wie zu keinem anderen Zeitpunkt seines Lebens. Später wohnten sie in einem Haus mit einer Familie, wo der Vater ebenfalls auf der Hektor gearbeitet hatte. Sie vereinbarten, dass sie, wenn sie die Hektor je draußen im Sund sähen, die Mannschaft kontaktieren und ein Fest geben würden. Eines Tages wollte Großvater Großmutter ärgern und verkündete, als er nach Hause kam: »Die Hektor kommt.« Das veranlasste meine Großmutter dazu, die Treppe zu der anderen Frau hinaufzustürmen und zu rufen: »Die Hektor ist gekommen!« Sie rannte so sehr – denn jetzt würde ja ein Fest gefeiert –, dass sie sich eine Sehne zerrte und mehrere Wochen lang das Bett hüten musste.

Wie die Kälber (bei Stampe) an den Zaun rannten, um sich die Stirn kraulen zu lassen – wenn sie meinen Großvater am

Abend den Weg entlangkommen sahen, auf dem Heimweg von seiner Arbeit in der Zuckerfabrik. Nachdem er den ganzen Tag Säcke geschleppt hatte, war er so erschöpft, dass er sich auf den Küchenfußboden legte und eine ganze Weile dort liegen blieb, ehe er wieder genug Kraft gesammelt hatte, um sich zu waschen und umzuziehen.

Nachdem wir gegessen hatten, war meine Mutter müde und ging wieder ins Bett. Ich erzählte ihr von einem Gespräch mit meinem Vater vor einigen Tagen, bei dem er mir erzählt hatte, in manchen Teilen der Tierwelt gebe es eine Forderung danach, die Beute zu teilen, »share-demanding«; und das erinnerte sie daran, wie sie einmal losgegangen war, um eine Tüte Kekse für Großmutter zu kaufen, und alle Kinder der Straße waren herbeigestürmt und hatten etwas davon haben wollen, und am Ende stand sie mit dem Rücken zur Wand, und die Tüte war leer: »Ich bekam als Einzige nichts. Nur eine Standpauke.«

Als ich nach Hause aufbrach, salutierte ich (scherzhaft) vor ihr mit der Hand am Fahrradhelm.

Mit der Zeit ist ihr das Grab ähnlich geworden. Vor Weihnachten schwebte ein Hauch von Verwahrlosung darüber, das Heidekraut und der Lavendel waren verwelkt; und ich musste an die trübe und schäbige Stimmung denken, die über dem Haus liegen konnte, dessen Wände vom Zigarettenrauch vergilbt waren, auch über dem Bett und über ihr selbst. Ich schmückte das Grab mit Tannenzweigen, Weidenkätzchen und roten Beeren und hatte jetzt eine gesündere Version von ihr vor mir, mit frischem, gebräuntem Gesicht. Das Grab, das ist sie. Ein Stein, ein Granithocker, auf dem ich noch nicht gesessen habe, den ich jedoch dort hinstellen ließ, weil ich finde, dass man im Sitzen besser denken kann – und weil das Stehen so provisorisch wirkt; und dann ein paar wechselnde Pflanzen oder Blumen, alles von einer niedrigen Hecke umrahmt.

Ich habe Träume gehabt, die trösten, und zerstörerische Träume. Letztere handelten davon, was im Grab vor sich geht, von der Verwesung; mir selbst zuliebe bezeichne ich sie (in meinen Gedanken und auch hier, im *Tagebuch der Trauer*) als »Träume von Dekomposition«, um nicht ins Detail gehen zu müssen, aber die Details setzten sich trotzdem in mir fest, noch Tage später. Meine Mutter wurde eingeäschert, insofern gab es keinen Grund für diese Träume vom Unaussprechlichen im Grab, der Dekomposition. Doch ein Traum hatte eine natürliche Erklärung. Ich hatte ihre Asche auf zwei Urnen verteilen lassen. Die eine war ins Grab abgesenkt worden, die Asche der anderen hatte ich über dem Meer verstreut, an einem Ort, wo meine Mutter gern baden gewesen war. Deshalb war es nur eine logische Folge, dass sie in meinem Traum, als der Deckel vom Sarg rutschte, nur zur Hälfte darin lag, gleichsam der Länge nach gespalten.

In einem anderen Traum sah ich sie aus einiger Entfernung, hübsch hergerichtet, mit einem roten Hut auf dem Kopf, aber es war deutlich, dass sie tot war, eine geschminkte Leiche – sie war meinetwegen zurückgekehrt. Sie war mir schon immer sehr entgegengekommen.

In einem Traum sprachen wir miteinander. Sie erzählte, sie sei gar nicht tot, sondern nur an einem anderen Ort. Einem Ort, an dem ich sie nicht besuchen konnte. Am folgenden Tag fühlte ich mich von Frieden beschwipst.

Auf einem meiner ewigen Spaziergänge in der Østre Anlæg wurde mir bewusst, dass ich selbst angefangen hatte, von der Welt Abschied zu nehmen, ein Abschied, der hoffentlich lange andauern würde. Ich gehe auf die fünfzig zu, und mein Ergrauen hat längst eingesetzt.

Ich habe angefangen zu »klonken« – morgens gehe ich über die große Rasenfläche im Fælledparken und zum See mit dem Springbrunnen, und dann schlage ich die Hundeleine einige Male gegen eine bestimmte Bank, klonk-klonk-klonk, und sage: »Auf einen Tag ohne Bitterkeit und Missmut.« Doch es gelingt mir nur selten, sehr lange bei Laune zu bleiben.

Was meinem Leben einen gewaltigen Auftrieb geben würde, wäre die Liebe, doch seit Alwilda habe ich sie nicht mehr erlebt. Ich wollte alles. Doch ich wurde gewogen und für zu leicht befunden. Und noch einiges mehr.

Es ist der kleine Hund, bei dessen Anblick die Stimmen der Frauen hoch und zärtlich werden. Ihn schauen sie an. Ich bin der Unsichtbare am Ende der Leine. In seltenen Fällen wechseln wir ein paar Worte über Läufigkeit. Inzwischen betrachte ich ihn als meinen wichtigsten Vorposten auf dem Heiratsmarkt, so wie in *101 Dalmatiner*, aber er ist ein wenig zurückhaltend.

»Das liegt an der Rasse«, sagte ein Mann zu mir.

»Was genau meinen Sie?«, fragte ich.

»Dänische Männer wollen nur spielen«, antwortete er.

Und ich glaube, am liebsten hätte er gesehen, dass wir dänischen Männer eine Vergewaltigung nach der anderen begehen.

»Aber jetzt sind wir doch in Afghanistan«, sagte ich, »und im Irak waren wir auch.«

(Als ich letztens mit einem Eis in der Hand aus dem Kiosk trat, bekam der kleine Hund eine Erektion; in seinem Bewusstsein geraten die Dinge ein wenig durcheinander, andererseits: die verschiedenen Zentren für Lust im Gehirn usw.) In San Francisco sah ich einen Typen mit einem blau angesprühten Königspudel umherspazieren. Falls er dadurch gesehen werden wollte, muss ich leider sagen, dass man ihn vor lauter

Hund gerade nicht sah. Das Tier war so würdevoll in seiner Bläue. Ich drehte meinen Kopf nicht, um zu sehen: Was für ein Mensch kommt auf solche Gedanken? Trotzdem kann ich mich erinnern, dass er Shorts trug. Er kam also doch an meiner Netzhaut vorbei und in mein Gedächtnis.

Wenn mich jemand zurechtweist, kann mich das einen ganzen Tag lang beschäftigen. Und diese ständigen Evaluierungen tun ihr Übriges. Bei der Arbeit und jetzt auch noch in der Freizeit. Wenn ich ein bisschen zu lange brauche, um die kleine Tüte aus der Tasche zu ziehen, mit der ich die Hinterlassenschaften des kleinen Hundes einsammle, kann es passieren, dass Fahrradfahrer eine Vollbremsung hinlegen und Autofahrer das Fenster herunterkurbeln und mich anschreien. Die Tüten haben eine Tendenz, aneinanderzukleben, was für Verzögerungen sorgen kann; aber meine Strategie ist Freundlichkeit: »Gut, dass Sie alles im Blick haben!«, sage ich oder: »Entschuldigen Sie, das ist immer so eine Fummelei.« Es ist der Hundehaufenkrieg. Bei dem anderen Krieg geht es um Raum, zu viele Ratten an einem Ort und so weiter, rings um die Seen sind nur Meister unterwegs, und keiner weicht von seiner Bahn ab. »Wenn der nicht Platz macht, trete ich zu«, brüllen sie. Es ist verkehrt, den Hund frei laufen zu lassen, und verkehrt, ihn anzuleinen – vor allem im Dunkeln. Ich habe eine dieser Leinen, die wie eine Angelschnur funktionieren; man kann sie auslassen (bis zu 8 Meter weit) und mit einem tickenden Geräusch wieder einholen. In der Dunkelheit stellt die lange Leine eine Falle dar, »Verzeihung«, sage ich zum stolpernden Jogger, »ich habe es nicht mehr rechtzeitig geschafft, den Fisch an Land zu ziehen« (und mit dem Fisch ist natürlich der kleine Hund gemeint).

Als meine Mutter einmal im Garten stürzte, erschreckte mich das beinahe mehr, als meinen Vater und sie tot im Schlafzimmer zu finden. Der Garten hat einen kultivierten und einen verwilderten Teil, wir nannten ihn (und ich nenne ihn noch immer) die Wildnis. Es ist das Haus, das ich jetzt übernommen habe. Das Haus meiner Kindheit. Drüben in der Wildnis liegt eine umgeknickte Weide, die weiterlebt und in deren Krone Waldgeißblatt wächst. Auf dem Grundstück befindet sich eine Mulde, dort lag ein künstlich angelegter Teich, den mein Vater trockenlegte, als ich Alwilda hatte und sie auf Enkel hofften; aus Furcht, das Kind könnte ins Wasser fallen und ertrinken. Die Vorbesitzer hatten die Mulde mit dicker, schwarzer wasserdichter Plastikfolie ausgelegt, mein Vater riss das Plastik unter großen Mühen wieder heraus, und jetzt wächst dort Farn; es gibt auch einen Flecken mit gelben Blumen, deren Namen ich nicht kenne, viele Bereiche mit hohen Brennnesseln, Haufen mit Gartenabfällen und viele Bäume. Ich weiß nicht, warum meine Mutter eines Tages an Ostern beschloss, in die Wildnis zu gehen.

Schon die Terrasse erinnert an ein wildes Meer. Das liegt an den Ameisen, die Gänge graben unter den Fliesen, weshalb diese sich bewegen, sie sinken ein oder heben sich. An einigen Stellen ist die Terrasse geradezu gefährlich, jedenfalls für alte Menschen, die auf unsicheren Beinen umhergehen und schwer stürzen. Alte Menschen, die fallen, als hätten sie keine Hände, um den Aufprall abzufangen. Als hätten sie jeglichen Willen verloren und würden deshalb ihre Arme schlaff herunterhängen lassen; alte Menschen, die den Glauben an ihre Arme verloren haben. Dass erst sie und jetzt ich die Terrasse nicht erneuert und geebnet haben, liegt an den Walderdbeeren, den Mohnblumen und dem Thymian, die zwischen den Fliesen sprießen und die wir dann verloren hätten. Deshalb gingen wir auf wogendem Grund umher und mahnten einander zur Vorsicht.

Jedenfalls verließen wir an jenem Ostertag die Terrasse und gingen in die Wildnis. Ein paar Jahre zuvor hatte mein Vater einige runde Beete mit Backsteinen abgegrenzt und Walderdbeeren und Zierkürbisse darin gepflanzt; aber diese Beete waren längst von der Wildnis verschlungen worden und lagen nun wie Fallen irgendwo unter dem hohen Gras versteckt. Als wir uns ihnen näherten, hakte ich meine Mutter unter, und wir kamen sicher daran vorbei. Sie stützte sich schwer auf mich. Wir spazierten durch das untere Ende des Gartens und betrachteten die merkwürdige Form, die die liegende Weide angenommen hatte, und wir sprachen über die Brennnesseln und wie wir lange einen erbitterten Kampf gegen sie geführt hatten und es uns auch lange gelungen war, ihnen Einhalt zu gebieten. Sie hatte nicht viel Ahnung vom Gärtnern, und in ihrer großen Naivität (das waren ihre eigenen Worte) stopfte sie die Brennnesseln am Anfang, weil sie das Problem der Entsorgung ihres Gartenabfalls nicht zu lösen wusste, in schwarze Plastiksäcke. Damit hörte sie jedoch auf, nachdem sie verstanden hatte, wie viel Abfall es war und wie viele gefüllte Säcke es werden würden.

Während wir dort unten umhergingen und darüber sprachen, wie hoch die Bäume geworden waren – die Eberesche zum Beispiel, die ich im Wald ausgegraben und bei uns eingepflanzt hatte, »als Kind warst du verrückt nach Ebereschen«, sagte sie, und ich nickte –, kam uns ein Nachmittag ins Gedächtnis, an dem wir hier in der Wildnis, die damals noch keine Wildnis war, sondern ein Rasen mit zwei beeindruckenden Hängeweiden, auf zwei Gartenstühlen gesessen und auf irgendeinen Handwerker gewartet hatten. Wir hatten Noilly Prat getrunken. Sie war gereizt und rastlos gewesen. Es muss im März oder April gewesen sein, denn nicht nur der Garten, sondern die Natur überhaupt hatte etwas Müdes und Verwahrlostes an sich gehabt, sie war lange braun und faulig gewesen und lechzte danach, wieder grün zu werden; die schwarze, vollgesogene Erde, die herabgefallenen Zweige und die gelben Halme, die auf der Erde lagen und aus ihr hervorragten, die Brennnesseln und der Giersch des letzten Jahres – es war ein heilloses Durcheinander. Ich erzählte ihr von einem Essay, den ich gerade schrieb. Als ich ihr den Inhalt skizzierte, wandte sie sich irritiert ab. Sie fand das Thema albern, sagte es jedoch nicht. Das war auch nicht nötig, die heftige Bewegung ihrer Schultern sagte alles.

Vielleicht konnten wir uns beide an das Gespräch in den Gartenstühlen vor fast zehn Jahren entsinnen, weil wir mitten am Tag einen Drink genommen hatten, was wir sonst nie taten, und das an einem Ort im Garten, wo wir sonst nie saßen. Wir hatten uns mit Blick auf den Weg platziert, damit wir den Handwerker kommen sahen. »Entschuldigung«, sagte sie jetzt, »ich fand, das klang total abstrus, und dann war es das Beste, was du je geschrieben hast. Findest du nicht auch?« (Natürlich freute ich mich nicht darüber, sondern ärgerte mich in erster Linie, weil sie diese staubige, alte Sache allem anderen vorzog, was ich seither zu Papier gebracht hatte.)

Nachdem wir an diesem Ostertag die Wildnis durchwandert und uns an allem erfreut hatten, das Anlass zur Freude gab, bewegten wir uns wieder in den halbwegs zivilisierten Teil des Gartens – zu den Terrassen und dem Rasen. Plötzlich entdeckte meine Mutter ein großes Einweckglas im hohen Gras. Ich habe keine Ahnung, wie es dorthin gelangt war. Als sie sich danach bücken wollte, stürzte sie schwer und ohne den Sturz auch nur ansatzweise mit den Händen abzufangen. Ich stieß einen Schrei aus. Sie blieb einen Moment liegen und spürte nach, ob sie sich etwas gebrochen hatte, dann drehte sie sich auf den Bauch und kam auf die Knie. Sie war auf einen der tückischen Backsteine gefallen und hatte eine oberflächliche Wunde an der Schläfe und eine Prellung am Arm davongetragen. Ich muss zugeben, dass ich zu weinen anfing und überhaupt nicht mehr damit aufhören konnte. Ich weinte (jedoch lautlos), während ich sie auf das Sofa setzte und die Wunde mit Chlorhexidin reinigte. Ich weinte, obwohl sie solches Glück gehabt hatte und kaum etwas passiert war. Mein Vater war nicht da. Das war er nie. Und zehn Minuten später weinte ich immer noch, während ich mich innerlich selbst beschimpfte: »Muttersöhnchen. Weit über vierzig. Du heulendes Elend. Werde endlich erwachsen.«

»Du liebst mich wirklich«, sagte sie von ihrem Sofa aus. Es kam aus ihrem Innersten, und sie sprach es mit einer heiseren, tiefen Verwunderung aus.

Einen Augenblick später sagte sie: »Vielleicht solltest du versuchen, mich ein bisschen weniger zu lieben, damit es nicht so schlimm für dich wird, wenn ich … nein, so ein Unsinn, darüber ist man ja selbst nicht Herr.«

»Es wird schwer, wenn du nicht mehr da bist«, sagte ich, »aber ich werde es schon schaffen.«

Es wurde schwer. Wir hatten so viel über den Tod gesprochen – oder jedenfalls offen mit ihm gerechnet –, und als er dann kam, half es keinen Deut. Aber ich werde es schon schaffen. Und im Übrigen habe ich seit diesem Tag nicht mehr geweint. Nur dann und wann, wenn der kleine Hund versucht, einen Gegenstand mit seinen Pfoten zu greifen, und danach tappt, schmerzt es mich, dass er keine Hände hat. Nicht, dass wir uns missverstehen – es schmerzt mich nicht, weil ich gern Händchen halten will (jedenfalls nicht mit einem Hund), dieses Tappen ist nur so erbarmungswürdig. Dann springe ich ihm bei, mit meinen überlegenen Händen.

Nachts schlafen wir im Löffelchen, und ich umarme seine mageren Lenden; Fell ist etwas ganz anderes als Haut. Und der Hundekörper ist hart und kantig, man kann nicht darin versinken. Die Arten sind wirklich sehr verschieden. Fell riecht streng. Und wenn wir aufwachen, ist das Bett voller weißer Haare. Vielleicht erinnert der Hundekörper mehr an den Körper eines Mannes als an den einer Frau – so hart und stromlinienförmig. Würde ich mich nach einem Mann sehnen, würde sich der Körper bestimmt richtiger anfühlen. Der kleine Hund ist ein unruhiger Partner. Ihm wird zu heiß, und er entwindet sich meinen Armen. Kurz darauf möchte er gern wieder ins Warme – dann setzt er sich neben meinen Kopf und klopft sozusagen an, mit einem Kratzen und einem kurzen Bellen. Und so fort, die ganze Nacht.

Kürzlich lehnte sich der Nachbar über unsere Hecke und ließ seinen Blick über die Wildnis schweifen. Dann sagte er: »Sagen Sie mal, haben Sie denn gar keine Visionen?«

»Nein«, antwortete ich nur, und ich musste an das Lied denken, das wir in der alten Jolle sangen, wenn wir östen oder Dorsch pilkten: »Zieh dir 'nen ollen Pulli an / lass den Zauselbart ruhig dran«, und dichtete auf eigene Faust hinzu: »Und lass auch deine Hecke wachsen / anstatt mich immer vollzuschwatzen.«

Nach einer Weile verließ er endlich mein Ödland und ging wieder in seine eigene, so sollte man meinen, visionäre Parzelle.

Zurück blieb ich, überwältigt von meiner Erinnerung an das Fischen. Ich hatte noch keinen Bart, Großvaters Bartstoppeln waren grau. Ich glaube, er rasierte sich nur sonntags, er ließ seinen Bart also immer stehen, nicht nur, wenn wir in See stachen. Die Jolle war nach mir benannt, der Name Edward tanzte auf dem Bug. Ich saß auf der Bank und lutschte an einem Malzbonbon, während ich in regelmäßigen Abständen leicht an der Leine ruckte, damit sich der silberfarbene Pilker unten auf dem Meeresboden wie ein Hering bewegte.

»Du wirst doch nicht knirschen, Edward? Darf ich mal sehen?« Dann öffnete ich den Mund und zeigte ihm das Bonbon, und wenn wir gerade nicht pilkten oder still waren, um die Dorsche nicht zu verjagen, sang er oder nannte mich »Guter Edward«, es wäre nett, so etwas auch hier im Garten einmal zu hören. Dabei kommt mir in den Sinn, was eine meiner Psychologinnen einmal zu mir sagte (ich hatte gerade dankend abgelehnt, einen der halbtransparenten Bergkristalle zu erstehen, die sie auf ihrem Schreibtisch zum Kauf anbot und die aussahen wie die gefrorenen Tränen ihrer Patienten, vielleicht waren sie das auch).

Sie sagte: »Sie müssen sich selbst lieben. Es ist nicht sicher, dass immer andere da sein werden, die das für Sie übernehmen.«

Damals schüttelte ich den Kopf. Heute könnte sie sich damit brüsten, recht gehabt zu haben.

»I love you, Edward, I love you so much. Don't leave me behind, baby«, sage ich.

»My neighbour doesn't love my garden / but he sure likes me«, sage ich.

Ich würde lieber daran denken, wie es war, aus dem Hafen hinauszufahren, gegen Strömung, Wind und Wellen, und darum war der Außenbordmotor in Betrieb, den man nicht leicht in Gang bekam, ein schwedisches Fabrikat, weshalb er »der sture Schwede« hieß; der Steven schlug mit kleinen, harten Hüpfern und einem harten Geräusch auf die Wellen – so kamen wir voran, in kleinen, harten Hüpfern. Ich bekam den Wind ins Gesicht, er war frisch und salzig, der Wind und das Salz machten die Haut zart. Wenn ich mich umdrehte, sah ich eine, wie man so sagt, wettergegerbte Hand auf der Pinne, breite Schultern und ein Gesicht, das ich stets vor mir sah, wenn jemand den himmlischen Vater erwähnte. Hatten wir den Hafen hinter uns gelassen, bekam ich das Gefühl, nicht nur das Meer würde sich vor uns ausbreiten, sondern die ganze Welt, die große, offene Welt, bitte sehr, guter Edward, bitte sehr, göttlicher Großvater, ihr habt schon zwanzig Meter grünschwarzes Wasser unter euch, gefüllt mit Dorsch, und »wenn du nicht knirschst, sondern sparsam lutschst, bekommst du noch eins, ohl rait?«

Anmerkung: Ich bat meine Mutter, mir im Traum zu erscheinen und mir einen Rat zu geben – wenn ich mit ihr spreche, erfüllt der Grabstein die Funktion ihres Gesichts, und ich sah ihn eindringlich an, während ich gedämpft meine Bitte vortrug. Bisher hat sie sich mir aber nicht gezeigt. Deshalb habe ich auch keine Lust mehr, auf den Friedhof zu gehen. Doch vielleicht ist sie mir auch nicht erschienen, weil ich es gar nicht brauche; weil gerade etwas geschieht – in mir. Es wird heller. Es klart auf. Ich fühle mich irrsinnig lebendig im starken Wind. Ein Stück hinter mir geht eine alte Dame. Ich habe Lust, nein, einen Drang, mich an sie zu richten, und ich drossle das Tempo und warte, bis sie zu mir aufgeschlossen hat. Dann sage ich: »Wir müssen aufpassen, dass wir nicht abheben.«

»Ja«, antwortet sie, »man muss mit beiden Beinen fest auf dem Boden stehen.«

Und dann sehen wir einander an, mit unverfälschter Freude.

Die Natur
als Reihe von Versatzstücken

[Camilla]

Es liegt ein Schleier über dem See. Fünf schwere Schwäne wollen in die Luft, ihre Flügel peitschen auf das Wasser nieder, und obwohl René, meiner ersten Jugend angehörend – die sich aufdrängt, auf dem zerschlissenen Stuhl, neben Charles' Bett –, obwohl René trotz seiner weißen Oberkellnerjacke nicht wie ein großer Schwan aussah, sondern wie ein kleiner, penibler Mann, war seine Stimme peitschend wie Pistolenschüsse, wie Schwanenflügel auf dem Wasser, wenn er am späten Nachmittag, vor dem großen abendlichen Ansturm, mit uns die Speisekarte durchnahm und anschließend abfragte. Restaurant Peder Oxe, zehn Minuten vor fünf. Zu diesem Zeitpunkt reihten wir (die Kellner) uns vor der Küche auf, und er kontrollierte, ob unsere Uniform sauber und frischgebügelt war, er konnte auf die Idee kommen, eine Hand zu ergreifen und die Nägel zu inspizieren. Er konnte auf die Idee kommen, eine Haarsträhne unter die weiße, jungfräuliche Haube zu streichen, die zur Uniform gehörte, »fass mich nicht an!«, schrie ich innerlich. Dann ging er die Speisekarte auf Dänisch und Englisch durch – und anschließend begann der Beschuss. Wie peitschender Kugelhagel, er zeigte auf ein Mädchen, das die Gerichte, Beilagen et cetera wiederholen musste. Das einzige Wort, an das ich mich aus dieser Zeit erinnere, ist »watercress«, abgesehen von der unvermeidlichen Sauce, französisch ausgesprochen.

»Brunnenkresse. Englisch«, brüllte René.

»Watercress. (Jawohl)«, rief ich zurück, so nah kam ich dem Soldatenleben nie wieder.

Der Gråbrødre Torv, wo das Restaurant noch heute liegt und wo René vielleicht noch heute sein Unwesen treibt, war immer gut gefüllt mit sitzenden, redenden, trinkenden Menschen. Eines Abends, als ich mit der Arbeit fertig war, setzte ich mich ebenfalls hin, draußen auf den Platz, und ruhte meine schmerzenden Kellnerinnenbeine aus. Ein Auto kam aus einer Seitenstraße gefahren. Plötzlich beschleunigte der Fahrer und fuhr mit quietschenden Reifen auf uns zu, die wir dort saßen – wir flatterten auf wie Geflügel, der Fahrer machte eine Vollbremsung und sprang aus dem Auto. Er war ein kleiner, penibler Mann mit schwarzen Haaren, die an seinem Kopf klebten, als hätte er sie mit Spucke zurückgestrichen, ganz schwarz gekleidet einschließlich schwarzer Handschuhe. Er überhäufte uns mit Schimpfwörtern, die auf eine gewisse Bildung hindeuteten, »Plebs«, schrie er und spuckte auf den Boden, »ich hasse euch, gemeiner Mob«, dann sprang er wieder ins Auto und raste, abermals mit quietschenden Reifen, im Rückwärtsgang von dort weg. Einige riefen »Psychopath«, kurz darauf schien alles wie zuvor – sitzen, trinken, reden. Vielleicht war er der schwarze Bruder des weißen René und wäre eigentlich lieber mit Vollgas gegen die Mauern des Restaurants Peder Oxe gerast.

Ich habe die Natur. Ich konnte sie mir aneignen.

»Sieh, sieh, sieh«, hatte man zu mir gesagt, Gespräche waren unterbrochen worden für Fingerzeigerei und unnatürliches Schweigen beim Anblick von etwas. Und jetzt sehe ich; ich sehe den roten Baum, den ganzen Herbst über, wie ich ihn nie zuvor gesehen habe. Aber kann ich die Natur mit ins Wohnzimmer holen, wenn ich nach Hause komme (zum Krankenbett), kann ich sie mir bewahren als Trost und Kraft, kann ich ihr gegenübertreten, als wäre sie eine Reihe von Versatzstücken, die ich mit meinem Blick in meiner Erinnerung ablegen kann?

Heute nahm ich eine Abkürzung über den Friedhof – und da kam Edward des Wegs. Er bemerkte mich nicht, und ich war ehrlich gesagt so schlechter Stimmung, dass ich keine Lust zum Reden hatte. Er sah aus wie ein Mensch, der sich von einem Geheimnis zum nächsten bewegt. Ich meine, er wirkte auf eine sympathische Art und Weise triumphierend. Ich ging davon aus, dass er auf dem Weg zum Grab seiner Vorfahren war. Ein Stück weiter standen drei Gärtner und arbeiteten. Obwohl sie nur ein paar Meter voneinander entfernt waren, wechselten sie kein Wort. Einzig die Geräusche ihrer Werkzeuge, Hacken und Rechen, waren zu hören. Man denke nur daran, wie sich Handwerker immer quer durch ganze Gebäude zuschreien, vom Gerüst hoch und runter, bei schallendem Radio.

Dort liegt ein Berg gelber, zusammengefegter Blätter, darüber erhebt sich ein Baum mit gelbem Laub, ist der Berg der tote Körper und das zitternde Laub am Baum die standhafte Seele?, frage ich mich pflichtschuldig, jetzt, da ich mich auf einem Friedhof befinde. Die Gewissheit, bald flach und zertrampelt im Haufen zwischen den anderen zu liegen, ist traurig und bedauerlich; wie das Blatt, so auch ich. Und hierher kommt Edward jeden Tag, seit mehreren Jahren. Befreie dich aus den Banden des Grabes, Prinz Edward.

Doch er steht da und pfeift. Er *hat* die Trauer abgeworfen – und hervor kommt ein Pfeifen.

Der Hund hinkt. Edward hat ihm einen Hüftschaden zugefügt, indem er ihm zu viel Bewegung zugemutet hat. Zwei Jahre lang hat er stundenlang die Trauer wegmarschiert. Jetzt muss der Hund dafür bezahlen. Edward hat ihm eine Lammfelljacke gekauft, damit er nicht friert, wenn sein Herrchen am

Grab steht und redet; er (der Hund) gleicht einem dekadenten Schaf mit seinem hochgeschlagenen Kragen.

Jetzt wedelt er mit dem Schwanz, denn wer kommt da? Mit roten Handschuhen, mein Herz bleibt stehen, es ist Alma, meine Alma. Was für ein Ort für ein Rendezvous, vielleicht ist es auch gar nicht so schlimm, vielleicht erinnert einen der ganze Buchsbaum daran, dass man das Leben am Schlafittchen packen sollte. Sie umarmen einander. Alma nimmt Edwards Gesicht zwischen ihre roten Handschuhe und betrachtet ihn prüfend. Ich weiß nicht, was sie an ihm inspiziert – die letzten Spuren einer Krankheit, einen Ausschlag. Es ist jedenfalls nicht mehr da, Edward ist glücklich. Ich trete hastig den Rückzug durch die Allee an. Kann man sich etwas Schöneres vorstellen, als dass die eigenen Freunde anfangen, einander zu lieben? Warum fühle ich mich dann innerlich so faulig und aufgewühlt wie ein Komposthaufen? Weil ich nur meine Jugend habe, an die ich zurückdenken kann: als eine Zeit, in der etwas passierte. Und ich bin nicht mal vierzig. Jetzt passiert nichts. Für mich.

»Ich hoffe so sehr, dass irgendetwas Ungewöhnliches passiert«, sagte ich zu Alma, »wenn mein Leben für immer so aussehen wird, halte ich das nicht aus.«

»Du möchtest nicht in meiner Haut stecken«, erwiderte sie, »es ist ein einziges Chaos.«

»Ich hatte gar nicht an Männer gedacht.«

»Aber ich denke immer an sie.«

Sei nicht verbittert – und kneif den Mund nicht zusammen. Lächle mit gefletschten Zähnen. Sei bereit, die Zähne über der Welt zusammenzubeißen. Und ihr, die ihr etwas für Gelb übrighabt: Denkt dran, dass die Tulpen aus der Erde gekommen sind. Und gelbe Tulpen sind das Paradepferd alles Gelben, das Beste vom Besten.

Das Antlitz des Mülls

[Kristian]

3. Mai. Selbst zwei Tage nach dem Fest gleicht der Fælled-parken noch immer einer Müllhalde. Kleine Gestalten gehen mit Kneifzangen und Rechen auf dem Rasen umher, und ich spüre einen Stich von Neid angesichts der Überschaubarkeit, ich würde auch lieber Müll aufpicken, anstatt nach Hause zu gehen und den Artikel zu schreiben, den ich nicht länger auf-schieben kann; die ganze Zeit wissen, was ich zu tun hätte, Müll picken und picken und picken, den grünen Teppich Stück für Stück befreien, indem ich diese Wogen von Papier in meinen Sack ziehe. Ich gehe zu einer Müllsammlerin und frage sie, ob sie das ehrenamtlich macht. Sie sei Kommunistin, ant-wortet sie, und wenn sie nicht aufräume, verhänge die Polizei eine Geldbuße gegen ihre Partei. So geschehen im letzten Jahr. Sie mache das also nicht, weil sie Lust dazu habe. Im Gegen-satz zu mir, ich hätte Lust, ihr das Werkzeug aus der Hand zu nehmen. Ihr Gesicht ist von geplatzten Äderchen überzogen, ihre Augen sind wässrig, das Haar strähnig, und sie trägt einen Blaumann. Die Kommunistin fordert mich auf, zum Gedenk-stein für die Schlacht auf der Allmende hinüberzugehen, »da, wo die Polizei die Arbeiter niedergeritten hat, liegen lauter leere Sushischachteln und Flaschen, alles teure Weine«. (An-scheinend hat sie sich die Etiketten genau angeschaut und auch ein bisschen Ahnung von Wein.)

Ich frage sie, ob sie weiß, dass die Werft B&W dem Arbeiter-führer Louis Pio seinerzeit zehntausend Kronen gezahlt hat, damit er nach Amerika emigriert. Sie wusste es nicht, nimmt es aber zur Kenntnis.

Im selben Augenblick bekommt ihre Kneifzange ein Parteiflugblatt zu fassen, und sie reicht es mir, es ist ein wenig fleckig, aber ich stecke es pflichtschuldig in die Tasche, wenn ich einträte, könnte ich schon heute in einem Jahr mit einem Rechen in der Hand hier stehen. Ich gehe auf den Gedenkstein zu. Für Mut und Kampfgeist. Um einen weiteren Tag zu überstehen. So sieht mein Ziel aus. Mir ist bewusst, dass ich ein größeres brauche.

Und dann denke ich, was ich schon so oft gedacht habe. Ich denke: Ich ersticke beinahe an meiner von ganz gewöhnlichen, existentiellen Sorgen ausgelösten Schwermut – Alma hat mich verlassen; aber vermutlich wird jeder Mensch ein- oder zweimal im Leben verlassen. Dagegen sind die Politik und der Gang der Geschichte und die Natur bisher auf meiner Seite – solchen Katastrophen bin ich, im Gegensatz zu vielen anderen Menschen, nicht zusätzlich ausgesetzt, weder Folterherrschaft noch Dürre oder Überschwemmungen. Nicht, dass mich das trösten würde. Ich sage es nur. Unvorstellbar, wenn ich auch das noch erleiden müsste. Vielleicht würden meine westlichen Sorgen aber auch von *dem ganz großen Unglück* fortgeschwemmt. »Hallo! Trauer ist nun mal kein Zuckerschlecken«, höre ich Camilla in meinem Kopf sagen. »Weine ruhig ganz unbesorgt, Kristian, gib dich deiner Schwermut hin.« Aber ich bin nicht nur schwermütig oder verzagt. Ich bin zugleich desillusioniert und lustlos, und folglich habe ich auch kein Ziel. Ich registriere mit einem »Aha«, dass die Polkappen schmelzen; ich rechne nicht einmal aus, ob ich schon tot bin, wenn die ernsteren Folgen eintreffen. Ich bin gleichgültig. Allerdings habe ich schon einmal darüber nachgedacht, ob ich in einen Flieger nach Darfur steigen sollte, um, wie es so schön heißt, etwas zu verändern. So könnte ein ödes Leben mit einem dramatischen Tod abgeschlossen werden – der ver-

mutlich unmittelbar nach meinem Verlassen des Flughafen-
bereichs eintreten würde. Was für ein Leben ich haben könnte
und obendrein einen Einsatz für mein Land leisten, dachte ich,
als ich eine Stellenanzeige vom Militärischen Abschirmdienst
sah, der Agenten suchte; obwohl ich nicht weiß, ob mein Land
das überhaupt wert ist. Einen ganzen Abend lang erfreute
ich mich an dem Gedanken; ich in einem »sicheren Haus« in
Kabul, ich bei einer Wüstendurchquerung oder in einem Tee-
haus, um neue Kontakte zu knüpfen. Als ich tatsächlich einmal
in einer Wüste war, wünschte ich mir jedoch nichts sehnlicher,
als wieder dort wegzukommen. Sie war grau, steinig, einför-
mig. Außerdem habe ich keinen Führerschein und spreche nur
westliche Sprachen.

Ich wünschte, jemand würde kommen und mir ein Ziel in
die Hände legen, »bitte schön, Kristian, hier hast du was, das du
verfolgen kannst«, und mich mit diesen Worten behutsam in
die richtige Richtung drehen und mit einem sanften Schubs
losschicken. In meiner Vorstellung ist das Ziel immer einge-
hüllt, in etwas Weißes. Ah, in Wirklichkeit ist es ein kleiner
Nachkomme, der mir in die Hände gelegt wird, aber dazu be-
darf es einer Frau, womit ich wieder am Ausgangspunkt wäre.

Noch immer Mai, noch immer Müll. Ich bin dabei, ein krank-
haftes Interesse für Müll zu entwickeln, oder ist es gar eine
Leidenschaft? Morgens sitzen Elstern und Krähen und Möwen
auf der großen Rasenfläche (noch immer im Fælledparken);
weil die Wiese so flach ist, erinnert sie ans Meer. Und die Vögel
werden so groß. Da hocken sie und schwelgen im Müll der
abendlichen Feste und lösen Kadavergedanken in mir aus.
Großstadtgedanken, sagt etwas in mir; und dann sehe ich eine
tote Ente im Sortedamssøen vor mir, die kopfüber in einem
schleimigen, giftigen Brei aus verfaulten Kastanien und Müll

steckt, und eine Flasche mit einem Federkranz. Übrigens heißt es gar nicht Kneifzange, sondern Greifzange oder Greifhilfe oder Müllgreifer. Alles ist möglich. Allmählich freunde ich mich mit den Wiesensäuberern an; ich stelle mich vor sie, und sie nehmen geduldig ihre Kopfhörer ab; ich leite das Gespräch fast immer auf dieselbe Weise ein: »Was für eine Schweinerei. Ist es nicht merkwürdig, dass die Leute alles einfach so hinterlassen? Das ist doch wohl das Erste, was man seinen Kindern beibringt: das Eispapier nicht auf den Boden zu werfen ...« Und einer von ihnen sagt zu mir: »Bei so einer Einstellung bin ich mir sicher, dass Ihre Kinder später keinen Müll auf dem Rasen hinterlassen werden, es sei denn, sie sind sehr betrunken.« Und ich weiß nicht, ob ich erwähnen soll, dass sie noch gar nicht geboren sind, die kleinen Kristians, die stets ihren Einweggrill und ihre leeren Flaschen wegräumen, bevor sie gehen.

Die Häuser und ihre
Genie-Selbstmörder(innen)

[Alma]

I

Wenn die Wolken über die Höhenzüge hinwegtreiben, verwandeln ihre Schatten das darunterliegende Land: Dann läuft die Dunkelheit über das Gras.

Wir spazieren einen ganzen Tag dort oben herum, einmal kommen wir vom Pfad ab, und Camilla geht in die eine Richtung, um ihn wiederzufinden, ich in die andere. Schon kurz darauf ist sie nicht mehr zu sehen, und ich spüre, wie leicht mich die enormen Hügel und der Wind verschlingen und umbringen könnten; ich bin überflüssig hier, in dieser großen Landschaft, ein Fleck, den der Wind abreiben möchte.

Man nennt diese Höhenzüge Downs, und Virginia Woolf konnte sie von The Lodge aus sehen, dem kleinen Gartenhaus, in dem sie saß und schrieb. Jetzt wird die Aussicht von Bäumen versperrt.

Was die Schönheit anbelangt, so ist sie zu groß für ein Paar Augen, wie ich immer sage, wenn ich nach dem Frühstück über die Terrasse gehe. Sie reicht aus, um eine ganze Bevölkerung mit Glücksgefühlen zu überschwemmen, wenn sie nur hinsehen würde.

Virginia Woolf

»Warum«, frage ich die Mieterin des Hauses, die für die Pflege des Gartens zuständig ist, »hat man am Ende des Gartens Bäume gepflanzt, sodass man nicht mehr sehen kann, was Virginia Woolf gesehen hat?«

(Deshalb bin ich hier. Um zu sehen, was sie sah. Camilla wollte mit Charles fahren, aber er ist krank. Also durfte ich für ihn einspringen. Camilla hat keinen Führerschein und keinen Orientierungssinn.)

»Weil die Aussicht nicht mehr dieselbe ist wie damals«, antwortet die Mieterin, »sie ist nicht schön. Sie wurde vom Kalkbruch und von den angrenzenden Arbeiten verschandelt.«

Sie ist unglaublich übergewichtig. Und ich muss an die Diskriminierung denken, der Übergewichtige angeblich auf dem Arbeitsmarkt ausgesetzt sind; aber ob es tatsächlich klug war, eine so schwere Mieterin zu wählen? Verschleißt sie diesen Ort nicht unnötig, hätte man nicht jemand Schlankeres nehmen können? Ihr Mann und sie bewohnen den ersten Stock des Monk's House, somit bleibt der Zutritt zu diesem Bereich verwehrt. In dieser Etage hatte Leonard Woolf sein Schlafzimmer. Jetzt geht dieser Koloss da oben umher, womöglich bilden sich unter ihrem Gewicht bereits Risse in der Decke. Das ganze Erdgeschoss ist ein Museum. In jedem Raum sitzt ein ehrenamtlicher Helfer auf einem Stuhl und passt auf. Ein Schild ermuntert dazu, sich freiwillig für diese Tätigkeit zu melden, Wissen über Woolfs Werk ist keine Voraussetzung. Ich spreche mit dem ältlichen Museumswärter im Wohnzimmer, er findet, ihre Bücher hätten keine Handlung, es passiere zu wenig darin. Ich sehe mich gezwungen, ihn zu belehren, und sage, so seien moderne Romane eben, in der Regel passiere nicht viel in ihnen. Er lacht und sagt etwas wie »na, bravo«. Er meint, sie sei in erster Linie für die »Frauensache« von Bedeutung gewesen. Wieder sehe ich mich gezwungen, ihn zu belehren, und sage, er irre sich, sie sei eine der größten literarischen Erneuerinnen des 20. Jahrhunderts.

»Wodurch?«, fragt er plötzlich streng.

»Dadurch«, antworte ich, »dass sie …«, ich zögere, denn kann ich darüber sprechen, wie sie die Zeit so sehr verdichtet, dass ein Tag zu einem ganzen Leben wird? Wie der Schwerpunkt auf dem Leben des Bewusstseins liegt und dem Austausch zwischen Bewusstsein und Welt, oder wie es ihr gelingt, die Zeit zugleich vor- und zurückzudrehen? Aber es ist vor allem ihre Fähigkeit zur Konzentration und Verdichtung, die mich glücklich macht. Wo steckt Camilla? Sie könnte das beantworten.

»Jedenfalls hat sie gern geraucht«, sagt er und deutet auf einen Aschenbecher, der auf dem Kaminsims steht.

Die Mieterin ist aus ihrer Etage heruntergekommen, um die Museumswärter mit Kaffee und Kuchen zu bewirten, sie steht mit einem leeren Teller in der Hand da.

Und es stimmt, dass man einige weiße Flächen und einen Kran und vielleicht auch andere Maschinen sehen kann, die dort arbeiten, wo einmal Virginia Woolfs Aussicht war, aber ist man heutzutage, wo alles so stark bebaut ist (zumindest zu Hause in Dänemark), nicht daran gewöhnt, an einem Windrad oder einem Schweinestall aus Beton vorbeizusehen, wenn man sich gerade an der Natur erfreut?

Im Zeitungsständer an einer Tankstelle habe ich etwas gesehen, das ich nicht vergessen kann. Auf der Titelseite einer Zeitung, es war wohl *The Sun*, posierte eine junge Frau mit Hüfthalter und hochhackigen Schuhen. Sie streckte ihren Hintern in die Luft und schaute zwischen ihren Beinen hindurch. Auf jeder Pobacke prangte ein ziemlich großer, tiefschwarzer Schönheitsfleck. Betonten die Flecken die Pobacken? Und betonte der Kalkbruch dann nicht auch den Hügel? Die Mieterin stand immer noch da, ich hätte es ihr erzählen können. (Und mit der Zeit, während mein Trenchcoat immer schmuddeliger wird, fühle ich mich zunehmend wie Colombo, scheinbar naiv, in Wahrheit jedoch überlegen.) Stattdessen sagte ich, es müsse eine irrsinnige Arbeit sein, diesen großen Garten zu pflegen. Und ja, antwortete die Mieterin, man müsse in der Tat ein Gartenliebhaber sein, um sich dieser Aufgabe anzunehmen, und noch dazu seien ihr Mann und sie voll berufstätig.

Bestimmt muss sie schnaufen, wenn sie sich bückt, um das Unkraut zu jäten, oder sich nach den Birnen streckt.

1934 besuchte das Ehepaar Woolf Shakespeares Haus:

»Das war seine Aussicht, als er den Sturm schrieb«, sagte
der Mann. Und vielleicht stimmte das. Jedenfalls war
es ein großes Haus, das direkt auf die großen Fenster
& das graue Mauerwerk der Schulkapelle hinaussah,
& als die Uhr schlug, war das genau der Ton, den
Shakespeare hörte. Es gelingt mir nicht, ohne meinem
durchgeratterten Geist mehr abzuverlangen, als er her-
gibt, diesen sonderbaren Eindruck von einer sonnigen
Nonpersönlichkeit zu beschreiben. Ja, alles schien
zu sagen, dies war Shakespeares, hätte er gegessen
& wäre er gegangen; aber ihr werdet mich nicht an-
treffen, nicht wirklich leibhaftig. Er ist heiter ab- &
anwesend; beides zugleich; das umstrahlt einen; ja; in
den Blumen, in der alten Halle, im Garten; aber nie
festzumachen. Und wir gingen in die Kirche, & da war
die überladene dumme Büste, aber womit ich nicht
gerechnet hatte, war die abgenutzte, einfache Stein-
platte, falsch herum, Guter Freund, um Jesu willen
sieh ab – wieder schien er ganz Luft & Sonne zu sein,

heiter lächelnd; & doch lagen dort unten einen Fuß von mir entfernt die Knöchelchen, die dieses große Leuchten in die ganze Welt getragen hatten. Ja, & dann spazierten wir um die Kirche, & alles ist einfach & ein wenig abgenützt; der Fluss gleitet längs der Steinmauer, mit einem roten Streifen von irgendeinem blühenden Baum; & der Rasenrand ist heil, weich & grün & erdig, & zwei zufällige nonchalante Schwäne. Die Kirche & die Schule & das Haus sind alle geräumige, großzügige Orte, mitschwingend & sonnig heute; & hinein & hinaus [*unleserlich*] – ja, ein beeindruckender Ort; immer noch lebendig, & dann die Knöchelchen, die dort liegen, die so schöpferisch waren: man stelle sich vor, den Sturm zu schreiben & auf diesen Garten hinauszuschauen; welch ein Wüten & Stürmen von Gedanken muss einem durch den Kopf gefahren sein.

Virginia Woolf

Auch hier gibt es eine Kirche, die Saint Peter's Church; sie ist vom Garten aus sichtbar, alt und grau, der sie umgebende Zaun grenzt an The Lodge; das wird mir später noch von Nutzen sein. Ich habe bislang nicht darüber nachgedacht, ob ich Virginia Woolf in Haus und Garten spüren kann – so wie sie Shakespeare spürte. Um das für möglich zu halten, muss man sich wohl vorstellen, man könne eine Art schriftstellerischen Geist aus dem Werk herausziehen; ein Wesen des Werks, das man auf das Haus übertragen und darin wiederfinden kann. Jedenfalls wenn es um Shakespeare geht, dessen Biographie nur auf Mutmaßungen beruht. Was Virginia Woolf betrifft, so hat man die Tagebücher, die Briefe, die Biographie und die Fotografien, von denen ausgehend man eine Person konstruieren kann – nebst diesem Geist des Werks.

Ich glaube, in erster Linie habe ich mich aufdringlich gefühlt, übergriffig. Ich muss immerzu an eine Stelle in den Tagebüchern denken, wo sich ein Mann mit dem Auto vors Haus stellt und hineinglotzt und Leonard Woolf hinausgeht und irgendetwas zu ihm sagt … im Stile von: »Seien Sie so nett und fahren Sie wieder. Mrs Woolf ist an einer solchen Form von Aufmerksamkeit nicht interessiert.« Und Virginia Woolf nimmt die Begebenheit zum Anlass, um ihrer Verachtung über Eindringlinge wie den Mann Luft zu machen.

Ich fürchte, sie wäre auch an meiner Aufmerksamkeit nicht interessiert, und das beschämt mich. Ich hatte schon mit dem Schämen angefangen, als wir in Rodmell, ihrem Dorf, ankamen. Wir übernachteten in einem Bed & Breakfast »nur einen Steinwurf vom Monk's House entfernt«. Und kaum hatten wir geparkt und das Gepäck ins Haus geschleppt, machten wir uns auf den Weg, um es zu finden. Das Dorf besteht überwiegend aus Steinhäusern, aber dieses Haus ist aus Holz und weiß gestrichen. Es hat so gut wie keinen Vorgarten, sondern klebt direkt an der Straße (wie eine Erzählung ohne Einleitung). Das vermittelt einen schroffen Eindruck, als wäre man nicht willkommen. So stand ich eine Weile davor und stellte mir ihre magere Gestalt vor (ich konnte mir nur die Silhouette vor Augen rufen), wie sie die schmale Dorfstraße entlanghastete, sie machte viele Spaziergänge und bewegte sich mit hohem Tempo.

Seit ich angefangen habe, ihre Tagebücher zu lesen, habe ich zweimal von ihr geträumt. Träume sind selten interessant, ich selbst überspringe sie immer in Romanen und so weiter, wo sie in der Regel als eine Art symbolisches Zusatzmaterial dienen, das ist hier nicht der Fall, sie sind reine Kuriosa, und ich mache es kurz:

Traum 1: Virginia Woolf, alternd, nackt, sie hatte ein Bein auf einen Schemel gestellt und wrang einen nassen Schwamm über sich aus.

Traum 2: Virginia Woolf und ich sind bei einer Zusammenkunft und einigen uns darauf, beide aus dem Fenster zu springen. Sie tut es sofort. Ich traue mich doch nicht. Ich renne zur Tür hinaus und finde sie in einer Pfütze. Sie ist fast tot. Man sagt mir, dass ich nicht versuchen dürfe, sie zu retten, das würde nur dazu führen, dass ihre Gliedmaßen verstört im Wasser zucken, als hätte man ihr Elektroschocks versetzt.

2 x Wasser plus Tod. Das deutet wohl auf den Tod im Wasser voraus, im Fluss Ouse. Dazu komme ich noch.

Der Garten ist groß und besteht aus mehreren Bereichen, es gibt ein großes Blumenbeet, einen Abschnitt mit Teichen, einen Nutzgarten, eine Wiese mit Obstbäumen und einen großen Rasen, zum Bowling, von dem Virgina Woolf besessen war; sie pflegte es am späten Nachmittag zu spielen und war keine gute Verliererin. Ich bin nur heute hier. Der große, wundervolle Garten erfüllt mich mit Sehnsucht. Von ihrem Schlafzimmer trat sie in ihn hinaus. Dann durchquerte sie ihn und ging zu The Lodge hinab. Er umgab sie, während sie schrieb. Sie schaute auf ihn und weiter auf die Höhenzüge. Zu welch einem Überfluss an Schönheit sie Zugang hatte, »welch ein Wüten & Stürmen von Gedanken muss einem durch den Kopf gefahren sein«.

Die Aussicht von meinem Schreibtisch (zu Hause) besteht aus den Mülltonnen im Hof und einer, Gott bewahre, ziemlich hübschen gelben Mauer. Camilla fordert mich dazu auf, einen Mohnblumenkopf abzuknipsen, »weil es doch schön

wäre, eine Mohnblume aus ihrem Garten zu Hause zu haben«.
(Dann allerdings notgedrungen in einem Blumentopf.) Ich tue
es heimlich, entdecke aber ein wenig später, dass ich den ver-
kehrten Teil der Blüte erwischt habe, also keine Samenkapsel.

The Lodge ist nicht für Publikum zugänglich. Man kann
nur durch das Fenster hineinsehen. Da steht ihr Schreibtisch
mit Blick auf den Höhenzug, der jetzt also hinter Bäumen
verborgen ist. Dort liegen drei der Mappen, in denen sie ihre
losen Blätter aufbewahrte, und Schreibwerkzeug und ihre Brillen. Ordnung und Nacktheit. Ich kann gar nicht lange genug
hineinsehen, weil die Literatur, die ich am meisten schätze,
dort drinnen entstanden ist. Zum Beispiel *The Waves*. Und dort
drinnen hat sie auch in ihr Tagebuch geschrieben, wenn sie
gerade noch zehn Minuten bis zum Mittagessen hatte:

> Mir ist die Vorstellung gekommen, was ich jetzt tun
> möchte, ist, jedes Atom zu sättigen. Ich will alles Nutz-
> lose, Abgestorbene, Überflüssige eliminieren: den
> Augenblick ganz geben; was immer er enthält. An-
> genommen, der Augenblick wäre eine Kombination
> von Gedanke; Empfindung; der Stimme des Meeres.
> Nutzloses, Abgestorbenes entsteht, wenn Dinge mit
> aufgenommen werden, die nicht zum Augenblick
> gehören; diese entsetzliche Erzählerei der Realisten:
> wie man vom Lunch zum Dinner gelangt: sie ist
> falsch, unwirklich, rein konventionell. Warum etwas
> in die Literatur einlassen, das nicht Poesie ist – womit
> ich meine, gesättigt? Ist das nicht mein Groll gegen
> Roman[ciers]e – dass sie nichts auswählen? Den
> Dichtern gelingt es dank Vereinfachung: praktisch alles
> wird weggelassen. Ich möchte praktisch alles hinein-
> bringen; aber es sättigen. Das ist, was ich in The Moths

machen möchte. Es muss Nonsens enthalten, Fakten, Schmutz: aber transparent gemacht.

Virginia Woolf

(Der Arbeitstitel von *The Waves* war eine Zeitlang *The Moths*.)

Das Monk's House ist lediglich Mittwoch- und Samstagnachmittag geöffnet. Wir müssen am Samstagmorgen weiter, aber ich muss The Lodge noch einmal sehen. Erst beschließe ich, bei der Mieterin zu klingeln und sie darum zu bitten, mir in meiner Eigenschaft als Schriftstellerin, die über diesen Besuch zu schreiben gedenkt, Einlass zu gewähren, nur in den Garten. Heute früh habe ich mit einem Taxifahrer gesprochen, der von einem japanischen Schriftsteller gehört hatte, dem es gelungen war (außerhalb der Öffnungszeiten hineingelassen zu werden). Schriftsteller aller Länder, stellt euch brav an. Ich will es nicht, weil ich mir vorstelle, Virginia Woolfs Wesen wäre spürbarer, wenn keine anderen Besucher in der Nähe sind. Ich muss einfach nur noch einmal The Lodge sehen. Es ist der Kern dieses Orts, weil aus ihm die Literatur entsprang. The Lodge rührt mich so, wie der Gedanke an Shakespeares Knöchelchen Virginia Woolf rührte. Allerdings hängt ein Schild am Monk's House mit der Bitte, das Privatleben der Mieter zu respektieren. Da kann ich doch nicht einfach die Pforte öffnen und klingeln, mal davon abgesehen, dass ich gar keine Tür sehe. Lieber klettere ich über die Gartenmauer, sobald es dunkel ist. Ich folge ihr rings um den Garten, aber es ist wie gesagt ein großer Garten, eine ordentliche Runde, die mich über einen Acker mit Kühen, eine Kricketbahn und den Hof der Dorfschule führt. Dabei schiele ich die ganze Zeit hinüber zum Höhenzug (der Aussicht). Mein Vorhaben führt mich auf den Friedhof, und von dort aus kann ich über die Steinmauer und in den Nutzgarten spähen, wo ich vorher den falschen Teil des Mohns abgeknipst habe. Ich folge der Mauer bis zur Ecke und stelle mich unter einen großen Baum: Von hier aus kann ich direkt in The Lodge spähen. Es ist Nacht. Ich habe Camilla geholt.

Sie ist die meiste Zeit damit beschäftigt, mit Charles zu telefonieren, mal zanken sie, mal gurren sie. Das wird teuer. Camilla hat sich einen schrecklichen Husten eingefangen, zwischendurch erstickt sie fast daran, vielleicht ist es Pseudokrupp. Wenn wir essen gehen, weichen die Leute vor ihr zurück, sie fürchten die Schweinegrippe, und Camilla hustet, gestikuliert beschwichtigend und bellt: »It's not the flu, it's not the flue.« Ich habe ihr vorgeschlagen, sich ein T-Shirt mit diesem Spruch bedrucken zu lassen. Sie sagt, vielleicht huste sie, um nicht zu weinen (über Charles), aber zwischendurch weint sie auch. Sie ist ein Mensch, der viele Geräusche von sich gibt.

Jemand (vermutlich die Mieterin) hat in The Lodge eine grüne, tütenförmige Lampe eingeschaltet. Sie erleuchtet den Schreibtisch und die Gegenstände darauf. Wie soll ich (prosaischer Geist) das, ja, Magische an diesem grünen, erleuchteten Raum wiedergeben, gesehen von der Ecke eines Friedhofs bei Nacht, das Gesicht an die Zweige der großen Kastanie gepresst, die auf dem Gelände vor The Lodge steht und schon zu Virginia Woolfs Zeiten dort stand. Die Abwesenheit eines Menschen auf dem Stuhl hinter dem Schreibtisch, diese beinahe furchteinflößende Abwesenheit, führt zu einer Art Anwesenheit. (Die Seele, meine, verlangt nach Erlösung, ich kann nicht mit dieser Anspannung leben.) Virginia Woolf fehlt nicht in dem Zimmer. Sie ist da. Endlich ist sie da, ein röntgenähnlicher Geist, der Konzentrate oder Verdichtung hervorbringt. Colombo hat sie gefunden, obwohl der Stuhl leer war.

Leonard und Virginia Woolfs Urnen sind im Garten beigesetzt, unter den großen Ulmen, die sie Leonard und Virginia nannten und die beide gefällt wurden. Zu jedem Urnengrab gibt es eine Gedenktafel an einer Steinmauer. Im Text über Leonard Woolf geht es um Gerechtigkeit und Toleranz; auf ihrem stehen die letzten Sätze von *The Waves:* »Der Tod ist der Feind … Dir will ich mich entgegenwerfen, unbesiegt und ungebeugt, o Tod! Die Wellen brachen sich am Strand.«

Tod und Wasser, erneut.

Der Suizid als Aufbegehren gegen den Tod.

Camilla wollte gern den Ort sehen, an dem Virginia Woolf ins Wasser ging, und deshalb fuhren wir hin, nach Southease, nur wenige Kilometer von ihrem Haus entfernt. Sie hatte einen bescheidenen Ort als Rahmen für ihren Tod gewählt. An dieser Stelle war der Fluss Ouse sehr schmal, das abschüssige Ufer ließ ihn wie eine ausgehobene Rinne aussehen. Das Ufer bestand aus trostlosen, braunen Steinen. An genau diesem Ort gab es eine Brücke, die von einer Holzkonstruktion gestützt wurde, damit sie nicht einbrach. Virginia Woolf füllte ihre Taschen mit Steinen, bevor sie hineinging, im März 1941. Das Wasser muss eiskalt gewesen sein. Ein paar Tage zuvor hatte sie es auch schon versucht. Sie war klatschnass nach Hause gekommen. Leonard hatte sie gesagt, sie sei in einen Graben gefallen.

Was hat es zu bedeuten, wenn man sich unbesiegt in den Tod stürzte? Dass sein Wesen nicht in einen eingedrungen ist? Und was ist in diesem Fall das Wesen des Todes? Aufgeben und Dahinwelken, Resignation? Ist man unbesiegt, wenn man ihn aus freien Stücken wählt, den Tod – sich nicht von ihm einholen lässt? Sich ihm entgegenwirft. Sie warf sich ihm entgegen, sie watete in ihn hinein. Ein Ende. Und die Wellen brachen sich am Strand – wieder und wieder und bis zum heutigen Tag.

II

Und dann nach Devon, eine weite Strecke, und man hat es nicht immer leicht mit Camilla im Auto, die Art und Weise, wie sie nach Luft schnappt, wenn sie meint, eine gefährliche Situation bahne sich an, stört mich beim Fahren. Sie hat Angst vor Lastwagen, und immer wenn ein Kreisverkehr kommt, und es kommen viele, will sie vorher aussteigen und laufen (Charles hatte ihr erklärt, das sei das Schwierigste, wenn man nicht an den Linksverkehr gewöhnt ist). Round-about klingt wie ein Witz. Aber ich lasse sie natürlich nicht aussteigen. Auf ihrem Telefon geht ein sanfter Strom von Nachrichten ein, an diesem Vormittag streiten Charles und sie sich aus Spargründen per SMS. »Müdigkeit tötet. Machen Sie eine Pause«, mahnen Schilder an der Autobahn. Jedes Mal fordert Camilla mich zum Anhalten auf. An einer Tankstelle steht ein kleines Protestgrüppchen, daneben liegen zwei Hunde, groß wie Ponys, mit Decken. Es sind Greyhounds. Man demonstriert gegen Hunderennen. »Warum?«, fragt Camilla. Sie wollte schon immer gern mal so ein Rennen sehen. »Jedes Jahr verschwinden Tausende von Hunden spurlos«, antwortet eine Demonstrantin. Der Hund an ihrer Seite hebt seinen spitzen Kopf, ehe er wieder in einen tiefen Schlaf versinkt. Ich überlege, ob er betäubt worden ist. Man denkt unwillkürlich, dass diese beiden Exemplare gerettet wurden. »Aber was passiert mit ihnen?« Als die Demonstrantin zur Antwort ihre Hand wie ein Messer über ihre Kehle führt und eine andere im selben Moment die Sammelbüchse vorstreckt, zwängt Camilla zwanzig Pfund durch den Schlitz. Sie hat eine Schwäche für Tiere, alle Tiere.

Es ist Abend geworden, als wir bei unserem Bed & Breakfast in North Tawton ankommen. Wir halten vor einem weißen, georgianischen Haus, und unser Gastgeber kommt heraus. Er nimmt Camillas Koffer.

»Wir sind gekommen, um Sylvia Plath' Haus zu besuchen«, sagt sie dramatisch.

Der Wirt sagt, das sei leider nicht möglich, weil Ted Hughes' zweite Frau darin wohne.

»Dann müssen wir in einen Baum klettern und es uns von dort aus ansehen«, erwidert Camilla, als wir noch nicht einmal die Einfahrt hinter uns gelassen haben. »Vom Friedhof aus kann man es sehen«, erklärt er. Sie krümmt sich vor Husten und presst die Oberschenkel zusammen.

Wir durchqueren eine Eingangshalle, die vor einer Treppe mit roten Läufern endet. Eine weißgestrichene, zweigeteilte Treppe: Sie schwingt sich zu beiden Seiten des Foyers hinauf, sehr symmetrisch, sehr hübsch, wie in *Vom Winde verweht*, eine Treppe, geschaffen für Schnürmieder und wallende Röcke, für große Gesten, der eine kann hinaufstürmen, die andere herunter. In der Halle steht ein edles Schaukelpferd aus Holz auf einer Art Schiene. Ich berühre es im Vorbeigehen, und es bewegt sich nicht auf und ab, sondern vor und zurück in einer flüssigen, geschmeidigen Gangart. An der Wand hängt ein Foto von Prinz Charles, umgeben von einer lächelnden Familie, ich erkenne unseren Wirt. Erster Stock. Unser Zimmer. Was für eine Aussicht, grün, grün, grün und fette, grasende Schafe. So fett, dass ihre Backen schwabbeln, wenn sie die Köpfe heben. Camilla setzt sich auf das Sofa und fängt an zu telefonieren, während der Wirt und ich das restliche Gepäck hinaufschleppen. Als wir zum zweiten Mal die Hälfte der Treppe bewältigt haben, dringt ein wütender Schrei aus dem Zimmer.

»Gibt es irgendetwas, was wir für Camilla tun können?«,

fragt der Wirt. Er hat sich eine labile Person mit Schweinegrippe ins Haus geholt.

»Ich suche morgen einen Arzt für sie«, sage ich. »Es ist keine
Grippe.«

»Es ist keine Grippe«, sagt Camilla und hält die Hände
hoch, als wollten wir sie verhaften, sobald wir mit dem Gepäck eintreten. Trotzdem trägt der Wirt eine Maske, als er uns
am nächsten Morgen das Frühstück serviert. Seine Frau nicht,
»sie ist eher der robuste Typ«, sagt er und bedenkt sie mit einer
dezenten, perfekt abgestimmten englischen Umarmung. Er
hat kleine Füße und kleine Hände und sieht aus wie eine be-
herrschtere Ausgabe von Mr Bean. Seine Frau ist blass (aber
gefasst), weil sie noch an diesem Vormittag an einer Bürgerver-
sammlung zur Errichtung von Windrädern teilnehmen muss.
Das würde ihnen die Aussicht und die Gäste rauben. Windräder machen Lärm. Sie sind hässlich. Die Energie kann nicht
gespeichert werden, wie es beispielsweise bei der Wasserkraft
der Fall ist (jetzt spricht sie mit großer Wärme von Schweden).
Die Schlacht ist schon halb verloren, sie will jedoch nicht aufgeben. Ich betrachte die weiten grünen Ebenen vor dem Fenster, diese grüne Prärie, wo so viel Platz ist. Ich stelle mir vor,
wie sie die Halle auf dem Pferd verlässt und hinausreitet, mit
festem Blick, das Schwert gegen die Windräder gerichtet, im
Kampf gegen Reflexion und Rotation.

Camilla ist eifrig zu zeigen bemüht, dass sie psychisch un-
auffällig und physisch auf dem Weg der Besserung ist. Sie fragt,
ob sie sich die Frage erlauben dürfe, zu welchem Anlass Prinz
Charles dem Haus einen Besuch abgestattet habe und sich gemeinsam mit der Familie fotografieren ließ.

»Das war zur Zeit des Rinderwahnsinns. Er hat einige
Familien hier in der Gegend besucht, die es schwer getroffen
hatte. Und dann wurde beschlossen, dass er seinen Tee bei uns

trinken solle, weil es hier sicher sei, weil wir nicht zu denen gehörten, die auf die Idee kommen würden, ihn in die Luft zu sprengen.«

»Oh.«

»Oh, yes.«

Und was es mit dem Pferd auf sich habe – in der Halle?

Eine Spezialanfertigung aus einer Fabrik in Dorset, man kann die Farbe von Körper, Mähne und Stirnhaar selbst bestimmen. Ursprünglich einmal ein Geschenk für die pferdenärrische Tochter des Hauses, die dem Schaukelpferd längst entwachsen ist. (Sie bekommen wir nie zu Gesicht, dafür aber den Sohn, der sich einmal durch den Speisesaal bewegt, von der Pubertät ganz krumm und durchsichtig. Die Katze ist als Miauen in der Küche und ansonsten nur durch einen Ball unter einem der Stühle repräsentiert.) Im Namen der Tochter hatte man damals Braun für den Körper und Schwarz für Mähne und Schweif ausgesucht. Sehr pferdehaft. Und die lange Mähne erinnert an die der Dartmoorponys draußen in der Heide. Der Speisesaal ist zugleich ein Konzertsaal. Eine Orgel, eine Harfe und ein Klavier stehen darin. Jeder in der Familie spielt ein Instrument, vielleicht haben sie an jenem Nachmittag auch für Prince Charles musiziert; auf dem Foto sieht Prince Charles konserniert aus, der Wirt kriecherisch, die Frau glücklich, die Kinder leer und ausdruckslos. Die Familie arrangiert Konzerte, lädt berühmte Musiker ein, aus der ganzen Gegend strömen die Leute herbei, sogar aus London kommen sie angereist. Sie erfüllen das große Haus mit Musik. Wir haben uns in einem kulturellen Zentrum mitten im Grünen einquartiert. Wo es an dreihundert Tagen im Jahr regnet – »also draußen auf der Heide«, sagt die Wirtin.

Ich bin todmüde. Ich kann nicht schlafen wegen Camillas Gehuste. Ich gebe ihr jeden Abend eine Schlaftablette in der

Hoffnung, sie möge dem Husten davonschlafen (Camilla liebt Schlaftabletten, aber ihr Arzt hält sie an der kurzen Leine), und diese spült sie dann mit ihrem Opiumhustensaft herunter. Doch nichts hilft. Ich habe Lust, ihr einen Dämpfer zu verpassen. Ich habe den Verdacht, die Schlaftabletten machen sie unausgeglichen. Im einen Augenblick weint sie, im nächsten lacht sie. Allmählich brauche ich eine Auszeit – von ihr. Wenn wir nach Hause kommen, werde ich mir eine schöne lange Pause gönnen. Heute Abend bekommt sie keine Tablette.

»Verzeihung, können Sie uns sagen, welches das Haus von Sylvia Plath ist?«, frage ich vor der Kirche einen Mann, denn der Friedhof ist ringsum von Häusern umgeben.

»Well, it's not exactly Sylvia Plath's house. It belongs to Ted Hughes' second wife.«

»Ich meine das Haus, in dem Sylvia Plath eine Zeitlang gelebt hat«, sage ich diplomatisch. Da will er gern helfen. (Ich meinte ihr Haus im, könnte man sagen, »geistigen Sinne«? Sie ist seit sechsundvierzig Jahren tot. Außerdem wohnte sie nur sechzehn Monate darin, in den Jahren 1961–1962.)

Soweit ich weiß, hat sich auch Ted Hughes' zweite Frau das Leben genommen, auf dieselbe Weise wie Sylvia Plath, mit Gas. Also müsste es eigentlich die dritte Frau sein, die in dem Haus wohnt. Aber das wage ich den Mann nicht zu fragen. Nummer zwei war nur seine Lebensgefährtin, sie hatten nie geheiratet, deshalb zählt sie nicht, erfahre ich später.

Das Haus ist weiß und von einem neuen Lattenzaun umgeben. Vielleicht sitzt Ted Hughes' Witwe im Haus und beobachtet uns durch ein Fernglas oder nimmt uns ins Fadenkreuz, tödlich genervt von den Massen, die zu ihrem Haus wallfahrten. Vom Friedhof und von der Straße aus können wir einen Blick auf das Haus erhaschen. Mir war nicht klar, dass ich ein Voyeur bin, denke ich, als ich hier wieder auf einem Friedhof an einen Baum gepresst stehe und mich verrenke, um ein Stückchen von einem Haus und einem Garten zu erspähen. Und warum mache ich das? Wonach suche ich? Bevor wir aufbrachen, bereitete mir der Gedanke fast Unbehagen … Ich sah vor mir: mich selbst, wie ich dastand und in eine unermessliche Leere starrte, einen Ort, dem diejenige, nach der ich starre, längst entstorben ist und der vielleicht schon mehrmals geleert und wieder gefüllt wurde.

Ich muss mich halten an: die Vorstellung, das zu sehen, was sie sah. Auf jeden Fall steht auf dem Friedhof die Eibe (vielleicht ist sie es), die zu bedichten Sylvia Plath von Ted Hughes herausgefordert wurde (manchmal stellten sie sich gegenseitig solche Aufgaben). Der Baum war von Sylvia Plath' Schlafzimmer aus zu sehen, Ted Hughes zufolge steht sie westlich vom Haus. Ich habe aber keinen Kompass, und die Sonne geht noch nicht unter. Im Gegenteil, es ist Vormittag. Das Gedicht verstimmte Ted Hughes, er fand es viel zu düster:

Der Mond und die Eibe

Dies ist das Licht des Geistes, kalt und planetarisch.
Die Bäume des Geistes sind schwarz. Blau ist das Licht.
Die Gräser laden ihren Gram zu meinen Füßen ab,
    als wäre ich Gott.
Sie stechen meine Knöchel und murmeln was von Demut.
Rauchige, flüchtige Nebel erfüllen den Ort,
Getrennt durch eine Reihe Grabsteine von meinem Haus.
Ich kann einfach nicht sehen, wo es langgeht.

Der Mond ist keine Tür. Er ist sein eignes Gesicht.
Weiß wie ein Knöchel und arg außer sich.

Er schleppt das Meer wie ein dunkles Verbrechen
	hinter sich her; steht still
Samt seinem Gaffer-O vollendeter Verzweiflung.
	Hier hause ich.
Zweimal pro Sonntag schrecken die Glocken
	den Himmel auf –
Beteuern acht große Zungen die Auferstehung.
Zum Schluss verdröhnen sie nüchtern noch ihre Namen.

Die Eibe weist aufwärts. Ihre gotische Gestalt.
An ihr erhebt sich der Blick und findet den Mond.
Der Mond – meine Mutter. Sie ist nicht lieb wie Maria.
Ihren blauen Gewändern entfleuchen kleine Fledermäuse
	und Eulen.
Wie gerne würde ich an Zärtlichkeit glauben –
Das Gesicht des Abbilds, milde im Kerzenlicht,
Das ausgerechnet auf mich seinen freundlichen Blick senkt.

So weit bin ich gefallen. Die Wolken blühen
Blau und mystisch vor dem Antlitz der Sterne.
Die Heiligen im Innern der Kirche werden frostblau
Schweben auf zierlichen Füßen über das kalte Gestühl,
Hände und Gesichter starr vor Heiligkeit.
Der Mond sieht davon nichts. Er ist nackt und wild.
Und die Botschaft der Eibe ist Schwärze – Schwärze und
	Schweigen.

Es ist Sonntag, und die Glocken läuten auch heute, ein unendlich langes Glockenspiel, das erst schön ist, dann nervenauf-
reibend in seinem ständigen Wieder und Wieder. Es ist nicht
allein die Schuld des Glockenspiels – so wirkt Musik auf mich,
jede Musik, sie wird mir schnell lästig, als würde jemand mit

den Fingern meine Seele packen. Normalerweise ziehe ich es vor, ungestört meinen Gedanken zu lauschen, so unbehaglich sie auch sein können. Während wir inmitten des Glockenspiels stehen, auf dem Friedhof, bei der Eibe, erzählt Camilla von einer Küsterin in der Vor Frelser Kirke, die die wundervollsten Kompositionen spielte, außer wenn sie bekifft war, was man den Glocken deutlich anhörte. (Ich stellte mir vor, dass sie sich dann mit sehr wenigen Tönen zufriedengab, die sie dafür ins Unendliche zog; à la Ommm – wenn sich das mit Glocken überhaupt machen lässt.) So sei es aber nicht gewesen, sagt Camilla, es habe sich eher um sonderbare, disharmonische Muster gehandelt; für die Bewohner in der Umgebung klangen sie, als würde ein Mosaikdach auf sie herunterpurzeln.

Das Haus ist groß. Der Garten ist groß. Arbeitsaufwendig. Soweit ich sehen kann. Und wie auch bei Virginia Woolf grenzt ein Friedhof ans Haus, ist der Tod beinahe Teil des Gartens. Hier ging Sylvia Plath umher und versuchte, die perfekte Hausfrau und Mutter zu sein im Geiste der 1950er Jahre, während sie *Die Glasglocke* schrieb und während sie ihre Gedichte schrieb. Hier wurde sie verlassen, und als alleinerziehende Mutter zweier Kinder schrieb sie ab vier Uhr morgens und bis der Säugling (»die fette Kanne«, so nennt sie ihn liebevoll in einem Gedicht) gegen sechs Uhr aufwachte, einige ihrer besten Gedichte. Alles lässt sich bewältigen, wenn man nur früh genug aufsteht, aber vielleicht führt einen die Erschöpfung auch in den Tod.

»Das ist die soziofeministische Deutung«, sagt Camilla.

»Was glaubst du?«, frage ich. »Was ist die Lösung des Selbstmordrätsels?«

»Ich glaube, der Verlust des Ehemanns hat die Trauer über den Verlust des Vaters wieder reaktiviert. Und ich glaube daran, was sie in einem Gedicht schreibt, dass in jedem Jahrzehnt ge-

storben werden muss – und ihrer privaten Mythologie zufolge
war es wieder an der Zeit: Der Vater starb, als sie acht war,
ihren ersten Selbstmordversuch unternahm sie mit zwanzig
und den letzten mit dreißig. Zehn-zwanzig-dreißig.«

Wenn ich richtig zähle, schrieb sie allein im Oktober 1962 vierundzwanzig Gedichte. Im Monat davor war sie verlassen worden. Und im Februar 1963 nahm sie sich das Leben.

In ihrem Hausfraueneifer beschloss sie sogar, ihren eigenen
Honig zu schleudern. (Das war, bevor sie allein war.) Alles sollte selbstgemacht sein. Vielleicht wollte sie aber auch Bienen
haben, weil die Bienen ihr einen Weg zurückbahnten zu ihrem
Vater. Er war Entomologe gewesen und hatte ein Werk über
das Leben der Bienen herausgegeben.

Wir entfernen uns vom Haus, wir können sowieso kaum etwas
sehen.

Die Glocken läuten noch immer, als wir einen Spar auf-
suchen, um Käse zu kaufen. Camilla hält uns knapp, ich bekomme nicht genug zu essen; sie sitzt auf der Gemeinschafts-
kasse; immerhin füttert sie mich aber dafür, dass ich fahre.
Meine finanzielle Situation ist derzeit etwas angespannt, und
vielleicht ist es nicht schlimm, wenn ich ein paar Kilo leichter
nach Hause komme. Der Meinung ist Camilla auch. Wir essen
auf unserem Zimmer, was dem Wirt offenbar nicht recht ist –
er hat uns eine Liste mit Restaurants in der Gegend gegeben –,
und schmuggeln jeden Morgen die Abfälle hinaus.

Im Spar ist ein älterer Mann Camilla erotisch verfallen, in
der Brotabteilung. Ich warte höflich mit hinter dem Rücken
verschränkten Händen auf eine kleine Pause in ihrer Plauderei
über Ballaststoffe und frage ihn, ob das Dorf nicht in irgend-
einer Weise Sylvia Plath' Andenken bewahren wolle – man

könne sich doch einen Ort vorstellen, der nach ihr benannt
ist? Oder eine Statue? Er schielt fast erschrocken zum Haus
von Ted Hughes' zweiter Frau hinüber und sagt, das verbiete
sich aus Gründen der Rücksichtnahme. Auf die zweite. Gerade
kürzlich erst sei im Radio wieder über Sylvia Plath berichtet
worden, und es sei furchtbar unangenehm für die zweite,
ständig an die erste erinnert zu werden. Außerdem habe Sylvia
Plath nicht lange dort gewohnt, und ein wenig reserviert sei sie
wohl auch gewesen: »She probably wasn't the one who went
out for a drink with the boys or talked to the local fisherman.«

Das Bienenmeeting

Wer sind diese Leute, die mich da an der Brücke erwarten?
    Die aus dem Dorf sinds –
Der Pfarrer, die Hebamme, der Küster, der Bienenobmann.
In einem sommerlich ärmellosen Kleid bin ich die
    Ungeschützte,
Sie alle umhüllt und behandschuht; warum hat mir
    das keiner gesagt?
Sie lächeln und holen Schleier hervor, geheftet an steinalte
    Hüte.

Ich bin nackt wie ein Hühnerhals, liebt mich denn keiner?
Ja doch, die Sekretärin der Bienen, die hier, in ihrem weißen
    Kittel,
Knöpft mir Ärmel über die Handgelenke und den Schlitz
    zu vom Hals zum Knie.
Jetzt bin ich ein knolliger Seidenblütler, unbemerkt von
    den Bienen.
Sie werden sie nicht riechen, meine Angst, meine Angst,
    meine Angst.

Welcher ist jetzt der Pfarrer, der Mann in Schwarz?
Welche die Hebamme, ist das dort ihr blauer Mantel?
Jedermann nickt mit quadratschwarzem Kopf, sie sind Ritter
    hinter Visieren,
Brustpanzer aus Mull unter die Achseln geknotet.
Ihr Lächeln, ihre Stimmen verfremdet. Man führt mich
    durch ein Bohnenfeld,

Streifen aus Alufolie blinzeln mir zu wie Leute,
Staubwedel, die ihre Hände durch ein Meer von Bohnen-
    blüten fächeln,
Cremefarbene Bohnen mit schwarzen Augen und Blättern
    wie abgehängte Herzen.
Sind das Blutgerinnsel, was die Ranken da an der Schnur
    hinaufziehen?
Nein, nein, es sind Feuerblüten, die man eines Tages essen
    kann.
Jetzt geben sie mir einen schicken weißen, italienischen
    Strohhut
Und gießen einen schwarzen Schleier über mein Gesicht,
    sie machen mich zu einer der ihren.
Sie führen mich zum gestutzten Hain, dem Kreis der
    Bienenstöcke.
Ist es der Weißdorn, der so abartig riecht?
Der fruchtlose Leib des Weißdorns, der seine Kinder betäubt?

Findet hier irgendeine Operation statt?
Es ist der Chirurg, auf den meine Nachbarn warten,
Diese Erscheinung im grünen Helm,
In glänzenden Handschuhen und weißem Anzug.
Ist es der Metzger, der Krämer, der Briefträger, einer,
    den ich kenne?

Ich kann nicht rennen, bin festgewachsen, und der Ginster
    tut weh
Mit seinen gelben Schnapptaschen, seinem dornigen Arsenal.
Ich könnte nicht rennen, ohne ewig weiterrennen zu müssen.
Der weiße Bienenstock ist schmuck wie eine Jungfrau,
Die ihre Brutzellen, ihren Honig versiegelt und vor sich hin
    summt.

Rauch rollt und schwelt durch den Hain.
Die Seele des Schwarms meint, dies ist das Ende von allem.
Da erscheint sie, die Vorhut, auf ihrem hysterischen
    Gummizug.
Wenn ich ganz stillstehe, werden sie denken, ich sei gemeiner
    Kerbel.
Ein einfältiger Kopf, unberührt von ihrer Feindseligkeit,

Nicht einmal grüßend, nur irgendein Individuum in einer
    Hecke.
Die aus dem Dorf öffnen die Waben, sie jagen die Königin.
Versteckt sie sich, frisst sie den Honig? Sie ist ziemlich
    gerissen.
Sie ist alt, alt, alt, muss noch ein weiteres Jahr leben und
    weiß es.
Während die neuen Jungfrauen in ihren verzahnten Zellen

Von einem Duell träumen, das sie auf alle Fälle gewinnen
    werden,
Trennt ein Vorhang aus Wachs sie vom Brautflug,
Dem Aufstieg der Mörderin in einen Himmel, der sie liebt.
Die Dörfler entfernen die Jungfrauen – Mord findet nicht
    statt.
Die alte Königin zeigt sich nicht. Ist sie so undankbar?

Ich bin erschöpft, erschöpft –
Eine Säule aus Weiß in einer Ohnmacht aus Messern.
Ich bin das Mädel des Magiers, das nicht mit der Wimper
   zuckt.
Die Dörfler schnüren sich aus den Verkleidungen, schütteln
   einander die Hände.
Wem gehört jene länglichweiße Kiste im Hain, was wurde
   vollbracht, warum ist mir kalt.

3. Oktober 1962

Das Essen in den englischen Pubs ist schmierig wie Bienen-
wachs, diese Pies, halbaufgelöste Brotschalen mit einem bis
zum Schmerzpunkt erhitzten Inhalt, direkt aus der Backröhre,
in einer ofenfesten Form serviert, und davor direkt aus dem
Gefrierschrank und wieder davor direkt vom Fließband, zum
Beispiel Eel- and Ale-Pie, Aal- und Bierpie, Camilla stöhnt vor
Übelkeit, wenn ich das Wort nur erwähne. Und als Dessert
einen flachen Kuchen mit tausend Rosinen, im Volksmund
auch Fliegenfriedhof genannt. Nicht gerade eine Mahlzeit, die
den Geist beflügelt – ganz im Gegenteil vertreibt sie ihn, der
Geist verlässt den aufgedunsenen, vollgefressenen Leib mit
einem Bäuerchen. Auf dem Heimweg machen wir Zwischen-
station in Lyme Regis. Wir haben gerade diese geistvernichten-
de Mahlzeit zu uns genommen, im Freien, mit Aussicht auf die
Mole, wo die Geliebte des französischen Leutnants (im Buch
und im gleichnamigen Film) stand und nach ihrem französischen Seemann spähte. Meryl Streep, in Schwarz gekleidet,
von der besseren Gesellschaft aufgrund dieser Romanze ver-
stoßen, jeden Tag auf ein Schiff wartend, komm zurück, komm
zurück, aber gab es ihn eigentlich wirklich? Oder hatte sie ihn
erfunden, um ihrem traurigen Leben einen Brennpunkt zu
geben? Ich kann mich nicht erinnern. Auf jeden Fall wurde ein

Kind geboren – und Lalage getauft, was »plaudernder Bach« bedeutet und gut zu den ersten Lauten passt. Vor uns watet die Fish-'n'-Chips-Kaste mit hochgekrempelten Hosen durch die Bucht. Einer hat »fuck« auf den Rücken tätowiert. Mehrere haben ihr Haar gebleicht. Ein paar Tische weiter schlägt eine übergewichtige Jugendliche nach ihrem Vater, weil sie kein zweites Gericht bestellen darf. Er hält sich die Speisekarte wie einen Schutzschild vors Gesicht. Doch es hagelt keine weiteren Schläge mehr. Der Teenie wirft seinen Stuhl um und läuft zum Strand, ins Meer hinaus. Der Strand ist weiß, die Hänge sind schwarz. Quer über die Kehle des Kellners verläuft eine gezackte Narbe. Wir könnten auch das Haus von John Fowles besuchen, der die Stadt mit seiner Geliebten des französischen Leutnants berühmt gemacht hat, aber wir wollen uns damit begnügen, auf die Mole zu starren. Und die dort Watenden, die vermutlich von dem Moment an, als sie die Augen aufschlugen, mit schlechtem Essen vollgestopft wurden und trotzdem so aussehen, als würden sie sich am Wasser erfreuen. Eine soziale Dystopie, klingt das nicht nach Obstipation? Die Mole, wo sie stand und sich etwas Erhabenes wünschte – wo eine Tragödie besser war als das seichte Leben.

Charles revisited

[Camilla]

»Wie«, fragt Charles, »bist du in diesen Hippiekreisen gelandet?«

Er fragt mich selten etwas über meine Biographie, wir kennen uns schon so lange; ich werde ganz enthusiastisch auf meinem Stuhl neben dem Bett. (Normalerweise reden wir über den Schmerz. Ob er dumpf ist. Oder wild, roh und reißend. Wie mit Eisregen im Gesicht über einen gefrorenen Acker zu gehen, schlechte Sicht, trostloses Herz; das denke ich, als er sagt: Heute ist der Schmerz roh und reißend.)

Erst entging Charles das Frühjahr, dann entging ihm der Sommer. Er liegt auf einer Matratze am Fenster und blickt in den Himmel hinauf. Als ich letztens aus der Tür ging, um in der Østre Anlæg einen Spaziergang zu machen, sagte er: »Ich spaziere eine Runde über den Himmel.«

Jetzt ist es Herbst, und er liegt immer noch da. Die Kronen der Ebereschen sind voller orangefarbener Beeren. Und in dem sanften Licht verschwindet Staub, und Falten glätten sich, na ja, teilweise. Er spricht über die Zukunft; wenn er aus dem Bett aufstehen und wieder umherlaufen kann. Dann wird er seine Fensterbank vermissen. Die Fensterbank ist seine eigentliche Aussicht, wichtiger als das bisschen, was er vom Himmel und der Eberesche auf der Straße sehen kann. Lasst mich die Fensterbank von links beginnend lesen, wo ganz außen eine Passionsblume steht, »das muss die christliche Abteilung sein«, sagt Charles, es gibt auch eine Orchidee, sodass der Garten Eden ein wenig fleischig ist. Und wahrhaftig liegt heute auch noch ein Apfel da. In der Mitte wird Indien durch Ganesh und seine Ratte repräsentiert und zusätzlich durch eine Vase aus Punjab, und dann kommt Afrika, die Wüste, viele kleine, windschiefe Palmen, zu einer Gruppe arrangiert, als würden sie in der Gemeinschaft besser dem Sturm standhalten.

Dorthin, nach Torremolinos, als es noch ein bisschen Hippieflair hatte, wurde ich von einem Engländer geführt, den ich kennengelernt hatte, er hieß Tim, Tim King, aber weil Charles und ich nicht mehr über frühere Beziehungen sprechen (das haben wir schon lange hinter uns gebracht), sage ich, ich wolle ihm lieber erzählen, wie ich wieder von dort wegkam. Wir zerstritten uns, Tim und ich, weil ich keinen Flicken auf seine Jeans nähen wollte, die fast nur noch aus Flicken bestand und sein ganzer Stolz war. Die Hose war vergleichbar mit diesen großen, braunen Abenteurerkoffern mit verstärkten Ecken, die man auf den Gepäckbändern der Flughäfen sah und vielleicht immer noch sieht, vollgeklebt mit Aufklebern der verschiedenen Destinationen, damit jeder sofort versteht, dass der Inhaber ein Globetrotter ist, dass er oder sie sich in einem ständigen Trab über die Erdkugel befindet; denn auch die Hose war weit herumgekommen, und es waren ihr hohes Alter und alles, was sie im warmen Süden und hohen Norden durchgemacht hatte, worauf er so stolz war, die Hose war der Inbegriff seiner Reiserei und der Sparsamkeit, die er an den Tag legte, um sich die Reiserei leisten zu können, die wiederum seine Art war, sich von seiner englischen Unterschichtsherkunft zu distanzieren, lieber reisen als in der Fabrik stehen (aber das verstand ich damals nicht, ich dachte nur, allmählich genervt, dass er seine Reisen unternahm, um später in Nebensätzen Städte und Länder erwähnen und aburteilen zu können, und wie peinlich war es erst, als er mich über Christiania belehren wollte), und hatte ich ihn nicht gerade in einem billigen italienischen Restaurant aus der Fassung gebracht, indem ich ihn fragte, was er trinken wolle. »Was ich trinken will?«, wiederholte er mit anschwellender Wut, natürlich würden wir beide Leitungswasser trinken, wie ich auf eine solche Extravaganz verfallen könne, tobte er, während ich am Kelch der Schande nippte, einem Glas weißem Hauswein. Die Fabrik. East End. Als sein Geld zur Neige ging, kehrte er nach London zurück und arbeitete einige Monate in einer Fabrik, wo er nachts an einer Maschine saß und Logos auf Sweatshirts nähte, zum Beispiel *Genesis in concert* in Gott-weiß-welchem-Jahr, auf schwarze, blaue und rote Sweatshirts, auch ich arbeitete dort, aber nur für ein paar Wochen, und meine Aufgabe bestand darin, mit einem kleinen scharfen Utensil die Heftfäden rings um *Genesis in concert* et cetera zu entfernen. Ich war noch nie gut darin, meine Hände zu gebrauchen, ich konnte das Tempo nicht halten, die Sweatshirts türmten sich um mich herum auf (und einmal stach ich versehentlich ein Loch in eines, was mir penibel vom Lohn abgezogen wurde, der am Morgen, nach getaner Arbeit, ausbezahlt wurde, bar abgerechnet), und trotzdem wurde ich besser bezahlt als die indischen Arbeiter in der Nachtschicht, was ich unmöglich akzeptieren, aber auch nicht verhindern konnte. Die Inder lächelten, sie waren sanftmütig und zuckten mit den Schultern. Sie wollten ihren Job (natürlich) gern behalten. Vermutlich weil ich so langsam war und eine Art Gast in dieser Schicht, war ich oft diejenige, die das Essen von einem rund um die Uhr geöffneten indischen Restaurant holte, ich ging kurz vor der Pause, gegen drei, es war Januar und stockfinster, und nahm eine Abkürzung über eine verlassene Baustelle, mit dem Herzen im Hals und einem festen Griff um meinen Pfadfinderdolch, erleichtert, dem Berg Sweatshirts kurz zu entkommen, und holte Gemüsecurry in kleinen Alupackungen, die nicht ganz dicht schlossen, denn wenn ich zurückkam, waren sie außen immer schmierig und gelb vom Curry, und ich bin der Meinung, nie besseres indisches Essen gegessen zu haben, nicht einmal jetzt, wo ich eine indische Freundin habe, die es selbst für mich kocht, sie hat auch die Vase aus Punjab beigesteuert. Vielleicht verlieh die Odyssee über die Baustelle dem Essen einen besonderen Geschmack.

In Tims Zimmer musste man Münzen in einen Gasofen einwerfen, um zu heizen, und im Badezimmer in einen Boiler, um warmes Wasser zu erhalten – aber ich lernte nie, den Boiler zu bedienen, ich entlockte ihm lediglich ein Husten und lautes Knallen und einmal auch eine ordentliche Ladung Ruß. Der Kamin (im Zimmer) war nicht mehr in Gebrauch, aber irgendjemand (ein poetischer Geist, vielleicht er selbst) hatte ihn innen mit Alufolie ausgekleidet und eine Menge Teelichter darin aufgestellt, und zündeten wir sie an (wenn wir morgens aus der Fabrik nach Hause kamen), verwandelte sich der Kamin in eine tiefe Silberhöhle. (»Wenn wir morgens aus der Fabrik nach Hause kamen«, wie romantisch klang das in meinen Mittelklasseohren, obwohl die Arbeitszeit nur schleppend verging, wenn ich dort war, und genau diese Wendung benutzte ich auch in einem Brief an Alma.) Und auf der Matratze, vor den Teelichtern, wurde uns wieder und wieder klar, was wir voneinander wollten und dass wir es lange wollten, am liebsten immer. Zwischendurch setzten wir uns auf und hielten einander fest, mit Tränen in den Augen über all das Glück und um uns ein wenig zu besinnen, ehe wir uns wieder mitreißen ließen vom »mächtigen Strom des Fleisches«, wie man sagen könnte. Mehrmals am Tag erhitzte er sein Hasch über einer Kerze, und wenn er es geraucht hatte, klimperte er auf seiner Gitarre. Von den Männern, die ich kennengelernt habe, ist Charles der einzige, bei dem ich keinem Gitarrenspiel lauschen musste. Das von Tim zu schätzen setzte große Verliebtheit voraus. Und auch wenn ich selbst nicht gern rauchte, weil ich dann meistens zu einem Häufchen Elend wurde, zu einem Gefäß voller Selbstvorwürfe, machte ich so lange damit weiter, bis Tim von der Bildfläche verschwunden war. Letztens musste ich daran denken, als Edward sagte: »Wenn ich einmal mit etwas anfange, mache ich damit weiter. Wenn ich einen Mord beginge, würde ich zum Serienmörder werden.« Ich war gerade neunzehn geworden, und Tim war einundzwanzig. Er bewahrte seine Kleidung in einem Rucksack auf. Er hatte keinen Kühlschrank und kaufte nur wenig auf einmal ein, aber es muss einen Tisch gegeben haben, auf dem das Essen stand. Die Wände waren mandelgrün. Heute kommt es mir so vor, als hätte er ein tapferes Leben geführt. Seine Vorstellung von Zukunft unterschied sich nicht von seiner Gegenwart, er wollte bis in alle Ewigkeit reisen, und ich stellte ihn mir (bekümmert) als Fünfzig- oder Sechzigjährigen vor, ein verbrauchter Mann, der seinen Schlafsack auf dem Boden ausrollte; wohingegen ich damals nur eine Pause machte, zwischen dem Abitur und dem Studium, als Gast in seinem Leben und er als Gast in meinem, der meine Ausbildung schlechtmachte, während er selbst die Schule des Lebens besuchte (wenn er das sagte, sah ich zu Boden und nickte), und hier, auf dem Stuhl, im Wohnzimmer, hoffe ich inständig, dass er überlebt hat; und hier, auf dem Stuhl, im Wohnzimmer, denke ich, dass wir einander deshalb so fest umklammerten, vor der Silberhöhle, weil wir wussten, dass wir bald in unsere jeweiligen Richtungen davontreiben würden. Sein Vater hatte mal im Knast gesessen, ein kleiner, behaarter Mann mit viel Gold, das an ihm klimperte, Ketten, Armreifen und Ringe, und einem Sportwagen. Seine Mutter war in jungen Jahren Model gewesen und mit Tommy Steele ausgegangen, sie war noch immer blond und fesch und betrieb in Brighton einen Fish 'n' Chips zusammen mit ihrem neuen Mann, der dunkelhaarig und ebenso fesch war; sie machte uns eine Shepherd's Pie und erzählte mir, dass sie nicht allein zu Hause sein konnte, dann ertrug Tim sie nicht länger, und wir zogen wieder ab. Wenn ich beim Vater zu Besuch war, der aussah wie ein Mafioso, bereitete es ihm (dem Vater) Vergnügen, mich herumzukommandieren, und genauso viel Vergnügen bereitete es ihm, wenn ich ihm nicht gehorchte. Mag sein, dass ich ihm Tee kochte, wenn er mich darum bat. Aber ich räumte nicht auf. Klaubte seine schmutzigen Klamotten nicht vom Boden. Ich blieb bockig sitzen, während er sich in seinem Cockney erging und auf dem Ledersofa saß, und vor ihm lagen, wenn ich daran zurückdenke, immer ein paar Skizzen von Möbeln, die er sich ausgedacht hatte (selbst gezeichnet hatte er sie wohl kaum) und die aus großen Klötzen bestanden, weil sein Nachname King war, hießen diese Möbelbauklötze King's Cubes, und seine Idee bestand darin, dass man sein Inventar wie mit Legosteinen nach Belieben umbauen konnte; ich weiß nicht, ob die Klötze jemals in Produktion gingen. Einmal waren wir, Tim und ich, allein in der Wohnung des Vaters und wollten einen Film anschauen, aber im Videorekorder lag bereits einer, und anstatt ihn sofort herauszunehmen, drückte Tim auf Start, und auf dem Bildschirm erschien ein Paar, das gerade verblutete, während es seine letzten Kräfte für einen (buchstäblich) bluttriefenden Geschlechtsakt aufbot, im Freien, in einer Landschaft aus Rauch und Ödnis. Mir drehte sich der Magen um, und Tim fluchte und konnte seinen Vater keinen Augenblick länger ertragen, es war Zeit, das Land zu verlassen, wieder einmal. Vier Monate später, an einem Strand in Spanien, warf er mir, obwohl er mit seinem langen blonden Haar und seiner feingezeichneten Nase wie ein Engel aussah, seine wertvolle Hose an den Kopf und das Flickzeug gleich hinterher, und ich stand auf und ging bebend vor Wut meines Wegs. Ich stapfte in ein Café, kurz darauf sah ich draußen Tim, der eindeutig nach mir suchte, und duckte mich, bis er wieder weg war. Ich zählte meine Reiseschecks, die Zugfahrkarte nach Hause konnte ich mir nicht leisten und musste also per Anhalter fahren, aber damit hatten wir in den vergangenen Monaten sowieso unsere Zeit verbracht, das, so hätte man meinen können, hatte ich jedenfalls gelernt, in der Schule des Lebens. Und ich wollte jetzt damit anfangen, sofort, auf dem ersten Straßenschild, das ich sah, stand Lissabon, also schlug ich diese Richtung ein. Und noch am selben Abend rollte ich in Lissabon ein wie eine Siegerin, auf der Ladefläche eines kleinen Lastwagens, vom Wind durchgepustet und von der Familie im Führerhaus mit Tortillas in Alufolie versorgt; die Kinder lehnten sich aus den Fenstern und winkten mir zu, die Sonne ging gerade unter, und wie ich im Gestank von Abgasen durch die Vororte fuhr, unter dem roten Himmel, und die gescheiterte Liebe hinter mir gelassen hatte, spürte ich, so glaube ich, die Nervenfasern des Lebens in meinen Händen pulsieren – mit anderen Worten, dass ich ganz dicht an den Lauf des Geschehens herangekommen war.

Jetzt fragt Charles, ob ich anschließend nach Kopenhagen gereist bin. War ich nicht, ich sagte mir, dass ich eine Zeitlang in Spanien und Portugal bleiben und Mut für die lange Heimreise sammeln wollte, denn ich hatte Angst; jeden Morgen, wenn ich mich an den Straßenrand stellte, hatte ich eine Heidenangst davor, zerstückelt zu werden. Männer. Waren es mehr als einer, lehnte ich die Freifahrt dankend ab. Ich erinnere mich an drei aufgekratzte Typen in einem Cabrio mit offenem Verdeck, die laut lachten und eine Zeitlang neben mir herfuhren, während ich an der Straße entlangging, ich hatte dankend abgelehnt, sie lachten immer mehr und leckten sich das Maul wie Hunde und riefen, das sei wohl auch klug von mir, und dann fuhren sie davon, und auch ich musste lachen und winkte ihnen nach, weil wir offensichtlich den großartigen Witz teilten, dass sie mich, wenn ich ins Auto gestiegen wäre, malträtiert und sich dabei totgelacht hätten. Die Beherrschten warnten mich vor den Unbeherrschten, während sie mir die Hand aufs Bein legten. Es gab auch die wahren Beherrschten, die ihre Hände am Lenkrad behielten. Es gab die Pragmatiker, die anboten, mich mitzunehmen, wohin ich auch wollte, gegen Sex, und sofort weiterfuhren, wenn ich ablehnte. Frauen hielten nicht an. Das fand ich unsolidarisch. Dann geriet ich an einen, der Almas Großvater ähnelte, einen redlichen Mann alter Schule in einer blassgrünen Cordjacke. Er wollte mich gern als seine Sekretärin mit nach Marokko nehmen, aber ich wollte mich nicht weiter von Kopenhagen entfernen. Wir fuhren zwölf Stunden am unteren Ende von Spanien und Portugal umher, aßen in guten Restaurants, während er zu langen Überredungsversuchen ausholte – über Marokko, ihn & mich. Immer wenn wir ins Restaurant gingen, versuchte er mich vorher mit seinem schwarzen Kamm herzurichten, als wäre ich Großvaters kleines Mädchen. Da er so alt war, wähnte ich mich in sicheren Gefilden. Ich konnte genauso gut in seinem Auto sitzen bleiben. Ein bestimmtes Ziel hatte ich sowieso nicht. Sein Haar war schwarz, vielleicht war er also gar nicht so alt. Am späten Abend hielt er auf einer Raststätte an und versuchte mich zu küssen. Ich schlug ihn, so fest ich konnte, und sprang aus dem Auto. Mein Rucksack lag im Kofferraum. Und ich wartete einen langen Augenblick. Er hatte das Gesicht in den Händen verborgen, endlich ging der Kofferraum auf, und ich nahm meinen Rucksack und ging. Die Straße war dunkel. Ich lief den Standstreifen entlang. Ich wünschte, ich hätte eine Lampe gehabt, damit die Autos mich sehen konnten. Es war wirklich dunkel, die Zikaden sangen, es war eine Erleichterung, im Freien zu sein. In dachte an das Auto und den Mann mit dem Kamm als an etwas Klebriges. Ich war vielleicht einige Kilometer gegangen, als ich Licht sah. Viele Lichter, wie von einem Vergnügungspark. Es war ein Hotel. Ich trottete zur Rezeption und fragte nach dem Preis für ein Zimmer. Es war viel zu teuer. Also musste ich wieder hinaus auf die dunkle Straße. Ich hatte Angst, überfahren zu werden. Als ich draußen stand, kam ein Engländer zu mir und sagte, er habe gesehen, wie enttäuscht ich gewesen sei; er wolle mir gern helfen. Ich könne in seinem Bungalow übernachten. Er hatte Ähnlichkeit mit Marty Feldman (1934–1982), den ich als Kind sehr gemocht hatte. In Sergio Aragones Comic kannst du nachlesen, wie er starb, Charles. Sein Tod war wie eine seiner Komödien. Ich ging mit. Es war Mitternacht. Während ich mir im Badezimmer meinen himmelblauen Trainingsanzug (aus Baumwolle) anzog, der an mir schlotterte wie Elefantenhaut, telefonierte er exaltiert mit seiner Frau. Ich hatte in der Schule des Lebens zehn Kilo abgenommen. (Als wir das nächste Mal Tims Vater im East End besuchten, denn Tim und ich fanden wieder zueinander, sagte er: »Last time I saw you, you were a fat little girl, now you're very beautiful«, und er lud seine Mafiafreunde zu sich nach Hause ein, damit sie mich sahen, endlich ein bisschen stolz auf seinen Sohn, aber ich schloss mich auf der Toilette ein, bis sie wieder gegangen waren.) Sogar die Kapuze setzte ich auf. Und zog Wollsocken an. Ich steckte mein Pfadfindermesser in den Hosenbund und hoffte, dass es nicht in eines der Hosenbeine hinabrutschen würde. So vermummt, trat ich ins Zimmer hinaus. Von einer derart verpackten Person konnte er unmöglich glauben, sie wolle etwas von ihm, im Doppelbett. Ehe ich schlafen durfte, musste ich den Bungalow ausgiebig besichtigen, innen wie außen, wo es einen natürlichen Pool mit einer zugehörigen Grotte gab, er war schwer beeindruckt von dieser Pracht und wünschte, ich wäre es ebenfalls. Also war ich es auch. Ich dachte, er hätte gesagt, er wolle etwas zu essen bestellen, aber dazu kam es nicht. Wir gingen ins Bett. Ich rückte an den äußersten Rand und verschränkte die Arme vor der Brust.

»Und was ist dann passiert?«

»Nichts. Wir haben geschlafen. Und am nächsten Morgen brachte uns der Zimmerservice das Frühstück ans Bett. Er fragte mich, ob ich nicht gern jeden Morgen in einer so schönen Umgebung aufwachen wollte – anstatt am Strand zu schlafen. Aber es ist abenteuerlich, am Strand zu schlafen, sagte ich, und dann wiederholte ich all die Sachen, die Tim mir immer sagte, wenn ich mich beschwerte, weil ich fror und den Sand kalt und klamm fand. Er fragte, ob es nicht auch abenteuerlich wäre, Sex zu haben, hier und jetzt? Das wäre garantiert abenteuerlich, antwortete ich, aber ich hätte es nicht vor. Er stellte das Tablett ab, wölbte die Hand über meine Brust und sagte: »Just the right size.«

Ich sprang aus dem Bett, meine Hosen rutschten herunter, und das Messer landete auf dem Boden. »Was für eine Vorstellung, das Bett mit einem Mädchen geteilt zu haben, das ein Messer bei sich trägt!«, rief er ganz aufgeregt. Ich müsse ihm wenigstens versprechen, den Pool auszuprobieren, ehe ich gehe. Als ich kurz darauf wieder auf der Straße stand, wurde mir klar, dass ich nur zwanzig Kilometer von Torremolinos entfernt war. Und der Erste, der mir begegnete, als ich in die Stadt kam, war Tim. Ich war genau eine Woche lang weg gewesen. Er war außer sich vor Sorge und deshalb noch lange sanft wie ein Lamm.«

»Du bist also überhaupt nicht von dort weggekommen?«

»Doch, aber ich bin wieder zurückgekehrt.«

Charles wirkt verhalten und ein bisschen enttäuscht. Aber ich bin eben nicht Scheherezade. Mir hatte es einfach gut gefallen, dass ich in dieser Woche auf mich allein gestellt gewesen war, dass etwas passiert war, dass ich alles gemeistert hatte.

»Hier ist ein Stück Herbst«, sagte ich später am Tag zu Charles und reichte ihm ein rotes Blatt. Er steckte es in die Passionsblume, damit es einen Halt hatte. Ja, so konnte es als Feigenblatt dienen, in der christlichen Sektion. Am Himmel kann man erkennen, wie kalt es geworden ist. Der Sonnenuntergang gleicht einem architektonischen Werk, die lilafarbenen und roten Farben sehen aus wie in Form gegossen. Und Charles' Körper liegt in Ruinen, »ich bin entzweigegangen«, sagt er, »ich weiß nicht, wie ich je von hier wegkommen soll«.

»Von hier« bezieht sich aufs Bett. Ich bin gewohnt, dass es sich auf die Welt bezieht. Ich höre alte Familienmitglieder sagen: »Ich sehne mich danach, von hier wegzukommen«, wenn sie meinen, dass sie aus dem Leben scheiden wollten. Deshalb durchzuckt es mich innerlich, als Charles diese Redewendung gebraucht.

Charles' Körper liegt nur innerlich in Ruinen. Äußerlich ist ihm nichts anzusehen. Gerade eben, vor einem Augenblick, hat er mich aus dem Badezimmer gerufen: »Komm und sieh mich.«

Ich wollte ihn gern sehen. Meistens liegt er unter der Decke.

»Schau, ich sehe aus wie immer«, sagte er, »sehe ich nicht aus wie immer?«

Auf Socken watete ich durch das Wasser zu ihm, unter die Dusche. Ich umarmte ihn behutsam, trat dann zurück und betrachtete ihn erneut, und hier hört es auf, unter der Dusche, als meine Wangen nass wurden – von all der Zeit, die vergangen ist, einem so kraftvollen Biss des Lebens, ohne dass wir je die Flügeltüren unserer Körper öffnen und beieinander eintreten konnten.

Ein Seelentheater
oder Sämtliche Gefährten

[Camilla, Alma, Alwilda, Edward, Charles und Kristian]
»Ach, ich wünschte, die Welt würde sich heute, da Charles sich endlich in sie hinausbegibt, von ihrer besten Seite zeigen. Die Welt ist ein großes Tablett, das ich ihm reiche. Die Welt ist meine Erfindung. Über einen langen Zeitraum hinweg habe ich Gegenstände aus ihr zu ihm ins Wohnzimmer gebracht, ein rotes Blatt, eine schwarze Feder. Und da ist der Baum. Und da sitzt der Vogel«, sagt Camilla.

»Die Eier sind zu groß«, sagt Edward und umschließt sie mit den Händen (sein Fieber stieg auf 41 Grad, er sprach im Wahn), »sie müssen beschnitten werden / mit einem Käsehobel.«

»Ich ertrinke in der Nacht. Ich versuche, schöne Dinge zu finden, von diesen verzweifelten Zeitraum zwischen 1 und 5 zu überstehen«, sagt Camilla, »meine Seele fühlt sich hart an, voller Schlaglöcher, wie ein unmöglicher Landeplatz. Also kreise ich über mir selbst. Ich komme nicht auf den Boden.«

»Heute bin ich gelaufen. Ich habe den oberen Teil meines Bauchs eingezogen, wie ich es gelernt habe, um mein inneres Korsett zu stärken«, sagt Charles.

»Heute sind Charles und ich zum ersten Mal seit einem ganzen Jahr zusammen auf die Straße gegangen, ich hätte gedacht, er würde gebeugt gehen wie ein alter Mensch. Aber er hielt sich aufrecht wie ein Zinnsoldat«, sagt Camilla.

»Dann habe ich also keine gerontologische Patrouille gesehen«, sagt Alma. »Ihr wart das.«

»Die Operationsnarbe auf seinem Rücken – sieht die nicht aus wie ein Stück zusammengenähtes Fleisch?«, fragt Alwilda.

»Keinesfalls. Sie sieht aus wie eine Leiter.«

»An den Tod verschwende ich nicht einen Gedanken«, sagt Charles.

»Aber deine Gefühle trägst du offen zur Schau.«

»Ich auch nicht«, sagt Alwilda zu Charles.

»Und ich habe das Kinn erhoben«, sagt Charles.

»Nicht ich gehe auf die roten Bäume zu – sie bewegen sich. Sie rücken vor und in mich hinein wie Friedensaktivisten«, sagt Camilla.

»Die schlimmste Vokabel aus der Therapiesprache ist für mich ›etwas annehmen‹ – zwei Menschen, die sich gegenüberstehen und schreien, ›nimm mich an, nimm mich an‹«, sagt Edward.

»Ihr vergesst die Gesellschaft«, sagt Alwilda, »ihr denkt nur an euch.«

»Ich kaufe immer die Obdachlosenzeitung«, sagt Kristian.

»Etwas anderes wäre aber auch ungehörig. Wenn du aus dem Nobelkaufhaus kommst und deine Einkäufe kaum noch tragen kannst.«

»Könnte man die Zeitschrift nicht gerade noch so zwischen zwei Delikatessen quetschen!«

»Nein, heute habe ich aber wirklich keinen Platz mehr dafür, sonst reißt die Tüte.«

»Was ich verliere, darfst du aber gern aufsammeln und behalten.«

»Ich weiß nicht, ob ich träume«, sagt Edward, »da ist ein Ehepaar mit einem schwarzen Labrador. Die Frau schaut den Labrador an, sie sagt: Ich liebe dich, und der Hund strahlt vor Glück, er springt an ihr hoch und küsst sie. Jetzt wiederholt sich genau dieselbe Szene mit dem Labrador und dem Mann.«

»Wie symmetrisch«, sagt Alwilda, »aber ich will nach China,

ich will eine acht Meter lange Nudel essen, kommt jemand mit?«

»Ich würde lieber in den Irak fahren«, sagt Kristian, »ich möchte das Schicksal herausfordern. Nein, ich möchte auf dem Eselsrücken durch Afghanistan reisen. Weil wir nur für eine so kurze Zeit auf dieser Erde leben.«

»Wenn ich ein Kamel vorschlagen dürfte«, sagt Alwilda, »würde ich mitkommen.«

»Hack dir die Ferse ab und ein paar Zehen, dann kannst du die Ehe eingehen«, sagt Alma.

»Wenn ich ein Kind bekomme«, sagt Alwilda, »werde ich es jeden Tag einen hohen Baum hinaufjagen.«

»Man hätte damals leben sollen, als die Zeit noch eine Masse war und nicht in kleine feine Abrisskarten zerteilt wie zum Beispiel 15 Uhr am 4. September 2007«, sagt Kristian, »ich glaube, ich rede vom Mittelalter.«

»Dann wärst du noch kürzer hier gewesen.«

»Afghanistan, fahr nach Afghanistan, näher kannst du dem Mittelalter gar nicht kommen.«

»Ich weiß genau, was Kristians letzte Worte sein werden.«

»Das weiß ich auch. Da capo, wird er sagen.«

»Da capo, wird er röcheln.«

»Wir hängen wie Strandhafer zusammen.«

»Aber mich könnt ihr nicht leiden.«

»Doch, ich kann dich gut leiden, Kristian.«

»Wir sind nur Spielfiguren. Am Ende haben wir alle miteinander auf allen Feldern gestanden.«

»Kommt, wir ziehen uns aus und spielen Knotenmutter.«

»Und wer soll uns entwirren?«

»Kristian. Der will sowieso nicht mitspielen.«

»Ich habe Angst, dass ihr mich schubst«, sagt Charles, »und ich wieder entzweigehe.«

»Da täuschst du dich aber. Kristian lässt gern die Hüllen fallen.«

»Wenn du noch einen Hund hast, so danke Gott und sei zufrieden.«

»Wenn du lächelst, sieht es aus, als würdest du nur noch aus Zähnen bestehen, Camilla«, sagt Edward.

»Einschlafen und aufwachen, leicht wie ein Tier.«

»Ich fühle mich wie ein schlachtreifes Hähnchen an einem Haken, das zufällig …« Charles gerät ins Stocken.

»Guten Morgen, hier ist die Kartenrolle des Tages.«

»Was mache ich, wenn das letzte Blatt gefallen ist? Wenn kein Gelb oder Rot mehr da ist«, sagt Camilla.

»Bring ich dir Tulpen … tausend rote, tausend gelbe«, singt Edward.

»Dann musst du eben einfach durch all die welken Blätter schlurfen«, sagt Alwilda. »Es hilft, dabei Huiiii zu rufen.«

»Was sollen wir mit der Natur / sie soll uns das sterben lehren.«

»Kommt, wir teilen uns in zwei Mannschaften auf und singen das im Kanon. Könnte schon gregorianisch klingen. Der erste Satz wird im Sopran gesungen, der nächste im Bass.«

»Du kannst nicht singen. Du weißt nichts über Töne. Für dich gibt es nur hoch und tief«, sagt Kristian.

»Aber ich habe ein gutes Rhythmusgefühl«, sagt Alma.

»Ich habe so lange im Bett gelegen. Die Welt fährt vorbei wie ein D-Zug. Und ich stehe vollkommen still«, sagt Charles.

»Wollt ihr hören, was ich jetzt träume?«

»Nein.«

»Ich stehe auf einer Ölbohrinsel weit draußen im Meer. Ich angle. Ich habe eine Schildkröte am Haken. Sie bewegt sich mit rasender Geschwindigkeit davon. Jetzt nehme ich den Bus, um sie einzufangen.«

»Edward, o Edward, hier ist noch eine Decke, du zitterst vor Fieber.«

»Ja, der Körper ist eine phantastische Fabrik.«

»Männer wie wir brauchen altmodische, weibliche Fürsorge.«

»Du wirst dem Hund doch wohl keine Schokolade geben, oder, Camilla?«

»Das mache ich doch gern, ich habe meinem Großvater auch immer die Schuhe gebunden. Aber jetzt, wo ich hier unten liege, sehe ich erst, wie staubig es ist«, sagt Alwilda.

»Ich kann das nicht alles schaffen«, sagt Camilla.

»Ich bin zu einem Psychologen gegangen«, sagt Edward, »wegen all der Verluste, aber es kam mir so schamlos vor, mein Inneres vor einem völlig Fremden bloßzulegen.«

»Fester«, sagt Charles und wackelt mit dem Fuß.

Umzüge

[Camilla]

Es gibt zwei Dinge, an die ich sozusagen in einem Atemzug denke: wie oft meine Mutter doch umzieht – und eine Szene in einer Bar unweit des Death Valley.

Meine Mutter war wieder einmal umgezogen, sie hatte sich ein kleines, gelbes Haus im Orevej in Vordingborg gekauft, wo sie auch arbeitete, ich war dorthin gefahren, um sie zu besuchen, und stand draußen im Garten und kalkte eine Wand in einer gedämpften, gelben Farbe, vielleicht arbeitete meine Mutter in der Nähe von mir im Garten, oder sie kam zu mir, jedenfalls sagte sie beiläufig, dass sie den Aufenthalt in diesem Haus nur als vorübergehend betrachte und es wahrscheinlich bald wieder verkaufen werde; ich wurde sofort von Reue erfüllt und legte den Malerpinsel beiseite, denn mein Wirken an der Mauer erschien mir nun vergebens. Warum sollte ich Kräfte auf dieses Gebäude verschwenden, wenn sie ohnehin vorhatte, sich wieder davon zu trennen, und wie oft hatte ich ihr nicht schon beim Umzug geholfen? Ein Hochspannungsmast stand mit einem seiner schweren Beine in ihrem Garten, und ihr Leben wurde von einem unheimlichen Knistern begleitet; an sich tatsächlich Grund genug, um wieder wegzuziehen, aber sie musste den Mast ja bemerkt haben, als sie sich zum Kauf entschieden hatte, warum hatte sie es dann überhaupt getan? Damit sie schnell von dem Ort wegkam, an dem sie vorher ge-wohnt hatte, eine sogenannte Notlösung, und außerdem war der Garten lang, genau wie einst der Garten ihrer Großmutter, lang – das hatte Erinnerungen an Nachmittage unter Obstbäumen wachgerufen, mit einem Buch, am Ende des Gartens, allein, frei von Einmischung, frei von menschlicher Gesellschaft, mit einer schnurrenden Katze neben sich auf der Decke. Ein Paradies, in dem man bloß die Hand in die Luft strecken musste, um einen süßlich duftenden Apfel oder eine gelbliche Birne zu pflücken, oder sich das Obst selbst von den Ästen löste und neben einem auf der Decke landete. Am Ende dieses Gartens thronte jedoch der Mast; aber immerhin thronte dahinter auch das Meer, es leckte beinahe am anderen Bein des Mastes, das auf dem Strand ruhte. An den Abenden badeten wir, vielleicht auch nur an dem einen Abend, an dem unangemeldet ein Jugendfreund meiner Mutter zu Besuch kam und ich ihm ein außergewöhnlich gelungenes Bratergebnis von Schollen, gleichmäßig gebräunt und knusprig, präsentierte und ihm, der Botaniker war, einen erstaunlichen Quatsch darüber erzählte, dass ich nicht wisse, ob es in der freien Natur Hyazinthen gebe, ich glaubte, es sei eine Kulturpflanze, sozusagen im Treibhaus geboren, und das rief großes Befremden bei ihm hervor, er sah fast so aus, als hätte er an etwas Stinkendem gerochen, und ich möchte zu gern wissen, wie wir mitten im Sommer auf Hyazinthen kamen. (Für mich gehört diese Blume immer noch zu Weihnachten.) Jedenfalls machten wir drei nach dem Abendessen einen Spaziergang am Strand, meine Mutter und ich badeten, während er sich mit verschränkten Armen in den Sand setzte. Er hatte sie jahrelang umworben, als sie jung waren, jetzt spürte ich seinen Blick auf mir, in meinem orangefarbenen Badeanzug, als ich in die Wellen stieg und wieder hinaus, meine Mutter war um die fünfzig, und ich bestand aus langen, straffen Muskeln.

Bevor sie das kleine gelbe Haus kaufte, hatte sie eine große Wohnung in der Klinik bewohnt, wo sie in der gerontopsychiatrischen Abteilung arbeitete, die Patienten nannte sie ihre »Geronten«. Es gab einen unangenehmen Oberarzt, der ihr und den Geronten das Leben versauerte und nach Polen auf die Jagd fuhr, wo er die reinsten Massaker veranstaltete, er brachte Hunderte blutiger Leichen nach Hause, vielleicht ließ er sie auch einfach liegen, wo sie gerade hinfielen, jedenfalls wurde mir diese ungeheuerliche Bilanz weitergetragen, die er prahlend beim Mittagessen aufgesagt hatte, 119 Enten, 12 Hasen und eine ebenso astronomische Zahl von Wildgänsen, von diesem einen Mann an einem Wochenende zur Strecke gebracht; das klang wie ein verzerrtes Echo von Waldemar Atterdag: »77 Hühner und 77 Gänse bedeuten nichts«, hatte er angeblich gesagt, als er den Gänseturm in Vordingborg bauen ließ und die goldene Gans auf der Turmspitze anbrachte, um die 77 Kriegserklärungen zu verhöhnen, die er von den Hansestädten erhalten hatte. (Alwilda hatte einmal einen Freund, der Jäger war und blutige Haufen für sie auf den Küchentisch warf: »Bitte schön – bin ich nicht ein guter Schütze?« Und plötzlich stand die verliebte Vegetarierin Alwilda in einer Wolke aus Federn, die an ihren roten Händen klebten. Es war befremdlich, sie aus einem überdimensionalen Geländewagen steigen zu sehen, in dessen Kofferraum sich zwei bellende Jagdhunde gegen ein Gitter warfen. In dieser Zeit hatte ich keine große Lust, sie zu sehen. Doch sie sagte, er tue es nur, weil er wohlhabend sei, und schließe immer die Augen, nachdem der Schuss losgegangen sei oder wie auch immer das korrekt heißt. Er fühlte sich dazu gezwungen, auf die Jagd zu gehen, sein Einkommen oder seine Kreise verpflichteten ihn dazu.)

Die frühere Wohnung meiner Mutter hatte gegenüber von einigen Büros gelegen. Vor ihrem Einzug war sie gerade frisch renoviert worden und hatte ungesund nach Lack gerochen, vielleicht waren die darüber- und die darunterliegende Etage ebenfalls instand gesetzt worden, denn der Lackgestank schien überall zu hängen. Dieser aufdringliche Glanz, die riesigen, glatten Bodenflächen, erinnerten mich an die Gänge im Krankenhaus in Stege, wo ich ein Jahr mit meiner Mutter in einer Klinikwohnung gelebt hatte, ehe ich in die Schule kam; sie arbeitete in der Notfallambulanz, und meine Überempfindlichkeit gegenüber Rettungsfahrzeugen stammt noch aus dieser Zeit, weil das Geräusch einer Sirene oft bedeutete, dass sie sich ihren Kittel griff und losrannte und ich einem jungen Kindermädchen überlassen wurde, das lieber mit seinen Freundinnen herumgealbert hätte, als sich mit mir zu befassen. Von den Notfällen (in der Ambulanz) ist mir nur ein kleiner Junge in Erinnerung geblieben, der als Treiber eingesetzt, dann aber leider mit dem Wild verwechselt worden war und mit Schrotkörnern gefüllt eingeliefert wurde, die meine Mutter einzeln herauspulen musste, mit einer Pinzette, nehme ich an und stelle mir einen Regen aus kleinen Metallstücken vor, die auf den Boden einer Metallschale trommeln; ich schlitterte auf Strümpfen durch die Gänge, kreischend und mit hoher Geschwindigkeit, bis ich von einer Dame im blauen Kittel zurechtgewiesen wurde, wo auch immer sie herkam, wahrscheinlich aus dem Küchenbereich. Die Kittel meiner Mutter waren gestärkt, und ich konnte mich nicht von den Brusttaschen fernhalten, in denen immer ein paar Kugelschreiber und Gefäßklemmen steckten, eine Tasche, deren Inhalt herausragte, war faszinierend. Eines Tages zur Mittagszeit sprang meine rote, unreife Katze (zu früh von der Mutter getrennt; und hier könnte man behaupten, wer nicht genug mütterliche Zuwendung bekommt, bleibt ein Kind; jedenfalls verbrachte die Katze ihre verbleibenden Tage damit, darauf zu warten, dass ein Schlafender versehentlich seinen Zeh unter der Bettdecke hervorstreckte, oder sie ging hinter Türen in Deckung und sprang vorübergehende Menschen an, ehe sie

auf tragische Weise starb – sie war einem Bauern zu nahe gekommen, der Aale gefangen hatte und gerade dabei war, sie
auszunehmen, und er rammte ihr eine Mistgabel in den Bauch,
sodass sie mit ihren Eingeweiden im Schlepptau nach Hause
kam) aus dem Fenster; aus unserer Wohnung im zweiten
Stock sprang sie. Sie landete vor den Geisteskranken, die in
einer langen schlurfenden Reihe, wie aneinandergekettet, dort
entlanggingen und Wagen mit milchkannenähnlichen Gebil-
den trugen oder schoben, die, so meine Vorstellung, brühend
heiße Suppe enthielten, eine dicke, gelbe Flüssigkeit. Die vom
Himmel fallende Katze ließ sie für einen Moment innehalten.
Die Geisteskranken waren uniformiert, sie trugen graubraune
Kittel und Hosen. Ich beobachtete das Ganze vom Fenster aus.
Ich wartete damit, die Katze zu holen, bis der Zug eine Keller-
treppe hinab und im Gebäude verschwunden war.

Auf dem Gelände – ein merkwürdig nüchternes Wort, das
meine Mutter immer für die Umgebung eines Krankenhauses
benutzt und das für sie mit dem Gefühl von Freiheit und Auszeit verbunden ist, wenn sie sich darauf bewegt, um von einer
Abteilung zur anderen zu gelangen (ihr Orientierungssinn
ist nicht gut ausgeprägt, sie zieht den Weg über das Gelände
immer der kürzeren Strecke durch das unterirdische Gängesys-
tem vor, wenn ein solches vorhanden ist) –, auf dem Gelände
der Anstalt Oringe konnte man einem Grönländer begegnen,
einem Langzeitpatienten, der das Herz seines Feindes verspeist
hatte oder vielleicht auch nur einen Teil davon, eine Information, der ich nur teilhaftig wurde, weil ich unbeabsichtigt ein
Gespräch belauscht hatte. In einer Abteilung waren einige Fä-
ringer gestrandet, die man zwanzig, dreißig oder vierzig Jahre
zuvor eingeliefert hatte, zu einer Zeit, wo es auf den Färöern
keine Möglichkeit der psychiatrischen Behandlung gab, brutal
aus ihren Familien und der vertrauten Umgebung herausgeris-

sen und für eine Ewigkeit hierher verfrachtet. In der Klinik hatte es mehrere Brandstiftungen gegeben, was meine Mutter verstört und ebenfalls zum Kauf des kleinen gelben Hauses bewogen hatte. Wie um Öl in dieses Feuerthema zu gießen ... war, kurz nachdem sie die Wohnung gekündigt hatte, ein guter Freund bei ihr zu Gast gewesen, der den Aschenbecher in den Papierkorb entleerte und so einen weiteren Brand entfachte, der sich jedoch unter dem Wasserhahn löschen ließ. Sie zog vom Feuer zum Strom, von einem Knistern zum nächsten. Und es gab Mäuse. Eines Nachts wurde sie davon wach, dass ihr eine Maus über das Gesicht lief. Wo war die Katze? Sie hatte die Katze des Vorbesitzers behalten, und als sie einwilligte, die im Preis inbegriffene Katze zu übernehmen (sonst wäre diese eingeschläfert worden), sprang sie auf ihre Schulter und legte sich wie ein Pelzkragen um ihren Hals, wie sie erzählte, aber die Dankbarkeit der Katze reichte nicht aus, um die Mäuse zu vertreiben; und eine Maus war hinter den Herd gelangt und dort gestorben, wir konnten den Herd aber nicht abrücken (er klemmte irgendwie fest), also kippte meine Mutter ein paar Flaschen Essig in die Ritze zwischen Wand und Herd und hoffte, so den Geruch zu bekämpfen und vielleicht auch den Verwesungsprozess zu beschleunigen, inmitten des ganzen Prozedere hielt sie einen Vortrag über Chemie, doch aus dem Schlitz empor stieg ein wahnsinniger Weihnachtsgeruch (Rotkohl und Schweinebraten) und bestärkte sie in ihrem Wunsch, umzuziehen, sie hasst Gerüche, und dieser war zum Verzweifeln. Das Haus der unglückseligen Tiere, einmal abgesehen von der Katze, »die sich wie ein Pelzkragen« und so weiter ... eines Morgens, als ich zu Besuch war, ertönte über uns ein Schlag, wir rannten aus dem Haus, und auf dem Boden lag ein Schwan zwischen mehreren Dachpfannen, er war auf das Dach gekracht und musste fauchend und blutend von einem Feuerwehrmann mit riesigen Lederhandschuhen abgeholt werden, die sich in einem festen Griff um den Schwanenhals schlossen, direkt unter dem Kopf, »damit das Kerlchen nicht beißen kann«, und wenig überraschend hatte der lange weiße Muskel, der zwischen den Handschuhen ein Eigenleben entwickelte, etwas Erotisches an sich.

Erst als meine Mutter an Krebs erkrankte, konnte ich den Anblick von Versuchstieren im Fernsehen ertragen, Mäuse, mit so großen Geschwüren, dass sie kaum laufen konnten; ja, ich betrachtete sie sogar mit kühlem Interesse. Hingegen erlitt ich einen regelrechten Zusammenbruch, der einen ganzen Nachmittag andauerte, als Charles und ich, von der Hitze erschöpft, die Strohhüte ordnungsgemäß an Schnüren auf unseren Rücken baumelnd, in einer Bar unweit des Death Valley saßen oder besser gesagt hingen. Auf dem Tresen stand ein Terrarium, und eine unscheinbare graue Wüstenmaus hockte in einer Landschaft, die eine Miniaturausgabe der Landschaft draußen war, und nagte an einem Halm, den sie so hübsch in ihren Mäusehänden hielt (ich wünschte, ich könnte sagen, der Halm hätte zwischen ihren Händen gezittert, denn es ist, als hätte irgendetwas zittern müssen, die Maus, aus Angst; doch es herrschte eine völlige Ruhe; und ich meine gehört zu haben, dass Tiere, wenn sie nicht auf eine lauernde Gefahr reagieren können, indem sie flüchten oder kämpfen, stattdessen oft fressen oder ihr Fell putzen, offenbar, um sich selbst zu beruhigen), wie seltsam, sich eine Maus zu halten, dachte ich noch, als ich im nächsten Moment die Schlange erblickte. Die Schlange, ebenso grau, lag zusammengerollt da und starrte die Maus an, die sie gar nicht zu bemerken schien, es aber spätestens dann tun würde, wenn die Schlange Appetit auf sie bekäme. Auf diese Weise mit seinem eigenen Tod eingesperrt zu sein erweckte alles, was ich an Klaustrophobie in mir hatte, zum Leben, und ich verließ die Bar (nachdem ich überlegt hatte, den Barkeeper zu fragen, ob er nicht meine, die Welt sei böse genug, ohne dass man – obendrein – ein solches Szenerio auf die Beine stellen müsse, aber ich wusste, ich würde als empfindliche, hysterische Frau abgestempelt werden und er würde höchstens mit einem Achselzucken reagieren) und schloss mich in unserem Auto ein, wo ich einen langwierigen Heulanfall erlitt, der lediglich von denselben Fragen (an Charles) unterbrochen wurde, wieder und wieder, als wüsste er eine Antwort: »Wie kann man sich etwas so Grausames ausdenken?« »Warum sperrt man die Maus nicht erst zur Schlange, wenn sie Hunger hat?« Und als meine Mutter an Krebs erkrankte, hatte sie längst das kleine gelbe Haus verlassen und dem schießwütigen Oberarzt auf Nimmerwiedersehen gesagt und war (vorübergehend) bei mir eingezogen, das war, einige Jahre bevor Charles und ich zusammenzogen. Als sie mir von dem Tumor erzählt hatte, rutschte ich auf den Boden und lag lange mit dem Gesicht in den Teppich gepresst da und dachte daran, was sie eines Abends gesagt hatte, als wir um die Ecke zu dem Weg bogen, an dem das kleine Haus lag (ich erinnere mich, dass wir gerade um die Ecke gingen, weil sich das, was sie sagte, in meinen Gedanken mit der Wendung »um die Ecke bringen« verband), erhitzt, erschöpft, abermals verletzt vom Oberarzt, atemlos von viel zu vielen Zigaretten, sagte sie: »Ja, mit der Zeit weiß man, was einem den Garaus machen wird. In meinem Fall wohl das Herz oder die Lunge«; ich hatte im Dunkeln genickt, sie hatte ihre bittere Stimme aufgesetzt, die Aussage erschien mir völlig abstrakt, denn schließlich lief sie hier lebendig und äußerst kraftvoll neben mir (so kraftvoll und verbittert, dass ich keine Einwände vorzubringen wagte), nicht im Geringsten krank – trotzdem muss ich daran geglaubt haben, weil mir dieser Tumor in der Brust, dieser Krebs in einer Familie, die

Krebs nie gekannt hatte, das Gefühl gab, an der Nase herumgeführt und durch und durch betrogen worden zu sein, ein Opfer der völligen Unberechenbarkeit des Daseins. Als ich wieder auf meinen Beinen stehen konnte, ging ich hinaus, um ihr ein schönes Geschenk zu kaufen, das war das Einzige, was mir einfiel (nachdem ich ein halbes Dutzend Mal das Mantra unserer Familie wiederholt hatte, »es wird schon gutgehen«, wahrscheinlich in einem flehenden Tonfall), und, diesmal blind für den Symbolgehalt, mit einer Entenmutter in Türkis und Silber nach Hause kam, deren Küken in einer Reihe hinter ihr herschwammen und die sie noch immer zu Hause bei sich auf der Fensterbank stehen hat. Denn sie überlebte, aber der Krebs versetzte sie in einen panischen Zustand, der ihren Umzugsdrang sozusagen noch beflügelte, sodass sie in relativ kurzen Abständen fünf Mal hintereinander umzog. Natürlich ging es nicht gut, wieder zusammenzuwohnen, nachdem wir so viele Jahre getrennt gelebt hatten, obwohl sie bemüht war, sich nicht in mein Leben einzumischen, und ich umgekehrt auch. Ich erinnere mich (voller Scham) daran, wie ich im Zorn ein Messer in eine Apfelsine rammte, sie durchbohrte und die Klinge in der Wunde herumdrehte, woraufhin meine Mutter vor Schreck die Hände hob. Sie war krank, und ich war stark und wütend. Sie hatte keine Kraft, wieder auszuziehen, aber ich trieb sie dazu. Ich suchte ihr eine Wohnung, verfrachtete ihre Sachen, packte sie wieder aus und räumte sie ein. Es war ein großer Moment, als sie eintrat. Sie trat ein, ging zu einer Wand und glitt langsam mit dem Rücken an ihr hinab, bis sie zu Boden gesunken war, noch im Mantel, die Tasche in der Hand, erschöpft, außerstande, wieder von vorn anzufangen, ein weiteres Mal. Kurz darauf gingen wir durch den Regen in Richtung Kongens Nytorv, durch ihr neues Viertel, ich war enttäuscht, sie hätte doch glücklich sein müssen, dass alles so schön für sie geregelt worden war, und stattdessen wäre sie am liebsten einfach gestorben. Ich hatte Puppenhaus gespielt, aber die Puppe wollte nicht, konnte nicht, war entkräftet, gelblich, krank. Weil ich ihr diese Wohnung förmlich aufgezwungen hatte, war es nicht verwunderlich, dass sie den Mietvertrag kurz darauf kündigte und wieder umzog. Immer wenn sie es tat, hatte sie einen guten Grund dafür: Mal war es ein Motorradfahrer, der sein Motorrad jeden Morgen um fünf im Hof anließ; mal gab es keinen Aufzug, und die Treppen konnten ein Hindernis darstellen – irgendwann einmal. Ich erinnerte mich wieder, wie oft sie unsere Möbel umgestellt hatte, als ich klein war, und wie sehr es mir missfiel, nach Hause zu kommen und festzustellen, dass Sterne und Planeten, während ich in der Schule gewesen war, neue Konstellationen gebildet hatten, Trennungen stattgefunden hatten, Erzfeinde zärtlich aneinanderlehnten. Alles auf Bodenhöhe.

Ich schlängelte mich durch das Labyrinth, ach, da steht es jetzt, aber wo ist das andere, und was fällt dir ein, so etwas zu tun, in meinem Zimmer, es sieht aus, als hätte hier eine Bombe eingeschlagen; doch die Ummöblierung hatte sie immer dermaßen erschöpft, dass ich resignieren musste, ja sogar mit anpacken, damit auch das letzte Stück an seinen neuen Platz kam, gegen meinen Willen. Das Haar meiner standhaften Mutter war vor Anstrengung nass, und die Böden waren so unglaublich sauber, dass man von ihnen hätte essen können, die Ummöblierung beinhaltete immer auch einen ausgiebigen Frühjahrsputz. Meine Mutter wurde genau in dem Moment für geheilt erklärt, als Charles krank wurde, sie war ins Ziel gekommen und gab die Stafette weiter.

Als ihre Angst am größten war (der Krebs hatte auf die Knochen übergegriffen, aber das wusste sie noch nicht), fing sie an, ihre Möbel mit dem Umzugswagen durch die Gegend zu schicken, ich sah den irren Reigen vor mir, den welke Blätter, wenn sie in einer Ecke eingesperrt sind, in den Armen des Windes tanzen. Einige Möbel entsandte sie an (verblüffte) Freunde, einige zu mir, und wieder andere ließ sie in ihr Ferienhaus bringen. Ich weiß noch, wie überrascht ich an einem Oktobertag war, als Charles und ich ein Wochenende im Ferienhaus verbringen wollten und dort ein Tisch stand, von dem wir noch tags zuvor in ihrer Wohnung gegessen hatten, und auch ihr Bett stand dort, und weitere Einrichtungsgegenstände, die an andere Orte gehörten, traten plötzlich zutage. Aber dieses Regal! Aber diese Stühle! Hier! Die Möbelpacker hatten vergessen, die Tür hinter sich zu schließen, und die Natur war auf den Teppich vorgedrungen, wo Blätter und Zweige lagen. Ich war, gelinde gesagt, verwirrt. Und fing an, die Kulisse sauberzufegen. Es war nichts als Todesangst, in ihrer reinen, unverstellten Form. Dafür hatte sie zur selben Zeit von einem Bekannten, der antike Möbel sammelte, siebzehn Stühle erhalten sowie ein Sofa, das angeblich Admiral Gjedde gehört hatte. Es war etwas zusammengesunken, als wäre ihm nach all den Jahrhunderten die Luft ausgegangen. Und ich fand meine Mutter in ihrer Wohnung, auf dem Boden, in einem Schlafsack, von diesen vielen Stühlen und dem schlaffen Sofa umgeben, friedfertige Betrachter jenes Bronzescheins, der sie plötzlich umgab, denn jetzt war alles an ihr bronzefarben, die Haut, das Haar. Sie wurde wieder ins Krankenhaus eingewiesen, und es stellte sich heraus, dass der Krebs die Knochen angegangen hatte.

Ein Satz, der immer weiter in mir spukt: »Deshalb dürfen von einem Blumengang aus keine Ruinen zu sehen sein.« (Ich stieß in einem Artikel über Gartenkunst von D.C. Foster aus dem Jahr 1802 darauf.)

Habe ich in meiner Erzählung Blumengänge heraufbeschworen? Oder sind es lauter Ruinen?

Und wenn es mir gelungen ist, einen Blumengang anzulegen, habe ich von dort aus den Blick auf eine Ruine freigegeben, oder offenbart sie sich erst am Ende des Ganges? »Plötzlich von erfreulichen Gegenständen zu Ruinen überzugehen hat jedoch eine herrliche Wirkung«, fährt der Autor fort – ob er diese herrliche Wirkung von Verfall und Vergeblichkeit wohl als melancholischen Stich in der Herzgegend empfand, jener Herzgegend, in der man kurz zuvor, die Nasenflügel zucken noch vom Blumenduft, Leichtigkeit spürte?

Die Gefährten ziehen Bilanz

Eines Tages, grübelte sie, musste man seine Vergangenheit in Ordnung bringen. Nochmals retuschieren, nochmals aufnehmen. Gewisse »Schnitte« und »Einfügungen« werden in diesem Streifen vorzunehmen sein; gewisse verräterische Abschürfungen auf der Emulsion wird man verbessern – »Verblendungen« in einer Sequenz diskret mit dem Herausschneiden unerwünschter, peinlicher »Überlängen« verbinden und endgültige Garantien erlangen müssen, ja, eines Tages – bevor der Tod mit seiner Klappe die Szene beendet.

Vladimir Nabokov,
Ada

Die Patienten *oder*
Camillas und Almas gemeinsame
frühe Jahre

[Camilla]

I

Die Wohnungen anderer wirken düster und verzehrend auf mich, wenn ich sie von außen sehe, Fliege und Fliegenpapier (ich bin die Fliege). Der Gedanke, mein Leben dort drinnen verbringen zu müssen. Nur ungern würde ich dort mein Dasein fristen, während die Mauern das Leben aus mir herauspressen.

Eigene, frühere Wohnorte haben eine ähnliche Wirkung auf mich. Hin und wieder fahre ich nach Jægersborg, stelle mich auf die Straße und sehe zu der Wohnung hinauf, in der ich lebte, ehe ich von zu Hause auszog. Ich blicke hoch zu den Fenstern in jenem Zimmer, das erst »Spielzimmer« genannt wurde und dann nur noch »dein Zimmer«.

Dort oben ließen sie von ihren schweren Herzen schwarzen Stoff auf mich herabtropfen und verliehen mir den Titel Sonne.

Genau in diesem Moment sitze ich im Zug (ich war wieder in Jægersborg gewesen) und fahre an einer Reihe meisterlich ausgeführter, aber strenger brauner Fassaden vorbei – und ich fühle mich entmutigt und von den Mauern bedroht, ja geradezu preisgegeben, als wären mir eine Reihe von Existenzen aufgezwungen worden, die ich nicht haben wollte. In der Erzählung *The Destructors* von Graham Greene zerstört eine Jungenbande systematisch ein Haus *von innen*, bis nur noch die

Mauern übrig bleiben; gezogen von einem Lastwagen, stürzen zuletzt auch diese ein – ja, wie ein Kartenhaus, jedoch mit einem Donnerschlag, in einer Staubwolke. Begründet wird die Zerstörung mit Schönheit. Das Haus ist alt und schön. In der Eingangshalle gibt es eine zweihundert Jahre alte Wendeltreppe, die hohen Wände sind holzvertäfelt.

(Es finden sich noch andere Begründungen; der Junge, der die Idee ausheckt, ist der Sohn eines bankrotten Architekten, vielleicht ist der Angriff gegen all das in der Welt des Vaters gerichtet, was nicht zustande kam: das Bauen; vielleicht lastete sein Fiasko wie eine schwere Wolke auf der Familie und führte zu verbittertem Schweigen am Esstisch.)

O. F., jener Herr, der versehentlich den Papierkorb meiner Mutter in Vordingborg in Brand gesetzt hatte, war ein fester wöchentlicher Gast beim Abendessen, seit ich fünfzehn oder sechzehn war, und auch als ich nicht mehr zu Hause wohnte, wurde diese Tradition lange aufrechterhalten, vielleicht sogar bis zu seinem Tod. Als ich ihm zum ersten Mal begegnete, war Alma auch da, wir trugen beide die zerschlissenen, engen Jeans ihres langbeinigen Freundes, auf Almas linkem Oberschenkel stand mit Filzstift »fuck me, baby«, als meine Mutter das sah, erstarrte sie und schlug sich die Hand vor den Mund. Im weiteren Verlauf des Nachmittags sorgte Alma dafür, die Stelle mit der Hand zu verdecken, was ein wenig linkisch wirkte, wenn sie aufstand, und ohnehin hatte O. F. es sicher sofort bemerkt, denn die schwarze Schrift kam auf dem hellblauen, fast weißen Stoff deutlich zur Geltung, aber er war nicht so prüde. Alma und ich saßen Schenkel an Schenkel auf dem Sofa, und uns gegenüber saßen O. F. und meine Mutter in Sesseln, wir rauchten alle, O. F. unablässig. Er hatte ein längliches, melancholisches Gesicht, schwarzgefärbtes, pomadisiertes Haar (platt, nicht wie eine erstarrte Welle), dicke Brillengläser in einem schwarzen Gestell, seine Haut war weiß und wirkte durch diese schwarze Umrahmung noch weißer, und weich, ich muss sie mit den Lippen gestreift haben, als er kam, und noch einmal, als er wieder ging und mich so fest an seine grüne Polarjacke drückte, dass mein steifer Rücken und Nacken knackten.

Der Rauch war eine Gardine zwischen ihm und der Welt, er saß dahinter und observierte, mit freundlichem Lächeln und einem Blick, der mal wachsam war und mal verschleiert (von erotischen Gedanken?, von Melancholie?), je nachdem, ob er uns lauschte oder in sich hinein, und wenn er redete, beugte er sich vor und stach langsam mit der Zigarette Löcher in den Rauch. Er schien in ewiger Furcht vor einem Angriff zu sein (zu dem wir nicht das geringste Bedürfnis verspürten, er war die Liebenswürdigkeit in Person), und um uns zu entwaffnen, ließ er uns in einem gleichmäßigen Strom Lob und Komplimente zufließen, sehr schmeichelhaft und nach einiger Zeit sehr ermüdend. Denn wir mussten das Lob erwidern – oder können wir jetzt endlich mal das Gespräch weiterführen? Nein, können wir nicht, alles, was wir können, ist diese Lobhudeleien hervorzaubern und sie uns gegenseitig überreichen wie Blumen. Alles muss ständig zum Stillstand kommen. Egal wie sanft wir sind, müssen wir einander weiter besänftigen. Wenn er durchs Wohnzimmer ging, zog er den Kopf ein. Groß war er durchaus, aber er lief keine Gefahr, an die Decke zu stoßen.

Er war mager, trug stets einen Anzug und saß mit überkreuzten Beinen und verschränkten Armen da, nur seine Raucherhand ragte daraus hervor, die überanstrengte rechte Hand. Doch aus der Tiefe dieses Käfigs der Gliedmaßen ertönte nicht selten ein Lachen. Wie alt mochte er gewesen sein? Er war Journalist gewesen, jetzt im Vorruhestand. Es war nicht leicht für ihn, nicht zu arbeiten. Es war nicht leicht für ihn, dass der Krieg vorbei war, The End of Actionfilm, er hatte drei Verräter liquidiert und seine Waffen von damals aufgehoben, eines Abends brachte er seine Pistole mit, und wir durften sie in die Hand nehmen, sie fühlte sich gefährlich an, als hätte sie ein Eigenleben, das plötzlich hervorbrechen könnte, und ich legte sie schnell wieder hin. Natürlich war sie nicht geladen. Zur Überraschung (und, so glaube ich, auch zur Freude) meiner Mutter brachte er sie eines Abends geladen zu einer Neun-Uhr-Vorstellung ins Kino Grand mit, um gegen Mitternacht für den Spaziergang zum Hauptbahnhof gewappnet zu sein. Kürzlich wurde ich auf der Straße von einer älteren Frau angehalten, die sich als Jugendfreundin meiner Mutter aus deren Zeit als Aushilfslehrerin in Stege vorstellte, und sie sagte: »Deine Mutter war ein richtiger Wildfang. Wir waren drei Aushilfslehrerinnen und steckten immer zusammen. Sie war eindeutig die wildeste von uns allen.«

Ich fragte, worin sich diese Wildheit geäußert hatte. Und sie erzählte von einem Sommerhaus in Ulvshale, das sie damals gemietet hätten, von Rotwein, nächtlichem Baden, Besuchen von jungen Männern, die vielleicht ebenfalls Aushilfslehrer waren, alle zwischen siebzehn und neunzehn.

Als sie ein Kind und junger Mensch war, rankte sich das Leben meiner Mutter um den Wunsch nach zwei Dingen – einmal einen literarischen Salon zu betreiben und große Taten zu vollbringen, stark und mutig zu sein; und das gab sie an mich weiter, sie hatte schwimmend die Fahrrinne durchquert (während die Fähre auf sie zubrauste), sie war über den Grønsund geschwommen und mit einer Herde Seehunde vor Anholt, weit ins Meer hinaus, und hatte völlig den Abstand zur Küste vergessen aus lauter Faszination darüber, den Seehunden so nah zu sein, dass sie ihre Wimpern sehen konnte. Das war zu der Zeit, als sie mit mir schwanger war. Diese Geschichte veranlasste Alma dazu, ein mythologisch angehauchtes Gedicht im Geiste (des späten) Bjørnvigs oder Lundbys zu schreiben, »Die Seehundfrau«, in dem sie eine Empfängnis durch Seehundspermien während des Schwimmausflugs erdichtete, aber da war sie auch noch jung. Als sie es uns vortrug, hatte ich für einen Moment Angst, meine Mutter würde so reagieren wie damals, als ich an Heiligabend ein Blockflötenkonzert für die ganze Familie vorbereitet hatte und meiner Großmutter und ihr vor Lachen die Tränen kamen, weil ich durch die Flöte atmete, die Luft ein- und wieder ausatmete und dabei (unverdrossen) flötete, was auch meinen Musiklehrer zu dem Entschluss bewegt hatte, mich beim Schulkonzert nur so tun zu lassen, als würde ich spielen, weil er mich nicht ausschließen durfte. Noch immer besitze ich die kleine Bürste, einem Flaschenreiniger ähnlich, mit der man die Flöte säubert, angeblich von Spucke, jetzt benutze ich sie, um das kleine Loch im Kühlschrank zu säubern, das so schnell von Essensresten verstopft ist, ich verstehe nicht, welche Funktion es hat, aber wenn man es nicht säubert, sammelt sich Wasser im Kühlschrank, und ich denke an meinen Musiklehrer Herrn Florian, ein leichter Name für einen schweren Mann von dreißig Jahren, und an seine Frau, Musiklehrerin auch sie, die mich einmal dabei beobachtet hatte, wie ich auf dem Weg zum Klassenzimmer ein anderes Mädchen an den Haaren gezogen hatte (nicht besonders fest, ein beinahe freundschaftliches kleines Zupfen an ihrem braunen Pferdeschwanz, weil der so dick und verlockend war), und sich deshalb ihrerseits von hinten an mich heranschlich und meinen Pferdeschwanz packte (mit eisernem Griff) und mich so weit nach hinten zog, dass mein Kopf fast den Boden berührte. Der Musikunterricht fand im Keller statt, wo man sich auch die Schulmilch abholte, und das Ehepaar machte den Anschein, als würde es nie von dort wegkommen, sondern, übergewichtig und vorzeitig gealtert mit Vollbart und Doppelkinn beziehungsweise Perlenkette, ein ewiges Kellerdasein mit der Musik fristen. Ich habe Angst vor dunklem, tiefem Wasser (was könnte sich darin verbergen) und habe diese Angst bisher nur im betrunkenen Zustand überwunden. Eines Nachts bin ich durch den Haldsee geschwommen, begleitet von einem Dreimannorchester (überaus weiß in der Dunkelheit und vor den majestätischen Bäumen von Hald, als sie sich mit dem Rücken zu mir auszogen, ich erinnere mich immer noch an die wippenden, etwas zu drallen Pobacken des einen) und so gut abgefüllt, dass ich beim Gedanken an die einunddreißig Meter schwarzen Wassers unter mir nicht erschauderte, im Übrigen eine Information (also die Wassertiefe), die ein Orchestermitglied beim Schwimmen beisteuerte, dieser See, so sagte er, sei mit seinen einunddreißig Metern Wassertiefe der zweittiefste im ganzen Land, und laut ausgesprochen, erschreckte ihn diese Information so sehr, dass er wieder kehrtmachte. Im selben Zustand durchschwamm ich auch den Peblingesee, der gar nicht tief ist. Das war nach einer Hochzeit (mit lauter Straßenhändlern, die vor der Helligaandskirche auf Strøget Schmuck oder Hasch verkauften oder Gitarre spielten), auf der Tim und ich zusammen gewesen waren, denn Tim war mit mir nach Kopenhagen gekommen, und wir wohnten einige Monate lang bei meiner Mutter, bis wir eine Mietwohnung mit grauenhaften lila- und rosafarbenen Wänden fanden, zu deren Anblick ich jeden Morgen mit schwerem Kopf erwachte; ich bediente im Peder Oxe, und wenn ich gegen Mitternacht fertig war, zogen die anderen Kellner und der irische Tellerwäscher – »Jesus, Mary and the fucking donkey«, rief er jedes Mal, wenn einer von uns in der Küche ausrutschte, deren Boden voller Essensreste war und immer glitschiger wurde, je weiter der Abend fortschritt – meistens noch durch die Stadt, um das Trinkgeld auf den Kopf zu hauen. An dieser Stelle muss ich Jeanette erwähnen, ebenfalls Kellnerin und ehemaliges Fotomodell, ich erinnere mich an eine Titelseite der *Vogue*, Jeanette in weißem Badeanzug am Strand. Dass ihre Karriere schon nach kurzer Zeit beendet war, da war sie kaum zwanzig, lag an den Drogen, zu diesem Zeitpunkt hatte sie schon angefangen, Heroin zu schnüffeln, mit ihrem faulen Freund Mikael und dessen faulen Freunden, denen ich nur ein einziges Mal in ihrer chaotischen Wohnung in Nyhavn begegnet war, wo Jeanette mir all ihre Titelseiten gezeigt und von ihrer grausamen Kindheit erzählt hatte. Sie war in einem Hochhaus mit großen Glasfenstern aufgewachsen, vielleicht war die eine Wohnzimmerwand sogar ganz aus Glas gewesen. Ihr Vater drohte unaufhörlich damit, sich das Leben zu nehmen, indem er aus dem Fenster sprang, und einmal hatte Jeanette aus lauter Verzweiflung gesagt: »Dann tu es doch!«, woraufhin dieser Vater vom Sofa aufstand (mit schwarzem Lederbezug, so stelle ich es mir vor) und hinaussprang, durch das Glas kann er wohl kaum gesprungen sein, vielleicht war die Wand also doch nicht aus Glas. Wenn sie den Kopf in den Nacken warf und lachte, ihre Brüste waren das halbe Lachen, wurde selbst René, der Oberkellner, ein wenig umgänglicher. Jeanette und ich wollten gern auf dem Roskilde Festival Sandwiches verkaufen, und sie sorgte dafür, dass Peder Oxe für unser Projekt einkaufte, so waren die großen Mengen an Käse, Wurst, Schinken, Salat, Gurken, Tomaten, Brot viel billiger, als hätten wir sie selbst besorgen müssen, und wir durften auch die Küche nutzen und produzierten eine astronomische Menge an Sandwiches, und René fuhr uns in einem Peder-Oxe-Lieferwagen nach Roskilde. Die Sandwiches gingen weg wie, ja, warme Semmeln oder geschnitten Brot, selbst als sie nass wurden, alles ließ sich verkaufen, wenn der Handel von Jeanettes schrillem, brustschüttelndem Lachen eingeleitet wurde; als die Käsesandwiches aus waren und männliche Vegetarier nichtsdestotrotz bei uns einkaufen wollten, öffnete Jeanette die nassen Sandwiches, pulte die Wurst oder den Schinken mit ihren nicht ganz sauberen Fingern heraus, drückte den welken Salat in die Butter, und die Vegetarier waren zufrieden, vielleicht waren die Abdrücke ihrer Nägel in der Butter sogar ein Pluspunkt. Auch Tim war auf dem Festival, aber wir hatten uns auseinandergelebt, er hing mit einer Gruppe Ausländer herum, die ihren Treffpunkt vor der Helligaandskirche hatte, zwei Amerikaner und ein Israeli, allesamt Schmuckhändler (endlos Gitarre spielend, endlos kiffend) und mit zehn Jahre jüngeren Däninnen verheiratet, die Anthropologie oder Soziologie studierten, und auch ein Grüppchen panflötenspielender Peruaner in Ponchos aus den Anden gehörten jetzt zu seinem Kreis. Der dünne Mann im Anzug mit dem zerfurchten Gesicht, der Rosen verkaufte und von dem Alma behauptete, er hätte eine Villa in Hellerup, hörte auf, mir eine Rose entgegenzustrecken, wenn er mich sah, sondern nickte stattdessen zum Gruß. All diese Gestalten waren für mich bisher nur Orientierungspunkte in der Fußgängerzone gewesen, zum Glück jedoch freundete sich Tim immerhin nicht mit einer dieser Personen an, die vorgeben, eine Statue zu sein, entweder bronze- oder silberfarben oder einfach nur weiß angesprüht (vielleicht tat er es aber doch, plötzlich habe ich das Gefühl, eine merkwürdige, gummiartige Person würde am Rande meiner Erinnerung umherschleichen), was die betrifft, bin ich allergisch, ich ertrage sie nicht, dieses Posieren, Arme vorgestreckt und durchgedrückte Beine, »seht her, wie ich stillstehen kann!«, dieses postulierte Erstarren, noch dazu in einer unbequemen Stellung, sie machen mich rasend, ich erlebe sie als bösartig, und tatsächlich wurde ich in Madrid einmal in meiner Aversion bestärkt, als ich an einer solchen Person vorbeiging und sie sich plötzlich vorbeugte und zischte und mich in den Arm kniff, als müsste ich aus einem Traum geweckt werden, und so war es auch, denn ich kam gerade von Goya; vielleicht, dachte ich, rächt er sich im Namen all dieser Erstarrten, weil sie solch eine Abscheu in mir wecken. Vielleicht erinnern sie mich an Depressive (aus reinem Elend erstarrt) oder an Leichen.

Und Alma war auch da, ich glaube, ich vernachlässigte Tim wie auch sie wegen Jeanette (ich habe schon immer so schrecklich gern neue Freunde gehabt), bis ich zwei Rotkreuzmitarbeiter sah, die mit Alma zwischen sich zum Rotkreuzzelt gingen, und ihnen nachlief. Alma hatte mangels besserer Alternativen ein ganzes Glas Koffeintabletten gegessen und zappelte vor Nervosität wie ein Aal. Nicht viel später lag ich nach einer kurzen Sternstunde (Speed) selbst neben Alma, und am Sonntagabend gingen wir gemeinsam nach Hause, langsamen Schrittes, über unsere galoppierenden Herzen gebeugt wie zwei sehr alte, ängstliche Menschen. Wo Jeanette und Tim waren, weiß ich nicht. Zum letzten Mal traf ich Jeanette einige Jahre darauf, die Zeit im Peder Oxe war längst vorbei, sie währte nur einen Frühling und einen Sommer, Jeanette besuchte mich zu Hause, ihr Gesicht war mit entzündeten Pickeln übersät, und sie lachte nicht. Jemand, dem sie Geld schuldete, hatte ihre Wohnung mit ihren beiden Katzen darin abgefackelt, und über diese grausame Tat war sie nicht hinweggekommen, natürlich nicht. Ihr stand das Wasser bis zum Hals, und ich weiß noch, dass ich ihr einen Käse mit einer schwarzen Rinde mitgab, als sie ging, einen Käse, den ich schon lange im Kühlschrank liegen hatte und nicht mochte, weil er so lange gereift war. Es war das letzte Mal, dass ich sie sah, hoffentlich ist sie nicht tot, ich erinnere mich nicht an ihren Nachnamen, vielleicht hatte ich ihn auch nie gehört. Dagegen erinnere ich mich an ihre vielen unterschiedlichen Oberteile und ihren Eifer, Geld zu verdienen, der auch zu jenem Sandwichverkauf geführt hatte. Einmal, als sie vielleicht niemand anderen auftreiben konnte, weil alle Brücken zur Branche abgebrannt waren, nahm sie mich mit zu einem Fotoshooting für Lederkleidung, ich hatte Größe 36, war aber nicht besonders groß, doch sie stellte mich auf ein paar enorme Absätze und schminkte mich, sie war unglaublich zufrieden mit meiner Verwandlung und kramte in ihrem Gedächtnis nach dem Namen des französischen Models, dem ich jetzt ihrer Meinung nach ähnelte, und sie ermutigte mich zu Allüren wie beispielsweise dem Widerwillen, Weiß zu tragen, »Weiß steht mir nicht«, behauptete ich, das hatte ich Alma über mich sagen hören, »gibt es nicht etwas, mmm, Gedeckteres«, fragte ich und ging die Kleiderständer durch, die Fotos wurden gemacht, und wir bekamen unser Geld, aber nicht so viel, wie Jeanette angenommen hatte, und sie legte sich mit dem Lederklamottentyp an, der, daran erinnere ich mich noch deutlich, ihren Abstieg von früheren Höhen (dem *Vogue*-Titel) und meinen Status als reine Novizin ins Feld führte, bisher sei ich wohl nur für das Familienalbum fotografiert worden, sagte er, was auch zutraf und keineswegs beleidigend war, aber ich fand, ich müsse mich solidarisch zeigen und mich Jeanettes Empörung anschließen. Dann zogen wir ab, ich konnte ihr ewiges Gerede über Heroin nicht ertragen, doch es gelang mir nicht, sie zur Vernunft zu bringen, immerzu schob sich diese Geschichte vom Vater und dem Fenster vor meine Standpauken und mein Flehen. Etwa zur gleichen Zeit nahmen Alma und ich an einer Haarshow teil, einer Werbemaßnahme unseres Friseurs, eines untersetzten, pockennarbigen Herrn, der die Entertainerin Lotte Heise engagiert hatte, um die in einem Hotel stattfindende Show zu präsentieren; das Haar zu einer

Art strenger Peitsche gebunden, die hoch oben auf dem Kopf entsprang (wie man es bei männlichen Chinesen in Kampfsportfilmen sieht), und auf fünfzehn Zentimeter hohen Absätzen und in wahnsinnig engen Kleidern sollten wir auf einer Bühne entlangstolzieren und dabei auf rosafarbenen Geigen (Attrappen) fiedeln, es fiel schwer, währenddessen entspannt auszusehen und zu begreifen, von welcher Wirklichkeit diese Szenerie inspiriert war, vielleicht sollten wir eine Art verwachsene Geishas darstellen. Alma hat einen gedrungenen Nacken, und die Absätze verschlimmerten ihre Haltung noch, sie hatte plötzlich etwas Dubioses an sich, wie sie die Schultern bis zum Kinn hochzog und den Kopf vorstreckte und sich über die Geige beugte. Ich konnte mich auch nicht damit anfreunden (obwohl ich ja schon Übung darin hatte, nur so zu tun, als würde ich auf einem Instrument spielen), »du hältst sie wie eine Nonne einen Matrosenschwanz«, schrie Lotte Heise feinfühlig wie immer, und in der Pause wollte sie, dass ich nur ein Sandwich aß, nicht zwei, wie alle anderen, »mehr tut dir nicht gut«, ich stieß einen merkwürdig hohlen Laut aus und schnappte mir trotzdem Sandwich Nummer zwei. Als sie einige Jahre später in einer Quizsendung gebeten wurde, Nietzsche zu buchstabieren, und daran scheiterte und das Gesicht in den Händen verbarg und über seinem Namen zusammenbrach wie über einem geschundenen Pferd, nickte ich befriedigt, Nietzsche wog die Geige und Sandwich Nummer zwei wieder auf.

Tim war (in dieser Phase) Tellerwäscher in einem Restaurant im Kongelunden. Meine Mutter argwöhnte, ich würde ihn vergöttern und mich ihm unterwerfen, sie sagte, sie hätte einmal vom Fenster aus gesehen, wie wir gemeinsam ihre Wohnung verließen und ich einige Meter hinter ihm gelaufen sei »wie eine Squaw«, vielleicht hatte mein Rock einen indianischen Schnitt gehabt, »na, hast du einen neuen Guru gefunden«, sagte sie, war aber selbst glücklich, wenn sie ihm sein Leibgericht, Lamm mit Minzgelee, servieren konnte, und außerdem war in Wirklichkeit sie diejenige, die einen Guru hatte, er hatte ihr ein Mantra zugeteilt, und jetzt meditierte sie abends, wenn es still im Haus wurde, das Mantra war geheim, doch als sie (schon lange) mit der Meditation aufgehört hatte, weil sie ihr zu heftig war – einmal hatte sie einen Orgasmus bekommen, während sie aufrecht dasaß und vor sich hin starrte, ein anderes Mal war vor ihren Augen eine schwarze Ziege explodiert, angeblich der Teufel –, verriet sie es mir, und ich erwartete ein sonderbares Wort, eines, das ich noch nie gehört hatte, doch dann lautete das Mantra »Jesus«. Ich war auf dieselbe Weise enttäuscht, wie wenn man etwas bekommt, was man schon hat, eine Dublette.

Zurück zur Hochzeit, um jetzt die Ausführung über das Wasser und das Schwimmen zu beenden. Ich war neunzehn und zog mich aus und hatte schnell das andere Ufer des Peblingesees erreicht. Als ich an Land kletterte, streckte eine Wasserratte den Kopf hervor, was mir die Lust verleidete, wieder zurückzuschwimmen. Also musste ich in Unterhosen über die Dronning-Louises-Brücke rennen und meine Klamotten dort abholen, wo ich sie abgelegt hatte. Auf der Brücke stand ein Polizeiauto an der roten Ampel. Mit dem rechten Arm bedeckte ich meine Brüste, mit dem linken ruderte ich in der Luft, um das Gleichgewicht zu halten.

Tim. Er war nicht die first love, first love war ein Rezeptionist (Kreta), auf den ich vielleicht später zurückkomme.

Nein, jetzt.

Zum ersten Mal eine geschmolzene Seele in einem geschmolzenen Körper, in seinem Zimmer, im Keller unter der Rezeption, wo er arbeitete. Er nannte mich immer »glicka« (Süße) und bot mir Eukalyptuspastillen an (mit seinen Lippen), und wir schlenderten gemeinsam durch die Dunkelheit vor dem Hotel. Wie der erste Spaziergang wohl zustande gekommen war? Es war der allererste Abend, mein Vater und ich waren im Hotel angekommen, wir wollten die Herbstferien zusammen auf Kreta verbringen. Ich war fünfzehn und benutzte kein Make-up, nur Lippenbalsam, die ganze Zeit. Er war achtzehn oder einundzwanzig, ich erinnere mich nicht genau, und hatte zusammengewachsene Augenbrauen. Einen braunen Pagenkopf. Das Gesicht ein wenig dreieckig, wie bei einer Ziege, vielleicht verwechsle ich das aber auch mit dem eigentümlichen Anblick einer Ziege in einem Baum, vom Bus aus gesehen bei einem Ausflug irgendwo auf der Insel, wo in einem Mittagslokal eiskalter Retsina, lange Gurkenstücke und Schalen mit flüssigem Honig serviert wurden, in die wir die Gurke hineinstippten. Ich (das fünfzehnjährige Kind) hatte ansonsten aufgehört zu essen. Jeden Abend gingen mein Vater und ich in ein langes, schmales Restaurant am Hafen. Wenn ich mich durch die Räume bewegte, drehten sich die anderen Gäste um, sie konnten sehen, dass ich eine andere geworden war. Meinte ich. Worüber redeten wir, der Vater und das Kind, das kein Kind mehr war? Dass ich nichts mehr essen konnte? Man stellte köstliche Gerichte vor mir ab, Souvlaki am Spieß, nahezu schwarzes Fleisch mit Zitrone, Tomatensalat mit Feta, Moussaka, gefüllte Paprika, gebratene Kartoffelecken, mit Honig und Sesam garnierten Joghurt, doch alles war zu schwer für meinen Blütenstaubkörper. Ich betrachtete die Gerichte als Sinneselemente, als Teil eines Sturms, der mich durchwehte, nicht als mögliche Nahrung. Mir genügte sein Name. Ni-cho-las (drei Silben wie in Lolita, und wie in *Lolita* macht die Zungenspitze drei Schritte – und endet im Bett im Keller). Meine Hände zitterten. Ich zitterte. Ich ging zum Hafen und fotografierte die

Wellen. Mein Vater erzählte mir von Hokusai. Und ich habe eine ganze Fotoserie von Wellen, eingefangen, unmittelbar bevor sie brechen. Es stürmt. Schwarze Klippen, ein gelbgraues Meer, und der Zweite Weltkrieg zeigt seine hässliche Fratze: eine Anlage aus Beton.

Ich habe ein Foto von mir, wo ich in Shorts auf einem Esel sitze, und der Eselbesitzer, ein alter Mann, hat seine Hand auf meinem nackten Oberschenkel abgelegt, er sieht listig aus, ich bin viel zu groß für den Esel, und es wirkt, als würde er das Ganze zusammenhalten, mich und den Esel, mit seiner Hand und seiner Besitzermiene. Ich habe gelernt, sehr höflich, beinahe untertänig, zu Menschen zu sein, die offensichtlich weniger haben als ich (Geld, Möglichkeiten, Ausbildung), deshalb muss ich mich darauf eingelassen haben, auf seinen Esel zu steigen und seine Hand zu dulden. Mein Denken war lange in der Vorstellung gefangen gewesen, Menschen oder ganze Völker, die Opfer gewesen waren, könnten nicht gleichzeitig auch schlechtes Benehmen oder gar Bösartigkeit an den Tag legen. Ich dachte (noch im Alter von fünfzehn), alle Indianer wären gut, alle Juden, alle schwarzen Amerikaner und alle armen, alten, eselvermietenden Bauern auf Kreta.

Erschöpft, unerfüllt, feucht, hart, steif, bis ins Unendliche, wir gingen nicht miteinander ins Bett. Ich glaube, wir zogen uns auch nicht groß aus. Ich glaube, wir betasteten uns unter der Kleidung und küssten uns stundenlang. Vielleicht stimmt das aber auch nicht. Jetzt kommt es mir plötzlich so vor, als könnte ich mich an seine Beine erinnern. Und dass er ins Bad ging und sich anschließend die Haare föhnte, während ich noch im Bett lag und ihn betrachtete. In jedem Augenblick, in dem er nicht arbeiten musste, zog es uns in sein Bett. Mein Vater musste das Labyrinth in Knossos allein besichtigen. Er musste ganz Kreta allein besichtigen. Ich wollte nur mit Nicholas hinab in den Keller, hinab ins Bett. Dann kam der Bus, um uns zum Flughafen zu fahren. Ich war in Tränen aufgelöst wegen des Abschieds, vom eigentlichen Kern des Lebens weggerissen, ich hatte das Gesicht an die Ewigkeit gepresst und saß nun allein da, ins Taschentuch meines Vaters vergraben. Und die Erwachsenen im Bus waren durchaus wohlmeinend, durchaus fürsorglich, meine Schluchzer tönten laut durch den vollkommen stillen Bus, bis der Guide seine Stimme aufdrehte, durchs Mikrofon. Ich musste ihnen glauben, dass sie das, was ich jetzt durchmachte, alle schon durchgemacht hatten, dass es eine Art Kinderkrankheit sei. Ich musste ihnen glauben, dass Liebe und Abschied etwas waren, was sie selbst wie auf Rezept bekamen, in genau bemessenen Dosen.

Wir sahen einander nie wieder, aber wir schrieben uns sieben Jahre lang, über neue Lieben hinweg und in seinem Fall auch Ehe und Kinder, und jedes Jahr zur Weihnachtszeit ging er zum Fotografen und schickte mir ein Foto von sich, immer sehr gut frisiert, die (mit dem Föhn) nach innen gedrehten Spitzen ruhten auf dem Kragen oder den Schultern, je nachdem, wie es die Mode (auf Kreta) in diesem Jahr gerade vorschrieb. (Bevor Charles einzog, warf ich alles weg, was ich an Fotos und Liebesbriefen besaß, aber ich erinnere mich noch unglaublich genau an diese Fotografien, selbst an seine Pullover, jedes Jahr ein neuer, an das Muster des kleinen Pulloverausschnitts, der mit aufs Foto kam.)

Alma und ich hatten Tim in Amsterdam kennengelernt, wo er in der Bar unseres Hotels stand, oder besser gesagt unserer Jugendherberge, und einem zufriedenen Engel glich, langes, rotblondes Haar, Sommersprossen, Pfadfindermesser. Sein schwarzes T-Shirt war weißgrau verwaschen, und er roch ein wenig nach Schweiß, wenn man ihm ganz nahe kam, nicht direkt unangenehm, mehr wie eine Brise. Es passierte nicht mehr, als dass er uns nach unserer Adresse fragte, sein Adressbuch war, wie sich herausstellte, seine Bibel, weil er ein Backpacker war und froh über neue Ziele. Wenige Tage nachdem Alma und ich wieder nach Kopenhagen zurückgekommen waren, klingelte er an unserer Tür, wir wohnten damals zusammen. In derselben Nacht ging die Tür zu meinem Zimmer auf. Später erzählte er mir, er sei im Zweifel gewesen, welche Tür er wählen sollte, meine oder Almas. Es wurde meine, denn, wie er sagte, »Alma ist groß, ein wirklich großes Mädchen«, und er selbst war schmächtig und nicht größer als 1,70 Meter. Und es stimmt wohl, dass Alma zu dieser Zeit zusätzlich noch ein bisschen übergewichtig war, aber das galt auch für mich, ich arbeitete als Putzhilfe im Amtskrankenhaus von Gentofte in einem Team, das auf Abruf arbeitete, wir rückten aus, wenn eine Operation beendet war, und reinigten vor der nächsten schnell den OP, dessen Boden oft mit Blutlachen und unspezifischen organischen Stücken bedeckt war. Während der Operationen schlug ich die Zeit mit rotem Saft und Maria-Keksen tot, an meinen Mopp oder meinen kleinen, praktischen Putzwagen gelehnt (praktisch, wenn die Räder funktionierten und nicht einen solchen Drall hatten, dass wir im Zickzack über den Gang fuhren, wenn der Chirurg die Tür des OPs öffnete und mit langen Schritten hinausging, während er die Maske von seinem steinernen Gesicht zog und die Handschuhe von den Händen … denn dann waren ich & der Mopp an der Reihe). Viele meiner Mitschüler am Gymnasium (das ich mit erbärmlichen Noten abgeschlossen hatte, und jetzt putzte ich) jobbten am Wochenende in diesem Krankenhaus, und weiße Krankenhausunterhemden mit blauen Streifen auf den Armen (der Name der Reinigung war in einem blauen Viereck auf den Bauch gedruckt) waren in der Schule in Mode, sodass wir entlaufenen Patienten glichen – und zum häuslichen Gebrauch auch weiße Krankenhausbademäntel, hatte dieser weiße Frottee nicht etwas Filmstarhaftes an sich? Auf unseren Partys tranken wir einen merkwürdigen süßen Drink, dessen Grundzutat Krankenhausethanol war (obwohl mir, wenn ich jetzt Ethanol google, klar wird, dass das nicht stimmen kann), daraufhin endeten viele im Krankenhaus und bekamen den Magen ausgepumpt, wodurch es (das Krankenhausethanol) wieder zu seinem Ursprungsort zurückkehrte und sozusagen nach Hause fand. Auch ich hatte einen Bademantel aus dem Krankenhaus geschmuggelt. Als meine Mutter bemerkte, dass ich mir öffentliches Eigentum angeeignet hatte, geriet sie außer sich, und ich musste sofort aufs Fahrrad springen und ihn wieder zurückschmuggeln, in den Spülraum, in den Wäschekorb.

O.F. besaß auch eine Kanone, sie stand in einer gepachteten Garage auf Amager, aber wir bekamen sie nie zu Gesicht. Wenn er freitags vorbeikam, hatte er jedoch keine Kanone im Schlepptau, sondern nur seine Tasche auf Rädern, seinen Hackenporsche (solche Wortschöpfungen gefielen ihm; genau wie Slogans, er nahm auch an Slogan-Wettbewerben teil und war glücklich, wenn er gewann, sein Favorit, der angeblich vom Rat für Verkehrssicherheit übernommen wurde, war dieser: »Warum eine Sekunde schneller sein, wenn es die letzte sein könnte?«). Aber die rollende Tasche machte den Eindruck von Jugendlichkeit zunichte, den das schwarzgefärbte Haar erwecken sollte, sie machte ihn zu einem älteren Herrn, der dem Gewicht der Dinge nicht mehr gewachsen war. Noch bevor er hereingekommen war, fing er schon damit an, Geschenke aus besagter Tasche zu ziehen (um uns auf diese Weise bereits an der Türschwelle zu entwaffnen), eine Tüte Erbsensuppe, eine Tafel dunkle Schokolade, Ausschnitte aus Zeitungen und Zeitschriften über Themen, die wir bei seinem letzten Besuch angerissen hatten (als meine Mutter an Brustkrebs erkrankte, schickte er ihr in bester Absicht einen Artikel mit einer finsteren Statistik zu Überlebensrate und Heilungschance, die ihr völlig den Rest gab, auf dem Umschlag klebten Briefmarken von Charly Brown und den Peanuts, weil sie für jede Lebenssituation den passenden Spruch parat hatten. Als sie die Diagnose bekam, mietete sie auf der Insel Nyord ein freistehendes Haus, weit von den nächsten Nachbarn entfernt. Ein Haus, in dem sie schreien konnte.

Sie mietete ein Haus, in dem sie schreien konnte.

Doch sie nutzte es nie und kündigte den Mietvertrag schon nach wenigen Monaten wieder. Ich glaube nicht, dass sie je schrie. Vielleicht schrie sie in ihr Kopfkissen hinein. Als sie mir von dem Haus erzählte, in dem sie schreien konnte, drang ich nie bis zum wahren Inhalt dieses Satzes vor; als hätten die Worte und die Tat (das Haus zu mieten) die dahinterliegende Verzweiflung übertönt.)

O.F. brachte auch Schlaftabletten mit, wenn jemand über Schlafmangel geklagt hatte – er konnte sogar auf die Idee kommen, meiner Mutter unaufgefordert Schlaftabletten per Post zu schicken, in Watte gepackt und in gelben Läkerol-Schachteln mit einem Gummiband drum herum. Über das Gummiband wunderte ich mich immer, denn die Schachteln waren geschlossen und die Pillen in Watte gehüllt, es bestand keinerlei Risiko, dass sie in den Umschlag kullerten, das Gummiband wurde zu einem Bild ihrer Stärke, als müssten die Tabletten daran gehindert werden, aus der Schachtel auszubrechen. Es waren sozusagen Schlaftabletten der alten Schule, Rohypnol, die ihm sein Arzt anscheinend in unbegrenzten Strömen zufließen ließ, vielleicht kaufte er sie aber auch in seiner Stammkneipe, der Polar Bodega, wo man ihm zufolge alles Mögliche erstehen konnte, Pässe, Waffen, Tabletten. Zehn Minuten nachdem man eine Rohypnol geschluckt hatte, fühlte man sich, als hätte man einen Schlag auf den Kopf bekommen, wenn man sich dann aufzustehen erdreistete, war es, als befände man sich während eines Sturms auf dem offenen Meer, die Wände stürzten auf einen zu, und man fing sie im Laufen mit vorgestreckten Armen ab. Oder man schlief auf der Stelle ein, der Mühe entbunden, sich an den Schlaf heranzuschleichen, und wahrscheinlich wurde damals der Grundstein für meine Liebe zu Schlaftabletten gelegt, doch mein Arzt hält mich an der kurzen Leine, mir steht lediglich eine Höchstmenge von zehn Schlaftabletten pro Jahr zu, ganz leichte Tabletten, deren Wirkung nur drei bis fünf Stunden anhält. Man kann unbeeinträchtigt umherlaufen, nachdem man eine genommen hat. Wenn man es bereut und doch nicht schlafen will – oft habe ich das Gefühl, dass ich eigentlich gar nicht schlafen will, sondern nur denke, ich müsste es, als wäre ich ein bockiges Kind und dessen Eltern in einer Person –, kann man es einfach sein lassen. Nabokov war der Meinung, die Menschheit lasse sich in zwei Gruppen einteilen: Jene, die nicht schlafen können, und jene, die es können. Sein Vater war der Meinung, man könne Menschen danach gruppieren, ob sie auf andere attraktiv wirken oder nicht – in seinen Augen das entscheidende Merkmal im Hinblick darauf, wie sich das Leben gestalte. Wankt man jedoch im Nebel der Übermüdung durch die Gegend, bemerkt man seine eigene Wirkung auf die Mitmenschen wohl kaum oder schätzt sie falsch ein, wie man auch so vieles andere falsch einschätzt.

Grunzend und sein Knie verfluchend, beugte er sich
nieder, um seine Skier festzumachen, im Schneetreiben,
am Rande des Steilhangs, aber die Skier waren verschwunden, die Bindungen waren Schnürsenkel und
der Steilhang eine Treppe.

Vladimir Nabokov,
Ada

Der Protagonist im Roman *Ada* leidet nicht unter Schlafmangel, befindet sich allerdings in einem Zustand heftiger
Gemütsregung, ausgelöst durch enttäuschte Liebe, als er Innen
und Außen verwechselt. Ich selbst täusche mich auch oft über
Vorgänge in der realen Welt. Und ich frage mich, wie anders
als andere man Dinge, die gegeben sein müssten, das heißt,
über die Übereinstimmung herrscht, erleben darf, ohne dass
man sich selbst als völlig abseitig betrachten muss. Welcher
Grad an subjektiver Wahrnehmung ist zulässig oder verzeih-
lich, wie sehr darf man vom Konsens abweichen, wenn man
zu den Zurechnungsfähigen gerechnet werden möchte? Ist
man willens, sich selbst zu korrigieren (nein, nein, natürlich
höre ich kein Wasser rauschen, sondern nur das Summen von
Strom, es versteht sich von selbst, dass kein Wasserfall in der
Nähe ist, wie konnte ich mich nur so schrecklich täuschen),
lassen es die Normalwahrnehmenden trotzdem zu, dass man
sich in ihre Herde zwängt, erst wenn man auf dem Recht der
eigenen Wahrnehmung beharrt, macht die Herde dicht, wird
zur Mauer. Jetzt kommt mir etwas in den Sinn, das nicht ganz
dasselbe ist. Meine Mutter hatte Fieber. Ich war bei ihr zu Besuch. Plötzlich richtete sie sich im Bett auf und winkte ver-
zückt einer Amsel auf dem Zweig vor ihrem Fenster; als müsste sie alles daransetzen, dass der Vogel ihren Gruß sah, jetzt, da
er ihr endlich erschienen war.

Zurück zum Schlaf ... dennoch wurde ich, unter der Aufsicht eines anderen Arztes oder mangels selbiger, abhängig von diesen scheinbar unschuldigen ovalen Pillen, die sich so schwer in zwei Hälften teilen lassen. Als ich mir selbst den Hahn zudrehte und keine weiteren nahm, weil mir tagsüber so schwindelig war, dass ich wie eine Betrunkene torkelte und mich mehrmals neben den Stuhl anstatt darauf setzte, kostete mich das fünf schlaflose Nächte, alle Geräusche waren schneidend, und ich war dünnhäutig, die Atmosphäre rauschte wie Watte im Ohr und kratzte an meinen Knochen und Nerven.

Rohypnol war gleichbedeutend mit einem Abtauchen von der Erdoberfläche für die nächsten zehn Stunden. Meine Mutter kann nicht gewusst haben, dass O. F. mich mit diesen Tabletten versorgte. Oder sie vertraute darauf, dass ich verantwortungsvoll damit umging, was ich auch tat, weil ihre Wirkung furchterregend war, ungefähr so: Erst fiel ein Schatten (der Schwere) auf mich, und im nächsten Augenblick packte mich der Vogel mit seinen Krallen und flog mit mir davon zu seinem Horst, fernab der Welt, ein Vorgeschmack auf den Tod. Als ich kürzlich einen Spaziergang mit Edward machte, hatte er etwas im Zoogeschäft zu erledigen, und ich kam mit hinein. Das Personal war gerade dabei, fünf kleinen Vögeln Auslauf zu gewähren, indem es sie frei im Laden herumfliegen ließ, und ich betete, dass sich keiner auf mein Haar setzen oder meinem Gesicht zu nahe kommen würde. Beides traf ein. Ich verspürte eine intensive Abscheu, ich ertrage dieses Flügelschwirren nicht, die viel zu schnellen Bewegungen. Weil ich kurzsichtig bin und die Sehstärke auf beiden Augen unterschiedlich ist, rechts geringer als links (der Optiker: »Das Rechte das Schlechte – so können Sie es sich merken«), kann ich nur schwer Entfernungen einschätzen, und am Sortedamssee oder auf dem Rathausplatz glaube ich oft, ich würde gleich mit einer Taube oder Möwe zusammenstoßen, und ducke mich oder schirme mein Gesicht ab, obwohl sie in Wirklichkeit offenbar genügend Abstand hält. In *Orlando* wird eine Berührung der Liebe beschrieben, die wie Vogelschwingen ist. Als ich das las, sah ich vor mir, was ich mir nur äußerst ungern vorstellte: einen Vogel, der mit seinen Flügeln über meinen nackten Körper strich, und stellt euch den Vogel bloß nicht als männliches Geschlechtsteil vor, so wie in Catulls Gedicht über den Sperling: »Meines Mädchens Sperling ist gestorben (…). Und er rührte sich nicht von ihrem Schoß, sondern sprang umher, bald hier-, bald dorthin, und piepste immerzu nur sein Frauchen an.«

Hier, bei mir, heißt Vogel wirklich Vogel. Einmal diskutierte ich das häufige Vorkommen von Hunden in einem von Almas Romanen mit einem Universitätsdozenten. Er sprach von Symbolen. Ich sagte, die ausführliche Beschreibung jedes Hundes führe dazu, dass er kein Symbol sei; die Details machten ihn zu etwas Spezifischem, zu einem Ding an sich, zum Hund eben, und zwar jedes Mal ein ganz bestimmter Hund.

»Das kaufe ich dir nicht ab«, sagte er (eine der Redewendungen, die ich am meisten verabscheue, höchstens geschlagen von: »Geschieht ihm ganz recht«), »wir reden nun mal über einen Text, nicht über das Leben.«

»Aber was sollen diese Hunde dann symbolisieren?«, fragte ich. »Symbolisieren sie Wölfe?«

»Ja, genau«, antwortete er, »sie symbolisieren etwas Schleichendes, Unangepasstes, Unterwürfiges, etwas wie einen einsamen Mörder.«

»Es sind doch aber Retriever«, erwiderte ich, »gutmütige Retriever.«

Und wieder sagte er, das nehme er mir nicht ab und ob ich wisse, dass ein Hund in weniger als einer Minute eine Geldbörse aus Leder zerfetzen könne.

Übrigens war ich einmal für ein Wochenende in Greifswald, und das Einzige, woran ich mich erinnere, ist ein Rabe im Zoo, der meine Aufmerksamkeit fesselte, und wie ich mich hinter dem Drahtnetz niederließ, dem er ganz nahe kam, und lange (zu lange für mich, um normal zu erscheinen) starrten wir einander in die Augen, er legte den Kopf schief, ich schrieb ihm Augen zu, die vor Intelligenz leuchteten, und war ganz aufgelöst darüber, dass dieses Wesen mit einem so ausgeprägten Talent zur Kontaktaufnahme eingesperrt bleiben musste.

O. F. war ein Patient meiner Mutter gewesen, jetzt war er gesund, und es war so gekommen, wie es mitunter kam zwischen ihr und ihren Patienten, sie wurden Freunde (aber er hatte mehr gewollt, hatte sie in ihrem Büro rund um den Schreibtisch verfolgt, und ich sehe sie vor mir, wie sie abwehrend die Hände hebt und all ihre Autorität in ihr Nein legt), was den Vorteil hatte, dass sie den ehemals Kranken ein wenig im Auge behalten und Maßnahmen einleiten konnte, falls die Krankheit von neuem ausbrach.

Zwischendurch trieben mich die Patienten in den Wahnsinn. Meine Mutter kam fast immer zu spät von der Arbeit nach Hause, gegen sieben, im Taxi, weil sie müde war, und wenn wir dann endlich am Abendbrottisch saßen, klingelte das Telefon, und es war einer von ihnen. Ich hatte keine Geschwister. Ich hatte die Patienten, die Beharrlichen, die beharrlich sein durften, weil sie krank waren. Weil es (vielleicht) um Leben und Tod ging. Und wenn ihre ruhige Stimme den Kranken retten oder ihn, in weniger schwerwiegenden Fällen, besänftigen und seinen Schmerz lindern konnte (ihre Stimme war wie eine Hand), musste ihr das auch erlaubt sein.

Jeden Monat sollte sie ihre Überstunden in ein Formular eintragen, doch oft war sie zu müde dafür und brachte sich um das Geld. Genau wie sie zu müde war, um mit öffentlichen Verkehrsmitteln zur Arbeit und wieder zurück zu fahren. Sie besaß keinen Führerschein. Sie hatte sich schon mehrmals ein Theoriebuch bestellt, um eine Art Selbststudium zu betreiben, meldete sich jedoch nie zu einer Fahrstunde an. Das Wochenende verbrachte sie im Bett, lesend, erschöpft.

Immer wenn Charles und ich, meistens erfolglos, einem Arzt durchs Versorgungssystem hinterherjagen, um Hilfe für seinen erbärmlichen Rücken zu finden, denke ich daran, wie meine Mutter sich selbst verausgabte und wie ich, in ihrem eigenen Zuhause, oft als Puffer zwischen ihr und den Patienten dienen musste. Der größte Plagegeist war eine unterdurchschnittlich begabte Frau namens Birthe mit einer Stimme wie ein Nebelhorn; meine Mutter hatte ihr erlaubt, jeden Sonntag anzurufen, und deshalb nannten wir sie Sonntagsbirthe, und Birthe selbst tat es auch.

»Hallo, hier ist Sonntagsbirthe.«

(Aber es war nicht Sonntag, es war Montag, Dienstag, Mittwoch.)

Sie hätte gern gehabt, dass ich sie Tante nenne.

Sie hätte mich gern dazu gebracht, zu sagen, dass ich meine Tante Birthe liebte. Und ich bestätigte es immerhin widerwillig.

Es fiel ihr schwer, ihrer kraftvollen, nasalen Stimme einen vertraulichen Klang zu geben, es hörte sich an, als stünde sie mit den Füßen darauf und presste sie zusammen. Nach einer schmeichelhaften Einleitung (ich sei Petrus, meine Mutter der Himmel) bat sie darum, mit meiner Mutter sprechen zu dürfen. Wenn meine Mutter abwehrend mit den Händen fuchtelte, musste ich mir eine Ausrede einfallen lassen. Nur wenn Birthe ein seltenes Mal gut aufgelegt war, konnte sie ein Nein akzeptieren. Meistens beharrte sie so lange auf ihrer

Forderung, bis ihre Stimme allmählich die natürliche Tonlage erreichte – Nebelhorn – und sie richtig wütend wurde und mir vorwarf, ich sei unfreundlich und gemein und schuld daran, wenn sie einen Anfall bekäme. Sie litt unter Epilepsie. Dann legte ich auf, und wenn meine Mutter keinen Bereitschaftsdienst hatte und man den Stecker ziehen durfte, tat ich es auch. Sonst mussten wir uns damit abfinden, dass sie acht bis zehn Mal anrief, zunehmend wütend und beleidigend. Ich begegnete ihr nur einmal, an einem Sonntag, als sie uns mit ihrem Mann Svend besuchen kam. Ihre Erscheinung war wie ihre Stimme, groß und kraftvoll, ein Bär hinter der Fassade einer Frau, und sie breitete ihre Arme aus und zog mich an sich. Ihr Mann war klein und kümmerlich; von Kindesbeinen an hatte man ihn auf den umliegenden Höfen als kostenlose Arbeitskraft ausgenutzt. Er war abgearbeitet und kaputt. Er lachte nervös über alles, was Birthe sagte. Hin und wieder schlug sie ihm auf die Schulter und sagte, »stimmt's, Svend?«, und er sackte unter ihrer Hand zusammen. Svend wollte gern von ihr weg (ihr heftiges Temperament zehrte an seinen Nerven), aber das hätte sie nie zugelassen. Am Ende erbarmte sich irgendeine Instanz seiner und brachte ihn ins Pflegeheim. Ohne sie. Zu ihrer großen Verzweiflung. An dem Sonntag, als sie uns besuchten, hatten sie jedem von uns ein Schmuckkästchen mitgebracht, eine Zigarrenschachtel mit kleinen Kacheln, dunkel- und hellblauen und rosafarbenen Kacheln (der Leim war großzügig verteilt worden und quoll zwischen den Steinen hervor, erst weißlich, dann beinahe braun), die den Deckel beschwerten und die kleinen Scharniere so überlasteten, dass sie nach mehrmaligem Öffnen gleich ausgeleiert waren.

Wir hatten einen Junkie bei uns wohnen, eine Frau auf Methadon, die außerdem an einem zu großen Herzen litt, im wörtlichen Sinne, sie wirkte atemlos. Dass sie Drogenabhängige aufgrund von Platzmangel in ihrer Abteilung abweisen musste, gehörte zu jenen Dingen, die meine Mutter besonders unglücklich machten, und wütend auf das System (ein Ausdruck, den man heute nur noch selten hört) – und diese eine nahm sie also mit nach Hause, und im Paket enthalten war auch ein Begleiter, Peter; die beiden hatten sich gerade in der Klinik kennengelernt, und vielleicht kam er mit, um ihr mit dem Methadon zu helfen, diesbezüglich versagt mein Gedächtnis – jedenfalls war er dabei, und sie ließen sich auf Matratzen nieder, in zwei verschiedenen Zimmern. Anne war Marxistin, sie gab mir eine lange Liste an Werken (politische Theorie), die ich für sie in der Bibliothek besorgen sollte, wo ich als Nebenjob Bücher einräumte (eine ermüdende Tätigkeit; auch die Bibliothekare langweilten sich tapfer, jedenfalls tranken sie einiges, und zu meinen Aufgaben gehörte neben dem Büchereinräumen auch, für ihre Mittagessen in der Personalküche einzukaufen, ich kaufte Delikatessen jedweder Art und Wein in großen Mengen, einige Bibliothekare waren gut im Futter, um nicht zu sagen fett, und sie hatten eine Vorliebe für bauchige Flaschen mit Korbgeflecht), ich wusste also genau, wo die Bücher standen, natürlich das ganze *Kapital*, das konnte sie nicht entbehren, Lenin, Mao und Biographien der Anarchisten Kropotkin und Goldman und mehrere andere Werke, an die ich mich nicht erinnere (hingegen erinnere ich mich noch, wie meine Mutter sagte, dass wir uns glücklich schätzen könnten, nicht in einem Land zu wohnen, in dem die Ausleihe überwacht werde, denn die Bücher wurden auf ihren Ausweis entliehen), und als ich sie am Kopfende von Annas Matratze stapelte, begriff ich, dass ihr Aufenthalt bei uns lang werden würde, wenn sie all das tatsächlich lesen wollte. Sie bewegte sich schleppend durch die Zimmer. Und setzte eine Brille auf ihre spitze Nase, wenn sie etwas lesen wollte. Sie war erst sechsundzwanzig, kam mir aber nicht jung vor. Wie auch, ich war siebzehn. Am liebsten trug sie enge Samtoberteile, ihr Busen war lang und spitz. Sie hatte ein Hohlkreuz, was irgendetwas mit dem Busen bewirkte, ihn vielleicht zusätzlich verlängerte oder betonte. Um den Hals trug sie eine Kette mit einem Goldherz, und dieses Herz zog sie über den Kragen und ließ es auf ihr enges Samtoberteil herabbaumeln. Und darunter arbeitete das große, überanstrengte Herz.

Sie war »auf den Strich gegangen«. Es machte mich nervös, dass sie so viel durchlebt hatte, sie umgaben Sphären – langsam und atemlos, bei ihrem Gang durch die Zimmer, dieser Busen, von dem ich den Blick nicht mehr abwenden konnte, diese Bücher, bei denen ich genau verfolgte, ob sie gelesen wurden –, in die ich nie eintreten würde, die ich nur dann und wann durch ein paar Worte streifte, die meine Mutter fallenließ, beiläufig und vertraulich, wie dieses »auf den Strich gegangen«, »denn was glaubst du, wo hätte sie sonst das Geld herhaben sollen«. Nein. Hätte ich einen Hut getragen, ich hätte ihn gelüftet, wenn sie an mir vorbei in den Flur schlüpfte.

Nur einmal behandelte ich sie wie einen gewöhnlichen Menschen. Ohne anzuklopfen, öffnete sie die Tür zu meinem Zimmer, als ich gerade vor dem Spiegel tanzen übte – und ich sagte streng, ertappt und beschämt: »Du darfst nicht einfach reinkommen, ohne anzuklopfen!« Dann trat sie, ebenfalls bedächtig, in ihren Hausschuhen mit den heruntergelatschten Fersenkappen den Rückzug an. Ein Detail (ich kann mich genau erinnern, wie sie die Tür schloss, die Scham darüber, ertappt worden zu sein, und meine Zurechtweisung hatten den Türrahmen in meiner Erinnerung mit Konturstrichen versehen): Sie sah auf ihre Hand auf der Klinke herab und beugte sich darüber, als wäre die Klinke der Schuldige und sie müsse ihr Verhalten überwachen, als sie übervorsichtig (ironisch) die Tür schloss. In diesen Jahren zermürbte ich meine Mutter mit *Dear little mother*, das ich auf voller Lautstärke hörte und das sie unendlich traurig fand und ja – zermürbend, ich selbst betrachte dieses Lied als etwas Unversöhnliches, Unverträgliches. Vielleicht hatte ich an jenem Nachmittag auch dazu gezappelt, die Kehle zum Himmel gestreckt. Es könnte aber auch *Born to be alive* gewesen sein, seht euch mal an, wie Patrick Hernandez es singt, sein Auftritt ist eine befremdliche Mischung aus Komik und Sadismus.

Peter war ein Unruheherd. Er hatte eine manische Phase, schaute beim Fernsehen mehrere Sendungen gleichzeitig, schaltete alle dreißig Sekunden um, für uns andere verwirrend, für ihn kein Problem. Dabei redete er unablässig und machte es sich sofort zum Ziel, mich und meine Freundinnen zu verführen, aber es gelang ihm nur mit Alma, im Schaukelstuhl, während einer Lektion in Mathe, nachdem er unser Nachhilfelehrer geworden war, kein besonders pädagogischer allerdings, seine Erklärungen verloren sich in Assoziationen. Und meine Mutter kam von der Arbeit nach Hause, vielleicht ein wenig besorgt, wie ihre Menagerie den Tag überstanden hatte und ob ich wieder geschwänzt hatte, sie war wie immer spät, kurz vor Ladenschluss, mit Einkaufstüten in den Händen, freundlich und müde. Peter war Mitglied der Irrenbewegung und stellte uns deren Mitgliedszeitschrift *Amalie* vor. Alma schrieb ein schwülstiges Gedicht (heulende Eulen, Mitternacht, Vollmond) über ihn, es hieß »Mania« und wurde in *Amalie* abgedruckt. Er war ein erbitterter Gegner der etablierten Psychiatrie; meine Mutter betrachtete er als löbliche Ausnahme oder als eine Entsprechung zum »good cop«. Psychiater zu sein war undankbar in dieser Zeit, den 1970ern und 1980ern, in denen die antipsychiatrische Bewegung tobte. Die Linke, der meine Mutter selbst angehörte, hielt Psychiater für eine Art Lakaien, ausgehend von der Devise Ronald D. Laings, der Wahnsinn sei eine gesunde Reaktion auf eine kranke Gesellschaft. Beim übrigen Ärztestand gälten die Psychiater, so sagte sie, als Bodensatz, als Müllmänner der Gesellschaft, wohingegen die Chirurgen an der Spitze stünden. Würde Charles dem Chirurgen wiederbegegnen, der in seinem Rücken herumgefuhrwerkt und dabei (trotz eines mehrstündigen Aufenthalts) übersehen hatte, dass seine Knochen morsch waren, er würde ihm einen so harten Stoß verpassen, wie es der Zustand seines Rückens zuließ. Ein anderer Chirurg mit einem scharfklingenden Namen, etwas wie Glasgow, aus dem Krankenhaus in Stege, wo meine Mutter und ich mehrere Jahre in einer Klinikwohnung lebten, hatte die Gewohnheit, seine Patientinnen mit den Worten zu begrüßen: »So, jetzt haben wir also die Messer gewetzt, Frau XY.« Ähnliches ließe sich möglicherweise über Augenärzte sagen – eine unangenehme Erinnerung, für den späteren Gebrauch vorgesehen, die sich in der Schlange nach vorn drängt: »Das Gerstenkorn entfernen wir mit dem Skalpell, jetzt legst du dich hin, und ich bleibe stehen und behalte die Macht über dich« (wörtlich zitiert, während er die Klinge schwang und die Beine grätschte), »schwupps … da haben wir es schon willst du dein Auge im Spiegel dort an der Wand anschauen dann mal aufgestanden jaja das ist ein blutiges … hupps.« Rücklings zu Boden, Blackout, Erwachen auf dem Boden, ganze zwei Augenärzte über mir, Alarm, Kampf, kaum vorstellbar, nicht vergewaltigt worden zu sein, nach dem Geschwätz über Macht. Schamerfüllt, nicht die gleiche Wirklichkeitsauffassung zu teilen wie diese beiden, zwei gegen eine. Nach-Hause-Schleichen.

Das Folkets Hus in der Stengade war Peters zweites Zuhause, und über seine Aktivitäten dort sagte er: »Erst habe ich Tee gekocht, dann die Macht übernommen.«

Er saß im Schneidersitz auf dem Boden und häkelte bunte Sachen. Er hatte einen Überbiss und braune Glubschaugen und starke Brillengläser (wenn er die Brille abnahm, um sie zu putzen oder sich die Augen zu reiben, erhielt man einen direkten Zugang zu seinem Inneren, das zurückhaltend und zögerlich war, die kleinen, schwachen, rotgeränderten Augen sahen geradezu niedlich aus. Fast hätte ich Lust bekommen, seine Augenlider zu küssen. Aber sein Haar war so fettig. Sobald die Brille wieder auf ihrem Platz war, kehrte das begehrliche Glotzen zurück, und ich bekam stattdessen Lust, ihn zu ärgern. Sein Haar war schwarz; es kommt mir so vor, als wären alle Menschen, die ich hier aufreihe, dunkelhaarig: O.F., meine Mutter, Peter, ich selbst, Annes tschechoslowakischer Freund: »dunkel und intensiv«, der Ausdruck meiner Mutter. Alma ist jedoch hell, mein Navigationssystem, mein Licht in der Dunkelheit), und er trug eine peruanische Mütze und rote Cordhosen, die ein gutes Stück über den Wüstenstiefeln des Winters und den Sandalen des Sommers endeten, und eine Häkelweste. Er war schlagfertig, flink und liebeshungrig. Er hatte Schwierigkeiten, die Finger von seinen Mathematiknachhilfeschülerinnen zu lassen, von denen aus meiner Gymnasialklasse immer mehr kamen. Ausschließlich Mädchen. Der Unterricht fand bei uns zu Hause statt. Er muss seine Lüsternheit unter Kontrolle gehabt haben, wenn meine Mutter da war.

Peters und Annes unterschiedliche Lebenstempi harmonierten natürlich nicht gut miteinander. Peter irritierte sie grenzenlos, und so beschloss sie eines Tages, wieder auszuziehen. Ich brachte die Bücher zurück in die Bibliothek.

Als schließlich auch Peter auszog, lief das vermutlich so ab, wie eine kreisende Biene dazu gebracht wird, ihre Flugbahn zu ändern, von einer plötzlichen Bewegung des Windes angeschoben. Mit ihm hielten wir Kontakt. Wohingegen Anne für immer verschwand, als sie zusammen mit ihrem neuen Freund durch die Haustür ging. Dissident, Mitglied der Sozialisten und »beinahe erschreckend hochbegabt«, so wurde er mir vorgestellt; ich vermutete, Anne hatte all diese Bücher seinetwegen gelesen. Wir sahen ihn nur ein paar Mal. Während eines Besuchs, wo er vor unserer blaubemalten Mormonenuhr (die uns von einem Mormonen verkauft worden war) saß und Annes Hand hielt, während sie mit ihrer schleppenden, heiseren Stimme irgendetwas erzählte, vielleicht, dass auch Emma Gold einmal beschlossen hatte, sich selbst zu verkaufen, und loszog und lachsfarbene Unterwäsche erstand, es jedoch gleich bereute und sie in den Fluss warf, es war wohl die Spree. Und noch ein letztes Mal, als er dann kam, um sie abzuholen, und ihr half, ihre Sachen zu tragen.

Peter versuchte weiterhin, uns Mathematik einzutrichtern, Manie wurde von Depression abgelöst und so weiter. Alma und ich besuchten ihn einmal während einer schweren Phase. Er hatte sich im Fælledvej in einem kleinen Einzimmerapartment direkt unter dem Dach verschanzt, und der Fußboden war kaum noch sichtbar unter Bergen von Chaos und Müll. Es roch wie in einem Käfig, krank und gequält, perspektivlos.

Es gab die eher peripheren Patienten, die ich nie sah, über die ich lediglich etwas hörte oder mit denen ich am Telefon sprach. Kaj, der immer schwarze Handschuhe trug und dem zu begegnen meine Mutter fürchtete, wenn sie das Gelände zwischen zwei Abteilungen kreuzte. Einmal hatte er ihr eine schallende Ohrfeige gegeben. Er war schizophren und ertrug keinen Augenkontakt, vielleicht hatte sie versehentlich seinen

Blick erwidert. Es gab einen Opernsänger mit einem schön geschwungenen Schnurrbart (seine Visitenkarte war einmal irrtümlich in meiner Schultasche und anschließend auf dem Boden des Klassenzimmers gelandet, man zog mich mit ihm auf, die Visitenkarte wurde herumgeschickt) und einer außerordentlich tiefen Stimme. Es gab die Schildermalerin Else aus Wien, die uns ein Türschild malte, grün mit Goldbuchstaben. Und einen vornehmen alten Juden mit einer brüchigen Stimme, der meiner Mutter Silberbesteck schenkte, mit dem man Obst aß, fünf kurze Messer und fünf kurze Gabeln, eigenartig kurz, als wären die Hände kleiner geworden, wenn man beim Dessert ankam. Später bekamen Charles und ich sie als Hochzeitsgeschenk.

Einige Jahre zuvor war das geschehen, was nicht geschehen durfte; das Unverzeihliche. Meine Mutter hatte sich in einen ihrer Patienten verliebt und ein Verhältnis mit ihm angefangen. Ich war elf. Sie zweiundvierzig. Er sechsundzwanzig. In meinen Gedanken ist diese Beziehung mit einer dreifachen Zeitlupe verbunden; bei drei verschiedenen Gelegenheiten reagierte mein Körper offenbar losgelöst von meinem Willen – oder jeglicher Absicht –, und ich erlebte es so, als befände ich mich ein Stück entfernt von ihm (dem Körper) und beobachtete seine Handlungen (wobei jede Bewegung langsam erschien und überdeutlich und zugleich aufgelöst). Jedes dieser Erlebnisse ist mit Gegenständen verbunden (die sämtlich rot oder rötlich sind). Eine rote Tasche, ein rötlicher Bart, eine Apfelsine und ein bordeauxfarbener Pullover. Als meine Mutter erzählte, sie habe ihn kennengelernt und er werde bei uns einziehen, geriet ich so außer mir, dass mich mein Körper mit einem Zorngebrüll durch das Zimmer jagte, »nicht auch noch du«, brüllte ich und meinte, dass sie ebenso wie mein Vater (im Jahr zuvor) jemand anderen gefunden hatte; die Wut kulminierte darin, dass meine Füße zum Stampfen gebracht wurden, sie hüpften auf ihrer roten Tasche auf und ab, sodass alles, was sie enthielt, zerquetscht worden sein musste. Jetzt besitze ich selbst eine solche rote Ledertasche. (Noch hat keiner darauf herumgetrampelt.) Es gelang mir, seinen Einzug zu vereiteln. Er ging bei uns ein und aus. Ich begann ihn zu mögen, und als er eines Tages gehen wollte, folgte ich ihm bis zur Haustür, mein Körper schoss zu ihm hin, und ich schlang ihm den Arm um den Hals und presste meine Wange gegen seine. Er schlüpfte zur Tür hinaus, jeder Wirklichkeit beraubt. Anschließend wusste ich nur deshalb, dass es geschehen war, weil ich noch immer seine Bartstoppeln an meiner Wange spürte. Als er anfing, zu uns zu kommen, war er gesund. Er wurde wieder krank. Er fing an, mir gegenüber seine Gedanken zu äußern; dass meine Mutter dabei sei, ihn zu vergiften. Ich antwortete, das glaubte ich keinesfalls. Als meine Mutter das erfuhr, weil ich sie eines Tages fragte, ob es wirklich stimme, verlangte sie, dass er uns nicht mehr besuche. (Damit seine Ideen mir nicht schaden konnten.) Es kam zu einer Szene. Währenddessen saß ich am Esstisch, drehte eine Apfelsine in meinen Händen und verachtete ihn und hielt zu meiner Mutter. Am liebsten hätte ich die Apfelsine nach ihm geworfen. Die Stimmung schaukelte sich so hoch, dass er sie an den Schultern packte. Ich sprang auf und bohrte mich zwischen sie, schubste seinen Brustkorb weg (er trug seinen bordeauxfarbenen Rollkragenpullover) und rammte meinen Kopf dagegen. Er ging. In der Zeit danach stellte ich mir, wenn ich allein zu Hause war, vor, jemand Unsichtbares hege den Plan, mich zu vergiften, weshalb ich Essen und Trinken mit mir von Zimmer zu Zimmer nahm. Ich wagte es nicht, ein Glas Milch oder eine Tasse Tee unbewacht stehenzulassen. Es war eine große Liebe. In seinen guten Phasen konnten sie sich sehen. Er war nach Jütland gezogen, und dort besuchte meine Mutter ihn in den Ferien und an einigen Wochenenden. Zu diesem Zeitpunkt war er längst nicht mehr ihr Patient. Als sie ihr Verhältnis anfingen, muss er zu einem anderen Arzt gewechselt sein. Er tat ihr sehr gut; und sie ihm. Das sagten seine Geschwister anschließend; dass sie dankbar für all das Glück seien, das ihm durch sie zuteilgeworden sei. Er hatte sich geschworen, wenn er vor dem Erreichen seines 35. Lebensjahres nicht gesund werden würde, nähme er sich das Leben. Und er wurde nicht gesund. Als meine Mutter mir von seinem Tod erzählte (ich war gerade von einer Fahrradtour mit Alma auf Fünen zurückgekehrt), sah sie zu Boden und schlug mit der Ecke ihres Zigarettenpäckchens gegen die Tischkante, diese Schläge und ihr gesenkter Blick vermittelten das Endgültige – und wie schwer es zu akzeptieren war.

Rund um diese drei Mal Zeitlupe gibt es kaum eine Erinnerung von ihm; sein Mantel am Haken und ein Besuch bei seinen freundlichen Schwestern, eine hell-, die andere dunkelhaarig, deren Klobrille mit Goldfarbe angesprüht war. Und dann die Intensität zwischen ihnen, die beinahe greifbar war, und zwei Weingläser auf ihrem Nachttisch eines Morgens, als ich in ihr Schlafzimmer kam; die beiden bauchigen Gläser, die aneinanderlehnten, verkörperten die neue Liebe im Haus. Eine Liebe, in die sich eine Vorstellung von Giftmord mischte. Eine Liebe, die alles aufwühlte und die ich zu verbergen wünschte. Ich wünschte, sie wären in der Wohnung geblieben, anstatt sich Arm in Arm draußen in der Welt zu zeigen. Nicht, weil er ihr Patient war, davon ahnte ich damals noch gar nichts. Ich wollte, dass alles wie immer war, normal. Das sollten »die anderen« (ein Wort, mit dem ich immer meine Klassenkameraden meinte) glauben. Ich konnte nicht allein mit einer zersplitterten Kernfamilie dastehen. Das tat ich aber, und deshalb blieb ich über lange Zeiträume zu Hause, anstatt in die Schule zu gehen. Bis plötzlich eine Befreierin das Spielfeld betrat; Alwilda kam in meine Klasse und zog freimütig einen Schwanz von Patchwork-Eltern hinter sich her. Da waren wir zwei.

Wir lebten mit dem Geheimnis, dass meine Mutter selbst krank gewesen war, mehrmals im Laufe ihrer Kindheit und zweimal nach meiner Geburt. Als ich eines Morgens aufwachte, war sie nicht da; ich schlug auf meinen Vater ein, als er erzählte, sie sei im Krankenhaus. Ich war fünf oder sechs. Später erzählte sie, die Manie habe hohes Fieber bei ihr ausgelöst. In der ersten Nacht ihres Aufenthalts war sie aufgrund von Platzmangel in einem Badezimmer untergebracht worden. Der Wasserhahn hatte getropft, und über dieses Geräusch sagte sie mir irgendetwas, vielleicht, dass es sich in ihr Denken gemischt hatte, in ihr fieberhaftes Inneres, und dass sie durstig gewesen war, man ihr aber kein Glas mit Wasser brachte. Vielleicht sagte sie, dass es sich jedes Mal anfühlte, als treffe der Tropfen ihre Stirn. Ich muss an einen Stein denken, der langsam ausgehöhlt wird.

Damals war ich zu klein, um zu bemerken, wie die Krankheit ausbrach. Später wusste ich, dass etwas nicht stimmte, wenn sie anfing, alle Dinge in der Wohnung umzuorganisieren – es war der Anfang jenes Kreuzzugs der Dinge, den sie später im Leben, als sie Krebs hatte und ein ums andere Mal krank wurde, als säße sie auf einer Wippe und sauste in die Luft und knallte krachend wieder hinab (die Todesangst machte es ihr unmöglich, die Krankheit in Schach zu halten), auf die Spitze trieb. Sie verschob Möbel und kleinere Habseligkeiten von einem Ort zum anderen, als böte die Bewegung eine Garantie fürs Leben.

Wie ich sie bewachte.

Vielleicht hatte sie mich in einem schwachen Moment

selbst darum gebeten, ein Auge auf sie zu haben. Und wenn ich Zeichen von Traurigkeit oder übertriebener Aktivität wahrnahm, fragte ich sie (mit einer sehr kleinlauten Stimme, um ihren Zorn nicht auf mich zu ziehen, weil ich mich auf vermintem Gebiet befand): »Glaubst du, du wirst krank?«

Chaos herrschte bei ihr nie. (Und es war immer außerordentlich sauber, duftete nach Ajax, Essig und Bohnerwachs, und die Luft im Badezimmer ist in meiner Erinnerung immer schwer von Wasserdampf und dem Geruch von nasser Wäsche, weil sie lange Zeit alles immer von Hand wusch, in der Badewanne.) Es gab lediglich neue Formen der Ordnung. Unordnung, dem Aneinanderklammern der Dinge, beugte sie vor. Sie gab Sachen weg, auch meine, wenn ich ihrer Meinung nach herausgewachsen war. Sie schaffte nichts an, tätigte keine leichtsinnigen Käufe. Sie schaffte ab. Sie sprach zu viel, schlug dabei viel zu große Bögen und wurde aufbrausend, sie konnte es nicht ertragen, dass man ihr widersprach oder sie unterbrach – als würde ihre Gedankenkette abreißen, wenn man sich auch nur räusperte. Die sonst so geduldige, sanfte und aufmerksame Person war durch ein barsches und störrisches Ungeheuer ersetzt worden.

Im weiteren Verlauf (meiner Kindheit) gelang es ihr jedes Mal, die Manien mit Hilfe von Medikamenten und Ruhe in Schach zu halten.

Beim zweiten Mal hatte sie eine Depression. Oder war es bloß vollständige Erschöpfung? Meine Eltern ließen sich scheiden. Es war Januar. Sie hatte Weihnachten hinter sich gebracht (und für die ganze Familie ausgerichtet) und gute Miene zum bösen Spiel gemacht (das böse Spiel meines Vaters, seine Untreue, sein bevorstehender Auszug), damit die Feiertage für mich nicht zerstört waren. Im Januar konnte sie nicht mehr. Der Weihnachtsbaum war noch da. An einem Samstagnachmittag kamen einige Freunde der Familie (insbesondere meines Vaters), einer von ihnen war Arzt, und überredeten sie, sich einweisen zu lassen. Sie müssen unerwartet gekommen sein, jedenfalls hatte sie keine Zeit mehr gehabt, ihre Einkäufe auszupacken, die gefüllten Tüten lehnten während des ganzen Gesprächs an einem Stuhl. Sie willigte ein. Ich erlebte es wie eine Entführung. Zum Trost bekam ich ein Aquarium. Ich meinte, dass (wieder) etwas eingetroffen war, was man um jeden Preis geheim halten musste. Meinen Freundinnen erzählte ich, sie sei im Urlaub. Doch ich hätte mich fast verraten. Als ich einer von ihnen mein Aquarium zeigte, sagte ich: »Wie doof, dass man Aquarien nicht mit ins Krankenha…« Ich hätte meiner Mutter gern sofort die Fische gezeigt. Nach zehn Tagen kam sie wieder nach Hause, und ich hörte, wie sie meiner Patentante erzählte, sie habe, als mein Vater sie besuchte, einen Pantoffel nach ihm geworfen; meine Patentante machte auf mich aufmerksam (deutete mit der Hand in meine Richtung, sagte meinen Namen), damit sie schwieg und keine weiteren Informationen preisgab. Vielleicht zuckte meine Mutter mit den Schultern, ihr Zorn war stärker als die Rücksichtnahme auf mich, ihr Zorn war vulkanisch.

Nach den beiden Einweisungen fürchtete sie immer, sie könnte einem Kollegen begegnen, der wusste, dass sie krank gewesen war; jemandem, der sie behandelt oder auch nur von ihr gehört hatte. Sie hatte Angst, es könnte ihr zum Nachteil gereichen, wenn sie sich auf eine neue Stelle bewarb; dass es ihre Autorität untergraben würde, sie als unberechenbar gälte. Außerdem fürchtete sie, abermals krank zu werden. Und in ihrem neuen Status als Alleinerziehende hatte sie auch Angst vor sozialem Abstieg.

Dass sie selbst vertraut mit Krankheit war, machte sie vielleicht zu einer empathischeren, besseren Ärztin.

Wenn ich in Gedanken in dieses Haus in Jægersborg hinein-
blicke, habe ich das Gefühl, zerstörerisch zu sein, als würde
ich mit einem Schraubenzieher auf das Innerste des Daseins
losgehen, auf die Glaswand, die diese Geheimnisse umgibt.
Nicht dass sie heute erschütternd wären. Aber damals waren
sie es, für meine Mutter wie für mich. Tja, ich bin der Wurm in
meinem eigenen Apfel.

II

Es war meine Mutter, die mir beibrachte, der Natur mehr Be-
achtung zu schenken. Ich kann mir allerdings keine Blumen-
namen merken, jedenfalls nicht viele auf einmal. Meine Mutter hört mich ab – bleibt stehen und beugt sich herab und fragt
mich nach den Namen der Blumen. Und ich erinnere mich
nicht daran oder verwechsle die eine Blume mit der anderen.
Nicht einmal ihre Lieblingsblume, das Immergrün, erkenne
ich mit Sicherheit. Sie erinnert viel zu sehr an irgendein anderes Gewächs mit lilablauen Blüten.

Für mich war es wie Zauberei, als sie einmal eine Hand-
voll vertrocknete Haselnüsse in Milch legte und sie wieder an-
schwollen und schmeckten, als wären sie gerade erst gepflückt
worden – aus meiner damaligen Perspektive betrachtet, einer
Fünfjährigen. Genau wie dies: Am Fluss Heretva in Mostar,
lange bevor die Brücke bombardiert wurde, kam ein Grüppchen Kinder auf uns zu und streckte uns die Hände entgegen.
Meine Mutter kramte in ihren Jacken- und Hosentaschen und
ihrer Handtasche nach Kleingeld, ohne fündig zu werden. Die
Kinder waren in meinem Alter, Vorschulkinder. Dann zog sie
ihr Parfüm aus der Handtasche und machte den Kindern vor,
wie sie ihre Handgelenke vorstrecken sollten, und jedes bekam

einen Spitzer *Madame Rochas* auf seine dünnen Arme. Ich bilde
mir ein, man konnte das Wasser des Flusses in der Luft spüren,
und das Parfüm kam hinzu wie ein schwerer, dunkler Stoß.

Als ich neulich ein Gemälde von Kiefer sah, ein Gemälde
von einer riesigen Sonnenblume, an deren Fuß ein Mann zusammengesunken ist (der Titel lautet *Sol Invictus* / Die unbe-
siegte Sonne), dachte ich: So ist es gewesen, ihr Kind zu sein.
Der Sonnenblumenkopf gleicht einem Duschkopf. Im einen
Moment Wärme, im anderen die Gefahr zu ertrinken. Ich bin
diejenige, die am Fuß der Blume zusammengesunken ist. Ich
bin den Sonnentod gestorben, ich bin den Blumentod gestorben.

Meine Mutter ist überdeutlich. Sie will so vieles für mich tun,
»ich würde um dich kämpfen wie eine Löwin, bis zum letzten
Blutstropfen«. Sie will mir helfen. Sie gibt mir stapelweise
Bücher, ein ganzes Regal voll. Gute Ratschläge. Möbel, als ich
von zu Hause ausziehe. Das Sofa, auf dem wir uns durch Gespräche mit zahllosen Verzweigungen treiben ließen, die man
leider so unmöglich wiedergeben kann wie Musik, habe ich
auch bekommen, mit einem neuen Bezug. Ich durfte mir die
Farbe selbst aussuchen. Ein dezentes Grün, ein sahniges Grün.
Sie will mich tragen. Mich verstehen, mich zurückweisen (mit
einem todesähnlichen Gefühl zur Folge). (»Ich bin nicht mehr
deine Großmutter«, sagte meine Großmutter einmal, weil ich
mir von dem Geld, das sie mir geschenkt hatte, eine zerlö-
cherte Wildlederjacke von Flip Machine kaufte. Sie fasste die
Löcher als Hohn auf. Ich hätte das Geld genauso gut in einen
Gully werfen können.) Sie (die Frauen) stellen Ansprüche, sie
kommandieren. (Als Alma zum ersten Mal meine Großmutter
traf, kommandierte sie mich unter das Bett, um ihre Brille her-
vorzuholen, ich kroch dort unten herum und stieß mir den

Kopf an den Latten. Nach einer Weile kam der Wauwau wieder hervor, mit der Brille im Mund.) Sie versuchen mich zu formen, und sie sind so zornig auf die Männer und deren Nachlässigkeit, dass sie (Männer) nur als Ursprung dieser enormen Zorneswogen, die schäumend am Zornesstrand zerschellen, in Erscheinung treten. Vielleicht tritt mein Vater erst als etwas Eigenes in Erscheinung, wenn meine Mutter gestorben ist.

(Ich will nicht an einen Punkt kommen, wo ich sie fast schon als Jesusfigur betrachte, umgeben von einer Sünderin – auch wenn die Sünderin wieder ihres Weges gehen durfte – und einem halben Dutzend mehr oder weniger Verrückter.) Gut, dass ich Alma habe, sie bewahrt das Gleichgewicht, die Urteilskraft, den Realitätssinn. Sie ist die Stimme der Vernunft, jedenfalls meistens, wenn sie nicht völlig danebenliegt, wie beispielsweise mit Kristian.

In der Wohnung unter uns lebten, als ich ein Kind war, eine Mutter und eine Tochter, die mir vorkamen, als wären sie ungefähr im selben Alter; sie trugen dieselbe Kleidung, immer schwarz, und sahen immer unglücklich aus, wie in steter Trauer. Ich weiß nicht, ob die Tochter nie von zu Hause ausgezogen war oder wieder zurückgekehrt, nach einer gescheiterten Ehe vielleicht. Aus der Wohnung drang nie ein Laut. Sie war ein Grab. Hin und wieder steckte eine von ihnen, mit einer Mülltüte oder einem Einkaufsnetz in der Hand, die Nase heraus. Eines Tages starb die eine. Kurz darauf nahm sich die andere das Leben. Nicht ohneeinander leben zu können. Dieses unheimliche Miteinander-verwachsen-Sein. Sich nicht voneinander befreit zu haben. Die beiden als schlimmstmögliches Beispiel dafür, wie es gehen kann – zwischen Mutter und Tochter.

Als meine Mutter dreizehn war, begann sie in der Bücherei auf ihrer Insel bei A und arbeitete sich durch die Regale bis Z. Sie verschlang alles Lesbare. Manches verstand sie, anderes nicht. Sie träumte davon, einen Salon zu betreiben, eine Madame de Staël zu werden. Und endete stattdessen mit ihrem Patientenkabinett. Vereinzelten engen Freunden. Und dann uns: Alma, mir und später auch Charles. Ich habe ihr immer die besten Gesprächspartner gewünscht; dass ihr Denken, ihr Wissen zu seinem Recht kommen sollte. Und bin traurig darüber, dass es nicht immer so ist und es oft in ihr selbst versandet. Sie verbringt ihre Freizeit im Bett, in ihrem Bademantel, auf ihrem Wärmekissen, lesend. Ich ertappe mich oft dabei, in einem Satz »Buch« zu schreiben, wo ich »Mutter« schreiben wollte, und »Mutter« anstelle von »Buch«. Diese beiden Wörter sind mehr als unlösbar miteinander verbunden; sie sind Stellvertreter.

Alles, was sie liest, liefert sie später bei uns ab. Ich musste erst kürzlich daran denken, wie einsam sie war, nachdem ich von zu Hause ausgezogen war (und noch einsamer, als sie im Alter von neunundfünfzig in Rente ging), als ich bei Nadine Gordimer auf Folgendes stieß:

Die Buschmentalität war nicht das, wofür die Leute
sie hielten; sie konnte die Gestalt eines brennenden
Verlangens annehmen, jemandem – irgendwem, einem
Lastwagenfahrer, dem Distriktsveterinär – auseinanderzusetzen, wie der Gemeinsame Markt funktionierte
oder was es mit den Theorien Wittgensteins auf sich
hatte.

Nadine Gordimer,
Der Ehrengast

Manchmal bin ich nicht in der Lage, aufzunehmen, was sie erzählt; meine Gedanken entgleiten an einen anderen Ort, während sie spricht, oder ich sitze einfach nur da und betrachte ihr Gesicht. Dann reiße ich mich mit aller Kraft zusammen, ich wiederhole es wie Examensstoff; ob nun Golda Meirs Biographie oder Europas Revolutionen; ich klammere mich an den Stoff – um ihrem Einsatz einen Sinn zu geben und weil ich neugierig bin.

Der Freund, mit dem sie zusammenkam, als ich zwanzig war, wirkte (geradezu) antiintellektuell. Man sollte meinen, O.F. und er, Mogens, wären gut miteinander ausgekommen, weil sie beide im Widerstand gewesen und anschließend nie richtig weitergekommen waren im Leben, aber dem war nicht so. Sie waren eifersüchtig auf die Großtaten des anderen, diese früheren Kämpfer, und begegneten einander mit Misstrauen. O.F. hatte seine drei liquidierten Verräter, Mogens irgendein in unwahrscheinlich jungem Alter begangenes Heldenstück (woraufhin er für drei oder vier nervenaufreibende Jahre in einem Lager in Schweden sitzen und einfach nur warten musste), und sie waren eifersüchtig auf die Beziehung des anderen zu meiner Mutter. Sie hatte sich schon in der Schule in Mogens verliebt, er war einige Klassen über ihr gewesen. Sie hatten einander nur einmal geküsst, bei einem Schulfest, wo sie außerdem auch Torry Gredsted, den Autor des Kinderbuchs *Paw*, zum Tanz aufgefordert und damit eine Wette gewonnen hatte (er war früher einmal Internatsschüler in Bogø gewesen und deshalb an diesem Tag anwesend). Das Internat ist ein imposantes, rotes Gebäude mit Türmen und Zinnen wie eine kleine Burg (Historismus) und mit großen Kastanienbäumen vor dem Hauptgebäude. Ich bin unzählige Male daran vorbeigegangen, war aber nie darin, ja, nicht mal die Kiesfläche vor der Einfahrt habe ich betreten. Und ich bin nie imstande gewesen, das Gebäude mit der Kindheit meiner Mutter in Verbindung zu bringen. Nur mit meiner eigenen, in der das Gebäude mir (ganz einfach) in erster Linie sagte, dass ich die Hälfte des Hügels zurückgelegt hatte, und später kam es mir ein wenig lächerlich vor – darin, wie es sich die Macht und Autorität einer Burg lieh. Andererseits … jetzt, da ich herablassend darüber spreche, merke ich, dass ich es gleichzeitig wie einen liebgewonnenen alten Pullover betrachtete, unglaublich vertraut und, genau wie die Kirche und der alte Leuchtturm, ein Punkt, der von Grønsund aus sichtbar war, wenn man sich vom Wasser her näherte.

Mogens kam (überraschend) und besuchte sie, als sie, noch als Schülerin, in die Klinik eingewiesen worden war. Doch plötzlich verschwand er vom Internat der Insel – der Widerstandskampf, das Lager in Schweden. Das Wort Held stand ihm auf die Stirn geschrieben. Mit seinem großen Mund ähnelte er dem Dichter Morten Nielsen (»Zu jung zum Sterben« und »Ich bin die Glut der Zigarette«); und sie vergaß ihn nie. Und eines Tages dann, nachdem sie fünfzig geworden war, rief er sie an und lud sie zum Essen ein. Sie ging los und kaufte sich ein neues Nachthemd und war gerade dabei, in seiner Küche an einem Glas Wein zu nippen, als er plötzlich vor ihr auf die Knie fiel und die Arme um ihre Hüften schlang und seinen Kopf in ihrem Schoß vergrub. Sie tätschelte, ein wenig betreten, seinen stoppeligen Kopf, kehrte aber erst einige Tage später nach Hause zurück. Er war Funker auf verschiedenen Schiffen, und sie dachte, ein Mann, der die meiste Zeit fort war, wäre ideal. Anfänglich gab sie sich unbekümmert seiner Lebensweise hin, setzte sich in Motoradkluft auf den Sozius oder in den Beiwagen seiner Nimbus. (Wenn er darauf bestand, sie zur Arbeit zu fahren, schälte sie sich auf dem Gelände hinter einem Busch aus ihrer Lederkleidung, ehe sie ihre Abteilung betrat.) Sie begleitete ihn sogar zu einigen Treffen im Motorradclub. Mogens fand, man solle seine Interessen teilen und alles gemeinsam unternehmen. (Sie sah schon nach kurzer Zeit ihre langen Abende und Wochenenden mit Büchern im Bett bedroht.) Sie aß pflichtschuldig die schweren Mahlzeiten, die er nach *Fräulein Jensens Kochbuch* zubereitete, bis sie in die Breite ging, wogegen er (im Übrigen) nicht das Geringste einzuwenden hatte. Er selbst war athletisch anzusehen, wenn er nach dem Duschen in Unterhosen vom Bad ins Schlafzimmer sprang. Ich musste an einen Faun denken, an einen Faun, den man jeglicher Poesie beraubt hatte, keine Spur von Mallarmé, von Debussy. Er trug einen weißen, sorgfältig gestutzten Kinnbart. Unsere Wohnung veränderte sich. Unter der Decke hing ein blauer Rauchschleier, und es stand immer eine offene Flasche Rotwein mit einem Stier drauf auf dem Küchentisch. Wenn er lachte, gab er keinen Laut von sich, er krümmte sich, bekam einen stummen Anfall, richtete sich wieder auf und paffte weiter an seiner Zigarre. Wie andere mäßig begabte Menschen, denn man muss leider sagen, dass er das war, hatte er seine »Dinge«, die er verteidigte und über die er endlos diskutierte. Während ich mit den Augen rollte. Verkehr, so meine ich mich zu erinnern, war etwas, das ihn nicht mehr losließ. Was mag wohl sein Standpunkt dabei gewesen sein? Wahrscheinlich lamentierte er, als Motorradfahrer, über die Radfahrer. Der Esstisch, an dem O.F., Alma und ich freitagabends feste Gäste waren, wurde ein Ort geistloser Eiferung und Ödnis. Meistens endete es damit, dass O.F. seine langen Arme und Beine um sich schlang und hinter diesem Panzer hockte und rauchte. Mogens las wieder und wieder dieselben beiden Bücher. *Die Abenteuer des Röde Orm Band 1* und *Aufstieg und Fall des Dritten Reiches*. Sein Gesicht war rot und von Wein,

Wind und Wetter gegerbt. Seine Augen waren blau. Die Stoppeln auf seiner Wange stroh- oder sandfarben. Meine Mutter überredete ihn, sich das Haar wachsen zu lassen. Sie assoziierte den nahezu kahlen Kopf mit Gewalt. Er folgte ihrem Wunsch, aber die neue Frisur ließ ihn älter und noch verbrauchter aussehen, wie einen Kleinbauern. Er distanzierte sich von *Information*, der Zeitung, die sie seit dreißig Jahren las. Er wollte nur Filme mit Happy End sehen. Er war borniert. Beim Anblick der Statue »Wassermutter« mit den vielen Kindern in der Glyptoteket machte er auf der Stelle kehrt und verließ das Museum.

Nur ein kurzer Abstecher, wo wir gerade bei Kindern sind. Neulich erzählte Clea (die schwanger ist) Folgendes: »In Stockholm. Ich hatte einen Auftritt. Ich war nervös und verspürte eine schreckliche Lust auf eine halbe Zigarette. Lasst mich schnell vorwegnehmen, dass ich in der bisherigen Schwangerschaft höchstens zehn Zigaretten insgesamt geraucht habe. Meine Mutter hatte dagegen bis zu hundert am Tag geraucht, weil sie für ihr Examen lernte, als sie mit mir schwanger war. Ich bin dann ja auch nicht besonders groß geworden, aber das ist schon in Ordnung. Natürlich herrschte im Theater Rauchverbot. Ich ging zur Damentoilette. Davor hatte sich eine Schlange gebildet. Ich bildete mir ein, die Damen in der Schlange würden mir bereits misstrauische Blicke zuwerfen. (Ich fühle mich ständig Vorwürfen ausgesetzt.) Dann war ich an der Reihe und schloss mich in der Toilettenkabine ein. Dort zog ich mein Parfüm aus der Tasche, kniete mich vor die Toilette und steckte den Kopf halb in die Schüssel, ehe ich es wagte, die Zigarette anzustecken. Ich ekelte mich nicht, in dieser Toilette hätte man eine OP durchführen können, so klinisch rein war sie. Während ich rauchte, sprühte ich kontinuierlich Parfüm in die Luft und betätigte mit der anderen Hand wieder und wieder die Spülung, während ich also ohne Hände rauchte und den Rauch in die Kloschüssel blies. Nach fünf oder sechs Zügen traute ich mich nicht mehr und ließ die Zigarette ins Wasser fallen. Jetzt hatte ich anscheinend so oft gespült, dass kein Wasser mehr übrig war. Ich bedeckte die Zigarette mit Klopapier und trat mit einem angenehmen Schwindel in den Vorraum, aufs Schafott. Sie (die anderen Damen) sagten nichts, sie sahen lediglich enttäuscht aus und schüttelten den Kopf. Ich hatte sie nicht wütend gemacht, sondern traurig. Sie dachten an das kleine Kind in meinem Bauch. »Entschuldigung«, sagte ich, aber das konnten sie nicht annehmen, schließlich hatte ich nicht ihnen Leid zugefügt. Ich konnte noch so sehr flehen und betteln, mir würde nie verziehen. Vielleicht höchstens, wenn ich ein sehr großes Kind zur Welt brächte. Ich sah die Damen an und sagte: ›Auf dem letzten Ultraschall war zu sehen, dass das Kind extrem groß ist, es muss sich beinahe zusammenfalten. Man hat mir geraten, ein bisschen zu rauchen, um das Wachstum einzudämmen.‹ Jetzt trat eine der schwedischen Damen einen Schritt vor: ›Nein, nein‹, sagte sie, ›darum geht es doch gar nicht. Aber willst du, dass für dein Kind kein Wasser mehr auf der Welt übrig ist, so, wie du es verschwendest …‹, und sie nahm mich an der Hand und führte mich zur Toilette (eindeutiger Rauchgeruch), über der zur Mahnung ein entsprechendes Schild hing, das ich übersehen hatte.«

Meine Mutter hatte Mogens noch nicht besonders lange, da wollte sie ihn wieder loswerden. Uns sagte sie, wir sollten uns vor der Macht des Unabgeschlossenen hüten, und meinte damit, dass es, hätten sie schon in jungen Jahren zusammengefunden, nie so weit gekommen wäre. Und er wollte heiraten. Er war schon sechs Mal verheiratet gewesen (davon allerdings zwei Mal mit derselben Frau), doch das schreckte ihn nicht ab. Sie folgten nicht den gleichen gesellschaftlichen Normen; er eignete sich alle möglichen Kleinigkeiten an, einen Aschenbecher aus einer Krankenhauskantine, Hemden von einer Reederei, für die er als Funker arbeitete. Er tat gern so, als wäre er Offizier, und trug bei festlichen Anlässen Uniform; wo kamen diese Uniformen her ...? All das empörte sie. Und als sie einmal zusammen im Restaurant waren, spuckte er ins Essen, weil Knoblauch darin war, und stampfte in Rage aus dem Lokal. Er erzählte lachend von einem Schiffskoch, der allerorten Kinder hinterließ, und als meine Mutter gegen die Verantwortungslosigkeit eines solchen Verhaltens protestierte, erwiderte er nur knapp, das hätten sich die Mädels selbst eingebrockt (noch einmal »Die Wassermutter«). Aber hatte er denn gar nichts Versöhnliches an sich ... doch, am Anfang; in einem roten Hemd mit diesem Stoppelhaar, der Faun, wie er sich über die Kanne mit der schweren Sauce beugte; war er interessant für uns, in erster Linie, weil er neu hinzugekommen war. Auf dieselbe Weise interessant wie ein munteres Insekt. (Aber was konnte er schmollen!) Und weil er voller Energie ins Leben meiner Mutter trat und sie mit in die Welt hinauszog. Ich habe ein Ferienbild von Madeira mit den beiden, auf dem sie ein bisschen angeheitert aussehen und strahlen. Einmal fuhr er mich auf seinem Motorrad nach Hause. Ich saß hinten und versuchte mich an ihm festzuhalten, ohne ihn zu berühren. Er griff nach hinten und brachte mich dazu, ordentlich zuzupacken, während er auf seine lautlose Weise über mich lachte (die Schultern bebten). Mir fällt eines seiner »Dinge« ein – dass er nicht verstand, wie sich reife Männer für kleine Mädchen interessieren konnten (denn als solche nahm er uns wahr), mit denen man nicht die gleichen Erfahrungen teilte, die nicht in derselben Zeit gelebt hatten wie man selbst und nicht verstanden, worauf man sich bezog; mit anderen Worten: die zu jung waren, um den Krieg miterlebt zu haben.

Mit der Zeit handelten all unsere Gespräche davon, wie gern sie ihn wieder loswerden würde. Sie waren kurz davor, zusammen ein Haus zu kaufen. Ihr Rückzugsbedürfnis war ernsthaft bedroht. Sie stellte sich vor, wie sie an Samstagvormittagen gezwungen war, in irgendeinem grässlichen Einkaufscenter Kaffee zu trinken. Er hatte zu ihr gesagt, wenn ich ihm weiterhin widerspräche, wäre ich in ihrem gemeinsamen Zuhause nicht willkommen. (Das gab den Ausschlag. Die Löwin kam auf die Beine.) Er hatte sich bereits von seinem Haus auf Amager getrennt und war bei ihr eingezogen. Seine Umzugskisten standen in meinem alten Zimmer. Schließlich entschied sie, die Flucht vor ihm müsse stattfinden, während er auf See war. Sie bewarb sich auf eine Stelle in Vordingborg und bekam sie und dazu auch eine Wohnung auf dem Klinikgelände. Sie fand einen Nachmieter, der ihre Wohnung gegen seine alte tauschen wollte, wodurch ich an eine riesige Wohnung kam. Ich war fünfundzwanzig und längst von zu Hause ausgezogen. Trotzdem fiel es mir schwer, mich von diesem Ort zu verabschieden. Ich hatte ihn mein ganzes Leben lang gekannt. Ich legte mich auf ihr Bett und zerfloss. Sie war gerade bei der Grundreinigung und hatte keine Zeit, sich um mich zu kümmern. Sämtliche Möbel und Kisten von Mogens ließ sie einlagern. O. F. kam und montierte die Waschmaschine ab. Der Umzugswagen traf ein. Die Wohnung in Jægersborg wurde zu einer Luftspiegelung. In der Lücke zwischen Auszug und Einzug fuhren wir nach Portugal.

Sie schickte Alma eine Postkarte von einem Steinbruch und schrieb: »Das sind die Steine, die wir einander vom Herzen fallen lassen.«

Ich sah es, als ich die Karte für sie in den Briefkasten warf.

O. F. verfasste einen Vers: Margrethe, der steile Zahn / fährt an den Ozean. Sie schickte dem Funker ein Telegramm. Er rief mich erschüttert an (nachdem wir wieder zu Hause waren) und sagte, das Verhalten meiner Mutter müsse sowohl von einem allgemein menschlichen als auch ärztlichen Standpunkt aus als unverantwortlich eingestuft werden. Ich antwortete, er sei nicht ihr Patient gewesen.

Sie ist alt; jetzt. Sie macht sich nur selten zurecht. Höchstens eine Perlenkette an Weihnachten, ein Hauch Lippenstift. Um mir eine Freude zu machen. Weil es zeigt, dass sie noch einen gewissen Kraftüberschuss hat. Ich betrachte ihren Mund, und sie sagt: »Ich wusste, dass ich dir damit eine Freude machen würde.« Ich hole ihr ein Kissen, einen Aschenbecher, ein Glas Wasser, die Zeitung, und bin überrascht darüber, wie stark sich ihre Schultern noch anfühlen. Als ich sie umarme, sehe ich auch, dass sie ihre roten Wildledersandalen angezogen hat. Sie sind (mittlerweile) das Einzige, worüber wir uns nicht einig werden können.

»Was hast du eigentlich gegen sie?«, fragt sie und streckt die Beine aus und hebt die Füße, damit sie die Schuhe besser sehen kann, vom Sofa aus (das mittlerweile so lange meins gewesen ist, dass es wieder neu bezogen werden müsste), zu Hause bei Charles und mir, wohin sie jeden Freitagabend zum Essen kommt. Und ich fühle mich furchtbar kleinlich, furchtbar konventionell, weil ich sie nicht einfach mit ihren roten Schuhen in Ruhe lassen kann. Ich bitte um Erlaubnis, die Sandalen nicht leiden zu dürfen. Ich lege den Kopf schief und frage, ob es in Ordnung sei. Ich erinnere sie an einige meiner schlimmsten Outfits, die sie nicht ausstehen konnte.

»Das Schlimmste aber war«, sagt sie zu Charles, »als sie

einmal zu einer Party wollte, und ich bin ihr auf der Treppe begegnet, ich war auf dem Weg nach oben, sie nach unten – ich erwähne das nur, weil ich sie, wenn ich zu Hause gewesen wäre, als sie sich umzog, nicht in diesem Aufzug hätte gehen lassen – sie trug ein reizendes, schulterfreies schwarzes Samtkleid mit aufgesetzten rosafarbenen Stoffrosen, und dazu trug sie hautfarbene Nylonstrümpfe und braune Halbschuhe, und zur Krönung hatte sie ein paar weiße Frotteesocken über die Schuhe gerollt. Es war schauderhaft, und ich dachte: ›O nein, man wird sie hänseln.‹ Stattdessen kam es nur dazu, dass eine ihrer Freundinnen in betrunkenem Zustand die Rosen abriss.«

»Das sollte die Beine betonen«, sage ich zu Charles, »deshalb haben wir die Socken über die Schuhe gerollt.«

Er beteiligt sich am Gespräch, indem er erzählt, als Kind habe er die Finger nicht von den Anziehpuppen seiner Schwester lassen können. Er liebte sie. Dann erzähle ich von einem Jungen, den ich kenne, der in jeder freien Minute Brautkleider aus Illustrierten ausschneidet. Charles sagt, dieser Junge hätte er sein können.

Doch zurück zu den Schuhen.

Ehe meine Mutter zu viel Stress hatte und zu müde wurde, war sie elegant, trug immer Puder, Rouge, Lippenstift, Mascara und Lidschatten und zog sich die Augenbrauen nach. Es kommt mir so vor, als hätte sie den Satz »es wäre der reinste Horror für mich, arm zu sein und Kleider aus billigen synthetischen Stoffen mit hässlichen Mustern zu tragen« mehr als einmal gesagt (aber auf jeden Fall das eine Mal, als wir in einem Meer aus Tüten Illums Bolighus verließen, ich hatte zehn Kleider bekommen, eines für jeden Tag unserer Reise ans Schwarze Meer): »Es wäre der reinste Horror für mich, arm zu sein und Kleider aus billigen synthetischen Stoffen mit hässlichen Mustern aus dem Billigkaufhaus zu tragen.«

Der Anspruch auf Schönheit. Die Schönheit der Kleidung. Die Schönheit der Wohnung. Vielleicht auch die Schönheit von Gesicht und Körper. Die Abwesenheit von Schönheit – ein Schacht aus Selbsthass. Sie hatte mir den Schönheitsanspruch eingeimpft. Und war ihm selbst gefolgt, bis sie zu müde wurde und es aufgab, und warum sollte sie sich auch weiterhin der Konvention »Dame« unterwerfen ... Wenn ich daran denke, wie ich mich beim Friseur zu Tode langweile, wie mich Körperpflege und Nagellack auf den Zehen im Sommer anöden; noch gebe ich der Eitelkeit, was ihr gebührt – aber sie verlangt immer weniger. Davon abgesehen hat die Sehnsucht danach, die eigene Schönheit zurückzugewinnen, meine Mutter noch nicht ganz losgelassen, kürzlich sagte sie zu mir: »Es ist lächerlich, aber ich glaube immer noch, wenn ich nur abnehmen würde, wäre ich wieder wunderschön.«

Ich musste an eine Episode viele Jahre zuvor denken, in der Küche ihrer Eltern, es war am späten Abend; wir hatten das Dachzimmer, das wir teilten, verlassen und waren in die Küche gegangen, um uns einen nächtlichen Imbiss mit aufs Zimmer zu nehmen. Sie beugte sich über eine Scheibe Weißbrot und schmierte eine dicke Schicht Butter darauf, so dick, dass man den kompletten Zahnabdruck darin gesehen hätte. »Jetzt geben wir der Herzstiftung etwas zu denken«, sagte sie.

In dem Sommer als ich Charles kennengelernt hatte, besuchte ich meine Mutter in ihrem Sommerhaus, mit dem Fahrrad, und als ich wieder fahren wollte, sprang die Kette heraus. Meine Mutter stand an der Gartenpforte bereit, um zu winken. Ich wollte mein Kleid nicht mit schwarzem Öl verschmieren, zog es aus und lag also in Unterwäsche auf dem Boden und werkelte an der Kette herum. Ich kenne nichts Schlimmeres als Gegenstände, die ineinanderpassen sollen, ich höre noch immer die Stimme meines Vaters (aus der Kindheit): »Jetzt versuch doch mal, genau hinzuschauen«, damals wurde ich regelmäßig von völliger Leere oder großem Zorn erfüllt, und so ist es nach wie vor. Auf Knien liegend und mit der verschmierten Kette in der Hand erinnerte ich mich an eine Ausgabe des *Playboy*, die ein Mann aus den Vereinigten Arabischen Emiraten – der Alma und mir während unserer Türkeireise im Bus durch das halbe Land folgte, und unterwegs schloss sich ihm ein großes, stummes Wesen in gelbem Pullover an, sodass es nun zwei waren, die ausstiegen, wenn wir ausstiegen, und sich im selben Hotel oder derselben Pension einmieteten wie wir und jeden Morgen an der Rezeption saßen und auf uns warteten, ohne zu wissen, wo der Tag und wir sie hinführen würden, eine Reise, so könnte man sagen, im Geiste von Sophie Calle – uns (kichernd) zeigte und in der man Le Pens Exfrau Pierrette Le Pen in einer Reihe von Putzposen sah, natürlich unbekleidet, insbesondere erinnere ich mich daran, wie sie gerade eine Toilette schrubbt, auf Knien davor liegt, die Arme in der Kloschüssel, und mir kommt es so vor, als hätte auch ihr Kopf halb darin gesteckt, in der Schüssel, von der aus sie dem Betrachter einen frivolen Blick zusandte, die Brüste gegen das Porzellanbecken gepresst, eine lebendig gewordene Phantasie: das kriechende Hausmädchen, und all das, also diese Fotoserie, weil Le Pen in einem Interview mit dem *Playboy* gesagt hatte, wenn Pierrette nicht allein über die Runden komme, könne sie sich von ihrem Liebhaber aushalten lassen oder sich einen Putzjob suchen, und daraufhin hatten sie und ein Kamerateam vom *Playboy* diese Fotos entwickelt.

Dann kam die Nachbarin vorbei, um zu plaudern. Die beiden Frauen standen da und beobachteten, wie ich mit der Kette zugange war, und ich entschuldigte mich bei der Nachbarin für meine Erscheinung, schwitzend und außer mir, obwohl es ja nicht meine Schuld war, dass sie sich in den Garten gedrängt hatte. Meine Mutter sagte irgendetwas wie, wir seien doch alle Frauen. Die Nachbarin muss wieder im Gehen begriffen gewesen sein, als sie (mit einem Blick auf mich herab) sagte: »Jetzt, wo du dir einen älteren Mann gesucht hast, musst du ja auch nicht mehr so perfekt sein.«

Sie hatte schon einmal eine ähnliche Bemerkung fallenlassen … ich war krank gewesen, meine Haut fleckig, mein Haar platt und leblos, und vielleicht war es als Trost gedacht, als sie (lakonisch) sagte, es sei besser, einmal schön gewesen zu sein – als niemals. Eine betrübliche Feststellung in einem betrüblichen Plusquamperfekt von der Schönheitspreisenden, Schönheitsdürstenden, Schönheitsfordernden. Von der, die immer Trost in der Schönheit fand.

»Und damals, als Alma in Jeans auftauchte, auf denen ›fuck me, baby‹ stand. Ein früherer Patient von mir war zum ersten Mal zum Kaffee bei mir, und ich wäre fast vom Stuhl gefallen.«

Charles nickt. Er liegt auf dem Boden. Sie liegt auf dem Sofa. Meine beiden geschlagenen Recken. Beide leiden unter Rückenproblemen und Knochenschwund, sind Kettenraucher, und der Rücken meiner Mutter ist instabil aufgrund von Knochenmetastasen, deren weitere Ausbreitung mittlerweile mit Hilfe des Präparats Tamoxifen aufgehalten wurde. Außerdem leidet sie unter Arthrose. Und Ischiasbeschwerden, nimmt aber keine stärkeren Schmerzmittel als Paracetamol. Sie will sich nicht betäuben und so ihre geistige Klarheit und ihr Lesevermögen verlieren. Am meisten fürchtet sie, ihre Augen könnten Schaden nehmen, sodass sie nicht mehr lesen kann. Charles hat zwei misslungene Rückenoperationen hinter sich. Und außerdem zwei misslungene Versuche, seinen Herzrhythmus mittels ein paar heftiger Elektroschocks zu regulieren. Neben den beiden fühle ich mich wie eine schwebende Elfe, sehr leicht, sehr schmerzfrei. Beinahe auch sehr jung, obwohl ich es nicht bin. (Als wäre ich ihr gemeinsames Kind.) Aber ich bin im Besitz eines bis auf weiteres uneingeschränkten Bewegungsapparats, und mein Puls schlägt regelmäßig. Zustandsbericht beendet. Manchmal erschöpft es mich völlig, mit ihnen zusammen zu sein. Eines Heiligabends, die beiden lagen wie immer, ich saß, wir hatten das Essen und die Geschenke hinter uns und sahen *Delicatessen*, einen Film, der mich nicht interessierte, war ich so erschöpft, dass ich mich entschuldigte und mit dem *Alexandria-Quartett* ins Bett ging [um an einen Ort zu gelangen, wo alles gesättigt ist, Freundschaften, Liebesbeziehungen, das Erleben der Welt, die Sprache. Diese Sättigung hat dazu beigetragen, meine Vorstellung davon zu formen, wie alles sein soll. Glaube ich. Ich habe in den letzten dreißig Jahren immer wieder im *Alexandria-Quartett* gelesen, häufig nur ein paar Seiten an einer zufällig aufgeschlagenen Stelle, ich kenne die Bücher so gut, dass ich sofort weiß, wo ich gelandet bin. *Justine, Balthazar, Mountolive* und *Clea*. Und Pursewarden und Darley und Nessim und Narouz. Und Melissa – mit den schmalen, scherenförmigen Beinen.

Justine betrachtet sich im Spiegel und sagt: »Was für eine langweilige, heuchlerische, hysterische Jüdin bist du doch!«

Und Pursewarden (Schriftsteller): »Ich suche Stil, Harmonie. Nicht die kleinen Geistesblitze, als hätten wir einen Telegrafenapparat in unserem Hirn.«

Die Entenjagd. Der Maskenball. Die Geheimdienste. Die schnellen Ritte durch die Wüste. Die geheime Loge. Der Alchimist Capodistria, dem es gelingt, vier Homunculi zu erschaffen, einen König, eine Königin sowie einen roten und einen blauen Geist, allesamt in Flaschen. Der König entwischt und versucht zur Königin vorzudringen, seine kleinen Nägel kratzen an der Flasche. Als Capodistria ihn einfangen will, zieht er sich ein paar hässliche Schrammen zu, die nicht heilen wollen. Allein aufgrund dieser Szene habe ich mich einmal in ein umfassendes Studium der Alchimisten gestürzt.

Und hier spricht Darley: »Wie der tote Pursewarden hoffte ich jetzt aufrichtig sagen zu können: ›Ich schreibe nicht für jene, die sich nie die Frage gestellt haben, an welchem Punkt das wirkliche Leben beginnt.‹«

Und wieder Darley, über sein Verhältnis zu Justine: »Von einem gegenseitigen Besessensein zu sprechen wäre wiederum zu stark: Wir waren Menschen, keine Geschöpfe der Brontë.«

Lawrence Durrell, der Autor des *Alexandria-Quartetts*, durfte nicht in Cambridge studieren, er bewarb sich mehrmals, wurde jedoch abgelehnt, angeblich, weil er so schlecht in Mathe war. Die Komposition des Quartetts beruht auf Einsteins Ideen, sie ist der Versuch, die Relativitätstheorie auf Sprache zu übertragen, drei der Werke sind Ausdruck für Raum und eines für Zeit, »das Suppenrezept für ein Kontinuum«.

Die Existenz eines absoluten, einzigartigen Referenzrahmens wird abgelehnt, je nachdem, von welchem Punkt aus man die Ereignisse in Durells Büchern betrachtet, gestalten sie sich unterschiedlich.

Aber nicht das lässt einem die Haare zu Berge stehen – sondern wie Balthazar Narouz' Harpune ins Wasser wirft und sich der Pfeil genau in dem Moment löst, als Clea zum Wrack hinabgetaucht ist, und ihre Hand in der Tiefe festgenagelt wird, woraufhin Darley in der Kajüte ein Messer holen, hinabtauchen und ihr die Hand abschneiden muss – um sie lebend vom Meeresboden wieder hinaufzubringen. Und als Amaril Semira die Maske vom Gesicht reißt und sieht, dass sie keine Nase hat, denn die ist von Krankheit zerstört, und er Semira sofort einen Heiratsantrag macht und beschließt, eine neue Nase für sie zu erschaffen, er ist Arzt, eigentlich Gynäkologe, stürzt sich aber dennoch in die komplizierte plastische Chirurgie, Clea hat die Nase gezeichnet, und im Jahr darauf wächst sie in Semiras Gesicht, und Semira ist bereit, sich Alexandria zu zeigen, nachdem sie sich die meiste Zeit ihres Lebens wegen der Dunkelheit in ihrem Gesicht in einem dunklen Zimmer versteckt hat, und die bessere Gesellschaft Alexandrias ist fast vollständig zugegen, als sie mit ihrem Arzt in die Mitte des Saales tanzt] und die beiden sich selbst überließ. Ich hielt es keinen Moment länger aus, der Mensch zu sein, den sie beide am besten kannten, mit ihnen zusammen zu sein – gleichzeitig; denn so hatte ich den Eindruck, ich müsste jedem von ihnen besonders gerecht werden, noch mehr, als wenn ich einen von ihnen für mich allein hatte.

Mitunter fällt es mir schwer, etwas zu erledigen, ohne daran zu denken, dass ich anschließend noch für sie da sein muss – oder lauschend und sprechend bei ihnen zu sitzen, ohne umgekehrt daran zu denken, was ich noch zu erledigen habe. Meine Mutter beklagt sich hin und wieder über meine Zerstreutheit; ich sei nicht richtig anwesend. Es fällt mir schwer, mich auf ein Gespräch zu konzentrieren, wenn ich einem schmerzverzerrten Gesicht gegenübersitze, einer Person, die versucht, eine nur minimal bessere Liegeposition zu finden, während sie oder er, denn sie tun es beide, auf dem Gespräch beharren und darauf, an etwas anderes zu denken als an ihre Schmerzen. Und zugleich – ich weiß nicht, welches Wort ich einsetzen soll – bewundere (aber das klingt zu distanziert) ich sie dafür, während mir das Herz blutet.

Charles scheint die Vorstellung zu haben, ich könnte alles verkraften. Als meine Mutter immer mehr abbaute, übernahmen Charles und ich die Aufsicht über ihr Ferienhaus, ja, so klingt es fast wie ein Gutshof, dabei ist es sehr klein. Doch die großen, schattenspendenden Bäume und weißen Bänke machten den Garten zu einem Park.

Charles hatte einige der mächtigen Bäume fällen lassen, um für mehr Licht zu sorgen. Auf seinen Wunsch hin hatten die Gärtner das Holz gleich vor Ort in Mulch verwandelt. Es müssen zehn bis fünfzehn Tonnen gewesen sein. Charles stellte sich vor, die Holzspäne in die Krater zu füllen, die die Bäume hinterlassen hatten. Der früher so wilde und überwältigende Ort glich einer Mondlandschaft. Ich stellte meinen Gartenstuhl auf einen Berg von Spänen und brach in Tränen aus. Da legte Charles die Hand auf meine Schulter und sagte, er hätte sich vorgestellt, dass ich zur Schaufel griffe und anfinge, das Grundstück zu ebnen – indem ich alles mit Spänen bedeckte. Das hätte wohl Jahre gedauert. Ich hatte schließlich noch anderes zu tun. Doch er hatte Erbarmen mit mir. Oder ich weigerte mich, zur Schaufel zu greifen – und mit dem Anblick des unfruchtbaren Brauns zu leben. Die Gärtner kamen auf einer riesigen Maschine zurück. Das Grundstück wurde planiert. Gras wurde gesät. Und dann hatten wir einen großen, grünen, prestigeträchtigen Pfannkuchen. Meine Mutter fand ihn öde.

»Männer lieben es, Bäume zu fällen«, sage ich; ich stehe neben der Nachbarin auf der blanken Münze, die der Garten jetzt ist.

»Ja«, sagt sie, plötzlich ganz lebhaft, »darüber waren mein Mann und ich uns auch immer uneinig. Er liebte es, Bäume zu fällen. Ich hätte sie lieber behalten.«

Sie sieht mich verschwörerisch an, als wüsste sie mehr, und wir erlauben uns, im Garten einen Moment ungeheurer Vereinfachung zu teilen, einen freudianischen Moment. Einen seltenen Moment des Einvernehmens. Sie, die Nachbarin, kommt meist gleich angelaufen, wenn wir gerade ankommen, und dann folgt sie uns in den Garten und zeigt uns Orte des Verfalls: »Das ist wirklich schade«, sagt sie dann, »seht doch mal, das ist wirklich schade.«

Eines Tages, als meine Mutter in ihrer Wohnung in der Kopenhagener Innenstadt saß, überkam sie die Sehnsucht nach dem Meer. Sie ging zum Bahnhof Nørreport und nahm den Zug nach Hillerød, um von dort weiterzufahren nach Hundested. (Einige Jahre zuvor hatte Mogens mit seinem Eisbrecher im Hafen von Hundested gelegen, und sie hatte ihn dort besucht, auf dem Eisbrecher.) Neben dem Bahnhof von Hundested gab es ein Maklergeschäft, und in dessen Schaufenster wurde ein kleines, reetgedecktes Haus in einem riesigen Garten präsentiert. Es erinnerte sie an ihr (reetgedecktes) Elternhaus. Anstatt ans Meer zu fahren, öffnete sie die Ladentür und fuhr mit der Maklerin zu diesem Ferienhaus, das nahe am Fjord lag. Einige Tage darauf nahm sie mich dorthin mit, damit ich es sehen konnte, ehe sie sich entschied.

Sie hatte sich längst entschieden. Sie erzählte der Maklerin von den Seeleuten in ihrer Familie. Sie sagte, ihrer Meinung nach sei nur ein Seemann ein echter Mann.

Die Maklerin pflichtete ihr nickend bei. Weil meine Mutter zu viel redete und zu wild assoziierte, wand ich mich wie ein Aal, zog eine Flunsch wie eine Zehnjährige und sagte mürrisch, das Haus sei zu klein. Sie hörten mich nicht. Während der Vertrag unterschrieben wurde, redeten sie über Männer. Der Freund der Maklerin war Matrose.

»Das ist ein Paradies«, habe ich später unzählige Male zu ihr gesagt (und war froh, an diesem Tag als Aufpasser versagt zu haben, sodass sie ihr Haus bekam).

Die roten Schuhe bringen mich auf den Gedanken, dass meine Mutter inzwischen im Lager der »billigen, synthetischen Stoffe« angekommen ist, auch wenn die Sandalen aus Wildleder sind. Und dabei ist sie nicht einmal arm geworden. Im Gegenteil, sie bekommt eine gute Rente. Doch sie wäre beinahe gestorben, und »wenn der Krebs erst mal an einem genagt hat, verlieren viele Dinge an Bedeutung. Das verstehst du doch?«

Sie hat fast aufgegeben, sie ist unzählige (das heißt sieben) Male umgezogen, hat ihre Möbel in alle Winde verstreut, fast alles weggegeben, und das auch noch meinetwegen, »damit du am Ende nicht mit dem ganzen Zeug dastehst«, obwohl ich energisch gegen diese Abschaffungen protestiert und mir gewünscht hatte, sie würde die Konvention von einem »schönen Zuhause« aufrechterhalten und das Schöne, Schwere, nicht durch Korbmöbel ersetzen, weil diese »leichter zu hantieren« sind, aber stattdessen stellte sie schöne Kleinigkeiten in Sichtweite auf, Nippes, Steine, Kerzen, Blumen, und lenkte ihren Blick damit ab.

Wie oft habe ich gedacht, wenn sie damals nicht nach fünfundzwanzig Jahren aus ihrer Wohnung in Jægersborg ausgezogen wäre, hätte all die spätere Umzieherei vielleicht gar nicht erst begonnen.

Darf ich mir
diese Mutter aneignen?

[Alma]

O.F. hätte alles für uns getan. Etwas für ihn zu tun war hingegen schwer. Er verschanzte sich. Er war nicht erreichbar. Mit seinem Telefon konnte er Anrufe tätigen, aber nicht empfangen. Das behauptete er jedenfalls, vielleicht ging er auch nur nicht ran, wenn man ihn anrief, oder hatte den Stecker gezogen. Außerdem wünschte er keinen Besuch in seiner Wohnung. Er fand sie nicht präsentabel genug, sie müsse erst renoviert werden. Das geschah allerdings nie. Jahr für Jahr hielt er uns hin. Camillas Mutter durfte ihn ein einziges Mal dort besuchen. Es war eine Art Junggesellenbude, in der Duschkabine standen mehrere Fahrräder. Ich kam nur einmal bis zu seiner Haustür, ich klingelte und klingelte, weil ich ihm etwas erzählen musste, aber die Tür blieb verschlossen, und so hinterließ ich eine Nachricht. Die Klappe des Briefschlitzes knallte zu, und mein Zettel flatterte in seinem Flur zu Boden – ich wusste nicht, ob er dort drinnen mucksmäuschenstill vor der Tür stand. Ich glaube es aber nicht.

Ich war gekommen, weil ich ein Theaterstück geschrieben hatte, einen Monolog, zum ersten Mal hatte ich einen längeren Text verfasst, sechs Wochen hatte ich gearbeitet wie von Trompetenfanfaren begleitet, und jetzt war ich fertig. Mit ausholenden Schritten ging ich von meiner Wohnung zu seiner, und in meinem Kopf tönte es: *Here comes success, here comes success / Oh hooray success, hooray success.*

Er sollte wissen, dass ich meine Arbeit abgeschlossen – und ein wunderbares Werk zustande gebracht hatte. Und er sollte mir dabei helfen, was ich nun damit anstellen, wohin ich es schicken sollte. Ich wusste, dass er einen Verleger kannte. Ich stellte mir vor, mein Monolog würde als Buch erscheinen, Theater interessierte mich nicht besonders. Für kurze Zeit hatte ich mir eingebildet, ich wollte Schauspielerin werden, und Camillas Mutter hatte mir Einzelstunden bei einer Lehrerin ermöglicht. Ich meinte in den Augen der Lehrerin Tränen gesehen zu haben, als ich in ihrem Wohnzimmer Portia verkörperte (in einem roten Kleid mit einem breiten Ledergürtel und weißen Stiefeln, die bis zu den Oberschenkeln reichten, eher Pretty Woman als Portia; als wir zu der Richterszene kamen, zog sie einen pompösen Stoff aus einer Truhe und drapierte ihn wie eine Robe um meine Schultern), und obwohl mich ihre Tränen stolz machten, verlor ich bald darauf das Interesse. Camillas Mutter glaubte, ich nähme die Stunden vor allem, um mein Selbstbewusstsein zu stärken. (Ich hatte Hemmungen, in größeren Versammlungen den Mund aufzumachen, mein Seminar an der Uni war so überfüllt, dass wir auf dem Boden und auf den Fensterbrettern saßen; als ich einmal etwas sagte, schämte ich mich so sehr, dass ich anschließend sofort aus dem Saal stürzte. Ich hatte eine hohe und dünne Stimme, Camillas Mutter forderte mich oft dazu auf, »den Bass aufzudrehen«, und wenn ich etwas sagte, reckten die Leute ihre Hälse, um zu sehen, wem diese seltsame Stimme gehörte. Als Kind hatte ich wiederholt Ohrenentzündungen, ein Hals-Nasen-Ohrenarzt meinte beim Klang meiner Stimme: »So eine Stimme kann man doch nicht haben«, meine Eltern waren dabei, protestierten jedoch nicht, einmal hörte ich meine Mutter sagen, ich klänge wie ein Spielzeug, das quietsche, wenn man drauftrete; warum sollte sie also ihr Quietschtier verteidigen?)

Mein Monolog handelte von einem Mann, der solche Angst vorm Sterben hatte, dass er sich wünschte, ausgestopft zu werden, um, wie ich schrieb, »*in* der Welt zu sein, ohne *von* dieser Welt zu sein«. Seine Freundin hatte er bereits umgebracht und ausgestopft. Der Monolog war an sie gerichtet, und an einen ausgestopften Vogel, der den Mann offenbar zu dieser menschlichen Präparation inspiriert hatte.

O.F. arrangierte ein Treffen mit dem Verleger. Doch noch davor konnte ich ein Treffen mit einem früheren Patienten von Camillas Mutter vereinbaren, der Schriftsteller war. (Camillas Mutter war meine zweite Mutter, mindestens einmal wöchentlich aß ich bei ihnen zu Hause, und als ich mich mit meiner Mutter verkracht hatte, zog ich sogar ein und blieb ein halbes Jahr dort wohnen.) Ich durfte den Schriftsteller zu Hause besuchen. Ich war so nervös, dass ich eine Kanne mit Saft umwarf. Wir saßen in seiner Küche. Nachdem er seine Lektüre beendet hatte, wagte ich es kaum, aufzusehen.

Langes Schweigen.

»Was musst du gelitten haben«, sagte er dann.

Ich wusste nicht, ob das gut oder schlecht war. Und mehr sagte er nicht. Jetzt fühlte ich mich wie ein Patient.

»Entweder es ist genial oder es taugt gar nichts«, sagte ich.

»Vielleicht irgendwas dazwischen«, erwiderte er freundlich (aber das nahm ich ihm nicht ab). Ich raffte meine Papiere zusammen. Die Sprechstunde war beendet.

O.F. und ich verabredeten uns an einer Straßenecke, um gemeinsam beim Verleger einzutreffen. Ich hatte sofort ein ungutes Gefühl. O.F. wirkte betrunken, und kaum waren wir im Büro des Verlegers, zog er mehrere Flaschen Wein aus seiner rollenden Tasche und stellte sie vor uns auf den Tisch. Erst sprachen sie über alte Zeiten. O.F.s Leben war zum Stillstand gekommen, während der Verleger ein umtriebiger Mensch war; O.F. hatte nur die Vergangenheit, an der er sich festhalten konnte. Dann ging O.F. dazu über, mich anzupreisen, nicht meinen Monolog, sondern mein Äußeres und mein Wesen, und es wurde klar, dass er nicht glaubte, mein Monolog spreche für sich, und so musste ich selbst Teil des Handels sein. Wir waren hier, um mich zu verkaufen. Der Verleger wand sich auf seinem Stuhl und sagte schließlich höflich: »Jetzt müssen wir aber aufpassen, sonst verliebe ich mich noch Hals über Kopf in Alma.« Ich wand mich ebenfalls. O.F. war nicht zu bremsen. Er trank und lobte mich über den grünen Klee, und schließlich ergriff er die Hand des Verlegers und griff mit der anderen nach meiner und versuchte sie zusammenzuschmieden. Wir widersetzten uns erfolgreich, und nachdem ich meinen Monolog *Auf Teufel komm raus* beim Verleger auf dem Tisch hinterlassen hatte, zog ich mit dem sturzbetrunkenen O.F. von dannen, setzte ihn in einen Bus, blieb stehen und beobachtete ihn und seine Tasche, wie sie beinahe halsbrecherisch den Mittelgang entlangschlingerten. Keiner wollte meinen Monolog haben, weder der Verleger noch der Hörfunk, noch die Bühnen. Aber daran war natürlich nicht O.F. schuld. Noch lange danach, vielleicht sogar mehrere Jahre, las ich den Monolog jedem vor, bei dem ich mir irgendwie Gehör verschaffen konnte.

Es wäre vollkommen ausgeschlossen gewesen, Camillas Mutter von dem Vorfall zu erzählen, obwohl wir erwachsen und längst von zu Hause ausgezogen waren und auch wenn O.F. sozusagen zu ihr gehörte, weil er ursprünglich ihr Freund gewesen war und die beiden vom Alter her viel besser zusammenpassten als O.F. und ich; der Vorfall beinhaltete Alkohol und (die Aufforderung zum) Sex; Elemente in meinem und Camillas Leben, auf die sie keinen Zugriff hatte – als Mutter. Da fällt mir ein, wie wir es uns mit vierzehn oder fünfzehn zur Gewohnheit gemacht hatten, ein bisschen aus den Flaschen mit dem Likör und anderen Alkohol zu trinken, den sie bei sich stehen hatte, bevor wir ausgingen, um in der Diskothek Tophat im Bakken zu tanzen und durch die Gegend zu toben, mit unseren weißen Hosen, die wir vorher ins Wasser tauchten, damit sie noch körperbetonter waren. Wenn der Freizeitpark um Mitternacht schloss, fuhren wir durch den Dyrehaven, und wenn wir Rocker auf ihren Motorrädern herannahen hörten, sprangen wir von unseren Fahrrädern und versteckten uns in einem Graben (mit ausgeschalteten Fahrradlichtern, und zumindest mein Herz hämmerte wild).

Sie trank nur ab und zu ein Glas, wenn sie Gäste hatte, und hatte auch keine richtige Hausbar, die Flaschen standen schon seit Jahren angestaubt ganz unten im Küchenschrank. Sobald wir ins Spiel kamen, leerten sie sich schnell. Um unser Trinken zu vertuschen, füllten wir die Flaschen mit Wasser auf, bis Camillas Mutter eines Tages einem Gast irgendein dermaßen stark verdünntes Gesöff servierte, dass wir aufflogen.

Sie (Camillas Mutter) spricht formvollendet. Die Sätze verlassen sie als fertige Gebilde, ohne Zögern, ohne Wiederholungen. Ihre Rede ist wie eine elegante, flüssige Schrift. Ich glaube, so viel Zeit mit ihr verbracht zu haben (seit ich vier Jahre alt bin), dass sie wesentlich zu meiner sprachlichen Entwicklung beigetragen hat. Wenn ich etwas Unklares sage, zwingt sie mich, es zu präzisieren, indem sie das Gesagte durch Fragen einkreist. Man sagt, es seien drei Generationen nötig, um einen Gentleman hervorzubringen. Ihr Vater hatte geschrieben, aber nie etwas veröffentlicht. Als junges Mädchen schrieb sie selbst. In den 1950er Jahren waren Gedichte und Kurzgeschichten von ihr in der Zeitschrift *Vild Hvede* abgedruckt worden. Sie zeigte sie mir; ihre eigenen Exemplare hatte sie verloren, doch O.F. fand sie in der Bibliothek und kopierte sie ihr, hier kommt eines, im Alter von neunzehn Jahren verfasst:

Asche

Ich ruhe an deinem Fuß wie ein Haufen Asche,
ganz verzehrt von der Liebe heißer Flamme,
während der Rausch unsrer Umarmung langsam
   schwindet.

Davor war ich Kind, jetzt bin ich Frau,
und das Wunder geschah in dieser Nacht,
von deiner starken Hand vollbracht und deinem
   Flammenmund.

Wir knieten gemeinsam vorm Gott unsrer Liebe
und labten uns an ihrem Quell –
dem wunderbaren Wasser, das durstig macht.

Ich danke dir, du mein Geliebter, denn
du erwecktest mich und kröntest meine Stirn
mit dem Gold und den Rubinen der Liebe.

Viggo F. Møller, Schriftsteller und Herausgeber von *Vild Hvede*,
lud sie in ein Restaurant im Tivoli ein, um ihr Debüt als Lyri-
kerin zu feiern, und während des Essens musste sie seine Hand
von ihrem Oberschenkel schieben. Sie aßen Krabbencocktail.
Aus Unwissenheit streute sie Salz auf ihre Krabben, wurde be-
lehrt, dass man diese nur mit Pfeffer würzte, und fühlte sich
sozial disqualifiziert. Sie schämte sich von den Haarwurzeln
bis zu den Schuhsohlen. Vielleicht hätte er seinen Mund gehalten und ihr den Genuss all dessen gegönnt – des Debüts,
der Vorstellung von einer Zukunft als Schriftstellerin, des Tages, des Krabbencocktails und der prominenten Gesellschaft –,
wenn er in der Lage gewesen wäre, eine Zurückweisung

zu verkraften; wenn er an jenem Tag großzügiger gewesen wäre.

Ihre Vorstellung von einer Zukunft als Schriftstellerin ging so weit, dass sie ihr Medizinstudium aufgab und ihre Lehrbücher verkaufte. Sie setzte sich hin und versuchte es vierzehn Tage lang; aber die Eingebung kam nicht. Sie glaubte, sie müsse damit anfangen, etwas zu erfinden, und kam zu dem Schluss, dass sie keine Phantasie habe. Sie kaufte ihre Lehrbücher der Medizin wieder zurück, die Dichtkunst verkam zu schrecklichen Merkversen wie diesem, von ihrem Repetitor stammend: »Hinter der Valvuva Bauhini/seh ich die Villi internalis stehen/sie winken den Fäkalien/die Richtung Anus gehen.«

Bei Partys hängten die männlichen Studenten Slips und BHs in Übergrößen und aufgeblasene Kondome auf Wäscheleinen und schmückten den Raum mit Organen in Alkohol und formaldehydbalsamierten Leichenteilen, auf denen sie unbekümmert ihre Zigaretten ausdrückten, was schrecklich stank – insgesamt ziemlich widerlich.

Seit den 1950er Jahren hatte sie kaum geschrieben. Wenn man mich als ihre Tochter ansieht, könnte man also feststellen, dass drei Generationen nötig waren, um eine Schriftstellerin hervorzubringen. Sie dagegen besitzt diese vollendete gesprochene Sprache (aus der mein Schreiben erwachsen ist), vorgetragen von einer Stimme, deren Tonumfang enorm erscheint, von dunkel bis sehr hell, mit allen Zwischentönen.

Eines Nachmittags sah sie von Colettes *Sido* auf und sagte: »So ein Buch wirst du vielleicht einmal über mich schreiben.«

Sie sagte es schüchtern, oder schamhaft. Es war der Wunsch der Nichtschreibenden nach einem Memoriam in Worten. Einem *illam vixisse*, denke daran, dass jene gelebt hat (wie Roland Barthes es im *Tagebuch der Trauer* nennt. Ich weiß nicht, ob seine Mam – so nennt er seine Mutter – den Drang hatte, beschrieben zu werden. Aber er hatte den Drang, über sie zu schreiben, ein *illam vixisse* zu schreiben.

Als Edward seine Aufzeichnungen zur Trauer über seine toten Eltern *Tagebuch der Trauer* nannte, kannte ich Barthes' Tagebuch noch nicht. Er wiederum hatte erst einige Wochen zuvor davon gehört und war sofort losgelaufen, um es zu kaufen. Inzwischen haben wir es alle gelesen).

»Einmal« wies voraus auf die Zeit nach ihrem Tod. Sie sagte es in der Tonlage, in der sie über ihren Arbeitsalltag sprach, ihren Einsatz, und mit hochgezogenen Augenbrauen, die ihrer Aussage eine ironische Wendung geben sollten, sagte: »Ich sollte im Archeion bewirtet werden – so ehrte man die Athener in der Antike, indem man sie zum Essen ins Regierungsgebäude einlud, sie im Archeion bewirtete.«

Zurück zu Sido, Colettes Mutter. Eine sanfte Person in einem großen und fruchtbaren Garten, die eine Blüte zu ihrem Kinn führt und etwas Schönes sagt. An ihren Blumen hing sie so sehr, sie wollte sie nicht einmal für Beerdigungen hergeben:

Nein, niemand hat meine Rosen dazu verurteilt, dass
sie gleichzeitig mit Monsieur Enfert sterben müssen.

> Colette,
> *Sido*

Ich glaube, dass sich Camillas Mutter hin und wieder immer noch vorstellt und darauf hofft, eines Tages zu schreiben. So wie es übrigens auch Colettes Vater sein ganzes Leben lang hoffte. Nach seinem Tod fand man in seiner Bibliothek:

Zweihundert, dreihundert, hundertfünfzig Seiten
per Band; schönes, glattes, crèmefarbenes Papier mit
Wasserzeichen oder dickes »Schulpapier«, sorgfältig beschnitten, Hunderte von leeren Bogen ...

Colette,
Sido

Gelegentlich beklagt sie, nichts Bleibendes geschaffen zu haben; dabei hat sie nicht die Belletristik im Sinn, sondern die
Depressionsforschung. Dann erinnere ich sie an all die Geschenke, die sie im Lauf der Zeit von ihren Patienten bekam.
Und sie antwortet, alles, was sie getan habe, sei zuzuhören und
niemals jemanden zu verurteilen.

Ich gleiche ihr in der Hinsicht, dass ich etwas anderes gemacht habe als meine Eltern; mich mit den Armen abgestoßen
und den Rest des Körpers mit aufs Pferd geschwungen habe –
in ihrem Fall abgestoßen von Seeleuten und Hausfrauen, in
meinem von einer Kristallkaraffe auf einem Mahagonischrank
in einem verlassen wirkenden Esszimmer und der Lebensregel
des Bürgertums, dass etwas, was niemand bemerkt hat, auch
nicht geschehen ist. Sie rechneten nicht mit meiner Intelligenz,
mein Vater meinte, im besten Fall würde ich später ein Hotel
führen, wahrscheinlicher aber in einem Haushaltswarenladen
enden; meine Großmutter fragte mich, ob ich nicht bei der
Bahn einen Fuß in die Tür bekommen könne. Der Gedanke von
mir in Uniform (damals grün-braun) hinter einem Verkaufs-
trolley ließ sie nicht mehr los. Sie wissen nicht, wer ich bin.
Darf ich mir diese Mutter zueignen / zuschreiben – Camillas?
(Und was ist mit ihrem Vater ... er ist sanft und gut darin, sich
selbst zu beschützen. Er hat einen Garten, der zu den schöns-
ten Gärten Kopenhagens zählen muss; jeder Zentimeter mit
Blumen bedeckt; eine sanfte Person in einem schönen Garten.)

Mit ihrem gierigen Verhältnis zur Literatur ist Camilla wie eine Kopie der Mutter. Wenn ich sie besuche, sind sie oft ins Gespräch vertieft, sitzen an entgegengesetzten Enden des Sofas, unter derselben Decke. (Ich habe einen eigenen Schlüssel, öffne die Tür und sage dabei »Kuckuck«.) Sie blicken auf. Sie nehmen mich in Empfang. Sie freuen sich bestimmt auch, mich zu sehen. Und doch sind sie weit weg – ineinander. Das Wohnzimmer wirkt aufgeladen. Ja, es stimmt: Ich bin eifersüchtig. Auf beide.

»Deine Mutter hat gesagt: ›Wenn ich einmal nicht mehr bin, kannst du über mich schreiben, was du willst.‹«

»Aber ich glaube, das meint sie nicht ernst«, antwortete Camilla. »Sie hat auch mal zu mir gesagt: ›Auch wenn wir jetzt gut miteinander auskommen, darfst du nicht vergessen, dass es nicht immer so war.‹«

»Ich erinnere mich – das war damals, als wir alle zusammen im Ferienhaus waren und ich den ganzen Vormittag im Gästehäuschen gesessen und geschrieben hatte und zu euch hinauskam –, wie sie mich musterte und sagte: ›Dass du vom Schreiben hässlich wirst, kann man nicht unbedingt sagen, aber irgendetwas passiert mit deinem Gesicht.‹ Ich ging ins Bad und sah mich im Spiegel an, und sie hatte recht. Mein Gesicht wirkte aufgelöst und müde – von der Anstrengung, etwas tief aus dem Inneren nach oben zu holen; vom Graben in all den Zeitschichten.«

Ich sollte O. F. schließlich doch noch besuchen. Nicht in seiner Wohnung, sondern im Krankenhaus, wo er mit seinen von all dem Rauchen zerstörten Lungen lag; es war wenige Wochen vor seinem Tod. Sein Anzug war gegen einen grünen Pyjama ausgetauscht worden. Aus der Behandlung, die ihm die Krankenschwestern zuteilwerden ließen, ging hervor, dass er zu jeder von ihnen eine persönliche Beziehung aufgebaut hatte, die eine strich sein Kopfkissen glatt, die andere setzte sich für einen Moment zu ihm auf die Bettkante und nahm seine Hand.

Schon lange hatte er nicht mehr als ein paar Schritte gehen können, ohne stehenzubleiben und nach Luft zu schnappen. Bei diesen stockenden Spaziergängen tat ich immer so, als wäre ich schrecklich an irgendetwas interessiert, Schaufenstern oder Bäumen, und hielt an und betrachtete sie, damit er Luft holen konnte. Er durchschaute mich.

Ich hatte mein erstes Buch veröffentlicht, und er war stolz auf mich. Ich glaube nicht, dass er es je las, aber er schnitt jede einzelne Zeile über mich aus, die er in Zeitungen und Zeitschriften finden konnte, und schickte sie mir.

Hochzeit

[Alma]

Kaum war der letzte Ton verklungen, packten seine Cousins und die anderen männlichen Verwandten Kristian und hoben ihn hoch in die Luft, wo er zeterte und zappelte (wäre er auf den Steinboden gefallen und geplatzt, sein Blut hätte wohl wie Fisch- oder Geflügelblut ausgesehen, dünn und bläulich, mit einem widerwärtigen, kalten Geruch), während ein paar andere Gäste die Schuhe von seinen strampelnden Füßen zogen und Löcher in seine Socken schnitten. Ich konnte ihn mir nicht länger als Mann vorstellen. Ich war froh, dass Charles sich sofort abwendete und sich nicht an der Degradierung beteiligte. Etwas an der Art und Weise, wie Kristians Rücken in der Luft wogte, machte ihn zum Insekt.

Ich hatte mich wirklich vorbereitet. Hatte mir French Nails machen, das Haar hochstecken und mich schminken lassen. Das Make-up entfernte ich allerdings im letzten Moment wieder, die Kosmetikerin, eine Polin, hatte mein Gesicht in eine tote, schwere (und ziemlich osteuropäische) Maske verwandelt, bestehend aus einer dicken Schicht glitzernden Puders und hellviolettem Lippenstift, die ins Waschbecken hinabzuspülen eine große Befreiung gewesen war. Lange hatte ich gehofft, wir würden um den Brautwalzer herumkommen. Choreographien hatte ich mir noch nie merken können. Doch Kristians Mutter bestand darauf, sie brachte eine CD in der Tasche mit und versuchte uns zu helfen, zu Hause im Wohnzimmer. Zu mir konnte sie allerdings nicht durchdringen. Ich beschloss, Unterricht bei einer professionellen Lehrerin zu nehmen. Die Frau in der

Tanzschule hätte ein Kerl sein können. Kräftig wie ein Hafenarbeiter, dieser Tanzroboter. Arme mit langen schwarzen Haaren zogen und schoben mich durch die Gegend. Wäre sie eine der Marathontänzerinnen in *Nur Pferden gibt man den Gnadenschuss* gewesen, sie hätte lange durchgehalten. Der Boden – als fünftes Element, das uns schweben, gleiten, atmen ließ. Viele Stunden später meinte ich etwas an Vollendung Grenzendes erreicht zu haben, und ich wünschte, sie könnte Kristian ersetzen, nur an dem großen Tag, in diesen schrecklichen Minuten, die ein Walzer braucht, um sich durch Zeit und Raum zu sentimentalisieren; eine Melodie voller Unterbrechungen, wie jemand, der einen Schrank trägt und ihn ständig absetzen oder ein Stück über den Boden schleifen muss. Brautwalzer ist ein wehmütiges, grässliches Wort; es lässt einen verstehen, dass auf die Welle ein Tal folgt, auf das Tal aber verdammt noch mal auch wieder eine Welle.

Am großen Tag hatte jemand den Walzer unendlich in die Länge gezogen.

»Jetzt vergessen wir den ganzen Rest einfach mal«, sagte Kristian und fing an zu hüpfen – er hatte gut reden, immerhin hatte ich Stunden genommen. Als hätte von Anfang an Übereinstimmung darüber geherrscht, dass ich der hoffnungslosere Fall war. Während die Gäste klatschend näher und näher kamen, dachte ich an einen Roman von Alistair MacLean (den ich liebte, als ich ganz jung war, o *Eisstation Zebra*), in dem die Verbrecher während der Ernte auf einem Feld gelandet waren, in Polen, vielleicht auch in der Ukraine, damals die Kornkammer der Welt; und die Erntehelfer (in Volkstrachten? Alles sehr urtümlich, sehr faschistoid) ernteten sich immer näher an die Missetäter heran und umringten sie mit erhobenen Erntewerkzeugen, Sensen und Forken und machten ihnen den Garaus, unendlich langsam, in einem stampfenden Vormarsch, auf Erde, Blut und Korn hackend. Unsere Gäste hatten nur ihre Hände, und die Handflächen sausten durch die Luft.

Schließlich, als sich der Kreis der Gäste um uns geschlossen hatte, um unseren Anblick vorm Rest der Welt zu verbergen, und das mit gutem Grund, legte ich meine Arme um Kristians Hals und versteckte, noch immer hüpfend, den Kopf an seiner Schulter. Doch was nützt das schon an einem Tag, an dem man hauptsächlich aus Kleid besteht. Als es endlich vorbei war, floh ich in den Garten. Und ich konnte mich nicht überwinden, wieder zur Gesellschaft zurückzukehren, so sehr schämte ich mich.

Die Gogo-Stange der Welt

[Camilla]
Ich muss mein Bewusstsein arbeiten lassen, ihm etwas zu tun geben, so wie man Händen einen Rosenkranz gibt oder Strickzeug, um zu verhindern, dass sie zu Pendeln werden, die schwer und verloren den ganzen Körper hinabziehen oder umgekehrt in der Luft herumfuchteln oder kratzen und zupfen, und dem Mund Kaugummi, sonst kreist es (das Bewusstsein) immer nur um Katastrophen, die immer mit Särgen oder jedenfalls Sterbebetten und Abschiedsbriefen enden, unendlich trivial, aber deshalb nicht weniger störend. Mitunter bin ich so gebannt von einer dieser Vorstellungen, dass ich unachtsam werde und über Rot fahre und vom Fahrrad absteigen und schieben muss, aber noch haben diese imaginären Katastrophen zu keiner wahren geführt. In der Regel wird mir, erst wenn ich mich schon mitten in der Katastrophe befinde, bewusst, dass ich wieder damit angefangen habe, dann sage ich »stopp«, doch im nächsten Moment stecke ich schon wieder in einer neuen – Katastrophe. Vielleicht ist Katastrophe ein zu großes Wort, wenn jedes Mal nur einer stirbt. Aber der Verlust dessen, der stirbt – ist katastrophal für mich. (Einmal habe ich einer Psychologin davon erzählt, und sie sagte, so sollte niemand so etwas erleben müssen. Bei mir war es aber so. Und an der Stelle kamen wir nicht weiter. Der Tod lässt sich nicht mit einer Pinzette auszupfen.)

Wer mir etwas bedeutet, wird von meinen Gedanken selbstständig verschiedenen Katastrophen ausgesetzt. Diejenigen, die ich am allerwenigsten entbehren möchte, Charles, meine Mutter, Alma. Oder ich werde selbst zum Objekt meiner Vorstellung, wie ich mich, während ich in den letzten Zügen liege, schreibend von einem der drei verabschiede und aufzähle, was wir zusammen erleben durften, ein langer Dank. (Wie albern, wie pathetisch.)

Ich glaube, einmal hatte ich mir stattdessen ausgemalt, wie ich andere vorm Ertrinken und vor Terroristen in Flugzeugen rettete, während ich geschmeidig von Sitz zu Sitz rannte; die beiden von der Kultur bereitgestellten Möglichkeiten: Held oder Opfer. Doch die heroische Zeit ist offenbar vorbei, abgelöst von Abschied und einem letzten Gruß. Worauf könnte dieser Schlamassel zurückzuführen sein? Habe ich mich einmal über einen längeren Zeitraum hinweg bedroht gefühlt, sodass in meinem Schädel eine Wand aus Verlustangst errichtet wurde, und gegen diese Wand muss mein Bewusstsein, als beschwörende Geste gewissermaßen, einen Ball (die Katastrophen) spielen, ein endloses Donk-Donk; wer weiß. Ermüdend ist es jedenfalls, und zwischendurch würde ich meinen Kopf gern gegen einen anderen tauschen, aber natürlich könnte ich mir dabei etwas noch Schlimmeres einhandeln, wie beispielsweise die Stimme, die Charles in wiederkehrenden Abständen erzählt, dass er zu gar nichts tauge. Dann bitte doch lieber die Sterbebetten, du großzügiger Verteiler von Unbehagen.

Als ich im Spätsommer nach mehreren Monaten auf dem Land nach Kopenhagen zurückkehrte, erschien mir alles reich, schön und überwältigend. Ich betrachtete die Welt als Präsentierteller, alles vielfältig und abwechslungsreich angerichtet, so viele Sorten, Formen, Farben, so viele Stimmungen, so viele Möglichkeiten. Mir ging es gut, besser als seit langem. Alles wurde klar, geradezu strahlend, geradezu leuchtend. Erst war es herrlich, dann aber schlug es um, und jeder Gegenstand, auf den mein Blick zufällig fiel oder der in mein Gesichtsfeld rückte, stellte unangemessene Ansprüche an meine Aufmerksamkeit. Ich musste ihn anstarren. Ich konnte es einfach nicht sein lassen. Selbst wenn es ein vertrauter Gegenstand war (eine Lampe bei mir zu Hause, irgendein Strommast mit diesem langgezogenen wasserähnlichen Rauschen über seinen gegrätschten Beinen), war es, als hätte ich ihn nie zuvor gesehen. Wenn ich kurz zu Boden blickte und ihn noch einmal betrachtete, war er (abermals) vollkommen neu. Es war ermüdend. Am liebsten hätte ich mich in eine Höhle verkrochen. Aber man beanspruchte mich, alle möglichen Dinge erhoben Anspruch.

In einem jener Momente des Starrens ging mir auf, dass etwas, um die ganze Zeit vollkommen neu zu sein, die ganze Zeit (auch) zugrunde gehen musste. Sterben, geboren werden, sterben, geboren werden. Sozusagen. Wie auch immer sich der Tod der Dinge gestaltet. Augenscheinlich, zu dieser Zeit, während eines Blinzelns. Logikkeldigaga.

Und so endete ich, wo ich immer ende, am langweiligen Ort des Todes. Warum kann ich nicht damit aufhören. Ich möchte nicht länger alles um diesen albernen Tod schlängeln, als wäre er die Gogo-Stange der Welt.

Das Haar in der
Kommodenschublade

[Edward]

Ich bat den Bestatter um eine Locke, aber er schnitt, der Dicke der Umschläge nach zu urteilen, einen Skalp ab, besser gesagt zwei Skalpe; ein Indianer mit eigener Firma. Diese Umschläge liegen in meiner Kommode, in der Schublade mit den Socken und der Unterwäsche, meine Hände stoßen dagegen, wenn ich darin wühle; oder ich sehe eine Ecke herausragen, die Flucht eines weißen Segels durch schwarze Riffe (aus Socken und Unterhosen). Ich will sie nie wieder öffnen. Einmal habe ich einen schnellen Blick hinein gewagt, und das reichte. Überwältigende Mengen weißer, knisternder Haare und die Erinnerung an rosarote Kopfhäute (in seinem Fall zusätzlich gefleckt), und wie es war, ihnen übers Haar zu streichen, den lieben alten Hunden. Normalerweise mache ich Dinge nicht zu Fetischen. Aber spreche ich dem Haar in diesen Umschlägen nicht doch Wert und Kraft zu ... sollte man das als Liebhaberwert bezeichnen? Oder es Pars-pro-toto-Wert nennen? Oder einfach nur ein liebgewonnenes Andenken? Jedenfalls kann ich es nicht aussortieren. Das Haar meiner Eltern. Es hätte verbrannt werden sollen, gemeinsam mit ihnen. Jetzt bleibe ich darauf sitzen. Ein praktisches Problem, mit dem ich konfrontiert bin. Bald ist es schon lange her, dass ich am Leben hing und baumelte, allein und verlassen, und sie anflehte, aber da waren sie längst dahingegangen, in den Himmel; Hunde, erbarmet euch meiner.

Warum ich sie Hunde nenne: Hier an meiner Seite sitzt – leicht zusammengesunken, genau wie sein Herr (ich), wie immer meinen Gemütszustand mimend, spiegelnd – ihr junger Stellvertreter, ihr Vertreter auf der Bahn des Lebens, mit fauligem Mundgeruch, der kleine Hund, der Junghund, der in mein Leben trat, als sie aus dem Leben schieden, denn ich litt so schwer/die Welt war so leer, und in dessen Gesellschaft ich die Trauer über ihren Verlust hinfortspazierte, indem ich ihn (den Junghund) als ihr Alter Ego auffasste, ihre Reinkarnation, ihren Wiedergänger, wenn auch einen sehr ungestümen.

Natürlich kann ich es (das Haar) einfach liegenlassen, dann würde in hundert Jahren jemand die Kommode in einer Rumpelkammer finden und die Schublade öffnen, und es würde dem Betreffenden möglicherweise so ergehen wie in Guy de Maupassants Erzählung *Das Haar*, in der ein Mann, reich, jung und ein Liebhaber schöner Dinge, in einem venezianischen Möbel aus dem XVII. Jahrhundert, in einer geheimen Schublade, auf Samt gebettet, einen prächtigen blonden Zopf findet. Der Mann sagt schon vorher von sich:

»Die Vergangenheit zieht mich an, die Gegenwart erschreckt mich, weil die Zukunft Tod bedeutet.«

Also passt es zu seinem Wesen, dass er sich in das Vergangenheitsobjekt verliebt. Er hat das Haar und beschwört die ganze Frau herauf. Er berührt den Zopf, nimmt ihn mit ins Bett, macht ihn zu seinem Begleiter, führt ihn ins Theater aus, wo die Falle schließlich zuschnappt:

»Aber man hat sie gesehen ... man hat sie erraten ... Man hat sie mir fortgenommen ... Und man hat mich ins Gefängnis geworfen wie einen Verbrecher. Man hat sie geraubt ... O der Jammer!«

Schon bevor der junge Mann den Zopf findet, erscheint ihm die venezianische Kommode unwiderstehlich anziehend, er muss sie besitzen. Ich dagegen betrachte meine hellblaue, ein wenig schwere Kommode vor allem als praktische Vorkehrung, als ein Möbelstück, wie gemacht, um viele Dinge darin zu verstauen, oder auch viel zu viele, deren Schlüssel oft verschwinden und dessen kleine Scharniere oft hängen und baumeln und ein paar neue Schrauben vertragen könnten. Meine klobige Kommode besitzt nur geringen Liebhaberwert. Ich kann mich gut davon fernhalten. Ich werde von ihr und ihrer aufgewühlten Unordnung nicht angezogen. Hingegen kann ich mir hervorragend vorstellen, wie in der Zukunft ein Mann oder meinetwegen eine Frau diese Umschläge findet und sich in den Inhalt verliebt, diese Zwillingshaare, weiß und knisternd, und sie auf sein oder ihr Gesicht fallen lässt wie einen barmherzigen Regen. Anschließend wird es vielleicht schwer sein, sie wieder aufzusammeln, meine lieben Hunde waren kurzhaarig, und es ist nicht, wie bei dem langen Zopf in der Erzählung, ein schönes Stück, es sind viele kleine. Oh, all diese Locken. Wünscht diese sinnliche Person den Akt dann zu wiederholen, es erneut aufs Gesicht regnen zu lassen, muss er oder sie das Haar zunächst auffegen und zurück in die gelben, zerschlissenen Umschläge bugsieren, und würde der Besen nicht die Romantik töten? Doch ohne den Besen, wenn Romantik, Begehren, Liebe unangetastet bleiben, kann es nur eine einzige Begegnung von Gesicht und Haar geben. In meiner Vorstellung spielt sich all dies auf einem Dachboden ab.

Camillas indische Freundin ist Sikh und trägt ihr Haar bedeckt. Sie darf es nicht schneiden. Was sie an Haaren verliert, verbrennt sie sorgfältig. Ich erinnere mich nicht länger an die Erklärung, warum die Religion ihr das auferlegt, könnte aber noch einmal nachfragen. Jedenfalls besuchte ich eines Tages Charles und Camilla, und die indische Freundin hatte bei ihnen übernachtet und war offenbar gerade im Bad gewesen, um sich die Haare zu waschen. Nun saß sie in dem kleinen Zimmer hinter der Küche, Camillas Arbeitszimmer. Sie rief mir ein »Hallo« zu. »Hallo«, rief ich zurück. Die Zimmertür war einen Spaltbreit geöffnet. Zwischen dem Küchentisch und den Schränken hängen, über die ganze Länge des Tischs, Spiegel. Camilla redet schon seit Jahren darüber, sie gegen Kacheln auszutauschen, weil die Spiegel ständig Wasser- und Fettspritzer abbekommen und geputzt werden müssen. Ich saß in der Küche, das Gesicht zu den Spiegeln gewandt. Und darin sah ich (plötzlich) das heimliche Haar. Es war lang und schwarz und blank, seine Besitzerin warf den Kopf zurück, während sie es bürstete, und das wunderbare Haar verschwand aus dem Spiegel und kam wieder zum Vorschein. Sie wusste, dass ich in der Küche saß und die Tür einen Spalt geöffnet war. Aber vielleicht hatte sie nicht an die Spiegel gedacht. Was soll ich anderes sagen als: Es war ein schöner Anblick. Sie war eine kleine, magere, gelbliche und oft gequälte Person. Ich glaube, sie zeigte mir ihr Haar. Um in meinen Augen zu wachsen.

Es gibt einige Menschen, zum Beispiel Alwilda, die glauben, ich wäre ein Eltern-Liebender, ich hätte in einer Symbiose mit den lieben Hunden gelebt und täte es noch immer, meine Nabelschnur wäre nicht durchtrennt worden, ebenso wenig wie das, was es sonst noch so an Schnüren und Bändern gibt (um den Hals, wie Mühlsteine). Darauf kann ich nur entgegnen: »Alwilda und all die anderen! Wenn es sich so verhielte, würde ich dann nicht die ganze Zeit meine Nase in die Umschläge stecken?«

(Ja, ja, die Bilanz fällt unterschiedlich aus.)

Dann tat ich es dennoch, ich öffnete die Umschläge, ich trotzte dem Verbot, das ich mir selbst auferlegt hatte. Und die Zärtlichkeit überwältigte mich schier.

(»Hund« ist ein Wort, das die Sehnsucht auf Distanz hält, Zynismus, Kynismus kommt von Kyon, Hund, nicht wahr?)

Ich ertrug es nicht und versuchte mir selbst zu sagen: Dem Haar von Paul Celans Mutter zum Beispiel war es nie vergönnt, weiß zu werden, also nimm dich zusammen.

Dann hörte ich die Stimme meines Psychologen: Erlauben Sie es sich doch einmal selbst, in dem Gefühl zu verweilen, Edward.

Die Utopie des Psychologen: ein unisones Bewusstsein.

Wenn es nach meinem (Psychologen) geht, sollte man schon kurz nach der Geburt in Therapie gehen, um alles laufend in Angriff zu nehmen; Verstopfungen und Ablagerungen zu vermeiden; der Psychologe als Schornsteinfeger, ausgerüstet mit einem langen Rohr, oder ist es eine große Bürste, um den Ruß zu entfernen. Apropos Arbeitskluft, kürzlich musste ich den »Wespenmann« rufen, damit er ein großes Wespennest entfernte, und er kam in einem weißen, seidenartigen Ganzkörperanzug mit Kragen und hatte ein unbegreifliches Werkzeug um seinen Arm gewunden, äußerst mythologisch, ich wünschte, ich könnte sagen, er sei beim Verlassen der Wohnung dem Schornsteinfeger begegnet.

Teilen, nicht einteilen

[Alma]

An der Schwelle zu einer neuen Beziehung (Edward) will ich versuchsweise darlegen, wie es kam, dass ich Kristian am Ende verlassen musste. Ich war fünfunddreißig, und zu diesem Zeitpunkt hatte mein Wesen das seine längst in eine Ecke gedrängt. Ich fühlte mich wie ein Sandsack, durch und durch trocken, bereit, auf eine Ladefläche geworfen und abtransportiert zu werden. Wir hatten uns an entgegengesetzten Enden der Wohnung verschanzt. In der Mitte lag das Schlafzimmer mit dem Ehebett, das wir noch immer teilten und wo wir uns, aus unseren Gebieten anreisend, gegen Mitternacht trafen. Wir holten unsere Ohrstöpsel unter den Kopfkissen hervor (kleine, eklige, schmuddelige orangefarbene Dinger, Camillas Mutter nannte sie einmal Zwergenschwänze, »nein, was sage ich da«, sagte sie sofort im Anschluss mit einem gleichermaßen verzückten und verschreckten Lachen) und stopften sie an ihren Platz, damit uns der Schlaf oder die Schlaflosigkeit des anderen nicht stören konnte. Kristian sprang mit Wollsocken ins Bett, um nicht krank zu werden, seine Beine, wie sie aus diesen wollenen Booten ragten, erinnerten an Stecklinge.

Wenn er das Wohnzimmer betrat, wo ich auf dem Sofa lag und austrocknete, hatte ich das Gefühl, er käme von außerhalb, wie ein Besucher. Ihm ging es genauso, er wurde unbeholfen und näherte sich nur zögernd. War ich freundlich gestimmt, hievte ich mich in den Sitz, damit sich mein Doppelkinn straffte. Ich war insofern privilegiert, als ich das Sofa hatte, er musste sich mit einer Matratze auf dem Boden begnügen, in seinem

Raum – der nicht wie meiner ein Wohnzimmer war, sondern ein kleineres Zimmer, aber immerhin mit Stuck. Kristian hatte seine Sachen nie ausgepackt, sie standen dort noch immer in Umzugskartons, ganze Türme oder Säulen oder Pfeiler, auf denen sich Klamotten und nasse Handtücher lümmelten. Nasse Handtücher – Abstecher erforderlich, Geräusch von Flammen, Geräusch von Unglück: Unsere Hochzeitsreise ging nach Paris. Während des Aufenthalts besuchten wir Maja, eine Freundin, und wohnten einige Nächte bei ihr. Am Morgen. Kristian kam aus dem Bad. Er hängte sein nasses Handtuch zum Trocknen über eine Stehlampe in unserem Zimmer. Der Lampenschirm war nach oben hin offen, hatte sozusagen Trichtercharakter, die Glühbirne lag frei, herrje. Wir verließen die Wohnung und flanierten den ganzen Tag durch die Stadt, sahen unter anderem Lars von Triers *Idioten*, die Franzosen lachten so gut wie nie, nicht einmal bei der Szene, als die Idioten versuchen, Weihnachtsschmuck zu verkaufen. Als wir zwölf Stunden später zurückkehrten, schaltete ich in unserem Zimmer das Licht an und ging weiter in die Küche, wo Kristian mit Maja saß. Kurz darauf roch es – verbrannt. Wir stürzten aus der Küche. Von der Lampe stieg eine Flammensäule auf. Das Handtuch, das längst getrocknete. Einer, nein, zwei von uns schnappten sich eine Wolldecke, um den Brand zu ersticken, doch das Feuer fraß sich gierig durch die Wolle und schöpfte dabei neue Kraft, um sofort auf die Möbel überzugreifen. Große Hast. Jedoch nicht bei der Feuerwehr. Bald brannte die ganze Wohnung, und wir drei standen draußen im Hausflur und rangen die Hände. (Kristian und ich hatten unsere Rucksäcke mitgenommen, obwohl uns Zweifel kamen, ob das angemessen gewesen war, jetzt, wo Majas gesamter Hausstand verbrannte.) Plötzlich fiel Maja ein: »Oh Gott, meine Briefe! Meine Fotos!«

Wir versuchten sie zurückzuhalten, doch ohne Erfolg. Sie rannte in die Wohnung und mühte sich mit einer großen Kommode ab. Wir folgten ihr und zogen und zerrten an ihr, aber sie schien sich geradezu an dem Möbel festgesaugt zu haben. Dann traf die Feuerwehr ein. Sie bekam sie nach draußen. Da war sie, gekrümmt, zwischen zwei Feuerwehrmännern. »Meine Hände, meine Hände«, jammerte sie und streckte uns etwas Weißes, Zerfranstes, aber auch Schwarzes entgegen. Wir begleiteten sie zum Krankenwagen, blieben stehen und sahen ihm nach, wie er abfuhr. Als wir die Treppe hinaufgingen, kamen uns einige Feuerwehrmänner entgegen, die auf dem Weg nach draußen waren.

»Ist er fertig?«, fragte ich sie, mein Französisch lässt etwas zu wünschen übrig.

»Ist er fertig?«, ahmte mich einer von ihnen nach und nickte lachend. Wir gingen in die vollkommen ausgebrannte Wohnung hinauf. Die Wände waren schwarz, der Geruch streng. Ich sah an der Stelle nach, wo unsere Sachen gestanden hatten. Ich fand einen kleinen, harten, orangefarbenen Klumpen. Es war mein geliebter orangefarbener Mantel (aus Kunststoff) mit weißen Nähten von Nørgaard, zu diesem Etwas zusammengeschmolzen. Ich steckte den Klumpen in die Tasche. Tags darauf besuchten wir Maja in einem hochmodernen Militärkrankenhaus, durften der Infektionsgefahr wegen aber nicht zu ihr hinein. Wir mussten hinter einer Glasscheibe stehenbleiben. Ihre bandagierten Hände ruhten in einem Hängegestell und sahen aus wie große, hilflose Flossen. Sie lag da und warf den Kopf auf dem Kissen hin und her. Ihr Oberkörper unter dem Laken war nackt, man konnte eine längliche Brust erahnen. Meine Aufmerksamkeit wurde unverhältnismäßig davon gefesselt, diese Brust unter dem Laken verschwinden und wieder zum Vorschein kommen zu sehen. Wir erfuhren, dass man soeben den Verband gewechselt hatte, was eine große Dosis Morphium voraussetzte.

Sie konnte das ganze darauffolgende Jahr nicht arbeiten. Wir hatten ihr Leben zerstört. Als Tüpfelchen auf dem I geriet unsere Versicherung auch noch in einen Konflikt mit der ihren, und es sollte lange dauern, ehe sie eine Entschädigung bekam.

»Du hast das Handtuch über die Lampe gehängt«, sagte ich zu Kristian.

»Aber du hast sie eingeschaltet«, entgegnete er.

Wir hatten bei dem Unglück zusammengearbeitet. Wir hatten bei der Zerstörung ihres Lebens zusammengearbeitet. Lange war ich wütend auf sie, weil sie so dumm gewesen war, ihre Kommode retten zu wollen. Ja, ja, mir ist schon klar, dass die Wut nur zum Selbstschutz diente; aber es war uns nicht gelungen, sie herauszuziehen, sie war groß und kräftig. Die Panik hatte sie stark gemacht. Ich fand, wir sollten etwas für sie kaufen.

»Was schenkt man jemandem, der alles verloren hat?«, fragte Kristian.

Und da hatte er vielleicht recht. Denn wo anfangen? Mit einer Vase? Einem Sessel? Ich stellte mir verschiedene Gegenstände, einen nach dem anderen, in dem rußgeschwärzten Wohnzimmer vor, und sie wurden augenblicklich zu einem Artefakt. Und wirkten sehr einsam. Ich muss an Charles denken, der gerade dabei ist, alle Dinge aus seinem Leben, die ihm etwas bedeuten, fotografieren zu lassen, jeden Gegenstand isoliert vor einem Hintergrund aus weißem Karton. Das Projekt ist umfangreich, und es wächst. Neuerdings, nein schon immer, sammelt er auch Sachen von der Straße auf, die ihn spontan ansprechen, es kann ein roter Damenhut sein oder eine Schraube oder ein schmutziger Schnuller. Das eine führt zum anderen – weil Charles auch berücksichtigt, was zusammenpasst oder nacheinander verlangt, eine Formulierung wie »miteinander interagieren« würde er nie benutzen. Und so verlangte vor kurzem eine Miniaturtänzerin aus Garn nach einem Dorsch. Camilla fuhr zum Fischhändler und kehrte mit einem sieben Kilo schweren Ungetüm zurück. Nachdem es fotografiert worden war, musste es in passende Stücke geschnitten und zum späteren Verzehr eingefroren werden. Am Telefon hörte ich ihr an, dass sie das Projekt allmählich leid war. Anfangs hatte es sie betrübt, »Charles zieht Bilanz«, hatte sie gesagt, »als wollte er den Laden ganz schließen«. Ich antwortete ihr, dass man an Rückenschmerzen nicht sterbe. »Aber das ganze Morphium«, seufzte sie, »die ganzen Zigaretten.« Dann klagte sie lange über das Chaos, in dem ihre Wohnung infolge des ewigen Krankenlagers versank. Charles kann nicht in ihrem fast neuen, teuren Bett schlafen, in das sie sich wegen seiner wohlgeformten Stahlbeine verliebt hatten; die Matratze ist zu weich. Also liegt er auf einer härteren Matratze auf dem Boden, am Fenster. Weil er keinen Nachttisch mehr hat, lebt er umgeben von Bücher- und Papierstapeln, die ringsherum vom Boden aufragen. An den Wänden lehnen Rollen weißen Fotokartons, ich weiß nicht, wie dieses spezielle Papier richtig heißt. Und eine lange Bahn davon liegt auf dem Tisch. Gestützt von mehreren Stühlen, reicht sie bis auf den Boden, weder Welle noch Skihang – hier findet die Verewigung oder Sanktionierung statt, hier werden die Dinge zu etwas Neuem, Einzigartigem, Ikonen vor dem Todesweißen, Dinge ohne Landschaft. Camilla schleppt aus dem Keller Kisten mit Sachen hoch, die abgelichtet werden sollen, der Fotograf kommt und geht, so wie auch einige andere Besucher, oft zwei bis drei verschiedene an einem Nachmittag, sie sind nett, sie sind liebenswürdig, und sie gehen selbst in die Küche und kochen sich Kaffee, es sind auch ihre Freunde; Kristian, der kommt, um ein Fußballspiel mit Charles zu sehen, Alwilda, Edward und viele mehr, unter anderem die Malerin, die ich in Gedanken die Malerin nenne, weil sie blond ist (und Malerin) wie Clea aus dem *Alexandria-Quartett*. Camilla zieht sich in ihr Arbeitszimmer zurück und könnte jedes Mal schreien, wenn sie ein Geräusch in der Küche hört, an die ihr Zimmer grenzt. Sie hat das Gefühl, in einem öffentlichen Raum mit all diesen Kaffeeschwestern und -brüdern zu wohnen. Sie schämt sich den Besuchern gegenüber für das Chaos bei Charles, das mit Asche bestäubte Bettzeug. Sie hat das Bedürfnis nach einer Fassade. Sie vergleicht ihn mit ihrem Großvater, der ebenfalls Sammler war. »Ich bin ein Aufnahmegerät«, sagte er, wenn er mit seinem Stock etwas vom Boden aufhob. Charles benutzt ebenfalls einen seiner Stöcke, um die Sachen auf der Straße zu ergattern. Er macht jetzt Nordic Walking, des Rückens wegen. Sie findet, er könne ihr nicht so selbstverständlich all die zusätzliche Arbeit zumuten, sie zum Opfer eines Sammlers machen. Neuerdings hat sie einen gequälten Gesichtsausdruck. Und Charles einen verbitterten, er macht irgendetwas mit dem Mund, was mich an Uffe Ellemann-Jensen erinnert – genau, er presst die Lippen zusammen.

Camilla denkt an ihre Großmutter, die schreiend Razzien gegen die Sammlungen ihres Mannes vornahm, wenn dieser unten im Hafen war, und wie sie das, was sie wegwarf, unter »unschuldigem Müll« verstecken musste, Müll jenseits von Großvaters Interesse, worunter nur sehr wenig fiel, beispielsweise spülte er alle Milchkartons aus und stapelte sie zum späteren Gebrauch in seinem Holzschuppen, er schnitt sie oben auf und benutzte sie, um Pinsel hineinzustellen. Damals hielt Camilla immer zu ihrem Großvater und fand ihre Großmutter hysterisch, wenn sie sagte, die ganzen Sachen würden sie noch ins Wasser treiben. Sie wohnten auf einem Hügel, das Meer war einen halben Kilometer entfernt.

Charles' Projekt hat mich zum Nachdenken darüber angeregt, was ich selbst als »Dinge meines Lebens« wählen würde; da ist natürlich die Pflanze, die ich schon als Kind hatte, ein hartgesottenes Gewächs, das ich in den letzten dreißig Jahren nur zwei oder drei Mal umgetopft habe. Wenn sie viel Licht bekommt, werden die Blätter groß und umgekehrt. Dann gibt es meinen Bernsteinbaum, auf den das Licht so golden fällt. Er lässt sich durch Abbrausen reinigen. Und mein geblümtes Porzellanschwein, das Camillas Mutter mir zum Erscheinen meines ersten Buchs schenkte. Und eine gelbe Vase, ein Geschenk von Camilla. Den orangefarbenen Klumpen habe ich auch behalten, um mich selbst daran zu erinnern, dass ich, sollte mir jemals durch ein Unglück jemand Schaden zufügen, beispielsweise indem er mein Zuhause abfackelt, Großmut zeigen sollte. Ich komme bestimmt noch auf weitere – Dinge.

Sie haben mich gefragt, ob ich das Doppelbett mit den molligen Beinen haben will, dann würden sie nämlich ein neues, härteres kaufen und Charles von der Matratze auf dem Boden holen, damit sie wieder nebeneinanderliegen können. Und ja, ich will es. Vor nicht allzu langer Zeit mussten die beiden in Århus in einem Hotel übernachten. Sie waren auf der Premiere meines neuen Theaterstücks gewesen. Mit dabei hatten sie Charles' Matratze, um nicht zu riskieren, dass ihn ein zu weiches Hotelbett, wie er sagte, »in der Mitte durchbrach«. »Seit Jahren«, sagte Camilla, »hatte ich mich selbst nicht mehr so ausgelassen lachen hören. (Fast so, als würde hinter der nächsten Ecke körperliche Liebe auf mich warten. Leichtigkeit – bald ist da einer, der mich übernimmt. Bald werde ich zu einer, von der ich nicht weiß, wer sie ist. Genau wie das Lachen, das meiner ausnahmsweise zurückgeworfenen Kehle soeben

entfahren war. Fremd. Ein klein bisschen verantwortungslos.)
Ich lachte über die Matratze, dass wir unsere eigene Matratze
anschleppten, ins Hotel. Das ist fast so, als würde man seinen
eigenen Eintopf mit ins Restaurant bringen. Fast. Außerdem
gibt es nichts, was so unmöglich und unhandlich zu trans-
portieren ist wie eine Matratze, sie entgleitet und entwindet
sich, sie ist lebendig und tut, was sie will, und sie tat es auch,
an der Rezeption vorbei und bis in den Aufzug. Einen Augenblick später, auf der Matratze liegend, fing Charles an, von den
Juden in den 1930er Jahren zu reden. Ich konnte den Staub der
Mäntel förmlich riechen. Ich war eingesperrt mit Charles und
seinen Juden. Sie sind auch meine. Jedes Mal wenn ich mich
mit dem Thema befasse, erlebe ich den Schock von damals, als
ich es zum ersten Mal hörte, der Boden unter mir verschwindet. Ich bat ihn, von etwas anderem zu sprechen, an jenem
Abend im Hotel. Da sprach er vom Gulag. Man soll bloß nicht
auf die Idee kommen, man hätte zwischendurch einmal das
Recht zu lachen.«

Jetzt will Charles obendrein auch ein Folterwerkzeug auf
seinen Rücken tätowieren lassen. Auf die Stelle, von wo der
Schmerz ausstrahlt, über der Operationsnarbe. Seine Freundin,
die Malerin, soll ein Bild malen, das anschließend auf den Rücken übertragen wird. Camilla empfindet das als makaber und
weiß nicht, wie sie dann noch seinen Rücken berühren soll. Sie
hat keine Lust, mit der Hand über dieses Bild zu streichen, es
in die Liebkosung miteinzubeziehen. Man kann wohl nicht sagen, er wäre zur Seite des Leids übergelaufen, was im Übrigen
vieles bedeuten kann. Aber er leidet, und seine Faszination für
das Leid und die Leidenden ist groß. So viel kann man sagen.
Der lange, flache Rücken gehört nicht mehr ihr, nur noch dem
Schmerz.

So kauften wir am Ende nichts, nur eine schöne Torte aus

der Konditorei und einen Blumenstrauß für Majas Eltern, die uns in der Unglücksnacht aufnahmen und deren Gäste wir für ein oder zwei Tage waren. Doch noch lange danach spielte ich mit dem Gedanken, apropos Dorsch, einen riesigen norwegischen geräucherten (feuerfarbenen, fuhr es mir durch den Kopf) Lachs an die Familie in Frankreich zu schicken, so einen musste ich irgendwo in der Werbung gesehen haben, aber auch diesmal blieb es nur beim Gedanken.

Das Zimmer roch nach alter Pappe. Unsere Hochzeitsurkunde und ein Haufen unbrauchbarer Hochzeitsgeschenke (Füllfederhalter, Serviettenringe aus Silber et cetera) waren auch irgendwo auf dem Boden verstreut. Dort lag Kristian, wenn er krank war, eine Halsentzündung oder Ähnliches hatte, und starrte mit gequältem Blick zum Stuck hinauf, ansonsten saß er, einige Pappkartons dienten ihm als Schreibtisch. Es war schwer, nicht auf den Gedanken zu verfallen, dass er eigentlich gar nicht hatte einziehen wollen; dass er an und für sich bereit war, jeden Moment wieder auszuziehen, die Kisten waren bereits gepackt.

Im Zimmer war es sehr staubig, und als ich einmal darauf bestand, dort drinnen zu staubsaugen, obwohl er krank am Boden lag, denn ich war für das Putzen zuständig, während er alle Aufgaben, die mit Essen zusammenhingen, an sich gerissen hatte, sprang er von seinem Krankenlager auf und nahm mich in den Würgegriff. Ich staubsaugte, so gut es ging, mit seinen Händen um meinen Hals. (Würden alle ihre Arbeit so enthusiastisch ausführen wie ich, liefe alles rund auf der Welt.) Er drückte zu, bis ich den Staubsauger wieder aus dem Zimmer hinauszog. Das Problem ist, dass Kristian Müll hasst, aber nichts gegen Staub hat, und die Meinung vertritt, es sei Zeitverschwendung, wenn man putzt, bevor Gäste kommen, und einfach nur vernünftig, bis danach damit zu warten. Nun soll es aber nicht so klingen, als wäre er durch und durch gewalttätig, das trifft nicht zu; ich war selbst nicht besser; das einzige Mal, dass ich ihm eine Ohrfeige verpasste, traf ich seine Brille so unglücklich, dass ein Glas zu Bruch ging und seine Augenbraue blutete. Es sah schlimmer aus, als es war. Ich erinnere mich, dass wir kurz nach diesem Zwischenfall eine Fernsehreportage über gewalttätige Ehefrauen sahen, allesamt aus dem englischsprachigen Raum. Darunter war eine Frau, die mehrfach versucht hatte, ihren Mann in der Einfahrt umzufahren; es war ein Doku-Drama, ein (meiner Meinung nach) nur selten gelungenes Genre, weil die Szenen, mit denen die Erzählung illustriert werden soll, meistens bemüht sind, das Geschehen eins zu eins nachzustellen, und damit abgehackt und unfreiwillig komisch geraten, Fragmente der Fiktion steckten ihren Kopf aus dramatischer Musik empor, und man sah, wie sich ein Mann zur Seite warf, um dem Auto mit seiner rasenden Frau auszuweichen, und in einer Hecke landete, und weil es so schön war, gleich noch einmal in Zeitlupe, eine andere Frau lauerte ständig auf die passende Gelegenheit, ihren Mann die Treppe hinunterzustoßen, und dann kam die Schlimmste, jene Frau, die eines Nachts lauter Kerzen in einer Bratpfanne schmolz, ihrem Mann die Decke wegriss und das kochende Wachs über seinem Schoß ausgoss. Man begegnete dem armen Mann viele Operationen (und eine neue Haut, vielleicht sogar ein nagelneues Gemächt) später. Ich war froh, dass ich nicht zur Gruppe dieser Gewalttäterinnen zählte, dass ich Kristian nur ein einziges Mal eine gescheuert hatte und seine Brille durch einen unglücklichen Zufall zu Bruch gegangen war. Doch beinahe jeden Tag sagten wir einander gemeine und nicht wiedergutzumachende Dinge. Er war ziemlich dick geworden, und wenn er aus dem Bad kam und ich einen

Blick auf ihn erhaschte, behauptete ich, er sähe aus wie Michael Moore. »Michael Moore, Michael Moore, Michael Moore«, konnte ich sagen und dabei auf ihn zeigen. Mit der Zeit wurde mir übel, und ich fing an zu zittern, wenn ich seinen Schlüssel im Schloss hörte.

Auf dem Küchentisch lag eine Liste mit zwei Spalten, über denen unsere Namen standen, in der wir die Geldbeträge notierten, für die wir gemeinsame Lebensmittel eingekauft hatten. Ich aß manche Dinge, die Kristian nicht interessierten, ein Kuchenteilchen oder eine Dose Bohnenpastete zum Beispiel, und diese Sachen verzeichnete ich nicht. Am Monatsende zogen wir dann Bilanz, damit wir unterm Strich gleich viel zum Erwerb des gemeinsamen Essens beitrugen. Diese Abrechnung hatte fast etwas Feierliches, wie wir beide dort saßen, während Kristian rechnete, weil er, wie er meinte, besser mit Zahlen umgehen konnte, gespannt saßen wir da und warteten auf den Ausgang, in welche Richtung das Geld im nächsten Moment wandern würde. Als ich einmal wirklich krank gewesen war, eine Lungenentzündung, und endlich wieder ein wenig Appetit hatte, bat ich Kristian, für mich zum Bäcker zu gehen und ein Brötchen zu kaufen. Das tat er auch, aber er servierte es mir erst, nachdem er die vier oder fünf Kronen sorgfältig unter meinem Namen notiert hatte.

Was machte Kristian in seinem Zimmer … er saß (mit einem unausgepackten Pappkarton als Tisch) und schrieb an seiner Doktorarbeit und verzweifelte und schrieb und speicherte die unterschiedlichen Versionen und wusste nicht, welche davon die beste war, und kreuzte zwischen ihnen hin und her wie eine Jolle auf dem unendlichen Meer der Möglichkeiten. Wenn er nicht arbeitete, aß er. In einem seiner Kartons versteckte er Plastiktüten mit Nüssen, Rosinen und Brotscheiben. Eigentlich sollte ich davon nichts wissen. Er aß den lieben langen Tag und benutzte beide Hände (wie unsere Vorfahren mit dem langen Schwanz, fehlte nur noch, dass er zusammengekrümmt auf einer Kiste hoch oben unter der Decke hockte, während der Schwanz gegen die Pappe peitschte), um sich verzweifelt das Futter in den Mund zu schieben. Rechte Hand zum Loch stopfen kauen linke Hand zum Loch stopfen kauen rechte Hand schon wieder bereit mit der nächsten Ladung.

»Warum musst du immerzu arbeiten?«, klagte ich zu der Zeit, als ich ihn noch vermisste.

»Wenn ich nicht arbeite, esse ich«, antwortete er.

Zu essen bedeutete, sich aufzulösen. Und ich sah sein Ich, Selbst, Gemüt, Bewusstsein oder seine Seele, was auch immer man bevorzugt, als einen einsturzgefährdeten Schuppen vor mir, der nur noch von ein paar schrägen Balken abgestützt wurde – und dann kam jemand und trat gegen die Stützbalken.

Wir waren noch nicht lange verheiratet, die Esserei kann noch nicht darauf zurückzuführen gewesen sein, was Herta Müller über eine ihrer Nebenfiguren in der *Atemschaukel* schreibt, einen Mann, der seiner Frau im Arbeitslager in der Ukraine das Essen wegisst, aber ich zitiere es trotzdem:

»Alte Ehe macht hungrig, Untreue macht satt.«

Und was machte ich auf dem Sofa? Morgens bis mittags schrieb ich. Nachmittags oder abends wartete ich darauf, dass der nächste Morgen kam, damit ich wieder zu schreiben beginnen konnte, mit einem noch nicht vom Tage getrübten Kopf. Ich lag da und war besessen, mein Bewusstsein war davon okkupiert, zu hassen, zu verzweifeln, meine eigenen Gemeinheiten zu verteidigen oder mich zusammenzureißen und es irgendwie doch hinzubekommen. Ich war vom Gedanken besessen, meines Wegs zu gehen, ich spielte meinen Aufbruch bis ins Unendliche durch, auf meinem Heizkissen, mit immer schwererem Herzen.

Geld, Sex, Dienstleistungen, in diesem Fall Hausarbeit, hätten meiner Auffassung nach ungehindert zwischen uns fließen sollen. Doch so war es nicht, alles wurde Teil eines strengen Systems, alles musste abgesprochen, eingeteilt und geplant werden, damit der Schuppen seines Ichs nicht einstürzte. (Fast bis zuletzt gingen wir jeden Donnerstag um Punkt sechzehn Uhr miteinander ins Bett. Wie zur Weihnachtswaffenruhe 1914, als Deutsche, Briten und Franzosen Heiligabend miteinander feierten, stiegen wir aus unseren Schützengräben und trafen uns im Bett, ich, the mean one, möglicherweise die Deutsche. Über Sex wird oft in Gebrauchsprosa geschrieben, als ginge es um eine kaufmännische Rechnung, wo Zahlen gegen Gliedmaßen ausgetauscht wurden, man stelle sich mal eine mit der gleichen Umständlichkeit beschriebene Mahlzeit vor, Messer und Gabel als Akteure, oder eine Inneneinrichtung während eines Sturms, wobei das gleich viel unterhaltsamer klingt. Ich begnüge mich mit der Bemerkung, dass diese Donnerstagnachmittage lange hinreißend waren und ich mir gewünscht hätte, sie könnten auch Montag Samstag Mittwoch Sonntag Freitag stattfinden.) Ich habe mich oft in Männer verliebt, die, so glaubte ich, eine große Seele hatten. Was auch immer ich damit meine. Ich hätte nach etwas gehen sollen, das leichter zu messen und zu wiegen ist (die Geldbörse? Wobei ich nie auf die Idee käme, mich einmal nicht selbst versorgen zu können).

Im Nachhinein weiß ich nicht, wie oft ich Seele mit Sonderbarkeit oder Exzentrizität oder Idiosynkrasien oder Neurosen oder Zwangsverhalten oder einem sehr, sehr schwachen Selbstwertgefühl verwechselt habe. Vor kurzem traf ich mich mit einer Jugendliebe (Peter) zum Kaffee. Nachdem er seine

Ausbildung am Konservatorium abgeschlossen hatte, wandte er sich von der Musik ab und wurde Postbote. Innerhalb von zwei ermüdenden Stunden (vier Tassen Kaffee) verdammte er jede Musik, die ihm in den Sinn kam, in Bausch und Bogen. Im Nu wurde ich fünfzehn Jahre zurückversetzt, und mir fiel wieder ein, wie ich einmal einen Blumenkohl genommen und aus seinem Fenster geworfen hatte, eine absurde Ohnmachtsgeste angesichts dessen, wie er alle Musik, die ich hörte, verriss. Hoffentlich ist Edward nicht ... hoffentlich ist Edward so stabil und normal, wie es den Anschein erweckt. Nach Kristian wünsche ich mir einen Mann ohne Schnickschnack, wie ein Roggenbrot, wie ein blauer Himmel. Doch gleichzeitig wünsche ich mir immer auch etwas Heftiges, etwas Überwältigendes, was die Seele dazu treibt, sich immer weiterzudrehen.

Edward lächelt entschuldigend den Grabstein an, wenn er nicht am Grab anhält, während wir den Friedhof überqueren. Inzwischen ist er aber doch imstande, nicht stehenzubleiben. (Vielleicht hatte ich mich einfach nur in Kristian verliebt, weil er Arzt ist, so wie Camillas Mutter.)

Die Gefährten beim Tee
(rings um Charles
als Leuchtturm im Bett)

[Sämtliche Gefährten]
»Wollt ihr eine kurze Anekdote über den kleinen Hund und eine Krähe hören?«, fragte Edward. »Am Eingang vom Fælledparken saß gestern früh eine Krähe und pickte in einer Plastikschale herum, die Hackfleisch enthalten hatte. Der kleine Hund stürmte auf die Krähe zu und verjagte sie. Dann untersuchte er die Verpackung. Augenscheinlich war sie leer. Er hob das Bein, pinkelte darauf und rannte weiter. Die Krähe hüpfte zurück, packte die Schale mit dem Schnabel und schüttelte die Pisse ab, ehe sie weiter darin herumpickte.«

»Hm.«

»Er pinkelt auf alles, was er selbst nicht haben will, auch Brot, damit andere es auch nicht bekommen.«

»Die Taktik der verbrannten Erde.«

»Nein, der besprengten Erde.«

»Ich war unterwegs, um mich zu paaren. Mal wieder«, sagte Alwilda, »und diesmal glaube ich fest daran, dass Wachstum im Uterus einsetzt. Dürfte ich um einen zusätzlichen Stuhl bitten, damit ich meine Beine hochlegen kann.«

»Ho Ho Ho und 'ne Buddel voll Apfelschorle!«

»Ich hatte Kristian ins Auge gefasst. Aber der Gedanke, er könnte seinen Sohn wiedererkennen und sich einmischen … Besser, jemanden außerhalb meines Reviers wählen, fremde Löwen, am anderen Ende der Stadt, habe ich gedacht und gleich vier verschiedene Durchgänge gemacht, auf, ab, auf, ab. Ich will drei (mit der Zeit), zwei Söhne und eine Tochter,

hintereinanderweg, damit das Windelwechseln schnell überstanden ist. Ihr erstes Wort wird ›Toi-let-te‹ sein. Sie gehen in
eine strenge, anspruchsvolle Schule nördlich von Kopenhagen,
und ich fahre sie mit dem Lastenfahrrad dorthin, bei Wind
und Wetter, den ganzen Weg die Østerbrogade hinauf und
weiter auf der Ryvangs Allé neben den Bahnschienen, von der
Ladefläche wird gewinkt, und die Passagiere im Zug winken
zurück. Mutter legt einen Spurt ein und überholt den Zug.
Eine Kondition wie ein Postbote – habe ich ohnehin schon.
In der Schule lernen sie Chinesisch, und ich bin eine chinesi-
sche Mutter. Zum Arbeiten habe ich keine Zeit mehr, hechel
hechel, aber einen Vater gibt es nicht, also bleibt mir nichts
anderes übrig. Vielleicht sollte ich die vier möglichen Väter
vor meinen chinesischen Wagen spannen, besser vier mögliche
Väter als ein unmöglicher, im Jahr des Drachen, dann könnten
wir den Rest unseres Zusammenlebens mit Raten verbringen,
vier mögliche Väter für jeden kleinen Chinesen, meine zwölf
Männer, drei Kinder und ich sitzen zusammen und raten, ›Du
bist es!‹, sagt Chang und kriecht auf den Schoß eines Indianers
aus dem Nordwestviertel«, sagte Alwilda.

»Du bist verrückt wie ein Märzhase.«

»Warum hast du gerade gezuckt, Edward?«

»In meiner Begriffswelt ist ›Indianer‹ ein anderes Wort für
›Bestatter‹«, antwortete Edward.

»Sehr privat, sehr hermetisch.«

»Mein Selbsthass ist ein Rammbock, mit dem man Türen
einrennen kann. Heute Morgen bin ich mit folgendem Bild
im Kopf aufgewacht: Ich selbst, der auf Skiern steht und einen
Hang hinabsaust, während mir die Scheiße um die Skistöcke
spritzt. Da ist die Stimmung des Tages schon gesetzt«, sagte
Kristian.

»Apropos Selbstbild, apropos Scheiße«, sagte Edward, »man

könnte natürlich auch überlegen, was es mit einem Hund macht, wenn er sieht, wie sich das Herrchen über seine Exkremente beugt und sie in einer Tüte aufsammelt.«

»Ihr seid mir eine etwas zu latrinäre Versammlung«, sagte Alma.

»Dann lasst uns doch eine kleine Runde starten: Was beschäftigt euch momentan, was treibt ihr gerade so?«

»Das Urteil ist gefallen. Mit meinem Rücken ist nichts mehr zu machen. Man hat alles versucht«, sagte Charles.

»Das tut mir schrecklich leid«, sagte Camillas Mutter.

»Jetzt gibt es nur noch einen Weg – den des Pilgers, zu den heiligen Bädern, den heiligen Bädern«, sagte Camilla.

»Ja, ich möchte mich in Lourdes ins Wasser sinken lassen«, sagte Charles, »und auf ein Wunder hoffen.«

»Ich komme als Helferin und Fotografin mit«, sagte Camilla.

(Charles erwiderte nichts.)

»Oh, dürfen wir nicht alle mitkommen?«

(Charles erwiderte nichts.)

»Ich möchte Teil des Arabischen Frühlings sein. Ich sehne mich nach etwas, das größer ist als ich selbst. Ich möchte auf einem Platz ein Zelt aufstellen und hungern, auch sterben, wenn es darauf ankommt«, sagte Kristian.

»Und gabst du nicht das Ganze, so wisse, dass du gar nichts gabst«, sagte Camillas Mutter, »in dem Geiste wurde ich erzogen.«

»Erzogen, um zusammenzubrechen«, sagte Camilla.

»Sag mal«, sagte Camillas Mutter zu Charles. »Hast du jemals Pekingente in süß-saurer Soße probiert? Die kann ich nur wärmstens empfehlen.«

»Ein Morgen im Garten«, sagte Camilla, »alles erwacht, alles glitzert, strahlt, kräht, alles ist feucht und funkelt.«

»Ja, hier im Haus gibt es so viele Insekten. Es gibt Motten und Spinnen und natürlich Fliegen. Und Nachtfalter, die Raubvögel der Mikrowelt, die Lichtjäger mit ihren scheckigen Flügeln, wie derjenige, der gerade eben in der Spüle ertrunken ist, ein Habicht im Kleinformat.«

»Vor kurzem bin ich jemandem begegnet, den ich nicht mehr vergessen kann, in der Østre Anlæg«, sagte Kristian, »sie saß auf der untersten Stufe einer Treppe, hatte das Gesicht in den Händen und unter ihren vielen Haaren verborgen. Sie war jung, groß und mager und trug ein paar billige weiße Riemchensandalen, die eher zu einer Oma vom Land gepasst hätten, oder wie man sie manchmal bei festlich gekleideten Kindern sieht – und das veranlasste mich zu der Vermutung, dass sie wahrscheinlich aus Osteuropa kam –, und einen langen Rock und eine kurze weiße Bluse. Ich fragte, ob ich ihr helfen könne, aber sie reagierte nicht. Vor ihr auf dem Boden lag eine gefüllte Plastiktüte, keine Tasche, sondern eine zum Bersten vollgestopfte Tüte.

›Willst du nicht zu mir aufblicken‹, fragte ich, ›damit ich sehen kann, ob du meine Hilfe brauchst?‹

Doch sie reagierte nicht. Und so kam es, dass ich mir, weil sie den Kopf nicht hob, dieses Gesicht vorstellte, mit zerstörten Augen, und mir vorstellte, ich würde schreien, wenn sie die Hände wegnähme und das Haar zurückwürfe, weil sie leere Augenhöhlen hatte oder einen Todesblick, während ich in Wahrheit wohl am liebsten die völlige Resignation gesehen hätte und ein Wissen, dass wir uns gegenseitig helfen könnten.

›Ist schon in Ordnung‹, sagte plötzlich eine alte Dame am oberen Ende der Treppe, ›ich habe die Polizei gerufen.‹

›Warum denn die Polizei?‹

Sie aber kehrte mir den Rücken zu und rief ›Hallo, hallo!‹ in ihr Handy, und ich dachte, dass sie alt war und ihr die Kommunikation schwerfiel. Dann stellte ich mir vor, was dem Ganzen vorausgegangen sein mochte. War die junge Frau schreiend auf der Fahrbahn herumgelaufen, hatte sie mit ihrer Jugend und Verzweiflung und ihren vielen Haaren für einen Tumult gesorgt, und jetzt würde sie wieder dorthin geschickt, wo sie hergekommen war, in die Hände derer, die ihr Leben zerstört hatten und es weiterhin tun würden?«

»Sieh an, du klingst beinahe liebevoll, füll deine Wohnung doch mit Zwangsprostituierten, dann hast du eine Mission in Dänemark und brauchst keinen Arabischen Frühling.«

»Danke, dann lieber Nescafé«, sagte Charles und streckte seinen Becher vor, »das ist keine Literatur, sondern Schwindelei.«

»Derselbe Unterschied, wie ob man seinen Gedankenstoff direkt mit den Sätzen serviert (wie einen Schuss aus der Hüfte) oder Szenen, Kapitel, Erzählung, Charaktere benutzt, um seinen Inhalt lang- und mühsam aufzudröseln. Grob zusammengefasst«, sagte Alma.

»Heute habe ich mich danach gesehnt, dich in meinen Armen zu wiegen«, sagte Camilla zu Charles, »er kam mir vor wie eine Puppenhauspuppe« (sagte sie zu den anderen), »meine Puppenhauspuppen hatten elastische Bandagen-/Pflasterkörper, die man beugen und strecken konnte, all das, was Charles nicht kann; wenn ich ihn nur streife oder die Hand auf sein Knie lege, tut es schon schrecklich weh.«

»Erst habe ich gelesen, um so zu werden wie du. Dann habe ich geschrieben, um dasselbe zu tun wie du und deine Schriftstellerin zu werden. Dann wurde all das von mir befreit«, sagte Alma.

»Ich hätte eigentlich gern einen ganzen Haufen Kinder gehabt«, sagte Camillas Mutter und wippte mit ihren roten Sandalen, »und jetzt muss ich auf die Beine kommen, uh-uh-uh, helft mir bitte mal.«

Vom Pferd persönlich

[Camilla]

Charles und meine Ehe geht mit der Ära Osama bin Ladens einher, im September 2001 waren wir so verliebt, dass wir erst am Vormittag des 12. begriffen, was am 11. geschehen war, und die Auflösung unserer Beziehung vollzog sich in den Tagen um bin Ladens Tod. Zwei Bilder rahmen unsere Ehe ein:

    1. Körper in freiem Fall.

    2. Ein zerschossenes Gesicht.

Es ist aus mit ihm. Und mit uns. Diese zeitliche Koinzidenz ist natürlich der einzige Zusammenhang. Ich kann aber gern noch ein bisschen mehr symbolischen Stoff preisgeben. Der Abdruck vom Ehering will nicht verschwinden. (Die alte Haut, der viel zu enge Ring.) Ich wünschte, meine Gedanken wären heute organischer, der eine entwüchse dem anderen, aber so ist es nicht. Der Gedanke an den Bruch hat etwas Bruchstückhaftes, so wie die Trauer in Wellenschlägen kommt und auch die Erleichterung. Ich bin ein Strand, an den all diese Gefühle rollen.

Ich betrachte Hausfassaden (und halte Ausschau nach Zum-Verkauf-Schildern), während ich versuche, mir ein neues Leben vorzustellen. Ich würde nur ungern in einem dieser massiven, roten, zusammenhängenden Blöcke wohnen, wie sie Classens Have umgeben, der von Charles und mir Apfelgarten genannt wird und wo der Boden den ganzen Herbst über mit sauren, wilden Äpfeln bedeckt ist, von denen Edwards Hund nie genug bekommt, wenn man sie wirft, damit er ihnen nachjagen oder sie mit dem Mund auffangen kann. Charles schleuderte die Äpfel mit einem seiner Stöcke (fürs Nordic Walking) davon. Eigentlich sind Hunde in dem Park verboten. Dies sei ein Park für Hundephobiker, erklärt mir ein Mann im Overall, als ich eines Tages wieder einmal Edwards Hund hüte, damit Alma und er eine kleine Reise machen können. Alma ist völlig von Edward absorbiert. Für mich hat sie keine Zeit mehr, Selbstmitleid ist unkleidsam, hinaus damit und hinauf aufs Pferd, wenn man doch nur eins hätte, und in diesem Moment setzte sich der Gedanke vom Pferd in mir fest.

»Ich behandle nämlich Hundephobiker«, sagt der Mann, und ich grüble, was es mit dem Overall auf sich hat, während der Behandlung, »und sie wissen, dass sie hier keine Angst haben müssen.«

Daraufhin verspreche ich, nie wieder mit Hund zurückzukehren.

Mich befällt ein Gefühl von Atemnot, so erdrückend ist das rote Gebäudeensemble, das den Park umrahmt, wie ein Vierkanthof. Mein schlafloses Gehirn kann sich die Farbe des Hauses, in dem ich jetzt wohne und aus dem ich bald ausziehen werde, nicht mehr ins Gedächtnis rufen. Charles ist längst ausgezogen, die Wohnung steht zum Verkauf. Ich hatte drei Makler zu Besuch, ehe ich mich entschied. Ein Freier schlimmer als der andere. Der erste trug zu enge Kleidung, wie ein Matrose oder Zuhälter. Seine Augen funkelten, dasselbe galt für seine goldenen Locken und breiten Ringe. Er schlug vor, alle Bücher in Kisten zu verpacken und in den Keller zu schleppen und die Regale abzubauen, denn die Bücher würden viel zu viel Licht schlucken und die Räume ohne sie größer wirken. Schon bei dem Gedanken musste ich vor Erschöpfung weinen.

Der nächste war zu dick und hatte ein Loch in den Socken, wie ich bemerkte, als er höflich im Flur seine Schuhe auszog. Und ich musste an einen meiner Kollegen am Institut denken, der bei einer Besprechung halb aus den Schuhen geschlüpft war und mit den Füßen wippte, die Fersen waren dem Verschleiß zum Opfer gefallen und der Natürlichkeit wegen, aus ökologischen Gründen, nicht durch neue ersetzt worden, er trug seine Socken bis zum letzten Faden, was ihm, zusammen mit früh ergrautem Haar und einem ungepflegten Bart, ein zwergenhaftes Aussehen verlieh, ich musste daran denken, wie er sich in jedem seiner Bücher als großen Erotiker darstellte, als wilden Stecher, um es so freiheraus zu sagen, und ich dachte, dass er sich in Acht nehmen musste, damit dieses Zwergenhafte nicht seiner Selbstdarstellung schadete, denn jetzt tauchte er beispielsweise vor meinem inneren Auge auf, vögelnd, mit aus den Socken ragenden Fersen.

»Entschuldigen Sie«, sagte ich. »Ich bin ein bisschen nervös.«

»Übe ich so eine Wirkung auf Sie aus?«, fragte der Makler.

»Nein, es liegt an meiner Gesamtsituation«, antwortete ich.

Und er nickte, womöglich enttäuscht. Der Anblick meiner sich biegenden Regalbretter regte ihn, keineswegs unerwartet, dazu an, mir zu berichten, er schreibe ein Buch.

»Sie auch!«, erwiderte ich, weil es auf dieser Welt bald mehr Schriftsteller gibt als Leser. Er sprach lange und warmherzig über sein Buch, das mit einer Menge Recherche verbunden war und von einer der NATO unterstellten Militäreinheit handelte, gewürzt mit einer Prise Fiktion. Am Ende sagte ich: »Wenn Sie mir eine dieser billigen Genossenschaftswohnungen da drüben (ich zeigte aus dem Fenster) organisieren, kann ich Ihnen einen Termin mit einem Verleger organisieren. Dann können Sie von Ihrem Buch erzählen und laufen nicht Gefahr, dass man Ihnen das Manuskript ungelesen mit einer Standardabsage zurückschickt.« (Ich dachte mir, dass es Alma sicher leichtfallen würde, eine Verlegerin zu spielen, wenn sie gerade Zeit hätte.) Er wurde still, vermutlich war er mit seinem Buch noch gar nicht so weit gekommen, wie er den Anschein hatte erwecken wollen. Die Stimmung wurde gedrückt.

Als ich mich für Nummer drei entschied, lag das nicht am niedrigen Preis, sondern daran, dass er mich an einen Jungen erinnert, den ich kenne und mag und der noch immer (im Alter von fünfzehn Jahren) Brautkleider aus Katalogen ausschneidet. Er war still und mädchenhaft. Und ziemlich hübsch, mit eisblauen Augen. Leider meint mein Anwalt (denn plötzlich habe ich sowohl einen Immobilienmakler als auch einen Anwalt und einen Finanz- und Steuerberater, fehlt nur noch jemand, der mir beim Einschlafen hilft, ein Schlafcoach, der sich jeden Abend zur Bettgehzeit neben mich setzt und mir erzählt, wie schwer mein Körper ist und wie leer mein Kopf), ich hätte keinen Dumpingmakler wählen sollen, aber jetzt habe ich es nun mal getan – aufgrund seines bescheidenen Wesens. Als er gehen wollte und sich unsere Blicke trafen, beugte ich ihn in Gedanken über seine Verkaufsaufstellungen und seine verdrängte Homosexualität (falls es solche Verdrängungen überhaupt noch gibt, in unserem weltoffenen Zeitalter) und platzierte mich selbst gegenüber, über ein Buch gebeugt, und ließ uns gleichzeitig aufsehen und einander vorsichtig anlächeln, eines späten Abends in unserem gemeinsamen Leben in dieser Wohnung, die ich dann doch nicht verkaufen müsste.

Nein. Allein der Gedanke, wieder so dicht am Auf und Ab der Stimmungen eines anderen zu leben, lässt mich die Flucht ergreifen. Je schlechter die Laune, der ich ausgesetzt bin, desto mehr umflattere ich einen Menschen, das ist die Motte in mir, die sich nicht von der Flamme fernhalten kann. Als Charles dichtmachte, oder – als er die Tür zu seiner Seele verrammelte, warf ich mich dagegen, Sesam öffne dich; doch nicht den kleinsten Spalt.

Die mächtige Kraft seiner Depression. Eine schwarze, schwarze Wolke schwebte über dem Bett, wo er lag. Gegen Abend wurde es unerträglich. Es war ein Gefängnis. Jetzt bin ich entlassen.

Ich bin von meinem Spaziergang zurück. Mein Haus erweist sich als rot. Doch auf mildernde Weise wurden gelbe Ziegelsteine eingesetzt, die ein Muster im Rot bilden, und die Nachbarhäuser haben andere Farben. Mein Haus ist schmal mit gelben Sprenkeln. Ich habe keine Lust, daraus auszuziehen. Aber ich kann es mir nicht leisten, allein dort zu wohnen. Es fühlt sich an, als hätte man eine Rinne von meinem Scheitel bis zum Bauchnabel gegraben, durch die unverdünnter Schmerz fließt. Ich habe mich von Charles verabschiedet. Vor einem Monat hat er mir erzählt, dass er ohne mich krank sein möchte. Dass er nicht noch mehr von mir verlangen wolle. Dass ich weiterkommen solle im Leben. Dass aus unserer Beziehung die Luft raus sei – was bleibt der Luft auch anderes übrig, schließlich habe ich drei Jahre lang auf einem Stuhl an seinem Bett gesessen. Die Freude und die Lust seien verschwunden.

Wir haben lange über nichts anderes sprechen können als über die Krankheit; sobald wir es versuchten, erschien es uns unnatürlich. Hier bin ich also, allein. Als er mir das mitteilte, wurden meine Arme zu einem bloßen Anhängsel, und von ihrem Ende baumelten meine Hände herab wie leere Schaufeln. Ich soll keine Last mehr auf meinen Schultern tragen. Das habe ich vom Pferd persönlich. Charles will sich selbst tragen. Nur sich, nicht auch noch meine Trauer darüber, dass er krank ist (über die Jahre sind meine Tränen zu einer Sintflut angeschwollen), meine Schwierigkeit, eine längere Zeit stillzusitzen, und meine mangelnde Fähigkeit, es zu ertragen, dass er mir oft nicht antwortet – weil der Weg zu den Worten tief in seinem schweren Gemüt zu weit ist. Die schreckliche Art und Weise, wie er vom Unglück gefangen genommen wird. Sein eigener Gefangener in einer Burg, in der er nicht aufschreien darf und aus der man ihn auch nicht herausrufen kann. Starre und Stummheit, kein Gesicht, sondern eine Maske (von einem Gesicht). Ich habe wirklich begonnen, dieses Steingewordene zu fürchten.

Ich will mich nicht anlügen. Ich habe lange dieselben Gedanken gehegt bei meinen Spaziergängen durch die Parks, während ich die Farben in mich aufsaugte. Während Charles lag und immer weiter lag. Die Zukunft erschien mir wie eine zusammengeschnürte Tüte. Jetzt ist sie offen … ohne Charles kommt es mir mitunter vor, als befände ich mich im freien Fall – durch die Zeit.

Zwar habe ich an früherer Stelle gesagt, ich hätte mich genügend mit dem Tod beschäftigt – für den Rest meines Lebens, aber ich kann trotzdem nicht umhin, die Ursache für den Bruch zwischen Charles und mir als ein/nein, seht Folgendes als Bild für jenen Abstand, der zwischen uns entstanden ist: Uns wurde bewusst, dass wir jeweils (einmal) an einem anderen Ende des Landes begraben zu werden wünschten, und nicht, wie zumindest ich es mir vorgestellt hatte, Seite an Seite, das heißt, der glatte Rücken der einen Urne am Bauch der anderen, zum Beispiel auf dem Holmens Kirkegård, der so unendlich französisch ist, durchschnitten von einer langen Allee, und oh, die Wogen der Anemonen und Krokusse auf den Gräbern im Frühjahr, und vor dem Friedhof die Stadt, das Treiben. Der Friedhof ist von Großstadt umrahmt, umgeben von Häusern mit Balkonen, auf die Menschen hinaustreten, Menschen, die von oben auf einen herabblicken; aber Charles hatte sich für die Gegend entschieden, aus der er stammte, am anderen Ende des Landes. Ich dachte, ich würde es nicht wagen, mich an einem so verlassenen Ort in die Erde senken zu lassen, so öde, so sturmgepeitscht, im Winter kälter als jeder andere Ort, diese letzte Ruhestätte.

Unser Sturm durch die Betten, durch die Jahre. Oh, wie viele Betten habe ich jetzt schon im Keller eingemottet und ringsherum bei unseren Freunden? Wir jagten die perfekte Matratze, jene, die ideal zu Charles' Rücken passen würde; jene, bei der ihn mein Gewicht auf der Matratze am wenigsten stören würde, eine sehr harte Matratze, wie wenn man auf Holz schläft, dachte ich, eine Matratze wie eine Tür. Und dann endeten wir meistens doch in unseren getrennten Zimmern, weil das Morphium und die Schmerzen ihn im Bett umherscheuchten und aus dem Bett hinaus, um zu rauchen. Und dann konnte ich nicht schlafen. Und wenn ich nicht schlief, brachte mich fast alles zum Weinen, ich verwechselte alles mit allem – die Schritte des Zeitungsausträgers auf den Treppen hielt ich für Donner. Ich hatte Schwierigkeiten, meine Nachbarn zu erkennen, sie tauchten aus ein und demselben Nebel auf.

Letztens ging ich mit Edwards Hund an der Leine spazieren, einer zu langen Leine, und wie ich zu meiner Schande gestehen muss, lief er mir auf die Fahrbahn, aber zum Glück war es eine wenig befahrene Straße. Plötzlich hielt ein Auto neben mir, und ein fremdes Frauengesicht kam im Fenster zum Vorschein: »Wie kann man sich nur so ausbreiten?«, hörte ich.

»Entschuldigung«, sagte ich, sah zu Boden und wandte mich um. Das Auto fuhr jedoch nicht weiter, jetzt kommt eine richtige Standpauke, dachte ich, aber dann sagte die Dame: »Camilla, ich bin's doch«, und aus dem fremden Gesicht wurde Almas.

Was ist nur mit mir los?

Warum erkannte ich meine beste Freundin nicht mehr?

Das erste Bett, in dem ich Charles hatte, war ein schwedisches, und damals kümmerten wir uns wohl kaum um die Beschaffenheit der Matratze. Ich war überwältigt, wie groß und breit er mir vorkam, vielleicht weil der Mann, mit dem ich vorher lange das Bett geteilt hatte, ein Schwächling war. Wir hatten ein Seminar besucht, jeder ein anderes, aber am selben Ort. Er fiel mir auf, wie er, hustend und mit hochgezogenen Schultern, auf der Terrasse stand und rauchte. Letztes Jahr waren wir zusammen in Teneriffa; zum Hotelzimmer gehörte ein Balkon. Charles hatte eine Lungenentzündung – zusätzlich zu all den anderen Unbilden. Der Husten verschlimmerte die Schmerzen im Rücken, aber er rauchte trotzdem, und als ich sah, wie er sich vor Husten über die billigen Plastikmöbel krümmte, erinnerte ich mich daran, wie ich ihn das erste Mal gesehen hatte, in Lederjacke, in Schweden, und wie ich schon bald darauf eine Leere verspürte, wenn er nicht in meiner Nähe war. Dieses Gefühl von Mangel war Verliebtheit. Vom Hotel aus konnte man einen Esel sehen. Er stand den ganzen Tag da, an einen Baum gebunden. Er sollte den Betrachter dazu veranlassen, stehenzubleiben und den dahinterliegenden Gemüseladen zu bemerken. Am Halfter des Esels, am Stirnriemen, war eine Sparbüchse befestigt, auf der zu lesen stand »Donkey-food«. Die Spardose verlieh dem traurigen Esel eine noch größere Traurigkeit. Er trug offenbar nicht genug zum Lebensunterhalt bei als bloßer Reklameträger – für den Laden, für das Spanischsein als solches –, der den ganzen Tag unter dem Baum stand und steife Beine bekam. Wenn man eine Münze in den Spalt steckte, fühlte es sich an, als steckte man sie dem Esel ins Gehirn, dann aber ertönte das beruhigende Klirren, wenn die Münze auf die anderen Münzen in der Dose traf. Der Laden verkaufte Teneriffa-Bananen. Sie sind kürzer und süßer als andere Bananen, fast wie Konfekt. Die Banane gehört zu den

Gewürzpflanzen, ist das nicht erstaunlich? Victoria (diese kompromisslose Königin, deren Herrschaft fast ein ganzes Jahrhundert überschattete, wenn ich es mir für einen Moment erlauben darf, wie die Erzählerin in einer Dokumentation über englische Geschichte zu klingen) ordnete aus diesem Grund an, in ihrer Kolonie Teneriffa Bananen anbauen zu lassen. All das las ich in *Die Reise geht nach Teneriffa*. Der Laden verkaufte auch Mandeln, die schmeckten gut zusammen mit den Bananen. Charles sprach davon, dass er dringend eine längere Kur nötig hätte. Sie wurde ihm nie zugestanden, aber jetzt ist er in eine Pension gezogen, wo man ihm dreimal am Tag eine gute und nahrhafte Mahlzeit serviert. Er hat die Bestandteile seines Daseins auf ein Minimum reduziert. Er isst eine Apfelsine. Er liegt auf dem Rücken und schaut in den Himmel. Er pflegt nur mehr zu wenigen Menschen Kontakt. Nicht zu Alma, nicht zu Edward, nicht zu Alwilda, nicht zu Kristian und auch kaum noch zu mir.

Eine ganze Woche lang ging ich jeden Nachmittag auf Teneriffa in den Zoo und sah mir eine Adlerschau an. Obwohl ich sie so oft gesehen habe, ist es mir fast unmöglich, das, was ich sah, wiederzugeben. Aber es bereitete mir ein Gefühl von Hölle, ja, ja, ein schreckliches Schwirren der Flügel gefallener Engel, die Himmelsschleusen hatten sich für einen Schwall aus Vögeln geöffnet, und jedes Mal aufs Neue konnte ich nicht begreifen, dass ich mich freiwillig auf die Bank in der Arena gesetzt hatte, unter der brennenden Sonne und dem gleißenden Himmel, aus dem sich die schweren amerikanischen Adler und auch Geier und Falken mit ausgebreiteten Schwingen und ausgestreckten Krallen stürzten, wenn ihre Trainer, die mitten in der Arena standen, auf ihren Lederhandschuh klopften und sie herabriefen. Sie schwebten dicht über den Köpfen der Zuschauer – wir wurden die ganze Zeit (durch ein Megaphon)

aufgefordert, still sitzen zu bleiben, weil die Vögel mit Angrif-
fen auf Bewegungen reagieren konnten (und dennoch ließ ein
etwas bemitleidenswertes Elternpaar mit einer großen Kinder-
schar seinen Sohn in die Arena laufen und wurde zur Ordnung
gerufen, aber die Eltern mussten es aufgegeben haben, ihn festhalten zu wollen, denn kurz darauf lief er wieder hinein, es war
der pure Nervenkitzel) – und landeten dann auf dem Handschuh des Trainers und wurden mit einem Klumpen rohen
Fleischs belohnt. Nachdem man einen der großen Raubvögel
entsandt hatte, er hoch über der Arena gekreist und wieder
zurückgerufen worden war (während man auf eine Trommel
schlug, deren aufpeitschender Rhythmus in der Landung kulminierte), wurde ein Wirrwarr aus unterschiedlichen Vögeln
in die Arena geschickt, und die Musik erweckte den Eindruck,
sie würden tanzen; es gab Kraniche, die Körner aus den Händen der Zuschauer (jedoch nicht meinen) pickten, und blaue
Störche und unsere heimischen Störche mit den roten Beinen
und viele andere Vögel, die ich nicht kannte, die Luft war von
Flügeln gesättigt. Eine Fanfare wurde gespielt, wenn sie los-
geschickt wurden, und eine, wenn sie gerufen wurden, und
in der Zwischenzeit waren sie frei, sie hätten alle ihres Wegs
fliegen können, die Adler hätten nie wieder zurückkehren
müssen. Nur die Geier mussten neben der Arena auf ihren
Holzpfählen sitzen bleiben, angekettet, es war der Vorhof der
Hölle, so sahen die Soldaten des Satans aus, mit Schalen voll
fauligen Fleischs vor sich, sie starrten einen an, wenn man vorbeiging, sodass man sich auf etwas reduziert fühlte, das bald in
der Schale enden konnte.

Schweden, auf dem tiefen Land. Als ich an Charles vorbeigegangen war, der in seiner Lederjacke auf der Terrasse stand
und rauchte und fror, merkte ich, wie mir sein Blick folgte,
und ich versuchte, leicht und hübsch zu gehen. Endlich, am

letzten Abend, gab es ein Fest. Endlich waren wir die Einzigen, die noch im Festsaal waren. Glaubten wir. Als ich mitten in einem langen Kuss die Augen öffnete, zu diesem Zeitpunkt saß ich, umgeben von umgefallenen Flaschen, auf dem Tisch, die Kleidung in Unordnung, Charles' Hände unter dem Pullover auf meinen Schultern und meinem Rücken, stand dort der Seminarleiter und beobachtete mich. Ich weiß nicht, wie lang er schon dort gestanden hatte. Ich schloss die Augen und küsste weiter – als verschwände er, wenn ich ihn nicht sehen könnte. Doch als ich kurz darauf wieder die Augen aufschlug, war er immer noch da. Er muss ein Voyeur gewesen sein. Jetzt, da auch Charles ihm den Kopf zudrehte, stemmte er die Hände in die Hüfte wie ein personifiziertes Über-Ich und bat uns, an einen anderen Ort zu gehen.

Eng umschlungen traten wir in den Morgen hinaus, während wir darüber sprachen, was diesem Kerl einfiele, dort zu stehen und zu spannen. Die Luft war weiß, vom See drang ein Knacken und dumpfes Dröhnen herüber. Es war das Eis, das brach.

Es wäre harmonisch gewesen, hier aufzuhören, bei dieser ersten Begegnung, der Kreis schließt sich, das reinste Glück. So benehmen sich die Gedanken aber nicht, sie drängen sich auf, an dieser Stelle aufzuhören wäre so, als würde man einen Bus auf einer Blumenwiese parken.

Als Charles auszog, zog er zunächst nicht weit weg. Unweit von dem Ort, wo wir gewohnt hatten und ich noch immer wohne – in einem Wald aus Zum-Verkauf-Schildern, weil der Immobilienmarkt stagniert, wie es heißt (im Übrigen ging das Büro des Maklers, der ein Buch schreiben wollte, pleite. Jetzt hat er also Zeit zum Schreiben, könnte man denken) –, liegt ein Hotel mit dem seltsamen Namen 9 kleine Heime (bei dem ich immer an die sieben Zwerge denken muss), es hat sich auf Langzeitaufenthalte spezialisiert, und wie auf der Homepage zu lesen ist, war ein Gast sogar so begeistert, dass er ein halbes Jahr blieb. Dieser Gast hätte Charles sein können.

Es ließ sich deshalb nicht vermeiden, dass wir uns hin und wieder in die Arme liefen. Wenn ich eine Abkürzung durch den Apfelgarten nahm, sah ich ihn manchmal auf dem Rasen liegen und in den Himmel starren, wahrscheinlich in einem Versuch, seine zerrissene Seele zu heilen, vielleicht sah er mich auch, aber wie eine stille Übereinkunft ließen wir einander in Ruhe, ja, wir taten, als hätten wir einander nicht gesehen. Das war nicht schwer. Er war mir schon lange so vorgekommen, als gehörte er einer anderen Welt an (wahrscheinlich der Welt des Schmerzes, des Morphiums und der Fluchtgedanken), in den letzten Jahren hatte ich nicht die geringste Ahnung gehabt, was in seinem Inneren vorging, erst kürzlich musste ich wieder an ihn denken, als ich im Fernsehen einen Tierarzt sah, der einem Pferd auf den Schädel klopfte; so wie er da auf dem Rasen lag oder ich ihn mit einer Apfelsine in der Hand aus dem Spar kommen sah, nahm ich ihn beinahe wie eine Luftspiegelung wahr, wie ein Nachbild, wenn man einen Gegenstand lange betrachtet hat und das Bild davon noch in der Luft hängt, nachdem er selbst verschwunden ist.

»Vorläufig nehme ich eher davon Abstand, Kopf und Kragen für einen anderen Menschen zu riskieren.«

Als ich das zu Alwilda sagte, sah sie mich nachdenklich an und brachte mir tags darauf ein in rosa Seidenpapier eingeschlagenes Geschenk. Es war ein Ratgeber. Für geschiedene Frauen. Ich bedankte mich gebührend und versteckte ihn, nachdem sie gegangen war, in der Schublade zwischen meiner Unterwäsche. Er konnte nicht mit den anderen Büchern zusammenstehen, höchstens in der Küche auf dem Regal mit den Kochbüchern, wo auch ein anderer Ratgeber, über Fleckentfernung, stand. Alwildas Buch war hochglanzpoliert, es strahlte Energie aus, auf dem Titel war eine Frau in Rettungsweste abgebildet, was ich zunächst als Symbol deutete, aber das erwies sich als falsch. Alle Protagonistinnen waren blond, und ich, selbst dunkelhaarig, denke manchmal, alle blonden Frauen sähen ähnlich aus. Jedes Kapitel enthielt einen Bericht aus dem Leben einer geschiedenen Blondine und wie sie einen Neuanfang gewagt hatte. An die Kommode gelehnt, damit ich das Buch schnell wieder in die Schublade gleiten lassen konnte, wenn es an der Tür klingelte, überflog ich vier oder fünf Kapitel, ich habe mir immer gewünscht, so schnell lesen zu können wie der (inzwischen verstorbene) Kritiker Malcolm Bradbury, der sagte, er könne im Laufe weniger Stunden *Don Quixote* lesen, dank einer Schräg-Lesetechnik, bei der er seinen Blick von der oberen linken zur unteren rechten Ecke der Seite rasen ließ, und unterwegs fraßen die Augen alles in sich hinein, während die Hand längst schon umblätterte. Ich sehe alle Filme auf meinem Laptop, und er identifiziert jedes Mal defekte Stellen, die er überspringt, sogar bei ganz neuen Filmen, so reduziert sich die Länge eines Spielfilms von neunzig auf zwanzig bis dreißig Minuten, und während ich Zeit spare à la Bradbury, schule ich zugleich meine Fähigkeit, Zusammenhänge herzustellen.

Offenbar hatten sämtliche Frauen in meinem Buch ihr neues Leben auf ein und dieselbe Weise in Angriff genommen – sie hatten sich dem Wassersport zugewandt. Weil sie alle nördlich von Kopenhagen wohnten, fuhren sie, wenig überraschend, auf dem Öresund, wenngleich in unterschiedlichen Bootstypen, Jollen, Kajaks und Kanus. Viele von ihnen hatten auf dem Meer einen neuen Mann gefunden. Vielleicht gab es auch einen entsprechenden Ratgeber für Männer, sodass beide Geschlechter aufs Meer entsandt wurden und in die offenen Herzen der anderen ruderten oder paddelten und jeder Topf seinen Deckel fand. Die einzelnen Berichte der Frauen waren voneinander getrennt durch Fotos von Wasserfahrzeugen und Wassersportausrüstung mit diskreten Preisangaben, und hinten im Buch gab es eine Seite, die man ausreißen konnte; ein Formular zur Anmeldung im Ruderklub Hellerup.

Tja. Jedenfalls kam mir da der Gedanke, ich könnte mir ein Pferd kaufen und wieder durch den Dyrehaven reiten, wie ich es als Kind und Jugendliche oft getan hatte. Anstatt nach vorn zu sehen, wie mir alle rieten, konnte ich zurücksehen oder zurückkehren, und zwar zu der größtenteils glücklichen Zeit in meinem Leben, als ich zwischen dreizehn und achtzehn Jahre alt war. Im Übrigen hatte ich kein Interesse daran, einen Mann kennenzulernen, und als ich in das Buch von Alwilda hineinlas, wurde meine Lust nicht unbedingt größer. Vorher, ganz kurz vorher, hatte mich der Austräger für die Pizza-Lieferdienst-Reklame zärtlich gefragt, ob ich einen Freund hätte, und ich hatte geantwortet: »Nein, und ich will auch keinen.« Er hatte suspekt ausgesehen, wie einer, der mir die Kreditkarte stehlen würde, wenn ich ihn hereinließe. An Angeboten mangelt es mir nicht. Der Maler, der gerade meine ganze Wohnung gestrichen hat, damit Käufer angelockt werden, machte mir auch eines. Das ich ausschlug. An den Tagen, an denen er strich, arbeitete ich zu Hause, und es ließ sich nicht vermeiden, dass wir uns auf dem Flur oder anderswo begegneten, »ich habe Lust, dich zu küssen«, schrieb er mir, und als ich das ablehnte, schrieb er etwas weniger Freundliches, was mich wütend machte. Jetzt ärgere ich mich jedes Mal, wenn ich meine Wände anschaue, dass sie von einem so unangenehmen Menschen gestrichen worden sind.

Wenn ich mich selbst beschreiben müsste, würde ich sagen: Ich brauche Zeit, um meine Wirkung zu entfalten. Und am besten erlebt man mich in meiner vertrauten Umgebung. Ich bin das Gegenteil eines Blenders. Ich wirke erst mit der Zeit, aber es darf auch nicht zu viel Zeit sein, zehn Jahre sind zu viel, zehn Jahre, und Charles nahm die Beine in die Hand, dass die Funken stoben.

Zum Glück hatte ich drei Eheringe herumliegen, die ich veräußern konnte, um Geld für ein Pferd zusammenzukratzen. In allen davon steht »Charles« und das Hochzeitsdatum. Zwei eher kleine und ein größerer. Als ich heiratete, bekam ich einen Ehering für den kleinen Finger, weil er mich dort am wenigsten störte. Ich leide unter rastlosen Fingern. (Und unter einem rastlosen Mund, aber da schafft Kaugummi Abhilfe.) Leider verlor ich den Ring kurz danach, weil ich die Angewohnheit hatte, ihn auf dem Finger auf und ab zu schieben. Als wir später einmal unsere Wohnung isolieren und Fugenmasse unter die Holzpaneele spritzen lassen mussten, fand der Handwerker ihn unter einer Fußleiste, hinter die er gerollt war, und reichte ihn mir triumphierend aus seiner knienden Stellung. Also hatte ich zwei. Allmählich begann ich zu denken, ein Ring am kleinen Finger wäre zu unsicher; wenn ich schwitzte, glitt der Ring zu leicht herunter, und ich hatte die Angewohnheit entwickelt, ihn in den Mund zu nehmen und zwischen die Zähne zu klemmen, ein Wunder, dass ich ihn nie verschluckt habe. Aus demselben Grund beschloss ich, mir einen Ring für den Ringfinger zuzulegen, weil das anscheinend der sicherste Finger von allen war, und setzte den Entschluss auch um, aber dieser Ring saß wiederum so eng, dass ich es aufgeben musste, daran herumzufingern, und wie gesagt hat er auch einen unschönen Abdruck hinterlassen. Deshalb hatte ich nun also drei

Ringe, die ich verkaufen konnte. Momentan ist der Goldpreis gut. Gold, so wurde mir klar, ist im Grunde das Einzige, was man derzeit gewinnbringend verkaufen kann. Nach meiner Scheidung habe ich eine merkwürdige Bindung zu meiner Online-Bank entwickelt, jeden Morgen prüfe ich als Erstes meinen Kontostand und was ich am Vortag ausgegeben habe. Deshalb hätte ich ohne weiteres wissen können, dass ich mir ein Pferd nicht leisten konnte. Ich bin kein Freund von Zahlen.

Vor kurzem habe ich einen fürchterlichen Fauxpas begangen. Ich besuchte Clea in ihrem sonnenbeschienenen Atelier und sah ein wunderbares, in Gelb und Braun gehaltenes Porträt von Simone de Beauvoir, gemalt nach einer Fotografie. Meine Wände sind so kahl, seit Charles ausgezogen ist. So sah es auch aus, bevor er bei mir einzog; und er erzählte mir einmal, dass ich ihm wegen ebendieser Kahlheit bei seinem ersten Besuch leidgetan hätte. Damals hatte ich nichts gegen nackte Wände, ich fand, vor einem weißen Hintergrund erholte sich die Seele ausgezeichnet. Während Charles' Krankheit wurde ich jedoch von Farben abhängig und bin es noch immer, und der farblose Winter droht, wir haben bald Oktober. Also erkundigte ich mich nach dem Preis dieses Gemäldes, dessen Farben wie versengte Sonnenblumen waren.

»Fünfzehnhundert«, sagte sie, und ich antwortete: »Gut, dann nehme ich es.« Wir gaben uns die Hand und trennten uns mit einem Lächeln, und in Gedanken platzierte ich das Bild schon an die Wand über dem Sofa und mich darunter, wie unter einem Duschkopf, dessen Wasserstrahlen aus heilenden Farben bestehen. Nachdem Charles seine Sachen entfernt hatte, war es etwas leerer geworden; es gab weniger Regale, es war heller, nicht mehr so erdrückend. Die Bücher aufzuteilen dauerte einen ganzen Tag. Wir machten drei Stapel, einen für ihn, einen für mich und einen zum Verkauf an das Antiquariat. Nachdem wir sieben Stunden weit mit der Prozedur fort-geschritten waren, brach ich in Tränen aus.

»Mich hat das auch gerade traurig gemacht«, sagte Charles, »es macht uns traurig, so viel Schund gelesen zu haben.«

»Ach, ist es das, was uns traurig macht?«, fragte ich und er-kannte für einen Moment den Charles von damals wieder und sehnte mich danach, wieder zu ihm zu gehören.

Zurück zu Clea. Kurze Zeit nach meinem Besuch im Ate-lier schrieb sie mir, das Bild sei nun gut verpackt, ich könne es jederzeit abholen und dürfe es gern über drei Monate verteilt in Raten abbezahlen.

»Das ist doch nicht nötig«, schrieb ich, »ich überweise dir die fünfzehnhundert sofort.«

»Du musst dich verhört haben«, schrieb sie, »es kostet fünf-zehntausend.«

»O nein«, schrieb ich, »o nein, o nein, o nein, wie konnte ich so dumm sein und glauben, dass etwas so Schönes so wenig kostet, oh, bitte vergib mir, aber ich kann es mir nicht leisten« (und in Gedanken löste sich das Pferd in Luft auf).

Zurück zur Online-Bank. In der kühlen Welt der Zahlen gehe ich ein und aus. Ich rechne und rechne. Kaum habe ich eine Kostenaufstellung gemacht, fange ich mit der nächsten an, endlessly counting, vermutlich errichte ich mit den Zahlen Dämme gegen Gefühle.

Wie dem auch sei, ich werde mein Gold veräußern, ich wer-de ein Pferd kaufen. Also fange ich an, mich nach Pferden um-zusehen. Das ist sehr erfrischend, nachdem ich so lange nach Wohnungen geschaut habe. Vielleicht habe ich das noch gar nicht erwähnt. Wenn ich mich nicht länger bei meiner Online-Bank aufhalten kann, klicke ich mich auf Immobilienseiten durch Wohnungen.

»Hör doch auf, schon nach neuen Wohnungen zu kucken,

bevor du die alte verkauft hast«, mahnte Alma, »du vergeudest nur deine Zeit, du weißt doch gar nicht, wie viel du für deine Wohnung bekommst und was du dir leisten kannst.«

»Es ist gut, dass du dir einen Überblick auf dem Wohnungsmarkt verschaffst«, sagte Alwilda, »dann kannst du sofort zuschlagen, wenn du verkauft hast.«

(Sie hat mir ein paar Schlaftabletten vorbeigebracht – von Alma, die keine Zeit hatte, selbst vorbeizukommen. Meine Schlaflosigkeit hat mittlerweile ozeanische Ausmaße angenommen. Vom vielen Wachsein schmerzen meine Augen so sehr, dass ich wünschte, ich könnte sie herausnehmen und ablegen.

»Bitte schön«, sagte Alwilda, »jetzt bekommst du wenigstens ein paar Nächte Schlaf.«

Ich war versucht, sofort eine Tablette aus dem Blister zu drücken, wartete jedoch standhaft bis zum Abend, sonst wäre ich nur um Mitternacht wieder aufgewacht. Ich hatte vier Tabletten bekommen. Zum Glück bin ich eine Arzttochter und stopfte die Tablette nicht blind in den Mund, sondern prüfte erst den Namen des Präparats. Ritalin, stand dort. Alwilda leidet unter ADHS. Ich war so enttäuscht, ich hätte heulen können. Sie hatte mir die falschen Medikamente gegeben, ihre eigenen nämlich.

»Ich will schlafen, und du gibst mir Speed«, schrieb ich ihr.

Sie habe den falschen Blister aus ihrem Portemonnaie genommen, es tue ihr sehr leid. Sie bot an, sofort mit dem richtigen vorbeizukommen. Ich lehnte ab. Höflich. Und fand das alles ein bisschen lustig. Und entspannte mich. Und schlief ein paar Stunden.)

Ich hätte Immobilienberaterin werden können. Ich hatte die Immobilienportale so oft besucht, dass ich, jedenfalls was die zum Verkauf stehenden Wohnungen in meinem eigenen Viertel betraf, genau wusste, wie viele Quadratmeter sie hatten, was sie kosteten und wie lange sie ungefähr schon zum Verkauf standen. Letzteres bezeichnete mein Makler als Liegezeit, ich weiß nicht, was ich von dem Wort halten soll, ich bringe es mit Krankenhäusern oder Friedhöfen in Verbindung. All die Wohnungskuckerei machte mich bereit für den Tapetenwechsel. Aber niemand wollte übernehmen. Einige fanden die Wohnung zu dunkel, anderen gefiel die Raumaufteilung nicht, und wieder andere störte es, dass man keinen Balkon anbauen konnte – ans Wohnzimmer. Ich wandte mich an die Eigentümergemeinschaft und bat um eine Ausnahmegenehmigung, »ein Balkon würde mit dem Müllschlucker kollidieren, man müsste erst unter den Balkon kriechen, um seinen Abfall in den Schacht zu werfen«, antwortete man mir. »Was sind das auch für Exzentriker«, sagte ich zum Makler, »warum wollen sie einen halben Meter über dem Boden sitzen, auf ihrem Balkon, warum können sie nicht im Hof sitzen wie alle anderen auch?« (Außer mir, ich benutze den Hof nie.)

Man kann, so stellte sich heraus, Rennpferde zu Spottpreisen kaufen, untaugliche Exemplare, sogenannte Bahnschnecken, ich sehe die unglaublichsten Pferde, junge, schöne, wilde Vollblüter für fünfundzwanzigtausend Kronen. Vielleicht müsste ich mein Gold gar nicht sofort verkaufen, vielleicht sollte ich warten, bis die Lage düsterer ist; ich hatte ein Goldarmband von meiner Großmutter in die Tüte mit den Ringen gesteckt, zum Verkauf; und ich hörte nicht auf, ihr Gesicht vor mir zu sehen, wie sie mir damals, vor vielen Jahren, inzwischen ist sie längst gestorben, das Erbstück ums Handgelenk legte. Sie sah aus, als wäre etwas besiegelt worden, da das Klicken des Verschlusses ertönte. Zufrieden und erwartungsvoll. Als würde sie etwas hinter sich abschließen und etwas vor sich öffnen. Mir einen Schub nach vorn geben und selbst stehenbleiben.

Ich hätte nur die Ringe verkaufen und das Armband in mein Schmuckkästchen legen können, wo auch meine müden Augen hingehörten, those are pearls that were her eyes, ach, es wurde viel zu mühsam. Mir fehlte jemand, mit dem ich die Dinge besprechen konnte.

Ich machte eine neue Kostenaufstellung und rechnete sie sieben oder acht Mal durch.

Ich reservierte eine Box in einer Reitschule in der Nähe vom Dyrehaven.

Ich verabredete mich mit einer Pferdehalterin und fuhr los, um mir das Tier anzusehen.

»Es wird Chicken Heart genannt«, sagte die Dame und zog es durch einen Verbindungsgang von der Koppel, die es nur widerstrebend verließ, »weil es am Ende des Rennens immer den Mut verliert und einfach abbremst und sich überholen lässt.«

»Aber ich werde es Brave Heart nennen«, sagte ich, ohne zu zögern, mit einem Mal inspiriert.

Die Dame nickte und fragte, ob ich es probereiten wolle. In der Annonce stand, es sei ein Pferd für jeden Reiter.

»Nein, ich möchte ihm erst Zeit lassen, sich an mich zu gewöhnen«, antwortete ich.

(Es war bestimmt fünfundzwanzig Jahre her, dass ich zuletzt auf einem Pferd gesessen hatte.)

Ich reichte ihr einen Scheck. Sie reichte mir die Papiere des Pferdes, ich erhaschte einen Blick auf die langen, berauschenden Namen seiner Ahnen, und dann griff ich das Ende des Zügels.

Ich lege die Hand auf den gebogenen Hals des Pferdes, und wir gehen gemeinsam durch den Dyrehaven, den Wald meiner Jugend, auf sein neues Zuhause zu. (Das Ganze könnte an die

Fahrradtour erinnern, auf die sich Molloy oder Malone irgendwo in der Trilogie zusammen mit seinem Sohn begibt, holprig und gleichsam endlos.)

Es regnet. Anscheinend habe ich ein sehr müdes Pferd gekauft, vielleicht leidet es unter Vitamin-B-Mangel oder Würmern. Wir passen zusammen, denn ich bin auch müde. Es schleift die Beine hinter sich her, und sein Maul hängt fast auf dem Boden. Warum habe ich das bloß getan?, frage ich das Pferd.

In einem plötzlichen Anfall von Energie schürzt das Pferd die Oberlippe, wirft den Kopf zurück und öffnet das Maul so sperrangelweit, dass man all seine verfärbten Zähne sehen kann – zu einem veritablen Lachen, einem Schnauben über die Idiotie der Welt, darüber, dass man immer vorwärtsgetrieben wird, obwohl man einfach den Kopf hängen lassen und weiterschlafen könnte, im Regen, auf seiner grünen Weide.

Einen Moment. Es dauert noch eine Weile, bis der Vorhang fällt.

Allmählich wurde es dunkel. Neblig war es auch. Und windig. Gelbe Blätter wirbelten durch die weiße Luft. Alles sehr bezaubernd. Ich hatte vergessen, wie nahe man an das Wild herankam, wenn man zu Pferd war. (Mittlerweile hatte ich mich hinaufgeschwungen.) Die Tiere rannten nicht davon, sondern blieben stehen, und ich starrte in die rotgeränderten, eigentlich ziemlich boshaften kleinen Augen mehrerer Sikahirsche. Ich hätte diese bizarren Bäume auf ihren Köpfen berühren können.

Ich ritt durch das rote Tor hinaus, nur einen Steinwurf entfernt lag der Stall – und der Öresund, wo ich in diesem Moment mit all den anderen hätte rudern können, hätte ich nicht dieses Pferd gekauft.

Es gab einige Geräusche, die ich nicht kannte, ein monotones, elektrisches Summen und ein regelmäßiges, hartes Stampfen.

Ich bog auf den Platz eines Hofs, dessen Gebälk rot-weiß gestreift war, und die Reithalle war eine graue Offenbarung, entworfen von Arne Jacobsen, so hatte ich gelesen. Ganz aus der Nähe kam das Geräusch. Von einem Laufband im Freien. Und auf dem Laufband lief ein Pferd. Es lief und lief in seiner Tretmühle, stampf stampf stampf. Darüber, an der Wand der Reithalle, lief sein großer Schatten und stampfte in der eigenen Schwärze.

Wie soll ich es sagen, das rote und weiße Holz, das Geräusch von Meer und Wald, das Stampfen des Oberschichtpferds; ich hatte das Gefühl, an einem verdichteten Ort angekommen zu sein, der etwas für mich bedeuten sollte, eine Zeitlang.

Der März-Hase

[Alwilda]

Wir trafen ungefähr gleichzeitig in der Weinbar ein, Alma, mein ewig unzufriedener, bebrillter Freund Kristian, der lebhafte Edward und ich, aus unseren verschiedenen Ecken der Stadt, voneinander angelockt wie Ameisen vom Zucker, in unseren schweren Mänteln (es war März und der Winter ewig). Und als Kristian und Edward sich herabbeugten, um die Fahrräder abzuschließen, sah es aus, als wären sie (die Männer) mit viel zu großen Gegenständen verbunden, wie Ameisen, die Baumaterialien trugen, um ein Vielfaches größer als sie selbst. Ich muss sagen, dass ich an diesem Abend mit meinem Äußeren zufrieden war, und das Innere würde der Wein schon aufputzen, oder vielleicht wäre »schärfen« das richtigere Wort, damit die Wörter wie eine Machete herabsausen konnten: »Zack«, sagte Edward mit einem Handkantenschlag durch die Luft. So bevorzugen sie mich. Ich mich selbst vielleicht auch. Alma ähnelt der Freiheitsstatue, ich kann gar nicht sagen, wie viele männliche Russen und Japaner schon im Laufe der Zeit herbeigerannt kamen, um sich, an sie gelehnt, fotografieren zu lassen. Kurz darauf machte Edward ein Bild von uns allen zusammen, und ich musste an den Ärger denken, den ich mit meinem Friseur gehabt hatte. Er heißt Ulis. Und als er seine Arbeit beendet hatte, sah mein Haar aus wie ein plattgedrückter, klebriger Helm. Er stand hinter mir und wühlte hektisch in meinem Haar, damit es sich hob. Im Spiegel war der Unterschied zwischen unserem Haar frappierend, seines stand, meines lag. Er kommt aus Guatemala und ist nicht sonderlich groß, aber seine Frisur verlängert ihn, das Haar ist nach oben gekämmt, er ist klein und strahlt, und im Sommer trägt er einen Strohhut, und auch wenn das kein netter Gedanke ist, vermisse ich dann nur noch ein paar lange graue Ohren. An Ostern lud er seine Freunde zum Brunch ein, es gab kalte und warme Speisen, und seine Freundin kümmerte sich um die warmen, das erforderte Koordinationsgeschick, rein und raus aus dem Ofen, »ich war so stolz auf sie«, sagte er mehrmals. Er ist Katholik und schmückt seine Umgebung gern mit der Jungfrau Maria, er findet sie niedlich. Seine Mutter wollte auch Friseurin werden und wurde es nie. Als er ein Kind war, zwang sie ihn, ihr die Haare zu schneiden.

»So«, sagte er schließlich, und mein Haar sah aus wie ein plattgedrückter, klebriger Helm.

»Nein, Ulis«, sagte ich. »Ich weiß schon, dass du derjenige bist, der sich mit Haaren am besten auskennt«, fügte ich versöhnlich hinzu.

»Nein, nein«, erwiderte er abwehrend, und ich war geneigt, ihm recht zu geben. Anschließend erklärte ich ihm, dass man mein Haar kopfüber föhnen und währenddessen gut kneten müsse. Er seufzte und zog mich zum Waschbecken. »Ja, genau so«, sagte ich, »wieder und wieder.«

Dann wurde es gut. Fast genauso bauschig und luftig wie sein eigenes.

(…) Vieles, an das ich mich nicht erinnern kann. Doch, Kristian redete wie immer alles in Grund und Boden. Große Trunkenheit, schnell. Der Billardtisch. Junger, gutaussehender schwarzer Mann in grauer Kleidung, Amerikaner, umgeben von unwichtigen Freunden aus Südjütland mit Schirmmützen, ich nannte sie Trick und Track. Intensive Jagd nach ihm. Gejohle nach jedem guten Stoß; ich johlte. Ich tanzte. Er studierte Jura. Um im Gespräch zu bleiben, erzählte ich ihm, Alma wäre

Richterin. Das interessierte ihn. Sie bestritt es. Ich sagte, sie sei nur bescheiden. Nachdem ich ihn lange umschwärmt hatte, ging ich an die Bar, um mir ein Wasser zu kaufen. Er kam zu mir. »Was wünschst du dir von mir?«, fragte er. »Ich hätte gern, dass du mich küsst«, sagte ich. Vielleicht musste er das kurz mit seinen Freunden besprechen, jedenfalls verschwand er. Dann stand er wieder vor mir. »Hättest du immer noch gern, dass ich dich küsse?«, fragte er. »Ja«, sagte ich begeistert, »hier drinnen?« (Ich meinte die Bar.) Er schüttelte den Kopf und nahm meine Hand. Wir gingen nach draußen. Er sah sich um. Ich fühlte mich wie ein Pony, übermütig schnaubend, erwartungsvoll trippelnd und mit luftiger Mähne. Dann drückte er die Klinke zu einem Hauseingang herunter, die Tür war geöffnet, und wir gingen hinein und fingen sofort an, uns zu küssen. Mir war sehr schwindelig, ich hätte sehr dringend noch ein Glas Wasser gebraucht. Er steckte die Hand in seine Hose, angeblich, um sein Geschlecht gerade zu rücken, und ich erhaschte einen Blick auf schwarzes, knisterndes Haar. Dann tauchte eine Familie mit Kindern, Buggys und Großeltern auf. Wir verließen den Hauseingang. Wir waren vielleicht eine Minute dort gewesen. Ich war doppelt so alt wie er, und das hemmte mich. Er sagte, das Alter sei bedeutungslos, solange man ein gutes Herz habe (wir sprachen Englisch). Ich überlegte, ob man von mir sagen könnte, ich hätte ein gutes Herz. Er gab mir seine Telefonnummer. Ich sagte, er müsse eine Menge Frauen haben, so gut, wie er aussehe. »Nein«, sagte er, »ich habe gar keine Frauen, du kannst meine Freunde fragen.« Er sah sich nach ihnen um, anscheinend war er so jung, dass er von ihnen abhängig war. »Du musst mich anrufen«, sagte er, »ich will mich nicht aufdrängen. Verlier die Nummer nicht.« Wiedervereinigung mit Alma, Edward, Kristian, Trick und Track. Fahrradsuche, Barwechsel. All das ist gleichgültig. Ich fühlte mich wirklich schlecht, eine

Haut ohne Füllung, zum Vor-den-Kamin-Legen. Er wollte mich nach Hause begleiten. Wir küssten uns an einer Straßenecke, und ich streckte die Hand aus, um (sehr vorsichtig) sein kurzgeschnittenes schwarzes Haar zu berühren oder darüberzustreichen. Er packte meine Hand in der Luft. Seine Augen waren traurig. Er wollte nicht, dass ich sein Haar berührte. Das war der Abschied. Wir gingen getrennte Wege. Ich bemerkte, dass er in Richtung meiner Wohnung lief und ich davon weg. Ich war gezwungen, die Richtung zu wechseln, aber es sollte keineswegs so aussehen, als würde ich ihm folgen. Also bog ich in eine Seitenstraße ein, die mich meinen Berechnungen nach zu mir führen müsste, in einem Halbkreis. Plötzlich kam er auf mich zu, flankiert von Trick und Track, alle auf Fahrrädern, allmählich war ich Fahrräder leid. Ohne anzuhalten, streckte er seinen langen Arm aus, packte meinen Kopf und küsste mich mit einem beeindruckenden Koordinationsvermögen. Er ist viel zu jung, ich rufe ihn nicht an, und außerdem müsste ich Trick und Track mit dazunehmen.

Ich rief ihn nicht an. Ich gab Camilla seine Nummer, um sie aufzumuntern, um sie ein bisschen in Schwung zu bringen. Sie nahm sie mit einem Lachen entgegen, das aus der Tiefe ihres Herzens kam (ganz unten, aus der Mechanik, wo es schwerfällig klappert).

Gestrandet

Ich habe auf Sie gewartet wie auf die Sonne, die mir alles aufhellen soll.

Der Jüngling,
F. M. Dostojewski

Allein im Paradies,
mit den Gartenarbeitern und
dem Herzen des Igels

[Camilla]

»Wenn man allein ist, riskiert man nichts.«

»Stimmt das denn so ganz?«

(Ich führte Selbstgespräche.)

Gestrandet, ausgesetzt, Englisch: *marooned* – die O wie ein Wasserschwall über der Reling eines Schiffs, das man jetzt nur noch am Horizont ahnt.

»Das ist aber auch wirklich schlimm. Alle haben dich sitzenlassen«, sagte die Nachbarin direkt vor unserem großen Garten, wo wir uns über den Weg gelaufen waren und wo ich jetzt stand und weinte.

»Meine Mutter kann doch nichts dafür, dass sie tot ist«, sagte ich, »und mit Charles – das ist besser so, wir konnten einander nicht mehr ertragen.«

»Na, dann ist ja gut.«

»Ich habe mich daran gewöhnt, im Haus allein zu sein. Aber mit dem Garten allein zu sein, daran habe ich mich noch nicht gewöhnt.«

(Bisher hatte ich im Haus gesessen und in den Garten hinausgesehen; ich hatte mich noch nicht in ihm platziert; ich hatte ihn Stückchen für Stückchen eingenommen – durch das Fenster.)

Soeben hatte ich drei Gartenarbeiter hereingelassen, und jetzt wüteten sie mit Motorsägen und Heckentrimmern, und mir wurde bang, dass sie eher eine Verwüstung anrichteten, als Ordnung zu schaffen und Wege zu bahnen – zum Beispiel zu meinen Beerenbüschen und weiter zu meinen Obstbäumen, die nie beschnitten worden waren und jetzt Früchte trugen, an die niemand herankam.

»Ich weiß nicht, ob ich die richtigen Entscheidungen treffe, wenn es um den Garten geht«, sagte ich; und die Nachbarin versprach, später vorbeizukommen und einen Blick darauf zu werfen. Was auch immer das helfen sollte, denn dann war es ja längst geschehen, der Schaden irreparabel, »nein, denn das wächst doch auch wieder, darauf kann man sich verlassen«. Ich schlich mich wieder in den Garten, panisch, verzweifelt: Unter all dem Wilden, das entfernt wurde, war es trocken, versengt. Die Ränder des Gartens wirkten so traurig und nackt, »lassen Sie den Giersch ruhig stehen«, sagte ich zum Chef der *Grünen Daumen*, »sonst wird es zu kahl«.

»Das kommt schon schön«, erwiderte er zur Beruhigung, er ist Pole, und die beiden anderen, seine Angestellten, sind Rumänen, zwei Sklaven mit flachen Bäuchen und einer gut ausgebildeten Brust- und Armmuskulatur, effektive, düstere junge Männer, vermutlich unterbezahlt, vermutlich illegal, der Pole dagegen dick und onkelhaft, und ich fühlte mich wie eine siebzehnjährige Jungfer, eine verwirrte, besorgte tollpatschige Jungfer. Später, als er seine 9500 Kronen für die Arbeit bekommen sollte, ich hatte den Garten auch einzäunen lassen, damit Edwards Hund auf der Jagd nach der Nachbarskatze nicht hinauslaufen und von einem Auto überfahren werden konnte, und einen Baum entfernen lassen, der in den Garten des Nachbarn gestürzt war, konnte ich das Geld nicht zählen, während er mich ansah; ich unternahm drei Anläufe und scheiterte jedes Mal kläglich. Ich musste ihm das Bündel Scheine reichen und ihn zählen lassen. Als wäre ich Analphabetin, oder nein, Dyskalkulikerin heißt es wohl. Das stellte er mit mir an, so stellte ich mich ihm gegenüber an. Sein Blick, an meinem Körper auf und ab wandernd oder eindringlich auf mein Gesicht gerichtet, machte mich zu einem Trottel.

»Dann kochen Sie uns schönen Kaffee«, hatte er gesagt, und dass er am selben Abend um 20 Uhr kommen und sein Geld abholen wolle; er kam nicht in seiner Berufskleidung, sondern ordentlich, frischrasiert und nach Aftershave duftend, für einen Moment wurde mir warm ums Herz, weil sich ein Mann meinetwegen schick gemacht hatte, aber als ich dann nicht einmal das Bündel Scheine zählen konnte, verzichtete ich sogar darauf, ihm einen Platz anzubieten, ich sagte einfach nur, dass er mit dem Fällen meiner kranken Birke nicht anfangen solle, ehe er wieder von mir gehört habe, ich fühlte mich wie eine Plantagenbesitzerin, und er war gezwungen zu gehen. Ich war mir sicher, dass er mich übers Ohr gehauen und ich viel zu viel bezahlt hatte. Tatsächlich übers Ohr gehauen worden waren, wie sich später herausstellte, die beiden rumänischen Sklavenarbeiter, die der Pole für 20 Kronen die Stunde hatte arbeiten lassen.

Ich habe die Gartenpforte gestrichen – wobei mir die Bezeichnung Gartenpforte falsch vorkommt, es ist ein hohes und breites Tor; Gartenpforten verbinde ich mit etwas Niedrigem, über das ich mich beugen muss, um es zu öffnen und zu schließen, so war die Pforte meines Großvaters, sie gehörte ihm, weil er derjenige war, der sie strich, oder beide, denn es gab zwei, man konnte den Vorgarten durch zwei verschiedene Pforten betreten und anschließend das sehr kleine Gartenfleckchen auf zwei Plattenwegen durchqueren, von denen der eine zur Haustür führte und der andere zur Küchentür. Er hatte die weißgestrichenen Zäune mit Dosen geschmückt, die er blau gestrichen hatte, es sah ganz natürlich aus, als wären die Dosen eine Schnitzerei, nur wenn man es wusste, konnte man erkennen, dass es Dosen waren; beispielsweise hatte er Dosen für Katzenfutter in der Mitte durchgeschnitten, sodass jede Dose zwei Dekorationseinheiten bildete, auch wenn das furchtbar umständlich klingt im Vergleich zu der Schlichtheit und dem Erfindungsreichtum, deren Ausdruck sie waren; manchmal waren es auch kleinere Dosen, wie etwa für Thunfisch. Vielleicht steckten die Dosen auch gar nicht auf den Pforten, sondern auf den Pfählen des ebenfalls weißgestrichenen Zauns. Ja, natürlich war es so. Wann immer er die Möglichkeit hatte, verwendete er ein kräftiges Blau; ein maritimes Blau, er war Seemann gewesen, und dieses Blau glich einem Traum vom Meer in stark konzentrierter Form.

Es ist mindestens zehn Jahre her, dass ich den Zaun zum letzten Mal gestrichen habe; damals gehörte das Sommerhaus meiner Mutter; sie war mit einer Depression in die Klinik eingewiesen worden, und ich lief herum und behandelte das Holz ihres Hauses und ihres Zauns, weil es nichts anderes gab, was ich für sie tun konnte; ich konnte sie nicht gesund machen; aber ich hoffte, mein Wirken würde sie freuen – wenn sie wieder gesund und zur Freude fähig war. Ich erinnere mich noch, wie ich mich damals, während ich strich, an den Gedanken klammerte, dass ich etwas für sie tat. (Das war eine Besessenheit von mir, schon immer.) Und mich schon darauf freute, dass sie eines Tages kam und den schwedenroten Zaun sah.

Sie starb; eines Vormittags; friedlich in ihrem Bett, auf dem sie angezogen lag, die Augen hinter der Brille geschlossen. Ich nahm ihr die Brille ab und legte sie auf den Nachttisch, der mit Schichten von ausgeschnittenen Kolumnen und Artikeln bedeckt war. Dann setzte ich mich auf einen Stuhl und schickte ihr einen Strom von innigem Dank aus einem ganzen Leben.

Die Brille hatte einen Abdruck auf ihrer Nase hinterlassen, und dieser Abdruck, der die Form einer Furche hatte, rief mir wieder in Erinnerung, dass sie sich eines Tages geradezu fröhlich damit beschäftigt hatte, wie sie »von da« wegkäme, ganz konkret, auf welche Weise man sie, die Verstorbene, einmal aus der Wohnung und das Treppenhaus hinabbefördern würde. Als sie bemerkte, was das Gespräch in mir auslöste, verwarf sie den Gedanken mit einem »aber damit brauche ich mich ja nicht zu beschäftigen« – wahrscheinlich zitierte sie anschließend Epikur: »Der Tod geht mich eigentlich nichts an. Denn wenn er ist, bin ich nicht mehr, und solange ich bin, ist er nicht.«

Tatsächlich wurde sie vom Bett auf eine Bahre gehoben, und diese Bahre war oder wurde an einer Art Hebemechanismus befestigt (obwohl meine Mutter nicht besonders schwer war, eine rückenschonende Maßnahme zugunsten der Rettungssanitäter, oder wer auch immer gekommen war), und als dieses Gerät meine Mutter, die jetzt auf der Bahre festgespannt worden war, in eine senkrechte Position heben sollte, riet man mir, ich solle besser gehen; und das tat ich auch, Fachleuten gegenüber bin ich immer schon seltsam zahm gewesen.

Meine Mutter freute sich, als sie erfuhr, dass sie zur Gemeinde der Marmorkirche gehörte; und im nächsten Moment hatte sie sich ihrer Freude geschämt, weil sie kein Mensch war, der sich mit Prunk und Pomp identifizierte. Und dann, eines Tages, standen wir in einem kleinen Grüppchen um ihren Sarg, in dieser viel zu großen Kirche.

Als der Leichenwagen losfahren sollte, streckte ich meinen Arm in das Auto und legte einen Augenblick meine Hand auf den Sarg. Kristian sagte anschließend, es habe ihm Schwindel bereitet, so unheimlich sei das gewesen, als habe ich nicht loslassen wollen, als habe ich mitgehen wollen. Nichts davon traf zu. Ich hatte es nur als letzte Berührung gedacht. So nahe ich ihr eben kommen konnte. Ein letztes Mal die Schulter der Reisenden drücken. Aber es unterschied sich nicht groß davon, die Hand auf eine Wand zu legen. Ich war nicht imstande, die Wand mit ihr zu verbinden, obwohl sie dahinter lag. (Ich habe früher schon beteuert, ich wolle mich nicht mehr mit dem Tod beschäftigen, aber dies ist der wirkliche Tod, nicht jener, um den sich der Gedanke schlängelt und den er als Rosenkranz benutzt – und nur mit dieser Form will ich nichts zu tun haben.)

Ich erbte das Sommerhaus. Jetzt strich ich, mir selbst zuliebe, den Zaun. Es war ein komisches, leeres Gefühl, dass sich niemand außer mir daran erfreuen würde. Erst viel später wurde mir klar, dass ich den frischgestrichenen Zaun nicht zwangsläufig mit Freude in Verbindung hätte bringen müssen; ich hätte auch pragmatisch herangehen und denken können, die Holzbehandlung schützt den Zaun vor Verwitterung. Und mehr steckt nicht dahinter. Doch ich schien gefangen in diesem zehn Jahre alten Wunsch, jemanden zu erfreuen. Jetzt war ich diejenige, die sich (mit aller Gewalt, könnte man fast sagen) selbst freuen sollte – und ich musste es allein tun, musste lernen, mit meiner Freude allein zu sein. Ich musste lernen, selbst zu sehen, nicht mehr von ihren Blicken abhängig zu sein, den Blicken meiner Mutter, und Charles' – auf, wie jetzt zum Beispiel, den Garten und die Schneise der Beschneidung und Verwüstung, die geschlagen worden war, und auf den frischgestrichenen Zaun.

Ich fühlte mich wie ein Puzzlespiel, dessen Teile jemand hoch in die Luft geworfen hatte, und jetzt lag ich selbst am Boden und wühlte im Chaos, um sie wieder zusammenzusuchen, einige Teile waren noch nicht gelandet und konnten mich womöglich im nächsten Moment im Nacken treffen. Ich hatte mich, aber nein, das klingt schon wieder so aktiv – die Umstände hatten mich, in einem mir bedenklich erscheinenden Maße, von mir selbst entfremdet. Kurz zuvor hatte ich die *Louisiana Revy* durchgeblättert und mir Fotos aus einer Ausstellung mit Selbstporträts angeschaut; wie die Zeit und der (mehr oder weniger) persönliche Stil doch das Ich im Porträt verwässerten, dachte ich, was bleibt eigentlich, könnte man sich fragen, wo verbirgt sich ein Funken einzigartiges Selbst, wenn es das überhaupt gibt – die Antwort lautet wohl: gerade im Stil (mehr oder weniger zeittypisch). Ich würde mich in einem Regen aus Puzzleteilen darstellen.

Ich erinnerte mich an ein Gespräch über die Pflicht zur Freude, das Charles und ich einmal geführt hatten, es war in Frankreich gewesen, wo wir umherfuhren und uns Höhlenmalereien ansahen, und im Auto sprachen wir darüber, dass man nicht allein (hin und wieder) Trübsal blies, sondern, wenn man gleichzeitig die Pflicht verspürte, an allem Freude zu haben, das zur Freude Anlass geben musste, und daran scheiterte, sogar noch unglücklicher wurde und das Gefühl von Misere und Misslingen, von einer mangelnden Potenz dem Leben gegenüber umso stärker zunahm. Ich bin mir sicher, dass Charles Kierkegaard zitierte und überhaupt ein christliches Verständnis des Freudenzwanges oder der Freudenpflicht an den Tag legte. Doch was die Theologie betrifft, bin ich ignorant. Das Gespräch, so erinnere ich mich, isolierte uns am Ende voneinander. Wir saßen nebeneinander im Auto und fuhren durch die herrliche französische Landschaft, doch die Unterhaltung hatte uns beide in unser Inneres getrieben und vom anderen weg. Vielleicht war es der Tag, an dem wir zuvor in Rocamadour gewesen waren und die schwarze Madonna gesehen hatten, eine kleine und, wie ich mich zu entsinnen meine, bescheidene Holzfigur (auf dieselbe Weise bescheiden wie die kleine Meerjungfrau, prunklos), und während ich auf der Bank in der Kirche saß und sie betrachtete, dachte ich an meine Mutter: Die Jungfrau Maria war die einzige christliche Gestalt, die ihr etwas bedeutete. Ich dachte daran, dass ihr Leben aufs Ende zuging, dass es ein hartes Leben mit vielen Schmerzen gewesen war, seelischer und körperlicher Natur, und ich es nie verkraften konnte, dass das Dasein oft so schwer für sie war. Erst kurz vor ihrem letzten Lebensjahr gelang es mir, wenn ich nach einem Besuch ihre Wohnung verließ, nicht mehr daran zu denken, wie es ihr ging, ehe ich das nächste Mal mit ihr sprach, meistens schon am selben Tag, am Telefon. Ich war in der Lage, abzuschalten, wie man so sagt. Noch am Tag, an dem sie starb, vergaß ich ihre Telefonnummer. Sie hatte fast ein Jahrzehnt lang dieselbe Nummer gehabt. Ebenso eilig hatte ich es, ihre Wohnung auszuräumen, ich stopfte ihre Klamotten und Schuhe in schwarze Säcke, wobei ich es nicht lassen konnte, hin und wieder den Kopf ins Wohnzimmer zu stecken, um nachzusehen, ob sie auf dem Sofa lag. Ich hatte Angst. Vor der Leere, die sie hinterließ. Ich musste es schnell erledigen. Vielleicht ein bisschen so wie die Muslime, die ihre Toten sofort begraben müssen; zögern sie die Beerdigung hinaus, werden später weder sie noch die Toten ihren Frieden finden, heißt es. Ich musste alles aus dem Weg schaffen – nicht um sie an der Wiederkehr zu hindern, sondern um den Gedanken, sie wäre noch immer da, daran zu hindern, meinen Kopf zu erobern.

Meine Mutter sagte bei mehreren Gelegenheiten (wenn ich sie um Hilfe gebeten hatte und etwas mit ihr besprechen wollte), dass ich mir beibringen müsse, mit mir selbst zu reden (weil sie nicht für immer da wäre). Jetzt mache ich nichts anderes mehr. Ich rede laut mit mir selbst. Ich habe unbewusst damit angefangen. Und wenn mich jemand dabei hört, sage ich: »Ich habe mich gerade mit mir selbst darüber unterhalten, dass …«

»Ja, das habe ich gehört«, erwidert der Betreffende dann mitunter.

Ich bin gezwungen, sowohl ich selbst als auch ein anderer zu sein.

Traum, vom Notizbuch vor dem Vergessen bewahrt: Ein Mann (anonym, unbekannt) wandte sich an mich und bat mich, ihm zu folgen. Er wolle mir das besondere Licht zeigen, das genau in diesem Moment auf das Deckengewölbe und die Wände einer Kirche falle. Die Kirche hatte meiner Mutter gehört. Ich verstand, dass das Licht meine Mutter *war*, und wurde glücklich, weil sie sich mir gezeigt hatte.

Später, vielleicht als der Mann und ich in der Kirche standen (die nun mir gehörte), empfahl er mir, die Decke zu renovieren. Sie drohe einzustürzen.

Eines späten Abends brach Edwards Hund im Garten in Gebell aus, er bellte, als würde er gleich platzen, und ich eilte zu ihm. Er stand am Ende des Gartens, kurz hinter dem neuen Zaun. Vor ihm im Gras lag, zu einer gesträubten Kugel zusammengerollt, ein Igel; und vor dem kleinen Kugelwesen stand das geifernde Wildtier, das den Angriff doch nicht wagte und fast aus der Haut fuhr. Das Herz des Igels schlug irrsinnig laut. So viel Angst hinter der Stacheldecke. Ich klemmte mir den Hund unter den Arm, trug ihn ins Haus und schloss die Tür. Dann kehrte ich zum Igel zurück. Er hatte sich keinen Millimeter bewegt, und sein Herz schlug noch genauso laut wie zuvor. Ich entfernte mich vom Igel in der Hoffnung, er würde sich beruhigen und seinen Gang durch den Garten fortsetzen können. Den ganzen Weg zurück bis zum Haus konnte ich das Geräusch seines Herzens hören, es war unglaublich, dass ein so kleines Tier einen so lauten Herzschlag hatte, dass es einen Resonanzraum gab – in der Igelbrust. Anschließend kam mir der Gedanke, dass meine Umzäunung des Gartens den Igel vielleicht daran hinderte, je wieder andere Igel zu treffen; jetzt war er bis in alle Ewigkeit dazu verdammt, mit mir und dem Hund eingeschlossen zu sein.

Dieser Igel bin nicht ich. Ich bin allein, aber mein Herz schlägt leise. Dem Igel allein gehört die Furcht.

Die Sehnsucht nach Liebe habe ich ziemlich lange so verbildlicht: Eine Hand reicht mir eine Tasse Tee oder legt mir eine Decke um die Schulter, ich an einem Ort, der vor allem an ein Sanatorium erinnert, ich hundertjährig. (Das Sanatorium ist vielleicht dieser Garten.) Womöglich habe ich nicht dasselbe Bedürfnis nach oder die Kraft für Nähe, wie ich sie früher hatte. Und wie oft ist der Preis für die Nähe doch die Verwandlung in einen jammernden Tölpel gewesen, dem die Tränen die Wangen hinabströmten.

Thomas Bernhard sagte in einem Interview einmal, Nähe würde ihn umbringen.

Kleine Aufstellung über mein Wohlbehagen, die Einzige meiner Art im Garten zu sein:

1. Keiner, dem man sich zuwenden kann, man entgeht dieser jämmerlichen Bitte an einen anderen, etwas für ihn tun zu dürfen, ihn aufmuntern zu dürfen et cetera. Jetzt trage ich, mehr oder weniger munter, mein Leben auf eigenen Schultern.

Ich habe meine Gartenmöbel aus dem Schuppen geschleppt und es mir hier draußen gemütlich gemacht, mit einem Notizbuch und dem ersten Teil von Thomas Bernhards Autobiographie, *Die Ursache*. Um mich herum raschelt eine nicht weiter spezifizierte Menge Bäume. Es sind meine Bäume, und ich kann sie nicht auseinanderhalten, rauschend, Krone mit Krone verflochten. Den Apfelbaum vor mir erkenne ich – immerhin. Er trägt Ananasäpfel, klein und knotig, wir haben jetzt Anfang Juli. Mit einem Knacken fällt (plötzlich) ein Apfel vom Baum, ins Gras geschossen vom Wurm darin, würde ich meinen. Äpfel und Nachdenken über die Familie, es könnte nicht besser zusammenpassen.

Ich habe vor, all das gewesene Elend in diesen Eimer, das Notizbuch, zu spucken, und taufe es hiermit *Dokument schwarz*. Hinter dem Verb »spucken« und der ganzen Idee eines Eimers oder Zubers verbirgt sich ein literarisches Vorbild, nämlich Ron Weasley, Harry Potters Freund, dessen Zauberstab kaputt ist, weshalb er eine Art Fluch über sich selbst ausspricht, der darin besteht, Schnecken zu spucken; er quillt buchstäblich über vor Schnecken, sie brechen aus ihm hervor, und deshalb gibt Hagrid ihm einen Eimer, über den er sich beugen kann; in dem die Schnecken gesammelt werden können. Nun denn, ich beuge mich über mein Notizbuch und fange da an, wo meine Gedanken oft stranden:

Meine Mutter hatte schon eine Weile eine ihrer niedergeschlagenen Phasen, als mich eine ihrer Freundinnen anrief und sagte, sie glaube, meine Mutter hege Selbstmordgedanken. Ich bestritt das energisch, weil ich mich daran orientierte und mich darauf verließ, dass meine Mutter im Lauf der Zeit mehrmals gesagt hatte, wenn man ein Kind habe, müsse man den Gedanken, sich das Leben zu nehmen, ausradieren, ich glaube, sie sagte: »Dann existiert diese Möglichkeit nicht mehr.« (Ich wusste, dass sie, als sie noch sehr jung war, aus Liebe zu einem verheirateten Mann einen Suizidversuch unternommen hatte, es war eine unmögliche Liebe gewesen; sie pflegte zu sagen, sie sei wohl einer der letzten Ausläufer jener vom jungen Werther ausgelösten Welle gewesen. Im Krankenhauszimmer schenkte ihr die alte Dame im Nachbarbett einen Skarabäus aus Türkis, den Wiederauferstehungskäfer, zum Neuanfang, zu dem sie erwacht sei; später gab meine Mutter ihn an mich weiter, und ich bewahre ihn in einem Umschlag auf, weil er so klein ist, dass er leicht verschwinden kann, in meinem Schmuckkästchen.) Mir fiel nicht ein, dass dieses Kind, ich, mittlerweile seit mehr als zwanzig Jahren erwachsen war. Ich tat die Sorge der Freundin ab. Ich glaube, ich vergaß ihren Anruf sogar völlig.

Als ich eines Nachmittags meine Mutter besuchen wollte, stand ein Koffer bereit; sie, die es immer vorgezogen hatte, ihre Depressionen zu Hause durchzustehen, hatte sich selbst einweisen lassen und war auf dem Weg in die Klinik. Die Abteilung stumpf, trist, fruchtlos, der Gemeinschaftssaal voller Rauch und Rauchender (wenn auch in den Psychiatrien inzwischen ein Rauchverbot eingeführt wurde, müssen die Abteilungen menschenleer und alle kettenrauchenden Patienten nach draußen verlagert worden sein, aber was ist mit den geschlossenen Abteilungen, die wenigen Nichtraucher bewegen sich vielleicht in einer Art mobilen, aquariumsähnlichen Sauerstoffbox voran, die von ihrem Atem beschlagen ist, »kommen Sie als Ihr Albtraum verkleidet«: Anaïs Nin hatte sich bei einem Fest mit diesem Motto einen Vogelkäfig über den Kopf gezogen). Es geschah entweder später am selben Tag oder tags darauf, dass mich meine Mutter bat, ihr einmal ihre graue Handtasche zu reichen, schon für sich genommen traurig, wie ein kleiner, zusammengesunkener Esel, doch als ich danach griff, bereute sie es und sprang selbst aus dem Bett und nahm sie … in einer der ersten Nächte versuchte sie sich mit in der Eseltasche mitgebrachten Tabletten das Leben zu nehmen, in

ihrem Krankenzimmer, doch es endete damit, dass sie sie erbrach.

Ich weiß, dass sie es aus Rücksicht auf mich in der Klinik versuchte, sich einweisen ließ, um sich dort das Leben zu nehmen,
damit ich sie nicht finden musste, und ich verstehe auch, wie
elend es ihr ging und wie schwierig es ist, eine solche Entscheidung zu treffen. Darüber sprach sie bei einer anderen Gelegenheit – wie schwierig es war, an diesen Punkt zu gelangen, sich
zusammenzunehmen, um das Leben hinter sich zu lassen, dass
es einen gewaltigen Einsatz verlangte (vielleicht bezog sie sich
da auf ihren Selbstmordversuch in sehr jungen Jahren, jetzt war
sie am anderen Ende des Lebens, wohl um die siebzig).

Thomas Bernhard schreibt über sich (in der dritten Person):
»Er war aber für einen solchen Entschluß immer zu schwach
gewesen [...] und [hatte] *nie die Kraft und die Entschiedenheit
und Charakterfestigkeit für den Selbstmord* aufgebracht.«

Es ist nicht nur das Maß der Verzweiflung, das den Ausschlag
gibt: wenn der Selbstmordversuch stattfindet.

Der Versuch missglückte, und dafür war ich inständig
dankbar, aber ich fühlte mich getäuscht, betrogen, im Stich
gelassen – und schuldig, weil ich die »Phase der Vorbereitung
zum Selbstmord« (Bernhards Worte) nicht bemerkt hatte, jene
Freundin, die mich gewarnt hatte, dagegen schon. Wenig später beging dann sie, die Freundin, Selbstmord. (In meiner Erinnerung hängt es damit zusammen, dass ihr Mann kurz zuvor
erstickt war, ein Fleischbrocken war ihm im Hals stecken-
geblieben, als er allein zu Hause war. Ich, die Vegetarierin, nehme seither nicht mehr den Avocadokern in den Mund – um
den letzten Rest Avocado abzulutschen, ich stelle mir vor, wie
der Stein in den Abgrund stürzt.)

Weil meine Mutter kurz vor ihrem Tod ein paar Tage lang mit Übelkeit zu kämpfen hatte, was, wie sie erzählte, von einer Art mechanischen Irritation herrührte, weil sie all ihre Abendmedizin auf einmal geschluckt hatte und nicht wie sonst in mehreren Dosen, kamen mir später Zweifel, ob es nicht in Wahrheit noch ein Selbstmordversuch gewesen war. Und ihr Tod die Folge eines Selbstmords. Aber sie lag, wie gesagt, so friedlich da, als ich sie fand. Es sah natürlich aus.

»Ich kann bald nicht mehr«, hatte sie gesagt, vom Erbrechen geschwächt. »Das musst du ja auch nicht«, hatte ich geantwortet.

Als wir zusammensaßen am Tag vor jenem Tag, der ihr Todestag werden sollte, sagte ich zu ihr: »Wenn du sagst, dass du bald nicht mehr kannst, habe ich das Gefühl, ich müsste dir die Erlaubnis zum Sterben geben.«

»Ich verstehe gar nicht, wie du so etwas daraus schließen kannst«, antwortete sie, »als ich mich vor fünf Jahren umzubringen versucht habe, hast du zu mir gesagt, du würdest mich immer noch brauchen. Und da habe ich beschlossen, so lange für dich da zu sein, wie ich kann.« Sie nahm meine Hand: »Wir brauchen einander.«

Sie beging ihn nur – diesen Versuch, sich das Leben zu nehmen, sagte ich mir selbst, in dem Garten sitzend, der mir nun unerbittlich ganz allein gehörte –, weil sie davon ausging, ich sei bei Charles in guten Händen und brauche sie nicht mehr, und eine Zeitlang war ich es auch tatsächlich, aber dann hielt ich die Ehe nicht mehr aus, ich entwickelte eine Art Unverträglichkeit ihr gegenüber.

Und nach der enormen Kraftanstrengung, die es bedeutet, zu der Entscheidung zu kommen, sich umzubringen – und an den Punkt, diese in die Tat umzusetzen, die Selbstmordtat, die schließlich misslang –, war sie an derselben Stelle wie vorher, zurück im Bett.

Traum. Meine Mutter wohnte auf einem Dachboden, ich ging die Treppe hinauf, die Tür war nicht abgeschlossen, sie hatte geschlafen und war darüber erschrocken, dass sie ganz schutzlos dort gelegen hatte, bei unverschlossener Tür.

Ich habe ein schlechtes Gewissen, über sie zu schreiben. Ich bin mir sicher, es würde ihr nicht gefallen. Und sie ist schutzlos; nicht schlafend, sondern tot. Aber ich kann es nicht lassen. Ich kann ihr begegnen, wenn ich von ihr träume. Und wenn ich über sie schreibe. Es ist ein egoistisches Projekt, möglicherweise geradezu unanständig.

»Ich hatte schon immer Lust, jemanden von hinten zu erschießen«, hatte Charles gesagt und gelacht (dreckig), sodass man die Dunkelheit seiner Zahnlücke sehen konnte, vielleicht hatte er auch gesagt, »jemanden in den Rücken zu schießen«, und sich in dieser wenig heroischen Aussage und seinem eigenen zahnlosen Charme gesonnt, er besaß so viel Charme, dass er sogar damit davonkam, die Rolle des Feiglings einzunehmen. Ob er auch davongekommen wäre, wenn er gesagt hätte, dass er gern ein Denunziant wäre, gern einmal jemanden verraten würde? Die restlichen Zähne in seinem Mund waren stark verfärbt, überhaupt hatte er etwas Bräunliches an sich. Er sagte das nicht nur einmal. Zwei oder drei Mal im Laufe der zehn Jahre, die unsere Ehe andauerte, sagte er, er habe schon immer davon geträumt, jemanden in den Rücken zu schießen. Und jedes Mal, wenn er es sagte, sah ich einen Flecken Erde im Wilden Westen vor mir, es hätte O.K.Corral sein können, aufwirbelnder Staub, der breitbeinige Schurke und der feige Schuss in den Rücken des Helden. Und während ich die Westernszene vor mir sah (er mit dem bräunlichen Schein in der Rolle des Schurken), sah ich zugleich mich in einem braunen Samtsessel sitzen und einen Western im Fernsehen anschauen, die Beine über die Armlehne baumelnd, und dabei etwas aus einer Schüssel löffeln, das vielleicht Teig war, an einem Nachmittag in meiner Teenagerzeit, wahrscheinlich war es ein Samstag oder Sonntag, denn nur am Wochenende konnte man damit rechnen, dass ein Western gezeigt wurde. Offenbar hatte ich Lust gehabt, einen Kuchen zu backen, aber nicht die Geduld zu warten, bis er fertig war, oder keine Zeit mehr, weil der Film anfing, und deshalb aß ich ihn roh (raw food, Jahrzehnte bevor es modern wurde), aber vermutlich noch ohne Backpulver. Was mir Großmutters flache Kuchen in Erinnerung ruft; aus irgendeinem Grund benutzte sie nie Backpulver, und ihre Kuchen waren immer flach und zerkrümelten leicht. Wenn ich sie fragte, warum sie kein Backpulver benutzte, tat sie es ab. Es wirkte, als wolle sie backen und doch nicht backen – oder nur ein bisschen backen, backen ja, aber wenn, dann bitte flach. Ihre Kuchen hatten etwas ungeheuer Bescheidenes an sich, genau wie sie selbst, die ihren Kaffee mit dem zugehörigen flachen Kuchen meistens im Stehen einnahm und, wenn sie sich setzte, immer vorn an der Stuhlkante saß. All das, weil sie auf dem Land aufgewachsen war, einer Zeit und einem Umfeld entstammte, wo die Frauen bedienten, während die Männer am Tisch saßen und aßen, und es ihr schwerfiel, eine ganze Mahlzeit hindurch sich ruhig zu halten, selbst im hohen Alter; am liebsten bewegte sie sich zwischen Küche und Esstisch, auch wenn alles schon vorher eingedeckt worden war und die Essenden durchaus in der Lage gewesen wären, sich selbst aufzutun und nachzuschenken.

Was meine Familiengeschichte angeht, so wurde ich im Alter von vierzehn Jahren mit einem Punkt darin konfrontiert, der alles auf den Kopf stellte. Was meine Familiengeschichte angeht, muss ich mich mit meinem Erbe auseinandersetzen, so schwer es auch erscheinen mag, aber mit welchem Ziel, könnte man fragen? Einer Art Befreiung vermutlich. Eine schwere Bürde von sich abfallen zu lassen. Indem man darüber erzählt? Würde das ausreichen? Übrigens kommt es mir so vor, als hätte in meiner Familie schon immer ein gewisser Eifer bestanden, ein Drang geherrscht, über belastende Dinge zu sprechen. Um sich selbst zu erleichtern. Und hier sehe ich meine Verwandtschaft in einer Reihe aufgestellt, während ein riesiger Stein von Hand zu Hand gereicht wird und jeden Empfänger mit seiner Last in die Knie zwingt. Ihr Leid fühlte sich mitunter an wie eine Attacke (obwohl dieser Vergleich etwas unangemessen scheint), wie eine Kanone, deren Mündung auf mich gerichtet war.

Jetzt kann ich es nicht länger hinauszögern: Ich war mit meinen Cousinen auf einem Ausflug ins Grüne, im Ermelunden, wir saßen auf einer Decke und picknickten, als die Jüngste von ihnen (übrigens ist es ganz unglaublich, in welchem Maße unsere Gestik und Stimmführung sich ähneln, plötzlich, mitten im Redeschwall, stößt sie einen hohen Laut aus, ein Äh oder Ähm, derart schrill, dass ich zuerst stutze, aber dann erkenne ich den Laut wieder, ich kenne ihn von mir selbst, und auch ihre Pauseneinteilung, all diese kleinen Kopfbewegungen und Schwenks mit der Hand, die ich unerträglich affektiert finde, wenn ich Videoaufnahmen von mir selbst sehe, bei ihr jedoch als lebendig und nachdenklich erlebe) davon ausging, ich wüsste etwas, was ich (zu diesem Zeitpunkt) noch nicht wusste: dass meine Großmutter, als ihre Kinder klein waren, erst ihrer Tochter (der Mutter meiner Cousinen) die Pulsader durchgeschnitten hatte und dann sich selbst. Ein Schock bringt immer, jedenfalls für mich, eine Veränderung der Umgebung mit sich, in diesem Fall wurde der ein Stück von uns entfernt liegende See strahlender, mehr wie ein Spiegel, und meine Bewegungen, nein alle Bewegungen, erschienen mir ruckartig, als hätte die Zeit zu fließen aufgehört.

Meine Cousine schlug die Hand vor den Mund und sagte: »O nein, das tut mir leid. Ich dachte, du wüsstest es«, und dann versuchten sie beide, mich zu beschützen, weil ich die Jüngste war, unsere kleine Cousine nannten sie mich.

Von diesem Moment an musste ich allem anders begegnen als vorher: wenn ein Mensch, den man so liebt wie ich meine Großmutter, versucht hat, das eigene Kind umzubringen. Nur wie anders: mit größerem Misstrauen? Mit mehr Nachdruck? Mit dem ständigen Gefühl, hinter der nächsten Ecke würde eine Katastrophe lauern? Ich weiß es nicht.

Hier saßen meine Cousinen, ihre Mutter hatte überlebt und war selbst Mutter geworden, und meine Großmutter ging noch immer umher und backte ihre flachen Kuchen. Die Mutter meiner Cousinen konnte sich daran erinnern, wie ihr jemand im Rettungswagen auf dem Weg ins Krankenhaus fest das Handgelenk abgedrückt hatte.

Mein Vater hatte sich im Wohnzimmer aufgehalten, als es geschah, war jedoch noch ziemlich klein gewesen, er besitzt keine Erinnerung daran.

»Aber die Stimmung im Wohnzimmer an jenem Abend hat sich vielleicht in mir festgesetzt«, sagte er einmal und fasste sich ans Herz oder eine Stelle in der Nähe, »der Vorfall«, fuhr er fort, »hat, davon abgesehen, keine Bedeutung für mein Leben gehabt, aber er sitzt in mir, eingekapselt.« (Da musste ich an eine Kugel aus einer Schusswaffe denken, die sich nicht herausoperieren lässt und die der Körper mit der Zeit umschließt.)

Zu dieser Geschichte gehören eine oder mehrere Vorgeschichten, die als Erklärung, als Deutungshilfe dienen können. Die Kindheit: Die Mutter meiner Großmutter starb, als sie noch klein war, ihr Vater heiratete wieder und bekam noch ein Kind.

Meine Mutter: »Und was glaubst du, wie die Stiefmutter ihre Tochter taufte?«

Ich wusste es nicht, aber mir sträubten sich die Haare, wegen der Stimme meiner Mutter, ihrer Miene.

Meine Mutter: »Meta.«

Meine Großmutter hieß Meta.

Meine Mutter: »Als würde die erste Meta nicht existieren.«

Vielleicht sagte sie auch: »Und dann existierte die erste Meta nicht mehr.«

Oder: »Und dann hörte die erste Meta auf zu existieren.«

Die Ehe als Erklärung: Der Mann meiner Großmutter ließ sich am Zahltag volllaufen, und wenn er betrunken nach Hause kam, wollte er mit ihr ins Bett. Meine Tante erinnert sich daran, dass ihre Mutter sie wie einen Schild vor sich hielt – gegen den Mann.

Als ich das hörte, verstand ich, warum meine Großmutter die Tochter nicht bei ihm lassen konnte, sondern mit in den Tod nehmen wollte.

Die Schizophrenie als Erklärung: Meine Großmutter hatte den Kopf voller Stimmen. Die Einsamkeit. Allein mit den Stimmen, allein damit, sie zu hören. Aber ich konnte hören, wie sie ihnen antwortete, und ich (als Kind) machte sie darauf aufmerksam, dass sie Selbstgespräche führte, und dann schämte sie sich, aber kehrte auch zurück in diese Welt, ihr Mund formte sich dann zu einem kleinen, verlegenen, liebenswerten Lächeln. Sie war äußerst liebenswert. (Genau wie meine andere Großmutter liebte sie Blau, ein kräftiges Blau, all ihre Kleidung war blau, geliebte blaue Vorfahrinnen.)

Neuerdings setze ich mich schon früh in den Garten, mit meinem Kaffee, wenn alles noch nass ist vom Tau. So sitze ich da und sehe den Garten erwachen. Ich lege die Bezüge auf die nassen Gartenmöbel, und der Hund streckt sich neben mir aus. In einer Baumkrone in meiner Nähe hockt ein Taubenpärchen und putzt einander zärtlich das Gefieder oder schnäbelt und gurrt, stundenlang kann es sich damit beschäftigen. Dann ziehe ich *Dokument schwarz* wieder hervor, obwohl der Morgen fast zu schön ist für dieses Ungeheuer, neuerdings denke ich, dass ich nie wieder von hier wegwill.

Mein Großvater ist auf dem Plattenweg vor der Küchentür seines Hauses erstarrt, es ist Dezember, er hat so lange dort gestanden, dass seine Hände weißlich gelb sind. Er grübelt über all die Installationen, die kaputtgehen könnten, die Ölheizung, die Sickergrube, der Herd, der Durchlauferhitzer. Als uns, meiner Mutter und mir, bewusst wird, dass er draußen in der Kälte steht, nimmt meine Mutter seine Hand und hilft ihm ins Haus. Heiligabend, und er will nicht zulassen, dass das Weihnachtsessen gekocht wird, weil der Herd kaputtgehen könnte und ihn die Stromrechnung in den Ruin treibt. Wir haben uns schon darauf eingestellt, wie auch an allen anderen Abenden kalt zu essen, damit er sich keine Sorgen machen muss, es ist sein Haus, seine Depression, wir nehmen es sportlich, kein Weihnachten dieses Jahr ist auch in Ordnung. Als es aus den Häusern der Nachbarn nach Weihnachtsessen duftet, fällt es uns doch schwer, die Gegebenheiten zu akzeptieren. Wir beschließen, ihm zu trotzen und wenigstens Milchreis zu kochen, etwas Warmes wäre schön, das Haus ist kalt, um den Ausfall der Ölheizung nicht herauszufordern. Unterdessen läuft er jammernd um uns herum, hebt und senkt die Hände und sagt, wir seien von allen guten Geistern verlassen. Ich weiß nicht, ob meine Erinnerung zutrifft, dass er sogar versucht, meiner Mutter den Kochlöffel wegzunehmen, als sie im Milchreis rührt. Meine Mutter kümmert sich seit einigen Monaten um ihn, weil er eine Einweisung in die Klinik scheut, und wird allmählich müde. Ich bin die Einzige in der Familie, die nie krank ist. Meine Mutter fürchtete immerzu, es würde mich auch treffen, aber es traf mich nie. Rings um mich herum fallen sie um wie Dominosteine, bald wird mein Großvater meine Mutter mitreißen, und als meine Großmutter noch lebte, riss er sie mit und umgekehrt. Ständig saßen sie auf einer Wippe, kaum war der eine nach oben gekommen, hing der andere auf dem Boden. Mein Großvater will nichts vom Milchreis abhaben, er wehrt den Teller mit seinen schweren Händen ab, wir essen im Dunkeln, um ihn nicht noch tiefer in die Verzweiflung zu treiben, Kerzen kommen der Brandgefahr wegen nicht in Frage. Ich bin da, um Weihnachten mit ihnen zu feiern und darauf zu drängen, dass mein Großvater eingewiesen wird, ehe er meine Mutter zu Fall bringt. Folgendes geht im Wohnzimmer vor sich, bei der Tür zum Flur, in dem sich auch die Treppe zum Dachboden befindet, wo meine Mutter und ich schlafen, vielleicht hat er entdeckt, dass wir uns Wärmflaschen gefüllt haben, jedenfalls macht er meiner Mutter wegen irgendetwas Vorwürfe, ich kann sehen, wie zerbrechlich sie ist, dass es nur eine Frage von Tagen oder Wochen ist, ehe sie umfällt, und deshalb sage ich: »Du alter Narr«, und alles erstarrt, ich habe ihn mein ganzes Leben lang bewundert und geliebt, nie ist ein böses Wort zwischen uns gefallen, und ich bereue es sofort und sage, ich hätte es nicht so gemeint, aber er nimmt es (den

Narren) an und setzt sich. Und ich kann sehen, wie er mit dem Wort dasitzt und dass ich es ihm nie wieder abnehmen kann.

Er gab es jedoch selbst wieder ab. Später, als er eingewiesen worden war und ich ihn besuchte – in einer allgemeinmedizinischen Abteilung, denn irgendein körperliches Leiden war hinzugekommen, die Depression wiederum verschwunden, er trug einen weißen Bademantel und war um die Hälfte seiner früheren Größe geschrumpft –, sagte er, er wisse, dass ich es nicht so gemeint habe, und wir gelangten an einen Ort nahe dem, wo wir immer zusammen gewesen waren, vor dem Streit neben der Treppe zum Dachboden – derselbe Ort war es nicht, weil mein Großvater so klein geworden war und bald sterben würde.

Es war nicht immer eine Wippe, manchmal kam es auch vor, dass alle drei, meine Mutter meine Großmutter mein Großvater, auf einmal krank waren, dann lag der eine im Schlafzimmer, der andere auf dem Sofa, der Dritte auf dem Dachboden (und einmal stellte ich ein Dokument aus, wahrscheinlich inspiriert von den vielen alten Dokumenten, die in den Abenteuern der *Fünf Freunde* auftauchten, auf dem der volle Name meiner Großmutter stand, »Ich, XY, verspreche hiermit, nie wieder tagsüber ins Bett zu gehen«, das sie auch unterschrieb, doch kaum hatte sie ihre Unterschrift unter das Dokument gesetzt, legte sie sich wieder hin), während ich im Wohnzimmer saß. Die ganze Zeit war das Ticken der Uhr auf der Anrichte zu hören, das ich hasste, das Geräusch von Sommer oder Winter wurde fortgetickt, nein, in den Jahreszeiten bildete sich ein Loch, in diesem Wohnzimmer war immer nur Nachmittag, abgestandener Nachmittag, daher auch mein Unbehagen vor Nachmittagen, wenn es Nachmittag wird, bleibt nicht genug Zeit, dass sich am Tag noch etwas ändern könnte – »aber das soll ja wohl nicht zur faulen Ausrede werden«, höre ich Kristian jetzt sagen.

Es kommt mir völlig falsch vor, sich mit nur einem Aspekt des Menschen zu beschäftigen, wie in diesem Fall dem Kranken. Das Kranke war die Ausnahme, an jenem Heiligabend sogar eindeutig ein Ausnahmezustand (vorausgegangen waren 29 ganz normale, in meiner Erinnerung ineinander verschwimmende, da wohl zum Verwechseln ähnliche Heiligabende). Da muss etwas anderes dazukommen. Es gibt eine unendliche Reihe von lichten Tagen, man braucht nur den Spaten hineinzustechen.

Ein Ausflug mit dem Boot, an einem Sommertag, zu den Inseln Tærø und Lilleø, Letzteres eigentlich nur ein Häufchen Sand, das man mit einem langen Sprung von Tærø aus erreichen kann. Jetzt gibt es auf Tærø Pferde und eine Landebahn, und man muss den Besitzer um Erlaubnis bitten, an Land gehen zu dürfen. So war es damals nicht, man konnte einfach so anlegen, und ich bin mir sicher, dass es damals keine Pferde dort gab, nur Kühe, plötzlich fällt mir wieder ein, wie sehr man aufpassen musste, nicht in einen der großen, grünschwarzen Kuhfladen zu treten, über denen die Fliegen hingen.

Wenn wir unser Picknick verspeist hatten, platzierte mein Großvater seine Mütze auf den Augen (und ein mitgebrachtes Kissen unter dem Kopf) und legte sich schlafen, und in der Zwischenzeit bewohnte ich Tærø allein, ging einmal quer über die Insel, stellte mich an einen Steilhang und blickte hinab auf den Strand, der voller Steine war und im Schatten lag, und sah, wie es wehte und die Wellen laut an die Küste schlugen, bis ich plötzlich genug davon hatte, wie der Wind an den Bäumen rüttelte, und mich beeilte, zurück zu dem sonnenbeschienenen

Strand zu kommen, wo mein Großvater vielleicht in der Zwischenzeit wach geworden war und anfing, die mitgebrachten Säcke mit Sand zu füllen.

Einmal war ich so lange auf der anderen Seite der Insel geblieben, vielleicht hatte ich gedankenversunken an einem Baum gelehnt, dass mein Großvater längst genug Sand beisammenhatte und bereits abfahrbereit in der Jolle saß.

»Na, da bist du ja, ich wollte gerade den Anker einholen«, sagte er, und obwohl ich wusste, dass er mich nie allein auf der Insel zurückgelassen hätte, spürte ich trotzdem die Ödnis des Ortes in mir und krempelte schnell meine Hosen hoch, um zu ihm hinauszuwaten.

Von zu Hause aufzubrechen setzte, wie jedes Mal, eine Menge Vorbereitung voraus, Dinge, die in den Hafen transportiert werden sollten, stapelten sich im Windfang, auf dem Hofplatz, vielleicht sogar auf dem Rasen, mehrfach ausgebesserte Segel, zum Beispiel ein ausgeblichenes grünes mit braunen Flicken, lagen zur Inspektion ausgebreitet. Das Essen wurde in einen Fahrradkorb gepackt, große Stullenpakete, eine Thermoskanne, helles Bier, Zitronenwasser, Himbeerbrause, ein grünes Sportgetränk, Salz Pfeffer Zucker, Päckchen mit selbstgebackenen Kringeln, Tassen, Sahne in einer Limonadenflasche mit einem gewagten Korken aus Küchenrolle. Und ein Hund war dabei, auch damals, es gab immerzu Hunde und Katzen, ein Individuum löste das nächste ab. Dann packten wir (ich bin die erste Person Singular leid, wie zu enge Klamotten, und auch die erste Person Plural) unsere Last, meine Großmutter war, wenn sie uns mit all den guten Dingen im Korb losschickte, immer liebenswürdig (denn was, wenn wir nicht zurückkämen – aber das ist nicht nett, wahrscheinlich freute sie sich wirklich für uns), solange wir versprachen, pünktlich wieder nach Hause zu kommen, damit sie sich keine Sorgen machte und mit einem Fernglas auf den Hügel stieg und über das Meer spähte, ob nicht bald eine weißgestrichene Jolle mit blauer Reling in ihr Blickfeld käme und dahinter ein kleiner orangefarbener Punkt: die Optimistenjolle, die ich bekam, als ich zwölf wurde. Was sie wohl machte, während wir weg waren, vielleicht setzte sie sich am späteren Nachmittag mit der Zeitung hin, schon damals (aber wann war das?) erlebte ich es so, als würde sie eine Rolle einnehmen, die der Zeitungsleserin, wenn sie sich über die Zeitung auf dem Couchtisch beugte und sie auseinander-faltete, sie auf Augenhöhe brachte und mit dem Lesen begann, den Kopf ein wenig schief gelegt. Beim Lesen trug sie stets Lippenstift, als wäre sie bei jemandem zu Gast. Der Rest der Familie las immerzu, und sie blieb außen vor, weil sie keine Bücher las, weil sie mit ihnen nichts anfangen konnte, weil sie außerstande war, einen Zusammenhang herzustellen und die handelnden Personen auseinanderzuhalten. »Wer ist das denn jetzt?«, konnte sie eine Stunde nach Beginn des Films fragen, wenn die Hauptfigur im Bild erschien. Ich muss an sie denken, wenn ich eine Ballsportart sehe, deren Regeln ich nicht kenne; wie sich das Spiel in Momente ohne Zusammenhang auflöst.

Wo war sie in ihrem Element? Beim Sticken? Sie vertrat nämlich die Meinung, es sei besser, schöne Dinge zu erschaf-fen, als zu lesen. In der Küche? Nein, aber als Gastgeberin: Wenn das Essen fertig war und auf dem Tisch stand und sie bitte schön sagte, lächelnd und gepudert, das Haar unter dem perlenbesetzten Haarnetz auf seinem Platz, Blue Grass auf den Handgelenken und hinter den Ohren, alle Gerichte haus-gemacht und wunderbar, und wenn sie gelobt wurde; dann strahlte sie, dann blühte sie auf – so lange, bis ihr Ehemann anfing, sich wie ein ungezogenes Kind aufzuführen, und einen Mangel an Tischmanieren an den Tag legte, vielleicht, um sich die Aufmerksamkeit der Gäste zu ergaunern, vielleicht, um ihre Freude zu schmälern, als Rache für irgendetwas früher am Tag oder früher im Jahr Geschehenes.

Meine Großmutter war immer froh, wenn er wegfuhr, und für mich waren das die eigentlichen Ferien, diese Ausflüge. Für meinen Großvater waren sie die Freiheit und die Möglichkeit, Sand für Zement zu holen (um daraus Platten zu gießen?), weshalb wir so viele Eimer wie möglich an unsere Fahrräder hängten und Säcke, und er balancierte auch einen Mast und vielleicht einen frischgestrichenen Bootshaken, die auf Sattel und Lenker lagen, wir mussten die Fahrräder schieben, so schwer waren sie beladen, und den Fährhügel hinab zum Hafen dagegenhalten.

Manchmal wurde ich von Panik erfasst beim Gedanken, jemand könnte aus dem Meer kommen und die Optimistenjolle packen, ich war so dicht am Wasser, als säße ich in einer Nussschale, vielleicht lag es auch daran, dass das Wasser so tief und schwarz war, jedenfalls fing ich an, nach meinem Großvater zu rufen, ja sogar zu schreien, der allerdings war so schwerhörig, dass er nichts hörte, sondern mir nur munter zuwinkte, in seinem Element: der Jolle, in der er mit der Hand auf der Pinne und einer Zigarre (Grüne Havanna) im Mund stand. Mussten wir jedoch durch die Passage unter dem Damm segeln, kam ich zu ihm in die Jolle hinüber. Wenn ich nicht aus eigener Kraft zu ihm gelangte, denn aus mir wurde nie ein richtig guter Seemann, nie war ich ganz mit der Windrichtung vertraut (einmal musste ich aus der Jolle steigen und sie, beschämt, durch das seichte Wasser watend hinter mir herziehen, in den heimischen Hafen, wie Gulliver, der das Floß der Liliputaner hinter sich herzog), holte er mich mit dem Bootshaken zu sich heran, und dann schrammten und knirschten die beiden Jollen gegeneinander. Wir mussten die Masten legen und mit der Optimistenjolle im Schlepptau hindurchsegeln. Die Wände (der Passage) waren aus rauem Beton, und an den Kräuselungen entlang der Wände konnte man erkennen, wie stark die Strömung war. Es hallte. Man fühlte sich eingesperrt, es war eine Befreiung, wieder ans Licht zu kommen. Und da lagen die Inseln – und warteten.

Heute kam Alwilda zum Mittagessen, die Sonne und der Wein machten uns dösig; Alwilda zog die Kissen der Gartenmöbel ins Gras, und wir legten uns nebeneinander und schliefen ein. Es war ein beruhigendes und zugleich etwas zu intimes Gefühl, dort Seite an Seite unter den flüsternden Bäumen zu liegen. Ich glaube, so hatten wir nicht mehr gelegen, seit wir Kinder waren.

Sie ist eine befreiende Abwechslung in unseren Breitengraden voller Besorgnis, wo man aus Furcht vor dem Tod bibbert und versucht, das Leben in die Lääänge zu ziehen wie ein Kaugummi, indem man die eigene Sicherheit und Gesundheit verteidigt und schützt. Alwilda trinkt zu viel Wein und raucht viel zu viele Zigaretten. (Mein Vater nennt sie nur »die wilde Dame«.) Sie benutzt keinen Sonnenschutz und dreht und wendet sich zwölf Stunden am Stück in der brennenden Sonne, um tiefbraun zu werden für ihre Liebhaber, außerdem ist sie eine waghalsige Autofahrerin, Bremsschwellen nimmt sie mittig und mit Schwung, um das Tempo nicht drosseln zu müssen. Sie ist eine Meisterin des Augenblicks. Alwilda, du bist eine Ode an die Freiheit, nur manchmal ein bisschen zu ungeduldig.

Einen Großteil der Zeit mache ich gar nichts. Ich sitze da und betrachte alles, um was ich mich kümmern müsste, den Garten, das Haus. »Ich hatte nicht bedacht, dass Bäume wachsen«, sagte meine Mutter einmal. Ich auch nicht. Da steht die Leiter, da liegt die Säge, und wenn schon nicht das: Da liegt der Zettel mit der Telefonnummer meiner Gartenarbeiter. Es ist niemand da, der mich antreiben könnte, etwas anzupacken, niemand, den ich zu meinem Über-Ich ernennen könnte. Normalerweise übernimmt die Nachbarin diese Rolle gern, ganz von selbst. Doch sie ist auffällig milde geworden – mir gegenüber. Oft liegen ein Strauß Ringelblumen oder ein paar Gurken von ihr auf meinem Gartentisch. Dafür streitet sie sich unter freiem Himmel mit ihrem Freund, dass der Garten nur so bebt, und ich weiß nicht, warum ich es schlimmer finde, wenn ich eine Siebzigjährige wie meine Nachbarin »den Geburtstag kannst du dir in den Arsch schieben« schreien höre als einen jüngeren Menschen. Ich gehe zum Fjord hinab und an seinem Ufer entlang und schaue die wilden Hänge empor auf die vielen Schattierungen von Grün, die dunkelgrünen Baumkronen, das hellgrüne, hohe, wilde Gras, und noch ein Grün, das fast blau ist: der Strandhafer. Mein Haus ist ein Kartenhaus – also lass es einstürzen. Oder nein, ich tilge nur den Gärtnerblick Zimmermannsblick Hausfrauenblick und betrachte die seidene Anmut der Stockrosen, vielfarbig, schwankend, auf der Terrasse. Im nächsten Moment denke ich: So soll es nicht kommen, ich werde mir jeden Zentimeter dieses Hauses und Gartens zu eigen machen, alles zusammen meins werden lassen. Und ich stehe auf und reiße den Deckel vom Eimer mit der Holzbehandlung. (Ich starre auch gern auf meine Wäsche, während sie im Wind trocknet, mitunter falle ich dabei fast in Trance, keine Ahnung, ob das eine Art Fetischismus ist, Egofetischismus, ehe ich mich's versehe, klaue ich noch von meiner eigenen Wäscheleine – manch einer würde behaupten, das hätte ich längst getan, im übertragenen Sinne, mit *Dokument schwarz*. Ach, Frauen und ihre Wäsche – Alwilda hat erzählt, als sie mit Edward auf Reisen gewesen sei, habe sie eine Verbundenheit, Liebe, ein starkes Zugehörigkeitsgefühl zu ihren Slips und Socken gespürt, wenn diese, tief im mosambikanischen Nirgendwo, im Wind flatterten. Sie repräsentierten die Heimat, nehme ich an, inmitten all des Fremden. Ich habe die Erlaubnis bekommen, die Waschmaschine des nahe gelegenen Campingplatzes zu benutzen. Der Besitzer ist ein Hitzkopf, eine der Camperinnen hat ihr Zelt mit Topfpflanzen umkränzt, und als ich meine Wäsche herbeischleppe, höre ich ihn in der Ferne rufen, wenn sie nicht bald dafür sorge, die Pflanzen zu entfernen, werde er diese persönlich mit einem Tritt wegbefördern, und anschließend werde er auch ihr einen ordentlich Tritt in den Arsch verpassen. Vielleicht könnte ich eine der dreckverschmierten, mit Haaren übersäten Decken meines Pferdes in seiner Maschine waschen, dann hätte er eine Weile damit zu tun, die widerborstigen Haare aus der Maschine zu zupfen. Dies ist nicht gerade der friedlichste Ort auf Erden. Ein kleiner, feister Mann läuft mit einem Staubsauger herum und säubert das Grundstück rund um seinen Wohnwagen von Ästen und Zweigen, wie viele andere Maschinen mag er im Inneren seines Wagens haben? Und wie sehr mag er sich jedes Mal freuen, wenn er eine von ihnen anwerfen kann?)

Ich weiß nicht recht, ob das eigentlich ins *Dokument schwarz* gehört, aber es könnte gut als Abschreckung dienen, als Warnung für mein zukünftiges Selbst: Diesen Abend traf ich unten am Fjord eine ältere Frau mit einem Hofhund, meinem sehr ähnlich (ich glaube, Edward will ihn gar nicht mehr zurückhaben), ergraut, gealtert und anscheinend mit Gicht im Hinterleib, den er nur mühsam hinter sich herschleppte. Ein Stück entfernt stand ein Kinderwagen, in dem die Frau ihn, so erzählte sie mir, umherkutschierte, wenn er nicht mehr gehen konnte. Mir war, als hätte ich den Hund schon einmal gesehen, und wie sich herausstellte, stimmte das sogar, nämlich in einem Fernsehbeitrag über Demenzforschung an Hunden; dieser Hund litt unter einer beginnenden Demenz.

Die Frau hatte ein sehr enges Verhältnis zu ihm und erzählte von seiner Treue in den letzten fünfzehn Jahren, von all den schmerzstillenden Medikamenten, die er bekam, sie erzählte auch von einem neunzigjährigen Nachbarn, der ebenfalls dement war, und wie der Nachbar und der Hund manchmal vergaßen, was sie gerade vorgehabt hatten, und ratlos mitten im Zimmer stehenblieben. Sie sprach darüber, dass sie ihn nie einschläfern lassen könnte, »das macht man mit Menschen schließlich auch nicht, oder?«, fragte sie trotzig; sie war Ärztin. Ich musste an den Hund in *Der Fremde* denken, der seinem Herrchen davonläuft, nachdem es ihn jahrelang misshandelt hatte. Dieser Hund hier müsste davonlaufen, um überhaupt sterben zu dürfen. Ich erzählte ihr, ich hätte gelesen, dass manche Menschen einen Diamanten aus der Asche ihrer Haustiere fertigen ließen.

»Dann könnten Sie ihn in Ihrer Tasche bei sich tragen oder als Schlüsselanhänger benutzen«, sagte ich zu ihr, »eine wirklich schöne und strahlende, ja sogar im Licht funkelnde Erinnerung.«

Sie hob den Hund in den Kinderwagen und rollte mit ihm davon, als müsste sie ihn vor mir beschützen. Und ich blieb am Strand sitzen und fühlte mich wie der leibhaftige Tod.

Als ich an einem anderen Tag unten am schimmernden Fjord entlangspaziere, in besserer Gemütsverfassung, finde ich die Vorstellung nicht mehr so schlimm, wie ich selbst hier in fünfzehn Jahren entlangspaziere, noch immer allein bis auf einen alten Hund (oder zwei, dann wäre es nicht ganz so schwer, einen von ihnen zu verlieren); ab und zu wird sich schon einer meiner Freunde auf den Weg machen und mich besuchen, so wie kürzlich Alwilda, vor allem, wenn ich dafür sorge, konsequent Fisch aufzutischen, denn die Leute erwarten immer frischen Fisch, wenn sie zu Besuch kommen, ans Meer.

Bernhards Schuhe,
eine Anmerkung

[Camilla]

In Thomas Bernhards Haus in Obernathal haben die Schuhe einen eigenen Raum. Auf einer Fotografie, die das Einzige ist, woran ich mich halten kann, sieht man ungefähr zwanzig Paar Schuhe und ein Paar Gummistiefel, und möglicherweise stehen noch weitere Schuhe in Regalen an den Seiten, die nicht mit aufs Bild gekommen sind. Edward hat das Haus besucht und sagt, das Personal staube diese (stationären) Schuhe andauernd ab. Blitzblanke Schuhe. Für diese Schuhe, diese Schuhkammer, interessiere ich mich aus folgendem Grund: In seiner unglücklichen Gymnasialzeit, während des Kriegs, hatte man Bernhard die Schuhkammer (in seiner Schule) zugeteilt, damit er darin Geige üben konnte. Jeden Tag richtete er sich mit seiner Geige dort ein, in den Regalen ringsherum standen die Schuhe der Gymnasiasten. Er spielte ganz anders, als sein Geigenlehrer es ihm vorgeschrieben hatte. Die ganze Zeit über ließ ihn der Gedanke nicht mehr los, sich umzubringen, zu erhängen, an einem Haken an der Decke, in der Schuhkammer. Eine eigenwillige künstlerische Entfaltung, der Selbstmordgedanke und die Schuhe; hier fand eine Verschmelzung statt. Es ist kein Wunder, dass die Schuhe von damals mit Bedeutung aufgeladen wurden und er später im Leben eine ähnliche Kammer einrichten musste, einen eigenen Schuhraum, einen brennenden Raum, einen Überlebensraum. Eine Zufluchtsstätte. Sich isolieren, um sich voll und ganz dem hingeben zu können, das entfalten zu können, was einen eingenommen hat, wie hier der Selbstmordgedanke, so furchteinflößend und umwälzend er auch sein mag. Die Lautstärke, die heftige Bewegung über die Saiten, der (Spiel-)Stil, der ein Loslassen des eigenen Wesens bedeutet – ich fülle den Raum aus, also muss er mir weichen. Ich spiele ihn kaputt, ich spiele ihn in Grund und Boden, und mich selbst gleich mit. So überlebe ich. Angeblich. Nur die Schuhe können das bezeugen. Die Schuhe bezeugen alles. (Sie saugen alles in sich auf, wie Schweiß.) Und künftig kann es gar nicht genug von diesen länglichen, glänzenden Hüllen geben, auf ihrem Platz im Zeugenstand.

Die Chefin

[Camilla]

(Ist mein Schädelgehäuse eingestürzt, kocht mein Hirnschmalz? Alle taumeln wild durcheinander und werden zu einer einzigen Masse; ein Kentaur, erdacht von einer wie mir, die sich nicht entscheiden kann, sondern eins wie das andere sein lässt, mein Mannespferd mein Pferdemann, wer ist das Pferd, ist das Pferd überhaupt Pferd.)

Entsteht eine Leere, wird etwas (angeblich) anderes in diese Lücke zu stopfen versucht – von mir. (Eine Leere entstand, und hinein trat: das Pferd.) Jetzt habe ich die Tiere mit ihrem eisernen Willen anstelle der beiden Kranken, meiner Mutter, Charles'; ich hätte selbst darauf kommen können, dass das Pferd krank werden würde, wenn ich den kranken Charles durch es ersetze. Ich nehme den schweren Pferdekopf in meine Arme und küsse die Lider. Dann reiße ich mich zusammen, die Tierärztin hat gesagt, es sei kein Wunder, dass es den Kopf hängen lasse, wenn es mich so tief seufzen höre. Die Tierärztin ist ein spindeldürres, sardonisches Wesen in einem offenen Reitmantel, der fast bis zum Boden reicht. Sie bewegt sich so schnell, dass ich noch keinen eindeutigen Eindruck von ihrem Gesicht bekommen habe. Wenn sie kommt, hat sie oft ihren Bruder dabei, zwei Besenstiele steigen aus dem Auto. Die Schadenfreude der beiden wollte gar kein Ende nehmen, als die Tierärztin, nachdem sie die Beine des Pferdes abgetastet hatte, verkünden konnte, es handele sich um eine frühere Verletzung, die wiederaufgeflammt sei; ich sei betrogen worden; ich hätte ein Pferd mit versehrten Vorderbeinen gekauft. Ungeduldig ergriff sie

meine Hände und ließ sie tasten drücken fühlen, »Sie müssen
lernen, Ihr eigenes Pferd zu spüren«; ich spürte nichts, weder
die harten noch die geleeartig schwabbelnden Stellen, über die
sie wütend meine Hände lenkte, aber das behielt ich für mich.

Im Stall wohnen auch ein paar Katzen, eines Tages hatte ich
Edwards Hund dabei, und er stürmte bellend auf sie zu. Da
nahm sich die Tierärztin mich zur Brust.
    »Seine Aufmerksamkeit sollte auf Sie gerichtet sein.«
    »Sie sind die Chefin«, fügte der Bruder hinzu.
    »Es ist das Zuhause der Katzen, und damit muss er sich ab-
finden. Er ist nur zu Besuch.«
    »Jetzt sehen Sie müde aus«, sagte der Bruder, »aber wer sei-
nen Hund nicht erziehen kann, kann auch sein Pferd nicht
erziehen und wahrscheinlich auch seine Kinder nicht«, sagte er
und deutete mit dem Kopf auf ein Kind, das ein Stück entfernt
nervtötend mit seiner Fahrradklingel schrillte.

Ich verhätschle meine Tiere und habe Mitleid mit ihnen – mit
dem Hund (dem Leihhund Ersatzhund, den Edward nicht
länger braucht, seit er Alma hat), der allein zu Hause bleiben
muss, dieser dunkle Blick, wenn ich gehe. Mit dem Pferd, das
verletzt ist und das ich jeden Tag durch die Gegend führen
soll. Ich habe es in einer Pension in der Nähe des Sommer-
hauses untergestellt, einem eigentümlichen Ort, das Wohn-
haus und die Stallgebäude könnten aus der alten Fernsehserie
Dallas stammen, die Titelmelodie erklingt jedes Mal in meinen
Ohren, wenn ich zum Hof hinaufradle, und noch dazu wurden
auf dem ganzen Gelände mit großer Freigebigkeit Steinlöwen
verteilt, an jeder Ecke wacht ein Löwe. Die Zäune der weit-
läufigen Koppeln sind weiß gestrichen, vor dem Haus stehen
mehrere Golfcarts sowie andere kleine, motorisierte Fahrzeu-

ge, deren Funktion mir schleierhaft ist, und dazu eine Flotte Geländewagen. Das Haus wird von Bodybuildern bewohnt. Diese aufgeblasenen Neureichen interessieren sich nicht die Bohne für Pferde, aber sie haben ein Haus mit angrenzenden Ställen und Weiden gekauft, und vielleicht fanden sie, ein paar wogende Pferderücken würden sich gut machen in all dem Grün. Als ich mit dem Pferd auf der Reitbahn, denn die gibt es auch, meine Runden drehe, tritt es sich einen langen, dicken Nagel in den Huf. Ich ziehe und zerre, bekomme ihn jedoch nicht heraus. Zum Glück hält sich gerade einer der Bodybuilder ganz in der Nähe auf und poliert die Fahrzeuge. Ich rufe ihn. Zögernd kommt er auf mich und das Pferd zu. Ich zeige ihm den Nagel. Er zuckt mit den Schultern und erklärt, man habe alten Bauschutt verwendet, um den Untergrund der Bahn trockenzulegen, und jetzt sei er anscheinend an die Oberfläche gedrungen. Ich sage ihm nicht, wie dämlich das von ihnen war und was er von der Tierärztin und ihrem Bruder zu hören kriegen würde. Stattdessen deute ich auf seine aufgepumpten Oberarme und bitte ihn, den Nagel herauszuziehen. Er schüttelt den Kopf, er habe Angst vor Pferden, aber eine Zange leihe er mir gern. Er holt die Zange und verschanzt sich im Haus, um nicht mit neuen Forderungen konfrontiert zu werden, die Zange bringt mich nicht weiter. Dann tritt ein neuer Bodybuilder aus dem Haus.

»Dein Freund hat Angst vor Pferden«, sage ich zu ihm, »hast du vielleicht den Mut, mir zu helfen?«

Hat er, wenn ich mich so hinstelle, dass ihn das Pferd weder beißen noch treten kann. Das Pferd ist völlig entspannt, es grätscht die Hinterbeine und pinkelt beherzt und reichlich, und als er anschließend am Nagel zieht und ihn ziemlich mühelos herausbefördert, muss ich an eine Begebenheit in einer öffentlichen Toilette denken, es war an einem Nachmittag an der Algarve, als meine Mutter und ich uns in einem Café mit Atlantikblick eine Kanne Sangria geteilt hatten und anschließend förmlich den Strand und die Klippen hinaufgestürmt waren; als ich aus der Toilette in den Vorraum trat, sagte sie: »Du hast aber einen kräftigen Strahl!«, und ich dachte, eigentlich meint sie, ich klinge wie ein Pferd.

Am selben oder einem anderen Tag dieser Reise, auf jeden Fall mit derselben starken Sonne (sie zerstörte die Haut meiner Mutter auf den Unterarmen, die aus den kurzärmligen Kleidern hervorschauten, und machte sie pferdelederartig, trocken und ungeschmeidig, und in den darauffolgenden Jahren wies sie mehrmals darauf hin, indem sie eine Falte zerstörter Haut zwischen Daumen und Zeigefinger nahm und sagte: »Das war die Sonne an der Algarve«), vor dem endlosen Atlantik, unter dem endlosen Himmelszelt, geschah das Verblüffende und Unbehagliche, dass wir, als wir an einer Gruppe portugiesischer Männer vorbeigingen, von ihnen mit Münzen beworfen wurden, weil wir, so schlossen wir aus dem Vorfall, Frauen ohne Männer waren, wenngleich ziemlich bekleidet, lediglich die Unterarme nackt, an ihrem Strand, zwischen ihren an Land gezogenen Fischerbooten, unter der Pferdeledersonne.

»Ab jetzt sollten Sie es 60 Minuten am Tag reiten«, sagte die Tierärztin im Spätsommer, »10 Minuten im Schritt, 45 Minuten Trab in Einheiten von jeweils 5 Minuten mit einer Schrittpause dazwischen, und dann 10 Minuten Auslaufen im Schritt.«

»Aber das schaffe ich ja gar nicht in …«

»Doch.«

»Aber das macht ja …«

»Nein«, fiel sie mir ins Wort, während sie ins Auto sprang: »Andere Menschen schaffen das. Dann schaffen Sie es wohl auch.«

Der Bruder der Tierärztin

[Camilla]

Ich wüsste zu gern, wie ich mit dem Bruder der Tierärztin im Bett gelandet bin, wahrscheinlich weiß das allein die Tierärztin, jedenfalls habe ich jetzt auf meinem blauen Schlafsofa die Arme um seinen mageren Leib geschlungen und wünschte, ich hätte Gardinen, die ich vorziehen könnte (weil ich mir vorstelle, dass die Tierärztin nicht weit sein kann). Es musste wohl entweder der Anführer der Grünen Daumen werden oder der Bruder der Tierärztin, der eine fett, der andere mager, vom einen ins andere Extrem, dazwischen gibt es nichts, hier auf dem Lande.

»Was ist das denn?«, fragt er, vor Schmerz aufstöhnend, und greift unter das Laken.

»Ich fürchte, das ist ein Kauknochen.«

Und dann kommt auch der Hund persönlich, der sich bis jetzt im Garten aufgehalten hat. Er will zu uns hinauf.

»Nein, das möchte ich auf keinen Fall«, sagt der Bruder der Ärztin.

»Er liegt immer unter der Decke, sonst setzt er sich hin und bellt.« (Der Hund hat schon den Kopf in den Nacken gelegt.)

»Aha, dann wird er also wütend.«

»Es ist aber sowieso heiß«, erwidere ich. »Wir können ihm doch die Decke überlassen. Sonst wird er uns keine Ruhe lassen.«

Ich klopfe auf das Bett und ziehe dem Bruder der Tierärztin die Decke weg, und der Hund springt hoch und verschwindet darunter.

Und so konnte er nicht sehen, wie sich unsere Körper

warmliefen. Alles, was gewesen war, saß noch in den Gliedern, und es fiel schwer, leicht und frei zu werden. Als müsse man nach einem langen Winter auftauen.

»Ist deine Unantastbarkeit jetzt erschüttert?«, fragt er.

Aber es ist keine Liebe, sondern Freundlichkeit. Also nein, keine Erschütterung.

Kurz darauf hupt es draußen auf der Straße, ich setze mich auf und greife nach der Decke, »das ist meine Schwester«, sagt er und springt aus dem Bett, in einer Wolke aus Federn (die Bettdecke hat ein Loch), zusammen mit dem Hund, den das Auto ganz verrückt macht. Ich muss glücklich sein, denn ich fange an zu singen (ein paar Zeilen aus *Lucy in the Sky with Diamonds*, falls es jemanden interessiert).

Columbia, *Drei kleine Chinesen* (und eine große, wilde Freude)

[Alma]

Es war harte Arbeit, Camilla von den Tieren loszueisen, seit einiger Zeit spricht sie davon, dass sie eigentlich Engländerin sein müsse, so sehr, wie sie sich neuerdings für Hunde und Pferde begeistere, ich bin eine Hundepferdelady, sagt sie über sich, doch dann wedelte ich ihr mit den Tickets vor der Nase herum, und sie war dabei. Und seht her, was für ein Glück sie hat, denn jetzt setzt sich ein unglaublich gutaussehender Mann auf den Stuhl neben ihr. Ich bin hier, weil ich mit einer Kurzgeschichte in einer amerikanischen Anthologie vertreten bin, und sitze mit dem Verleger und einem anderen Autor auf dem Podium, in Kürze soll ich lesen. Höchstens drei Minuten dürfen es sein, der Verleger mag keine Lesungen, er meint, man erfahre mehr über den Schriftsteller, wenn man ihn im Gespräch höre. Wir sind uns zwei Mal begegnet, und beide Male hat er mich gefragt, ob ich gern koche. Ich konnte mir denken, dass es eine richtige und eine falsche Antwort gab. Ich tippte auf »ja, gern«. »Aber ich bevorzuge keine bestimmte Küche«, ergänzte ich schnell, »ich wähle das Beste aus allen.« Er und seine Assistentin waren der Meinung, Camilla und ich sollten einen echten Deli kennenlernen, wenn wir schon einmal in New York waren, also saß ich mit einem Bagel mit Frischkäse, Räucherlachs und saurer Gurke da, ein großes Geschmackserlebnis war es nicht, in erster Linie zäh und unhandlich, wenn man währenddessen reden soll, und dazu gab es auf Empfehlung der Assistentin ein eigenartiges Getränk, ein sogenanntes Egg Cream Soda (obwohl kein Ei enthalten ist, nur Milch,

Schokoladensirup und Seltzer zusammengerührt, er schäumt).
Beim Essen redeten wir über Essen, ich erzählte von dem islän-
dischen Gericht namens Der schwarze Tod (vielleicht verwechselte ich das allerdings auch mit einem Schnaps), bestehend aus
Fleisch, das lange in der Erde vergraben und dadurch zart wird.
Die Reaktion der Amerikaner war nicht zu verachten. Deshalb
blieb ich bei den Isländern und erzählte auch von Hai mit gebratenen Zwiebeln und brauner Soße, erneute Reaktion. Dann
fand ich, ich hätte mir eine Pause verdient, und schnitt ein paar
Stückchen von meinem Bagel ab. Ich dachte, wenn uns der
Stoff ausginge, könnte ich noch vom Grindwal-Schlachten auf
den Färöern berichten, das ich einmal miterlebt hatte. Dann
erzählte der Verleger, dass er nie nur für sich allein koche, und
sah dabei traurig aus. Und ich sagte, das könne ich auch nicht,
senkte den Blick und zog eine tragische Miene. Camilla sagte
nichts, sie stand im ständigen Telefonkontakt mit ihrer Tierärztin, es ging um eine Ultraschalluntersuchung der Pferde-
beine. Doch, eines sagte sie. Sie sagte: »Ich habe wieder damit
angefangen, ständig Kostenaufstellungen zu machen, das liegt
daran, dass ich so nervös bin, und als ich gerade dasaß und
rechnete, habe ich eine schwarze Wand vor mir gesehen, und
ich hatte das Gefühl, ich würde mir den Kopf daran stoßen. An
der Stelle hat alles aufgehört.« »Ich habe Camilla mitgenommen, weil sie ein bisschen Abstand braucht«, erklärte ich dem
Verleger und seiner Assistentin, eine kroatische Übersetzerin
war übrigens auch anwesend, »sie hat sich ein Pferd gekauft,
das kostet viel Geld, im Grunde steht sie kurz vor dem Nerven-
zusammenbruch. Sie traut sich gar nicht mehr zum Briefkasten, weil die Tierarztrechnungen nur so hereinströmen.« »Das
stimmt überhaupt nicht, sie schickt sie per Mail«, sagte Camilla. Dann fingen die anderen an, über den Pferdefleischskandal
zu reden, und Camilla sprang auf, »jetzt beruhige dich mal«,

sagte ich, »du hast doch selbst gesagt, es hätte schon so viele Medikamente bekommen, dass es sich gar nicht mehr zum Verzehr eignen würde«, aber sie musste trotzdem hinaus, um eine zu rauchen. Und nun überlege ich, ob Juden eigentlich Pferdefleisch essen (galoppierend koscher, Verzeihung).

Dann kam Camilla wieder herein und sagte: »Ich habe vor kurzem ein Porträt über eine amerikanische Kriegskorrespondentin im Fernsehen gesehen, sie war eine Zeitgenossin Hemingways, wurde aber viel älter als er, ehe sie sich das Leben nahm, ich erinnere mich nicht mehr an ihren Namen. Aber als ihre Mutter, zu der sie ein enges Verhältnis hatte, starb, schrieb sie in einem Brief an einen Freund, sie fühle sich wie ein Kompass, der den Norden verloren hat. Sie war orientierungslos, und so geht es mir auch. Dieser Gedanke, noch fünfundzwanzig oder dreißig Jahre weiterleben zu müssen.« Sie setzte sich hin.

»Camilla«, sagte ich.

»Das muss Martha Gellhorn gewesen sein, oder?«, fragte der Verleger die Assistentin.

»Zwei Dinge bereute sie nicht erreicht zu haben. Einen Bestseller zu schreiben und eine Liebesbeziehung von Dauer zu führen.«

»Mir würde nur Letzteres leidtun«, sagte ich.

»Das glaube ich nicht.«

Alas. Ich habe aus der Übersetzung vorgelesen, es lief ausgezeichnet, der schöne Mann neben Camilla lachte. Das Publikum ist nicht groß, um die dreißig Zuhörer. Wir befinden uns in einer Bibliothek an der Columbia. Doch jetzt kommt die Feuerprobe, das Gespräch. Der Verleger wendet sich mir zu, um über meine Erzählung zu sprechen. »Ist es in Dänemark normal, dass Frauen versuchen, ihre Männer in Stripbars an

Prostituierte zu verkaufen?«, fragt er. »Nein«, antworte ich, »die Geschichte spielt allerdings auch in Berlin.«

»In der Erzählung kommen drei Chinesen vor«, sagt er. »Warum steht da *three little chinamen?*«

(Ich denke: Wenn jetzt Chinesen im Publikum sitzen, sterbe ich. Ich wage es kaum aufzublicken. Zum Glück ist aber nur eine Schwarze darunter. Gott sei Dank habe ich nicht die Stelle mit der strippenden Schwarzen gelesen.)

»Ich bin keine Rassistin«, sage ich, und hätte es eine Bibel gegeben, ich hätte meine Hand daraufgelegt, jetzt habe ich es mit meiner Literatur schon bis an die Columbia geschafft und muss hier sitzen und beteuern, ich sei keine Rassistin.

»Man weiß ja, dass Chinesen klein sind (er sagt *chinese*, nicht *chinamen*), es gibt doch keinen Grund, das zu schreiben«, fährt der Verleger fort.

»Nein«, sage ich, »aber es ist ein Zitat aus einem älteren dänischen Lied.«

»Dann hätte es eine Fußnote geben müssen«, entgegnet der Verleger. »Wie klingt es denn?«

»Es ist ein albernes Quatschlied«, antworte ich und sehe Camilla an.

Und jetzt naht Hilfe, Deus ex machina erhebt sich vom Stuhl neben Camilla und sagt: »Ich habe in Dänemark gelebt, bis ich sieben war. Es klingt so«, und dann tut er so, als würde er Mundharmonika spielen: »Tri smi kinisiri pi Hibri Plids stid i spillidi pi kintribis, si kim in bitjint spirt hvi dir vir hindt tri smi kinisi pi Hibri Plids«, und setzt sich wieder.

»Großartig!«, sagt Camilla.

»Danke«, sagt der schöne Mann. »Das System dahinter ist«, erklärt er der Versammlung, »dass man das Lied mit verschiedenen Vokalen variieren und dabei so tun kann, als würde man auf verschiedenen Musikinstrumenten spielen.«

»Mhm«, sagt ein Wissenschaftler, »das Prinzip ist uns auch aus Mali bekannt.«

»Hätten Sie nicht Lust, es noch mal mit O zu singen?«, fragt Camilla.

»Doch, das kann ich gern machen«, antwortet er und steht wieder auf, »wobei, nein, ich glaube, dann würde ich lieber A nehmen.«

»Hm«, macht der Verleger. »Aber was bedeutet der Text?«

»Man darf nicht vergessen, dass Dänemark keine multikulturelle Gesellschaft ist wie die Ihre«, gebe ich zu bedenken. »Chinesen waren einmal, ja sogar lange Zeit, ziemlich selten bei uns.«

»Das stimmt«, sagt der schöne Mann. »Einen Chinesen hat man wirklich nicht alle Tage gesehen.«

»Wie alt sind Sie?«, fragt Camilla.

»51«, antwortet er. »Und Sie?«

»46.«

»Fünf Jahre Altersunterschied«, sagt er.

»Ja«, sagt Camilla.

»Was bedeutet der Text«, fragt der Verleger mit der Hand auf der Axt.

Camilla steht auf und sagt:

Three little Chinaman at Astor Place
stood there playing on a double bass.
Along came an officer.
What the hell is this?
Three little Chinaman at Astor Place.

»Danke«, sagt der Verleger und wendet sich dem nächsten Autor zu, er ist fertig mit mir, ich habe verloren.

»Entschuldigung«, sage ich, »es gibt aber auch große Chinesen, deshalb ist die Erwähnung, dass sie klein sind, durchaus sinnvoll.«

(Anschließend dachte ich, dass ich auch ein bisschen über die Kraft hätte sprechen können, die möglicherweise in dem Bild der kleinen Männer liegt, die Sex von großen oder zumindest größeren Frauen kaufen.)

»Es ist ein Problem der Übersetzung«, wiederholt der Verleger, »es hätte eine Fußnote geben müssen.«

»Eine Fußnote *Ihres* Übersetzers«, mime ich in Camillas Richtung, aber die tuschelt gerade mit ihrem Nachbarn.

Anschließend fand ein kleiner Empfang mit Rotwein, Käse und Crackern statt, und jedes Mal wenn jemand Neues aus dem Publikum zu mir kam, glaubte ich wiederholen zu müssen, dass ich keine Rassistin sei, aber das hatten sie sowieso nicht von mir gedacht, sie verstanden durchaus, wie es gemeint gewesen war. Ich ging zu Camilla, die dem schönen Mann nicht mehr von der Seite wich, »ist er nicht schön«, flüsterte sie mir zu, »ich habe mich verliebt«, »das ist gut«, sagte ich, »und fix«. Dann können wir ihre *beeeep* Tiere endlich zum *beeeep* jagen.

Wie auch immer. Irgendwann war der Wein alle, und wir mussten gehen. Im Anschluss sollte es ein gemeinsames Essen geben, aber ehe wir aufbrechen konnten, musste die Assistentin den Veranstaltern noch dabei helfen, den Käse und die Cracker wieder einzupacken, obwohl fast nichts mehr übrig war. Es ist unglaublich, wie viel Zeit so etwas in Anspruch nehmen kann, denn es war eine dieser Packungen, wo jede Cracker-Sorte ein eigenes Fach hat, das ihrer Form nachempfunden ist. »Wollen wir nicht lieber ins Hotel fahren und da weitertrinken«, fragte ich, »ich bin völlig am Ende.« Camilla wandte sich dem schönen Mann zu, jetzt galt es, ihn mitzuziehen. Er war unentschlossen und gerade dabei, dem Verleger von seinem Verhältnis zu Dänemark zu erzählen. »Kommt, wir nehmen uns ein Taxi«, sagte ich. Er war unentschlossen, »wir haben eine Menge zollfreien Alkohol«, sagte ich, »kommt, den trinken wir in unserem Hotel«, »wir sind wohl gezwungen, sie alle mitzunehmen«, sagte ich zu Camilla, »sonst will er nicht mit«, »ja«, pflichtete Camilla bei, »ich kann doch wohl nicht für den Rest meines Lebens Hundepferdelady bleiben, oder?«, »nein«, antwortete ich, »time for change«.

Als wir endlich aus der Columbia hinausgekommen waren und alle miteinander auf der Straße standen, war er immer noch unentschlossen, der Verleger hielt ein Taxi an und krabbelte hinein, und die Assistentin hinterdrein, aber er blieb stehen, »dann liebst du Dänemark also doch nicht so sehr«, sagte ich und stieg ein, und da nahm er auf dem Beifahrersitz Platz. Camilla setzte sich auf meinen Schoß.

[Camilla]

Er setzte sich auf den Stuhl neben mir, und schon nach einem kurzen Augenblick war es beinahe unmöglich, nicht nach ihm zu greifen und seine Hände zu berühren. Als er aufstand und das bescheuerte Lied aufsagte, dachte ich, dass ich für den Rest meines Lebens mit ihm zusammen sein wollte, so schnell ging es. Und ja, ich weiß schon, ich weiß schon.

Als die anderen gegangen waren und wir allein, streckte ich die Hand aus und sagte »komm«, und er sagte »ja« und stand auf, und dann berührten wir uns endlich, und er fing an, mich an sich zu ziehen und wieder wegzuschieben, während er die Arme um mich legte und mich die ganze Zeit küsste, mit kurzen, ziemlich schnellen Bewegungen, es waren höchstens ein paar Zentimeter, von ihm weg, zu ihm hin, von ihm weg, und mit diesem Rhythmus zog er mich aus mir selbst hinaus, ich dachte nicht mehr daran, etwas zu tun, jemand zu sein, ich folge ihm einfach, dachte ich und ließ mich ziehen und schieben, und die ganze Zeit war sein Gesicht dem meinen so nah, hin und wieder musste ich ihm in die Augen sehen und ein Stück zurückweichen, sie lagen im Dunkeln und waren halb geschlossen, zwei oder drei Mal sagte er »O mein Gott«, ganz leise, aber ich hörte es und freute mich. Er sprach Dänisch mit mir, doch ich bat ihn, Amerikanisch zu sprechen, weil ich wollte, dass er seine eigene Sprache sprach, damit ich sicher sein konnte, dass er wusste, was er sagte. Dann tat er es, er sagte auf Amerikanisch: »Ich soll Amerikanisch reden? Es kommt mir komisch vor, Amerikanisch mit dir zu sprechen«, und anschließend sprach er wieder Dänisch, und ich versuchte nicht noch einmal, ihn in seine eigene Sprache zurückzutreiben. Er klang jung, wenn er Dänisch sprach. Seine Stimme wurde zu jung für den Rest. Davon abgesehen sagte er kaum etwas. Ich bat ihn, seinen eigenen Namen zu sagen, denn obwohl ich vollkommen von ihm gefesselt war, hatte ich für einen Moment vergessen, wie er hieß. Wie soll ich diese Kraft und diesen Rhythmus in mir bewahren, den sein Körper besaß und in den er mich hineinzog? Ich kann es nicht. Fast hätte ich aus Versehen gesagt, dass ich ihn liebte, denn ich kannte keine anderen Worte für die Verzückung und dafür, nicht mehr mir selbst und meinem eigenen Kopf überlassen zu sein.

Es war Morgen, »wir haben uns stundenlang geliebt«, sagte ich, »wir haben uns fünf Minuten geliebt«, sagte er. Wir setzten uns auf, um ein bisschen Wasser zu trinken.

»Bist du verheiratet?«, fragte ich.

»Ja«, antwortete er unbekümmert.

»Deshalb hast du also nichts zu mir gesagt.« (Mir fiel eine

Replik der Romanfigur Peter Walsh ein, etwas in der Art, dass man, wenn man über fünfzig ist, keine Lust mehr hat, den Frauen zu erzählen, sie wären hübsch. Der Bruder der Tierärztin hatte wenigstens gesagt, meine Haut sei zart, und gefragt, ob ich irgendwelche Kräuteressenzen verwendete.)

»Nein«, sagte er, »ich sage nie besonders viel.«

»Vielleicht solltest du einen Ring tragen.«

»Glaubst du, das hätte etwas geholfen?«

»Warum hast du es dann getan?«

»Ich war mir ja auch unsicher. Aber dann kam das Taxi, und die Schriftstellerin hat zu mir gesagt, dann würde ich Dänemark wohl doch nicht so sehr lieben«, der Gedanke schien ihn zur Verzweiflung zu bringen.

»Wie kannst du so gemein zu mir sein«, sagte ich und verbarg das Gesicht zwischen den Händen, aber kurz darauf sah ich auf, »was gibt es da zu kucken?«, fragte ich, »deine Augen«, antwortete er.

Wir legten uns wieder hin, aber es konnte nicht mehr so werden wie vorher, »Entschuldigung«, sagte ich, »ich muss mich entschuldigen«, sagte er.

»Es fühlt sich brutal an nach einer solchen Hingabe. Weißt du, was *Hingabe* bedeutet?«

Er wusste es.

Wir dachten, wir sollten lieber ein wenig schlafen, aber das kann ich ja nicht besonders gut, und als er eingeschlafen war, verließ ich das Bett und fing an, die Aschenbecher zu leeren und Flaschen einzusammeln. Kurz darauf stand auch er auf.

»Ich bin froh. Ich finde, es war eine schöne Nacht.«

»Du bist süß«, sagte er, »ja, ich werde sie auch nicht vergessen.«

Es regnete, ich wollte ihn zur Grand Central Station begleiten, er legte den Arm um mich, und so gingen wir, »du siehst sehr amerikanisch aus«, sagte ich kurz darauf und nahm seine Hand, das verstand er nicht, normalerweise wurden ihm immer verschiedene nordeuropäische Nationalitäten zugeschrieben, und er war ja auch herzzerreißend blond oder es jedenfalls einmal gewesen, jetzt war er genau genommen ziemlich grau, aber eigentlich war mein Blick auf seinen Mantel gerichtet, am Tag zuvor hatte ich auf der Upper West Side einen Mann mit demselben Mantel gesehen. Ich dachte, dass ich meine Verzweiflung jetzt nur noch einen kurzen Augenblick verbergen müsste, denn vor uns lag der Bahnhof. Wir umarmten einander, und ich drehte mich um und ging. Während ich zum Hotel zurücklief, fiel mir ein, wie ich vor einigen Monaten in meinem Garten eine Zeitlang geglaubt hatte, Nähe würde mich umbringen, und jetzt war ich kurz davor, ohne sie zu sterben. Und eine Woche darauf steckte die große, wilde Freude noch immer in meinem Körper.

Mein Bewusstsein ist ein brennender Raum. Ich führe Gespräche mit ihm, dort drinnen; und zeige ihm Dinge. Ich denke zu ihm, könnte man sagen. Wir begleiten einander, wir beiden Homunkuli, durch mein Gehirn, er hat den Arm um mich gelegt und den Mantelkragen hochgeschlagen, wir entfernen uns vom Bahnhof.

Er ist ein Strohhalm, an den sich meine Gedanken klammern, das weiß ich schon.

Wäre es echt, wüsste er mittlerweile einiges über mich, was ich mag, was ich nicht mag. Doch ich erzähle ihm nie von den traurigen Dingen, die es gegeben hat, denn ich habe selbst die Nase voll von ihnen. Dies ist eine Möglichkeit, mich neu zu erfinden, wie immer, wenn man einen anderen Menschen kennenlernt. Ich kann die sein, die ich bin, als Ergebnis von dem-und-dem-und-dem anstelle von dem-und-dem, selbstredend ist es reine Spekulation, was einen geformt hat. Nichtsdestotrotz gibt es Menschen, die jahrzehntelang in vorherbestimmten Geschichten um sich selbst kreisen.

Ich bin es, die am meisten sagt. Er stellt nur hin und wieder eine Verständnisfrage. Ich bin es, die Räder hat. Er ist wie eine Kiste, die man über den Boden schieben muss. Und er ist ein Blick – auf mich. Meine Vorstellung, dass er mich betrachtet, wenn ich die Straße entlanggehe, ist so lebendig, dass ich fast tanze. Es klingelt an der Tür, und ich bilde mir ein, er wäre es. Ich spreche laut. Ich bin erschöpft. Ich trinke mitten am Tag Wein.

Es ist unerträglich, dieses Fieber, diese Verliebtheit, meine Sehnsucht ist groß, das muss aufhören. Worum kreiste mein Bewusstsein, ehe ich ihn traf … es machte eine Kostenaufstellung nach der anderen und schlängelte sich um den Tod. Es war schon so weit gekommen, dass sich bestimmte Gedanken querstellten und nichts anderes mehr vorbeiließen.

Das Szenario mit ihm ist besser. Irgendwann wird der Brennstoff aus sein, und das Feuer wird langsam verglühen.

Bruchstücke vom Geplauder
der Gefährten, im Garten

[Alle Gefährten]

»Nachdem fast vier Wochen vergangen waren, hörte ich immer noch hin und wieder *Wicked Game* auf YouTube, weil wir es auch an dem Abend gehört hatten, und sah mir Helena Christensens und Chris Isaaks bescheuerte Selbstdarstellung am Strand an«, sagte Camilla, »wie ein Teenager.«

»Das Bewusstsein kann nicht leer sein, das lässt es nicht zu, es ist zu jeder Zeit das genaue Gegenteil von einem kahlen, weißgestrichenen Raum«, sagte Edward.

»Tut mir leid, wenn ich das so sage«, sagte Alma, »aber dein Amerikaner erinnerte mich an ein Kamel oder vielleicht eine Giraffe oder einen Strauß, ja, eines dieser Tiere, die ihren wiegenden Kopf hoch oben tragen und einem unerwartet brutale Hiebe verpassen.«

»Es bedeutete mir auch etwas, dass er den Arm so fest um mich legte, als wir aus dem Hotel und zum Bahnhof gingen. Nachdem ich so viel allein umhergegangen war, fand ich es schön, mit seinem Arm auf meiner Schulter umherzugehen.«

»Ja, so was ist gefährlich«, erklärte Alma, »an dem Abend, als ich Kristian bei einer Party kennenlernte, fing alles damit an, dass ich, als wir nebeneinander auf einem Sofa saßen, zu ihm sagte: ›Versuch doch mal, den Arm um mich zu legen.‹ Und es fühlte sich fest und gut an und führte dazu, dass ich eine Ehe am Hals hatte. Das kostete mich sieben Jahre.«

(…)

413

»Nach all den Jahren beharrlicher Wissensaneignung dann die enorme Kraftanstrengung, die es bedeutet, zu der Entscheidung zu kommen, sich umzubringen – und an den Punkt, diese in die Tat umzusetzen, die Selbstmordtat. Die schließlich nicht gelang, und dann war sie wieder zurück am Ausgangspunkt, zurück im Bett mit all den Büchern, und auf das Bett stützte sie sich: und die Zukunft: all die schwarzen Taschen voller Bücher aus der Bibliothek, welch Mut und welche Tapferkeit, weiter so viele Stunden am Tag zu lesen, so viele Jahre«, sagte Camilla.

»Ich will nach Syrien, um zu kämpfen«, sagte Kristian.

»Du fällst den anderen ständig ins Wort, Kristian«, sagte Alma.

(Als wäre es gleichbedeutend mit dem eigenen Verschwinden, nicht immerzu seine Ansichten zu diesem oder jenem kundzutun. Er vollendet die Sätze anderer. Er hat zu allem eine Meinung. Er errichtet mit seinem Gerede Mauern. Als wir zusammen waren, kam es ziemlich schnell so weit, dass ich aufhörte, mich über etwas zu äußern, und ziemlich still wurde, dachte Alma.)

»Das ist Selbstmord«, sagte Edward.

»Syrien ist unser Spanien.«

»Deins doch wohl nicht. Und meins auch nicht.«

»An diesem Vormittag sollte sie doch eine neue Bücherlieferung bekommen, oder?«

»Vielleicht konnte sie einen weiteren Stapel Bücher einfach nicht mehr verkraften«, sagte Kristian.

»Man ist gezwungen, sich auszusöhnen, abzufinden, fertig zu werden (wo ist das richtige Verb) mit der vergangenen Geschichte (denn was sollte man sonst tun, hat man jemals von jemandem gehört, der sich selbst angezündet hat wegen einer längst überstandenen Kalamität, einem tausend Jahre alten Blutvergießen?), ganz gleich, ob es um die Weltgeschichte oder die eigene Familiengeschichte geht, auch wenn es zum Beispiel unerträglich erscheinen mag, dass die Mathematikerin Hypatia vor etwa tausend Jahren in Alexandria bei lebendigem Leibe von einem christlichen Mob in Stücke gerissen wurde oder Bagger die Leichen vergaster Juden in Massengräber schaufelten, der absolute Nullpunkt der Menschlichkeit, an dem Stahl Menschenfleisch packt, als wäre es Stein, vor kaum einmal siebzig Jahren, nur wenige hundert Kilometer von diesem Garten entfernt. Was die Geschichte meiner Familie betrifft, wurde ich im Alter von vierzehn Jahren mit einem Punkt konfrontiert, der alles auf den Kopf stellte, so wie es auch die Fakten über den Holocaust getan hatten – ich gehe davon aus, dass ich mich mit alldem beschäftige, weil ich in gewissem Sinne ein Produkt dessen bin, was ich gehört oder gesehen habe und das Durchkämmen des Holocaust in Geschichtsbüchern und einem Dokumentarfilm nach dem anderen etwas in mir bewirkt hat und immer noch bewirkt, abgesehen davon, mich (wieder und wieder) mit bloßem Grauen zu erfüllen, aber was genau es bewirkt hat, weiß ich nicht, vielleicht ein größeres Misstrauen gegenüber dem Menschen an sich, und dass ich bei jeder Gelegenheit auf der Hut vor dem Massenmenschen in mir selbst bin, hoffe ich jedenfalls.«

»Ja, das glaube ich schon.«

»Ich habe ihn nur bei einer Gelegenheit herausgelassen, aber eigentlich unbeabsichtigt. Alwilda, das war damals, als du mich als Gast mit auf einen Konvent der Anonymen Alkoholiker mitgenommen hast. Er fand in einem großen Saal statt, wir waren mehrere hundert Menschen, du und ich, wir saßen ganz vorn und lauschten dem Vortrag eines amerikanischen Piloten, der erzählte, wie betrunken er gewesen sei, als er flog – Passagierflugzeuge. Er erzählte auch, dass es eine Woche dauerte, bis er entdeckte, dass ihn seine Frau verlassen hatte ...«

»Wie konnte er das wissen?«

»Er fand eine datierte Nachricht von ihr. Na, jedenfalls sagte anschließend einer so etwas wie: Jetzt stehen alle Alkoholiker auf und fassen sich an den Händen. Bald standen alle Hand in Hand an den Wänden, außer mir. Ich blieb allein zwischen all den leeren Stühlen sitzen. Weil ich keine Alkoholikerin bin, ging ich davon aus, dass ich sitzen bleiben konnte. Bis du, Alwilda, mir zugeflüstert hast: ›Komm schon!‹«

»Und dann bist du pflichtschuldig aufgestanden und hast dich uns angeschlossen.«

»Hallo, Camilla, es gäbe noch einiges zu deinen Ausführungen zu sagen. Wie kannst du alles in einen Topf werfen, was hat der Holocaust mit deiner Familie zu tun?«, fragte Kristian.

»Nichts. Nur, dass ich ungefähr zur selben Zeit zum ersten Mal davon gehört habe, dass meine Großmutter versucht hat, ihr Kind umzubringen, als ich auch zum ersten Mal die Bilder aus den Konzentrationslagern gesehen habe.«

»Und noch was, deine Redegewandtheit ist anstößig, du verwandelst die unbegreifliche Hölle in Sprachkunst«, fügte Kristian hinzu.

»Ja, sag ich: stammle und stottre/und Syntax zerbrich/dann geht auch Inhalt für dich«, sagte Alma.

»Deine Reime sind einfach erbärmlich.«

»Eine Sprache, die Unvermögen mimt, macht das Gesagte authentisch, dann kommt es ganz tief unten aus dem Bauch, tief aus der schreienden Seele.«

»Und noch was, Camilla, es kommt durchaus vor, dass sich jemand nach einer längst überstandenen Kalamität das Leben nimmt, denk nur mal an all die Selbstmorde unter KZ-Überlebenden«, sagte Kristian.

(...)

»Der Zweite Weltkrieg hat so viel Raum eingenommen, dass ich andere Kriege nur noch in begrenztem Maße aufnehmen konnte, na ja, mit dem Vietnamkrieg bin ich noch halbwegs vertraut, und mit dem Irakkrieg, aber obwohl ich schon mehrmals die Kriege auf dem Balkan in den 90ern repetiert habe, bleiben sie wie verschwommen, der Verlauf, die Koalitionen, die Fronten sind ausgeblichen, und ich habe es beinahe aufgegeben, mich auf den Krieg in Syrien einzulassen …«

»Für Syrien ist Kristian zuständig.«

» … stattdessen fange ich wieder von vorn an, im Fernsehen, mit dem Zweiten Weltkrieg, zuletzt mit der Résistance und The Blitz über London und das Verhältnis der amerikanischen Soldaten zu ihren Hunden während des Pazifikkriegs und und und … *Vergessene Filme über den Zweiten Weltkrieg.*«

»Ich träume von einem Ausflug in einer Spitfire«, sagte Alwilda, »ich sehe mir so wahnsinnig gern Aufnahmen von Luftschlachten zwischen Spitfires und Messerschmitts an. Welch Eleganz! Welch Kampfgeist!«

»Immer wenn ich den Fernseher einschalte, kommt irgendeine Sendung über den Zweiten Weltkrieg. Ich liege auf meinem Sofa und fresse den ganzen Krieg in mich hinein.«

»Und währenddessen stopfst du dich bestimmt auch noch mit Essen voll.«

»Es kommt vor, dass ich in die Küche gehe und mir etwas hole. Aber ich kaue erst fertig, bevor ich weiterkucke.«

(…)

»Heute Nacht in einem Traum hörte ich die Worte ›Camilla und ich‹ in meinem Inneren, und dann erwies sich das ›ich‹ als ein langer Fuß, dessen Zehen senkrecht in die Luft ragten, während die Ferse in den Sand gebohrt war. ›Ich‹ war (mit einem dumpfen Schlag) im Sand gelandet und fing dann an, rings um ›Camilla‹ Abdrücke zu hinterlassen, und mir wurde klar, dass sie geopfert werden würde«, sagte Alma.

»Mit Füßen getreten.«

»Jetzt werde ich euch mal was erzählen«, sagte Camilla, »das, was zunächst die Leere war, die meine Mutter und Charles hinterlassen haben, hat sich inzwischen allmählich in Ruhe und Frieden verwandelt.«

»Ich hätte mir den Vorfall entfernen lassen können«, sagte Camillas Vater und fasste sich an die Brust, an eine Stelle nahe dem Herzen, »eine Gegenkonditionierung durchführen lassen. Aber ich habe mich nie darum bemüht.«

»Am Anfang hatte ich Lust, Charles alles zu zeigen – wie hoch der Rhododendron geworden war, und ich glaubte, er hätte sich auch über das Pferd gefreut.«

»Jetzt haben wir dafür alles gesehen.«

»Die Blätter glänzen bestimmt.«

»Aber sag mal, hörst du denn ab und zu etwas von Charles?«

»Er schrieb, dass er seine harten Schuhsohlen gegen weiche ausgetauscht habe, und er müsse in Kauf nehmen, dass es sein Image zerstöre, wenn es nun einmal gut für seinen Trab, nein, ich meine sein Skelett, sei.«

»Also hat dieses harte Klack-Klack-Klack jetzt ein Ende.«

»Wenn ich abends das Licht eingeschaltet und die Türen offen gelassen habe, kommen die Insekten und prallen gegen die Lampen.«

»Klack-klack-klack.«

»Warum lässt du die Türen offen?«

»Wenn ich mit mir allein eingeschlossen bin, werde ich mir zu viel.«

»Also entlüftest du dich.«

»Als meine Mutter zum letzten Mal da war, sah sie sich im

Garten um, ehe wir aufbrachen, und sagte: ›Ich glaube, ich komme nicht mehr hierher zurück.‹«

»Du wirst nie erfahren, ob sie selbst die Tür fest hinter sich geschlossen hat (ihr eigener Ausdruck) – oder ob jemand anders es für sie getan hat.«

»Herrlich, dieser Dorsch.«

»Ja, es ist schwer, ein Mensch zu sein, Camilla, auch für mich«, sagte Kristian.

Die Marmeladenkönigin
mit den klebrigen Beinen

[Alma]

Schreiben, als würde ich mich strecken (das will ich bezwecken), wie der Hund, wenn er sich lang macht und über den Rasen schwimmt oder robbt, eine lange, freie Bewegung (das Fell nahe der Schwanzwurzel kräuselt sich wollüstig), was für ein Wohlbehagen, er rollt sich auf den Rücken, dann schwimmt er weiter, der lange weiße Hund auf dem großen Rasen. Edward hat ihn Camilla geschenkt, ich war es so leid, dass er immer zu uns ins Bett wollte. Camilla schläft meistens allein.

Es versetzt mir einen Stich, was Alwilda zu Edward sagte, als sie ihn verließ. Er hat es mir selbst erzählt. Sie hat es so hässlich ausgedrückt: dass er zu nichts gut wäre.

Alwilda hat kein Gespür dafür, wo die Grenze verläuft, das wissen wir alle. Es gab sogar eine Phase, in der sie Charles umgarnte, mit großen Blumensträußen und Marmelade (sie weckt ein, um ihre Nerven ruhig und die Angst in Schach zu halten, sie weckt und weckt, das ganze Jahr, und hat die Tiefkühltruhe voller Beeren), sie saß auf seiner Bettkante (mit tiefem Ausschnitt, die Brüste direkt vor seiner großen Nase), »ich liebe dich«, schrieb sie ihm, warum warf Camilla sie nicht hinaus?

»Alwilda ist wie ein Insekt, das vom Wind durch die Gegend getragen wird«, sagte sie nur, »bald ist sie am nächsten Ort.«

»Sie will testen, wie viel Macht sie hat«, erwiderte ich, »die Königin langweilt sich.« (Die Marmeladenkönigin mit den klebrigen Beinen.)

(Ich weiß nicht, warum ich sie vor mir sehe, wie sie mit dem ganzen Körper Marmelade herstellt, mit den Füßen im Einmachglas stampft, als wären Weintrauben darin.)

Camilla braucht immer so lange, um zu begreifen, was um sie herum vor sich geht, »manchmal überlege ich, an welchem Ende der Welt du dich eigentlich gerade befindest«, sagte Charles einmal zu ihr, »am selben wie du – wie ihr«, sagte sie zu uns, verletzt und auf der Hut. Aber ich glaube, die Sache mit Alwilda hat Camillas Liebe zu Charles zerstört. Sie hatte keine Lust mehr, mit ihm zusammen zu sein, an seiner Bettkante zu sitzen. Sie versteckte sich in ihrem Büro neben der Küche. Sie versteckte sich hinter ihrer vielen Arbeit und ihren Pflichten. Hinter ihren Tränen und ihrem Wutgeschrei.

Alwilda schleppte Edward an Orte, wo Menschen sich in aller Öffentlichkeit paaren, während sie Pornofilme sehen; in Clubs. Und das gefiel ihm nicht. Zimmer für Zimmer, im Dunkeln, nur diese grellen Farben und die Geräusche von den Bildschirmen an den Wänden. Er erzählte mir, wie er einmal in einem solchen Zimmer auf Alwilda lag und draufloshämmerte. Dann kam ein junger Typ herein, setzte sich neben sie auf einen Sessel und fing an, sich einen runterzuholen, während er sie beobachtete.

»Der Gedanke, aufstehen und mir die Hosen hochziehen zu müssen, während er zusah, war einfach unerträglich«, sagte Edward. »Ich habe aufgehört, mich zu bewegen.«

»»Bist du tot?‹, fragte Alwilda, wand sich unter mir hervor, kam auf die Beine und lächelte den Typen im Sessel an, der wie erstarrt schien vor lauter Bewunderung für seine Erektion, die er mit beiden Händen umfasst hielt. Er sah aus wie einer, der eine Götterstatue trug. Zum Glück hat er mich keines Blickes gewürdigt.«

Ich mag am liebsten das, was ich Ursex nenne (*Ur* wie das Tier, ohne H, nicht als Verweis auf die tickende Zeit), und Edward wohl auch, nur die Dunkelheit und das summende Fleisch; wie eine Schaukel, man wird zwischen sich und dem anderen hin- und hergeworfen, und es darf niemals aufhören.

Auf der Liste
bereits geschriebener Dinge

[Edward]
Camilla ist jetzt dort, wo ich einmal war: in der Gewalt der
Trauer. Die Trauer (meine) ist inzwischen zu etwas geworden,
das nur hin und wieder den Kopf hervorstreckt und das ich zur
Seite schubsen kann, wenn ich gerade keine Kraft oder Zeit
habe, mich darum zu kümmern. Ich bin froh, dass ich das *Tagebuch der Trauer* geschrieben habe (obwohl ich mir zwischendurch wie eine Art Buchhalter vorkam), so kann ich zurückkehren und sehen, wie es um mich bestellt war, was und wie
ich dachte und fühlte.

Alma schreibt alles nieder. Über mich wird Buch geführt.
Camillas Mutter sagte einmal, als sie jung gewesen sei und Gedichte geschrieben habe, sei sie von dem Gefühl beschlichen
worden, dass sie die Dinge nur ansah, um über sie schreiben zu
können; und das habe ihr nicht gefallen. Sie blieb auch nicht
gerade lange dabei, beim Schreiben, höchstens ein paar Jahre
wohl. Alma gibt wiederum an, wenn ich es so umständlich ausdrücken darf, dass ihr Sein in der Welt und ihre Umsetzung der
Welt und des Seins im Schreiben lange miteinander einhergegangen wären. Sie sagt, etwas gleichzeitig zu erleben und zu
deuten entspreche dem Lesen. Sein und Schreiben gehörten
unabdingbar zusammen, sie könnten nicht getrennt voneinander betrachtet werden, sagt sie. All das ist mir vollkommen verständlich. Ich war nie der Meinung, dass Analyse irgendetwas
zerstört. Im Gegenteil. Aber ich war gekränkt, als ich sie eines
Tages auf irgendetwas am Meer aufmerksam machte, und sie
antwortete, seit sie über das Meer geschrieben habe, betrachte

sie es nicht mehr. Als hätte es sich ein für alle Mal erschöpft. Ich fühlte mich beinahe im Namen des Meeres gekränkt. Es war also abgehakt auf der Liste bereits beschriebener Dinge.

»Ob ich wohl auch einmal dort ende?«, fragte ich vorsichtig, und ich sah sie vor mir, wie sie in einer Ödnis saß, einer entleerten Welt, mit einem dicken Buch in der Hand (und einem Bleistiftstumpf, der mit Segelgarn daran befestigt war, genau wie das Haushaltsbuch meines Großvaters).

Da wurde sie wütend und sagte, ich solle ihre Literatur in Frieden lassen. Und ich antwortete, ich wolle etwas sagen dürfen, ohne es später einmal gedruckt zu sehen.

Daraus entspann sich ein Streit, unser erster. Und jetzt habe ich eine unbezwingbare Lust, in ihrem Notizbuch zu blättern, um zu sehen, was sie über mich geschrieben hat. Aber ich halte mich fern von den Reihen des aufmarschierenden, bissigen Alphabets; begrenzend zerstörend nicht-heraufbeschwörend; Alma, das ist gemein von dir.

Der Esel mit einer Stange
Dynamit im Maul

[Kristian]

Die anderen (meine sogenannten Freunde, die Gesellschaft der Kuscheltiere, in der, wenn wir bei Pu und Company bleiben, Alwilda der Tiger ist und ich der Esel bin, mit einer Stange Dynamit im Maul, ach, und den Rest kann ich nicht zuordnen, doch, der ewignette Edward wird wohl Pu sein, nur ein kleines Känguru fehlt noch in unserer Mitte) wissen es nicht, und das sollen sie auch nicht, nein, natürlich sollen sie es nicht – ich habe die Konsequenz daraus gezogen, dass ich etwas verändern will in dieser unserer aus den Fugen geratenen Welt, aber nicht vom Fleck komme, mehr dazu vielleicht später. Es muss schon einen sehr lauten Knall geben, ehe die anderen (Hundsköpfe, Hängemäuler, Hängeärsche, Arschgeigen) auch nur die Augenbraue heben, geschweige denn ihren Kopf über den Teetassenrand, es war eigentlich schon immer so, dass sie vollkommen gleichgültig gegenüber der Welt sind, die uns umgibt, Alwilda natürlich ausgenommen, aber sie kann man am ehesten mit einer blinden Urgewalt vergleichen, sie stürzt sich in alles Mögliche, für sie geht es nur darum, ihre vielen Kräfte, ihre rastlose Energie zu entladen.

Es gab eine Zeit, in der wir eine Reihe von Treffen planten, um darüber zu sprechen, was mit unserer Gesellschaft geschah und was wir dagegen unternehmen konnten, das war damals in den Jahren 2001 2002 2003, als wir Fogh und die Dansk Folkeparti und den Krieg im Irak bekommen hatten, ein ebenso großer Schock wie Bin Laden, beinahe, und vieles, was wir für beständig hielten, begann zu bröckeln; Alma versuchte Essays zu schreiben, zum Beispiel über die dänische Identität, über die damals bis zum Erbrechen gesprochen wurde, aber Denken war nie ihre Stärke gewesen (hatte sie überhaupt eine? Und ihre Bikinifigur hätte sie auch besser pflegen können), es wurden eher drittklassige Kolumnen; die Treffen endeten damit, dass wir über den Irak sprachen und über genmanipuliertes Getreide und Afghanistan und Milchersatz und Opiumfelder und die Korruptheit der Finanzmärkte, aller erdenkliche Mist wurde auf einen Haufen gekippt – oder umgekehrt, wie kürzlich in Camillas Stall, die Schaufel unter einem Pferdeapfel, ein zusammenhängendes Miststück, das bei der Berührung in eine Unmenge kleiner Miststücke zerfiel, und was ich vorhabe, lässt sich eigentlich auch nur mit einem riesigen Furz vergleichen, Guten Tag, ich möchte ihre Aufmerksamkeit gerne darauf lenken, dass wir hier ein Problem haben, oder mehrere Probleme; vielen, die etwas in die Luft sprengen, bleibt es erspart, eine Begründung abzugeben, die muss ihre Umwelt selbst erraten, und so überlasse auch ich es anderen, zum Beispiel den Kuscheltieren, eine Begründung zu finden, und versprengte Gliedmaßen will ich auch nicht hinterlassen, ich bin trotz allem Arzt.

Doch vorher werde ich einen Aushang am Schwarzen Brett machen, für meine Nachbarn, und sie dazu aufrufen, ihren Müll besser zu trennen: Ihr sollt in der Hölle schmoren, wenn Ihr weiterhin alles vermengt!

Jetzt haben wir Container bekommen für Hartplastik und Metall und noch einen, dessen Bestimmung ich in diesem Zornesmoment vergessen habe, abgesehen von den klassischen natürlich, Papier, Pappe und Glas, aber was nützt das alles, wenn jemand falsch trennt. Sofern ich es richtig verstanden habe, wird, sobald nur ein falscher Gegenstand im Container landet, der gesamte Inhalt als normaler Abfall verbrannt. Es ist irrsinnig frustrierend, dass ich selbst korrekt trenne, und dann kommt jemand und macht alles futsch. Die Idiotie und Gleichgültigkeit kennen keine Grenzen: Manche schmeißen sogar gewöhnliche Mülltüten zum Hartplastik. Ich sollte meinen Böller vielleicht in einem Container zünden, im Hof, dann wäre es auch nicht schwer, auf das Tatmotiv zu schließen, kein Rätselraten vonnöten. Andererseits würde sich der ganze Mist so auch noch verteilen. All das sorgfältig Gesammelte Sortierte. Aber war das nicht gerade die Pointe? Doch, war es, also los, in die Pappe und die Lunte angezündet, zähneknirschend, händeringend. Erst ziehe ich mich aus, damit ich in puris vor die Jury der Huris treten kann, sie können genauso gut gleich erkennen, mit wem sie es zu tun haben. (Ich sehe mich selbst wie einen nassen Hund aus der Pappe klettern, wenn es ein Blindgänger ist.)

Wenn sie erst
mit dem Suchen anfangen

[Camilla]

Gestern war ich mit einem entzündeten Insektenbiss auf dem Rücken im Krankenhaus. Erst ging ich zu meinem Hausarzt, und der überwies mich, weil er meinte, es handle sich um einen Abszess. (Er machte ein Foto mit seinem Handy, damit ich es mir selbst ansehen konnte, nachdem er mir gebührend versichert hatte, die Aufnahme anschließend gleich wieder zu löschen. Und es sah ziemlich hässlich aus, mit einer Menge kleiner Pusteln. Ich weiß nicht, wer sich daran erfreut haben sollte, es zu betrachten, wenn der Arzt das Bild nicht gelöscht, sondern in die Welt hinausgeschickt hätte.) Im Krankenhaus war schrecklich viel los, und ich wartete zehn Stunden lang in einem Bett hinter dem Vorhang, erst darauf, dass man mir Blut abnahm, und anschließend auf einen Arzt; hinter einem anderen Vorhang im selben Zimmer lag ein sehr alter Mensch mit Lungenentzündung, der einfach nur sterben wollte. Als die Ärztin endlich kam, baute sie sich an meinem Fußende auf und sagte: »Sie werden meine Frage vielleicht merkwürdig finden, aber wann hatten Sie Ihre letzte Periode?« Als ich nicht antwortete, fuhr sie fort: »Könnten Sie schwanger sein?« Dann erklärte sie, der hohe HCG-Wert in meinem Blut lasse darauf schließen.

»Wenn sie erst mit dem Suchen anfangen«, sagte Alma später, »finden sie immer was.« (Später erzählte sie mir, als ich ihr die Nachricht überbracht habe, sei in ihren Ohren ein lauter Knall ertönt, wie das Geräusch einer Schublade, die schwungvoll geschlossen wird. »Etwas ist vorbei«, sagte sie dramatisch,

428

»Camilla, jetzt wird es lange dauern, bis wir wieder zusammen auf Reisen gehen können, nur wir beide.« Und dann fing sie beinahe schamlos an, in den Höhepunkten unserer gemeinsamen Reisen zu schwelgen.

»Weißt du noch, wie du mich in Venedig geohrfeigt hast, weil du so großen Hunger hattest und ich mich nicht für ein Restaurant entscheiden konnte? Weißt du noch, wie du in Kos unsere Pension nicht mehr gefunden hast und eine ganze Nacht weggeblieben bist und ich fast gestorben wäre vor Sorge? Weißt du noch, wie du in diesen Jahren deine Reiseschreibmaschine durch die Gegend geschleppt hast, ohne je ein Wort zu tippen? Und wie es war, in Sankt Petersburg die hundert Meter lange Rolltreppe zur U-Bahn hinabzufahren, in rasendem Tempo, während die Lampen vorbeirauschten? Und wie in Belgrad am frühen Morgen eine Horde wilder Hunde auf uns zukam und du sie mit deinem Regenschirm verjagt hast?«

Dann brach sie in Tränen aus, und ich sagte: »Alma, Alma, erst gestern hast du noch gesagt, du würdest das Gewöhnliche lieben, den Alltag. Du warst gerade zur Mittagszeit an den Seen entlangspaziert und hast dich am Anblick der Leute erfreut, die auf den Bänken saßen und ihr Fastfood ausgepackt haben. Und am liebsten bin ich zu Hause, du weißt ja, wie unglücklich ich oft auf Reisen werde; freischwebend; ganz ohne Halt; etwas, das der Wind einfach erfassen kann. Aber wenn ich im Fernsehen Paris sehe, werde ich trotzdem wehmütig und habe das Gefühl, das Leben zieht an mir vorüber, als würde da drüben, genau da, am anderen Ufer, das Leben gelebt.«

»Außerdem hast du Edward«, fügte ich hinzu.

»Und ich habe beschlossen«, sagte ich, ganz entgegen meiner Absicht, aber um mir etwas Ruhe zu verschaffen, »dass du einen Blick ins *Dokument schwarz* werfen darfst, ehe ich es entsorge.«

Da brachte sie sofort schluchzend ein kleines »Herzlichen Glückwunsch« hervor.

»Und außerdem«, sagte sie, »können wir ja zusammen nach New York fahren, falls der Vater Amerikaner sein sollte.«)

Und dass sie etwas fanden, kann man wohl sagen, der Rücken war plötzlich vollkommen nebensächlich, die Ärztin entleerte das, was sich lediglich als wassergefülltes Bläschen erwies, pfropfte und werkelte, während ich auf dem Bauch auf einer gynäkologischen Liege lag, das Einzige, was an diesem überfüllten Ort noch frei war, und die Vor- und Nachteile der beiden Väter abwog, den überseeischen, Herr Kamel (mit den unerwarteten, brutalen Hieben), verheiratet und verloren, und den Bruder der Tierärztin, der wohl zusammen mit seiner Schwester ein hartes Regiment führen und das Kind so erziehen würde, wie die beiden auch einen Hund oder ein Pferd erzogen. Vielleicht brauchten sie – das heißt er, wer von den beiden es auch war – es nicht zu wissen. Und dann sah ich uns plötzlich weit in der Zukunft, das Kind und mich, wie wir uns am Tisch gegenübersaßen und das Kind eine Antwort von mir verlangte. Anschließend sah ich uns zusammen spazieren, am Fjord entlang mit all seinem glitzernden Wasser, und ich drehte mich auf der unbequemen Liege um und sah die Ärztin an, die sich gerade mit einem Wattestäbchen in der Hand über mich beugte, und ich fragte, wann es denn ungefähr so weit sein würde. Denn sein sollte es. Da fingen wir an zu rechnen, und es war sehr beruhigend (nur für einen Augenblick), in die Welt der Zahlen zu versinken.

Meine beiden Hauptpersonen

[Alwilda]
Diese beiden Daseinsformen (von mir/meinem Ich/meinen Ichs), kenne ich am besten:

1.

Durch die Gegend laufen und Pflaumenkerne spucken verbindet man normalerweise mit einem gewissen Frohsinn, und genau das tue ich gerade, die Taschen voller Mirabellen. Ich habe den Baum vor mir bis auf den Boden gezogen, um an die besten, reifsten, rötesten zu kommen. Doch ich bin kein bisschen fröhlich, trotz der ganzen Spuckerei, den fliegenden Steinen.

Ich wüsste zu gern, ob es jemanden gibt, der es natürlich findet zu leben, sich wie ein Fisch im Wasser fühlt, in diesem Dasein.

Ich, die ich die Stadt liebe, saß gestern auf dem Christianshavn Torv und fühlte mich vollkommen isoliert von all den Gehenden, Radelnden, Autofahrenden, Lachenden, Hustenden, Rotzenden, Alten, Jungen, mit oder ohne Hunden oder Kindern. Allein. Im Freien. Immer habe ich andere Leute zu mir heranziehen müssen, nachdem ich sie mühsam mit meinem Netz gefangen hatte. Nie hat jemand mich herangezogen. Das ist der Preis dafür, wenn man unter einem Überschuss an Energie leidet, die ganze Initiative wird einem selbst überlassen. So kam es, dass ich mich ins Auto setzte und aufs Land hinausfuhr, wo der Abstand zwischen den Menschen groß ist oder wo es viele Menschen weit zueinander haben, und Camilla besuchte. Sie war gerade aus dem Stall und dem Staub gekommen, gestiefelt und gespornt erzählte sie mir, dass sie schwanger ist.

> … und kurz kam sie mir vor wie ein selbstherrlicher, mächtiger Feldherr, der gestiefelt und gespornt von einem Triumphzug zurückkehrt, den Staub der Schlacht noch an den Kleidern, und jetzt vor seine Herrscher tritt, die er, wenn nötig, seinem Willen unterwerfen wird.
>
> Iris Murdoch,
> *Ein abgetrennter Kopf*

Aber ich versuchte nicht, sie zu einer Abtreibung zu überreden, obwohl sie nicht mehr die Jüngste ist und nicht weiß, wer der Vater ist. Ich fand lediglich, ich hätte diejenige sein müssen, die in anderen Umständen war.

2.

Ich habe eine schwächliche Frau kennengelernt, eine rührende Person mit vereinzelten Leiden. Mich überkam ein solches Hochgefühl, dass ich kaum ruhig bleiben konnte. Sie ist meine Kollegin, eine neue. Wenn wir zusammen den Gang entlangliefen, zum Lehrerzimmer, in der Mittagspause – hätte ich sie in die Luft stemmen und johlend davonlaufen können. Dann wäre ich mir vorgekommen wie ein Vergewaltiger mit einer Porzellanfigur. Sie hat kleine, feine Hände und ist unverhältnismäßig stark gealtert, die Falten um Mund und Augen, die zerfurchten Wangen, ein schlaffer Hals. Sie stammt aus Russland und heißt Swaka. Und ist so liebenswürdig. Und hat Humor und überhaupt nichts dagegen, dass eines Tages alles vorbei ist. Deshalb wird sie munter älter und älter. Wenn ich in einer solchen Stimmung bin, habe ich Lust, den Frauen, an denen ich vorbeilaufe, einen Klaps auf den Hintern zu geben. Kein Mann kann es mit mir aufnehmen – deshalb habe ich auch keinen. Diese Stimmung, dieses Ich … gestern sah ich eine rote Abendtasche in einem Laden mit lauter schwarzen Sachen, und ich dachte: So fühlt es sich an, wenn mich diese Stimmung überkommt, wie ein tiefroter Blitz in meinem Gehirn, boom, dann strotze ich vor Kraft, bang, wie frischgeputzt, jedwede Vorbehalte weggefegt, ich strahle und tose, ich stürme voran vor einem schwarzen Hintergrund.

(außer der Reihe)

In *Ein abgetrennter Kopf* (das Camilla mir geliehen hat) schließen die handelnden Personen ihre Haustüren nicht ab oder haben Schlüssel zu den Häusern der anderen, und deshalb gehen sie ständig in allen Häusern ein und aus und laufen sich in die Arme. Und diese Sperrangelweite ist die eigentliche Stimmung des Romans. Da hat sich einer, betrunken und bedrückt, in den Keller verzogen, und die Schwester des Hausbesitzers (die dem Klischee einer Lesbe zu Beginn des zwanzigsten Jahrhunderts entspricht, mit Kurzhaarfrisur, Freizeitschuhen mit dicken Sohlen und einem Anzug aus schwerem Tweed, man sehe Gertrude Stein vor sich) begegnet ihm dort unten zufällig. Der Roman ist so zusammengeschnitten wie die Sherlock-Holmes-Serie, die ich so gern im Fernsehen sehe (Gaslaternen, Droschken, Opium, Stürze aus großer Höhe, London bei Nebel und Regen. Und nicht zu vergessen – die Mäntel), einer sagt etwas Entscheidendes über einen anderen, und Schnitt: Wir befinden uns in einer Szene mit ihm, in der all seine Zwielichtigkeit mit einem Mal deutlich wird.

Die Personen sind wohlhabend und arbeiten nicht oder nur sehr wenig, und deshalb haben sie Zeit, die Liebe zur Hauptangelegenheit ihres Lebens zu machen. Das eigentliche Drama. Alle haben kreuz und quer Beziehungen zueinander, laufen gegenseitig in ihren Herzen ein und aus. (Deshalb fällt es dem Roman auch schwer, ein Ende zu finden – denn wer soll endgültig und definitiv in wessen Herzen bleiben?) Wenn die Personen gerade einmal nicht lieben oder (für kurze Zeit) über die verlorene Liebe trauern, reden sie von der Liebe. Ein Gespräch kann so klingen:

»Und was geschieht mit einer Liebe, die sich nicht in Leben übersetzen lässt?«

»Sie verwandelt sich in etwas anderes, etwas Schweres oder Scharfes, das man mit sich herumträgt und das zu einem Teil des eigenen Selbst wird, bis der Schmerz nachgelassen hat. Aber das ist Ihre Sache.«

Iris Murdoch,
Ein abgetrennter Kopf

Ich musste daran denken, weil ich an der Seitenlinie gestanden und verfolgt hatte, wie Camilla hinwegkam über ihren Darling over the ocean, oh, dieser kleine Zusatz: Ihre Sache.

Camilla erzählte mir weitschweifend von ihrer Verliebtheit; ich unterstreiche Folgendes im *Einhorn* von Murdoch, das Camilla mir auch ausgeliehen hat (und wenn sie es abermals liest, kann sie sich selbst darin finden): »Mit jenem Stolz, der die Liebe in einem für gewöhnlich als fortgeschritten geltenden Alter begleitet, war er geradezu versessen darauf, sie vorzuzeigen, allen davon zu erzählen.«

Und tatsächlich schrieb sie ihm auch, wie sehr sie sich in ihn verliebt hätte, in jener Nacht, im Hotel in New York.

»Wenn du wüsstest«, antwortete er, »wer alles in mich verliebt ist.«

Anschließend zählte er eine ganze Reihe dieser Frauen auf und beschrieb sie, darunter auch seine eigene Frau, die nach fünfundzwanzig Ehejahren immer noch schwer in ihn verliebt war. Er hätte ihr keinen größeren Gefallen tun können; wer wünscht sich schon, eine von vielen zu sein, eine in einem Chor von Seufzenden. Die Liebe (Camillas) verschwand im Laufe eines Nachmittags; beinahe. Und dasselbe widerfährt den Personen in *Ein abgetrennter Kopf,* wo der Nächste meist besser ist als der Vorherige. Und hier platziere ich ein nachdenkliches (aber ahnt man nicht den Ansatz zu einem Lächeln?), rundes, gelbes Mikrogesicht. Unter den Gefährten bin ich die einzige Anhängerin von Smileys.

An den Ufern des Regals

[Camilla]

Ich stehe an den Ufern des Regals und bemerke, dass eine Menge Strandgut angespült worden ist, seit ich meine letzte Runde gedreht habe, aber auch, dass so einiges, was ich gerade brauche, fehlt. Meine Gogols fehlen, *Tote Seelen* und *Der Mantel*, Vladimir Nabokovs *Nikolaj Gogol* fehlt. *Nur Pferden gibt man den Gnadenschuss* fehlt und *Der Liebhaber* fehlt, *Der dunkle Morgen* fehlt und Murdoch, meine geliebte Murdoch, fehlt.

Als Charles und ich uns trennten, zogen wir die Bücher aus den Regalen (schimmelgleicher Staub bedeckte die selten gelesenen), um drei Türme im Wohnzimmer zu bauen, einen für mich, einen für ihn und einen für den Antiquar mit dem weißen Haar und Bart. Einige Bücher unternahmen verzweifelte Fluchtversuche, indem sie sich aus den Türmen stürzten, und jeder dieser Versuche endete mit gebrochenen Rücken und Hälsen – und in mehreren Fällen rissen die Selbstmörder von ganz oben die Bücher unter sich mit in den Abgrund. Ich fegte die Toten und Sterbenden zu einem separaten Haufen zusammen. Im Zuge dieser Aufteilungstätigkeit passierte es auch, dass ganze Türme einstürzten und einige Bücher am falschen Ort landeten – deshalb fehlen mir jetzt welche. Und so muss ich wieder den schweren Gang ins Antiquariat antreten (von wo ich immer mehr mitbringe als geplant), um zu sehen, ob ich einige meiner alten Bücher zurückkaufen kann. Jene, die versehentlich bei Charles landeten, sind natürlich für immer verloren.

John Bayley und Iris Murdoch lebten ihre ganze Ehe über in einem heillosen Durcheinander, weil Iris Murdoch eine Sammlerin war, genau wie Charles, und genau wie er liebte sie Steine und brachte sie in großen Mengen nach Hause; der Staub verlieh den Steinen, die ihr Leben aus Wasser und Licht ziehen, eine todesähnliche Ausstrahlung; war etwas erst einmal in ihr Haus gekommen, konnte sie sich nicht mehr davon trennen, sie lebten zwischen Stapeln und Haufen von Gerümpel, das sie wieder mitnehmen mussten, wenn sie umzogen; als Iris Murdoch an Alzheimer erkrankte, hob sie sogar Zigarettenstummel, tote Schlangen und Papierfetzen von der Straße auf und trug sie nach Hause. Das störte John Bayley nicht sonderlich, *Elegie für Iris* ist die Geschichte einer guten Ehe, könnte man wohl sagen, sie handelt von der Freude am Zusammenleben. Diese Freude, so versteht man, ging damit einher, dass sie nicht von der Idee einer Entwicklung besessen waren; sie stellten sich nicht vor, ihre Ehe oder ihre Liebe müsse sich verändern oder irgendwo hinführen. Als Iris Murdoch Alzheimer bekommt, zwingt ihre Krankheit der Ehe Veränderung auf, ihre Rollen verändern sich drastisch – und die Veränderung oder Entwicklung wird auf tragische und ironische Weise zur Hauptsache.

Zurück zur Freude am Beisammensein (ehe Iris Murdoch krank wurde):

We were together because we were comforted and reassured by the solitariness each saw and was aware of in the other.

John Bayley,
Elegy for Iris

[Oft schlage ich englische Wörter nach, obwohl ich ihre Bedeutung kenne, weil ich so gern die erläuternden Beispiele lese, die ich unter dem Stichwort finde. So wie jetzt ›solitariness‹: ›It was the overwhelming solitariness of his existence that caused the marooned sailor to go mad / Es war die überwältigende Einsamkeit im Leben des gestrandeten Seemanns, die ihn wahnsinnig machte.‹ Welch ein Geschenk – sich davon ablenken lassen zu dürfen, wie sich der Wahnsinn des Seemanns wohl äußerte, lief er schreiend am leeren Strand auf und ab? (Wenn Männer schreien, ist wirklich alles verloren.) Sammelte er haufenweise Stöckchen, obwohl er den Sinn eines Lagerfeuers längst vergessen hatte? Oder waren die Stöckchenberge als Zeichen an Gott gedacht? Und wer hätte seinen Wahnsinn überhaupt bezeugen sollen? Konnte ihn der Seemann, ehe er endgültig in seiner eigenen Umnachtung verschwunden war, selbst erkennen und davon berichten?]

»Wir waren zusammen, weil uns die Einsamkeit, die jeder im anderen sah und erkannte, tröstete und beruhigte.«

Ich weiß nicht, ob es mir jemals mit einem anderen Menschen so ergangen ist – ich habe mir die Einsamkeit eines anderen jedenfalls nie so vorgestellt: als Spiegel meiner eigenen. Charles' Einsamkeit – mit ihr fühlte ich mich eingesperrt (im selben Haus wie sie), und ich fühlte mich von ihr ausgeschlossen / ohne Zugang zu ihr, weil sie so groß war. Wenn ich sie als eine Bedingung akzeptiert hätte und nicht als etwas, dem gegenüber ich mich verhalten, das ich ändern musste, wäre es vielleicht leichter gewesen. Dasselbe galt für meine eigene Einsamkeit. Hätte ich mir nur nicht gewünscht, ihr würde abgeholfen: von der Ehe. Tja.

Wenn ich Alma frage, ob man es sich erlauben könne, alles Erdenkliche über einen anderen Menschen zu schreiben – was antwortet sie da?

»Ich meine ja«, sagte Alma, »es ist nur eine Frage der Behutsamkeit. Man muss behutsam sein – und sich auch selbst aufs Spiel setzen, an exponierte Orte stellen, mit seinem eigenen Ich ins Gericht gehen (was man, so meinte Ibsen, beim Schreiben automatisch tat).«

Ich frage, weil ich mir nicht sicher bin, ob ich gern las, wie John Bayley jeden Abend darum kämpfen musste, Iris die Hosen auszuziehen, ehe sie schlafen gingen – nachdem sie krank geworden ist, will sie in all ihrer Kleidung schlafen. Ich lese auch nicht gern, dass er ihren Geruch abstoßend findet. War es notwendig, das zu schreiben … und worüber hat er nicht geschrieben; wo hat er die Grenze gezogen. Jedenfalls hält er Gericht über sein eigenes Ich, indem er von den Wutanfällen schreibt, die ihn überkommen, wenn er nicht mehr mitanhören kann, wie seine Frau immer wieder fragt: »Wann gehen wir«, oder wenn es ihn zu sehr trifft, dass sie die gemeinsamen Topfpflanzen mit ihrem zwanghaften Gießen umbringt.

»In Wirklichkeit liest du nur nicht gern, dass es einem Menschen so ergehen kann«, sagte Alma, »dass sie, die sechsundzwanzig Romane geschrieben hat, in deren eigensinnigen mystischen verführerischen Welten du dich so gern aufhältst, als eine endet, die sich daran erfreuen kann, im Fernsehen die Teletubbies zu sehen, und einen muffigen Geruch verströmt, wie auch das Haus. Und du liest nicht gern, wie wütend es einen machen kann, mit einem kranken, bis auf die Strumpfhalter zerschlissenen Menschen zusammenzuleben. Und wenn ich mir dieses didaktische Gespräch im Übrigen verbitten dürfte, es ist unwürdig. Lass uns lieber über deinen Embryo sprechen oder über Gogol«, und aus der Tasche zog sie *Nikolaj Gogol* von Nabokov und knallte ihn auf den Tisch.

»Ach, du hattest ihn! Sei doch so nett und schlag ihn auf und erbeute ein schönes Wort für mich.«

»Ja. Und es lautet: Nase. Bitte schön.«

Nachweise

Camilla and the horse

S.7: Sylvia Plath, *The Unabridged Journals of Sylvia Plath*, Penguin Books 2000.

S.11: Dorothy Wordsworth: *The Grasmere Journals*, Oxford University Press (Clarendon Press) 1991, für diesen Roman übersetzt von Ursel Allenstein.

S.13–14: William Wordsworth, *I Wandered Lonely as a Cloud*, in: ders., *The Major Works*, hrsg. von Stephen Gill, Oxford World's Classics 1984.

S.26–29: Sarah Coleridge, zitiert nach Kathleen Jones, *A Passionate Sisterhood*, Little, Brown (Virago) 1998, für diesen Roman übersetzt von Ursel Allenstein.

S.38–39: Emily Brontë, *Sturmhöhe*, hrsg. und übersetzt von Wolfgang Schlüter. © 2016 Carl Hanser Verlag GmbH & Co. KG, München.

S.79: Jean Genet, *Der Balkon. Schauspiel*, übersetzt von Georg Schulte-Frohlinde, Merlin Verlag 2011, für diese Passage adaptiert von Ursel Allenstein.

S.87: V.S.Naipaul, *Das Rätsel der Ankunft*, übersetzt von Karin Graf, Kiepenheuer & Witsch 1993 © V.S.Naipaul 1987.

Camilla – und die übrigen Gefährten

S.91: Osip Mandelstam, zitiert nach Andrew Field, *Nabokov. His Life in Part*, Penguin Books 1997, für diesen Roman übersetzt von Ursel Allenstein.

S.107: T.S.Eliot, *Little Gidding*, in: ders., *Werke in vier Bänden*, Band 4: *Gesammelte Gedichte 1909–1962*, übersetzt von Nora Wydenbruck. © Suhrkamp Verlag Frankfurt am Main 1972/1988.

S.131: Nikola Tesla, *Meine Erfindungen*, hrsg. von Ulrich Heerd, übersetzt von Franz Ferzak, Edition Tesla 2011.

S.132, S.183: Virginia Woolf, *Tagebücher 3. 1925–1930*, hrsg. von Klaus Reichert, übersetzt von Maria Bosse-Sporleder. © Estate Virginia Woolf 1980. © S. Fischer Verlag GmbH, Frankfurt am Main 1991.

S.175: Virginia Woolf, *Tagebücher 5. 1936–1941*, hrsg. von Klaus Reichert, übersetzt von Claudia Wenner. © Anne Olivier Bell und Angelica Garnett 1984, 2008. © S. Fischer Verlag GmbH, Frankfurt am Main 2008.

S.179–180: Virginia Woolf, *Tagebücher 4. 1931–1935*, hrsg. von Klaus Reichert, übersetzt von Maria Bosse-Sporleder. © Anne Olivier Bell und Angelica Garnett 1982, 2003. © S. Fischer Verlag GmbH, Frankfurt am Main 2003.

S.185: Virginia Woolf, *Die Wellen*, übersetzt von Maria Bosse-Sporleder. © S. Fischer Verlag GmbH, Frankfurt am Main 1991.

S.192–193: Sylvia Plath, *Der Mond und die Eibe*, in: dies., *Ariel. Urfassung*, übersetzt von Alissa Walser. S.147–149. © the Estate of Sylvia Plath 2004. © der deutschen Ausgabe Suhrkamp Verlag Frankfurt am Main 2008.

S.196–199: Sylvia Plath, *Das Bienenmeeting*, in: dies., *Ariel. Urfassung*, übersetzt von Alissa Walser. S.185–189. © the Estate of Sylvia Plath 2004. © der deutschen Ausgabe Suhrkamp Verlag Frankfurt am Main 2008.

Die Gefährten ziehen Bilanz

S.231, S.252: Vladimir Nabokov, *Ada oder Das Verlangen*, übersetzt von Uwe Friesel und Marianne Therstappe, Rowohlt Verlag 1999 (1969).

S.254: Catull, *Sämtliche Gedichte*, übersetzt von Michael von Albrecht, Reclam Verlag 1995.

S.273: Nadine Gordimer, *Der Ehrengast*, übersetzt von Klaus Hoffer. © S. Fischer Verlag GmbH, Frankfurt am Main 1986.

S.286–287: Lawrence Durrell, *Das Alexandria-Quartett*, übersetzt von Maria Carlsson, Rowohlt Verlag 1977 (1957).

S.297: Anne-Lise Nielsen, *Asche*, in: *Vild Hvede*, Nr.2, 1950.

S.299: Colette, *Sido*, übersetzt von Doris Brehm. © Paul Zsolnay Verlag Wien 1961.

S.310: Guy de Maupassant, *Das Haar*, in: ders., *Schnaps-Anton*, in: ders., *Gesammelte Werke*, übersetzt von Georg Freiherr von Ompteda, Egon Fleischel & Co. Verlag 1911.
S.325: Herta Müller, *Atemschaukel*. © 2009 Carl Hanser Verlag GmbH & Co. KG, München.

Gestrandet

S.361: Fjodor Dostojewski, *Der Jüngling*. Roman, übersetzt von Hermann Röhl, S.95. © Insel Verlag Frankfurt am Main 1997.
S.375: Thomas Bernhard, *Die Ursache. Eine Andeutung*, dtv 2009 (1975).
S.432, S.434: Iris Murdoch, *Ein abgetrennter Kopf*, übersetzt von Maria Hummitzsch, Piper Verlag 2017.
S.434: Iris Murdoch, *The Unicorn*, Chatto & Windus 1963, für diesen Roman übersetzt von Ursel Allenstein.
S.437: John Bayley, *Elegie für Iris*, übersetzt von Barbara Rojahn-Deyk, Verlag C.H. Beck 2000.

Inhalt

Camilla and the horse

Camilla – und die übrigen Gefährten

Die Gefährten ziehen Bilanz

Gestrandet